Das Land des Buches erleben

Eine faszinierende Reise durch Israel

Charles H. Dyer

Das Land des Buches erleben

Eine faszinierende Reise durch Israel

Charles H. Dyer

Das Land des Buches erleben
Eine faszinierende Reise durch Israel
Charles H. Dyer

Experiencing the Land of the Book: A Life-Changing Journey through Israel

Published by Moody Publishers
Chicago, IL 60610

1. Auflage 2025 (Koproduktion)

Verlag Mitternachtsruf, Ringwiesenstr. 12a, CH-8600 Dübendorf
www.mitternachtsruf.ch
kontakt@mnr.ch
Artikel-Nr. 180233
ISBN 978-3-85810-625-4

Christliche Verlagsgesellschaft mbH, Am Güterbahnhof 26, DE-35683 Dillenburg
www.cv-dillenburg.de
info@cv-dillenburg.de
Artikel-Nr. 275007
ISBN 978-3-98963-007-9

Übersetzung aus dem Englischen: Oliver Roman
Umschlag, Satz und Layout: Verlag Mitternachtsruf
Herstellung: ARKA Druck, PL-43-400 Cieszyn

Bibelzitate folgen, wenn nicht anders bezeichnet, der Schlachter Version 2000, © 2000 Genfer Bibelgesellschaft. Zitiert werden auch folgende Übersetzungen:

LUTHER, MARTIN; EKD (Hg.): Die Bibel nach Martin Luthers Übersetzung, revidiert 2017. Revidierte Fassung. Stuttgart: Deutsche Bibelgesellschaft, 2017.
Elberfelder Bibel. Witten; Dillenburg: SCM R. Brockhaus; Christliche Verlagsgesellschaft, 2016.
Zürcher Bibel. Zürich: Genossenschaft Verlag der Zürcher Bibel beim Theologischen Verlag Zürich, 2007.
Gute Nachricht Bibel: Mit den Spätschriften des Alten Testaments. Stuttgart: Deutsche Bibelgesellschaft, 2000.
BasisBibel: Altes und Neues Testament. Stuttgart: Deutsche Bibelgesellschaft, 2021.
VAN ESS, L. (Hg.): Die Heiligen Schriften des Alten und Neuen Testamentes. Sulzbach: Verlag der J. E. von Seidelschen Buchhandlung, 1858.

INHALT

KOMMENTARE
zum Buch

Anschaulich, informativ, unterhaltsam, einprägsam! Diese Wörter kamen mir in den Sinn, als ich *Das Land des Buches erleben* las. Das ist mein Freund Charlie Dyer, ganz in seinem Element. Wenn Sie noch nicht in Israel waren, müssen Sie unbedingt dieses Buch lesen. Wenn Sie schon dort waren, ist es ebenfalls ein Muss. Es wird nicht nur wunderbare Erinnerungen wecken, sondern auch einen grossartigen Auffrischungskurs in biblischen Anwendungen von den wichtigsten Stationen einer Israel-Reise bieten, der das Land effektiv mit dem Bibelbuch verknüpft.

Mark L. Bailey, *Kanzler und Sr. Professor of Bible Exposition, Dallas Theological Seminary*

Ich kenne keinen besseren Reiseleiter für das Heilige Land als Dr. Charlie Dyer. Seine jahrzehntelange Erfahrung in der Führung Tausender Israelpilger kombiniert er mit seinem Esprit, seiner Weisheit und seiner ansprechenden Art zu einer virtuellen Rundfahrt, die so anschaulich ist, dass Sie sich fühlen werden, als sässen Sie im Reisebus, der durchs Heilige Land fährt! Viele Reiseleiter können auf Steinhaufen hinweisen oder Daten für archäologische Ausgrabungen ausspucken, aber Charlie führt uns noch einen Schritt weiter, indem er alles mit der Heiligen Schrift –

und mit unserem Leben – in Verbindung bringt. *Das Land des Buches erleben* ist eine lebensverändernde Reise durch Israel, weil es das Allerbeste aus Charlies Fachwissen und seiner Leidenschaft vereint: das Land Israel und das Wort Gottes.

Wayne Stiles, *Moderator von Walking the Bible Lands*

Es gibt keinen besseren Reiseleiter für eine Fahrt durch das Heilige Land als Dr. Charlie Dyer. In diesem Buch kombiniert Charlie sein Wissen über die Bibel mit seiner umfangreichen Erfahrung, um jeden Ort auf der Strecke lebendig werden zu lassen. Während der Lektüre habe ich mir jeden Ort bildlich vorgestellt, und obwohl ich diese Orte schon viele Male besucht hatte, habe ich über jeden etwas Neues gelernt. Dieses Werk ist aufschlussreich, praktisch und eine äusserst grosse Hilfe. Sie werden merken, wie Sie in die Bibel eintauchen, über Charlies humorvolle Reiseanekdoten lachen und gleichzeitig auf Ihrem Weg mit Gott grundlegend herausgefordert werden. Von ganzem Herzen empfehle ich dieses Buch allen, die das Land Israel erforschen und «das Land» mit «dem Buch» in Verbindung bringen wollen.

Douglas M. Cecil, *Life Stage Pastor, Christ Chapel Bible Church, Fort Worth; ausserordentlicher Professor, Dallas Theological Seminary*

Charlie Dyer ist seit Jahrzehnten ein zuverlässiger Reiseleiter. Als ich Student am Dallas Theological Seminary war, führte er mich und viele andere Studenten zuverlässig durch die Bücher der alttestamentlichen Propheten und durch das Land der Bibel. Ich habe seine Lehren als verlässliches Hilfsmittel für die von mir geleiteten Reisen nach Israel verwendet. Es gibt keinen besseren Reiseleiter, um Sie durch das Heilige Land zu führen.

Ich hoffe, dass Sie sich mit ihm auf die Reise Ihres Lebens begeben werden, auf der die Bibel für Sie so lebendig wird wie nie zuvor.

Mark Hitchcock, *Senior Pastor, Faith Bible Church, Edmond, OK; Associate Professor of Bible Exposition, Dallas Theological Seminary*

Dr. Charlie Dyer hat mein Leben verändert, als er sagte: «Mark, vergiss nicht … es IST der Wille des Herrn, dass du nach Israel gehst!» Seitdem teile ich seine Liebe zum Land, zu den Menschen und zu den biblischen Berichten. Charlies Leidenschaft für Israel ist unübertroffen. In *Das Land des Buches erleben* führt er den Leser von Dan bis Beerscheba und erklärt, was wir unterwegs beachten sollten. Lesen Sie dieses Buch! Lassen Sie sich diese Reise nicht entgehen. Sie werden nicht nur etwas über das verheissene Land erfahren, sondern auch über den verheissenen Retter!

Mark M. Yarbrough, *Präsident und Professor of Bible Exposition, Dallas Theological Seminary*

Die Reise nach Israel mit Charlie Dyer im Jahr 1995 hat mein Leben verändert! Ich war nicht mehr derselbe, und Sie werden es auch nicht sein, wenn Sie erst einmal mit diesem renommierten Bibellehrer und Professor unterwegs sind. Charlie hat Pastoren und Gemeindeleiter auf hochkarätige, bedeutungsvolle und geistlich erfüllende Bibelreisen mitgenommen, wie es sie im Leben nur ein Mal gibt. Und jetzt können Sie dieselbe unvergessliche Reise machen. Begleiten Sie Charlie auf den Seiten dieses herausragenden Buches nach Israel. Es wird auch Sie verändern!

Tom Doyle, *CEO, Uncharted Ministries*

Wie kann man die Geschichten, Lektionen und das Lachen von mehr als Hundert Reisen nach Israel zwischen zwei Buchdeckel packen? Ich habe keine Ahnung. Aber Charlie Dyer hat es geschafft! In diesem einzigartigen Band hat Charlie Ihr Flugticket gekauft, Ihren Platz im Reisebus reserviert und die Hotels gebucht. Er hat sogar vorzüglichen Humor mit hineingepackt. Es gibt also keine Ausrede dafür, nicht mit ihm ins Heilige Land zu reisen. Dabei werden Sie sicher auch der Heiterkeit eines Mark Twain, der Demut eines Pastors und dem Herzen Jesu begegnen. Das ist Charlie Dyer, Ihr Reiseleiter. Ihr Abenteuer kann sofort beginnen!

Jon Gauger, *Co-Moderator der Radiosendung The Land and the Book; Special Projects | Programming, Moody Radio*

Nachdem ich mit Dr. Charles Dyer zahlreiche Reisen nach Israel unternommen habe, kann ich bestätigen, dass sein Verständnis für die Geschichte der Bibel und seine Fähigkeit, sie zu vermitteln, einzigartig sind. Seine Leidenschaft, dieses begehrte Land genau zu kennen, schlägt schon nach kurzer Zeit erfahrene Gelehrte wie Bibelneulinge in seinen Bann. In seinem neuesten Buch ist es Charlie wie keinem anderen gelungen, eine Reise durch Israel in Wort und Bild zu fassen. Wer die biblische Bereicherung, die eine Reise nach Israel mit sich bringt, nicht erleben kann, hat jetzt die nächstbeste Möglichkeit! Wenn Sie die Sicht eines Experten für das Israel von damals und heute interessiert, schlagen Sie dieses Buch auf!

Ed Cannon, *Präsident/CEO, Far East Broadcasting Company*

Sie waren noch nicht in Israel? Oder Sie waren schon dort und würden gerne zurückkehren, ohne sich mit Tickets, Flughäfen, Pässen und Busfahrplänen herumschlagen zu müssen? Dann nehmen Sie Platz auf einem bequemen Stuhl, und unternehmen Sie mit Charlie Dyer, der schon Tausende von Menschen persönlich mit dem «Land des Buches» bekannt gemacht hat, eine von ihm geführte, malerische Reise. Meine Frau und ich haben Israel schon mehrmals besucht, aber wir freuen uns, dass wir noch einmal zurückkehren können, um in Erinnerungen zu schwelgen, die Landschaft zu geniessen und daran erinnert zu werden, dass unser Glaube auf dem Boden der Geschichte und der tatsächlichen Ereignisse verwurzelt ist. Danke, Charlie, für dein Geschenk an den Leib Christi, indem du ein Buch hervorgebracht hast, das von allen hoch geschätzt werden wird, die sich darüber freuen, dass Gott dieses Land auserwählt hat, um auf unseren Planeten zu kommen, und dass diese Orte zu seiner guten Zeit noch eine glorreiche Zukunft haben werden.

Erwin W. Lutzer, *Pastor Emeritus, The Moody Church, Chicago*

Charlie Dyers Reiseführer für die Erkundung Israels ist wirklich einzigartig und hilfreich. Für alle, die nie nach Israel reisen werden, bietet dieser Band eine Fülle von Einsichten, Erklärungen und ermutigenden Andachten. Es ist auch ein hervorragendes Hilfsmittel, um Gläubige auszurüsten, die sich auf eine Reise nach Israel vorbereiten (oder um es während ihres Aufenthalts im Land zu lesen). In dieser hilfreichen Ressource kombiniert Charlie auf überragende Weise Humor, verständliche Erklärungen, spannende Geschichten und aufschlussreiche Verknüpfungen zwischen der Geschichte der Bibel, dem Land der Bibel und zahlreichen Abschnitten aus der Bibel. Ich habe zahlreiche Hilfsmittel, auf die ich zurückgreife, wenn ich mich auf eine Reiseleitung in Israel vorbereite, aber ich füge ihnen voller Freude diesen warmherzigen, klar geschriebenen, gut illustrierten und eindrucksvollen Reiseführer hinzu, um die wichtige Verbindung zwischen Gottes heiligem Wort und dem Land, in dem die biblischen Ereignisse stattfanden, zu erkunden und davon zu profitieren.

Michael Grisanti, *Director of Israel Studies und Distinguished Research Professor of Old Testament, The Master's Seminary*

Mit einer Prise Mark-Twain-Humor, einer Menge biblischer Gelehrsamkeit und einer wahren Leidenschaft, den Herrn und sein Wort durch sein Land kennenzulernen, hat Charlie Dyer eine schriftliche Reise durch das Heilige Land dokumentiert, die ein Extrakt seiner umfangreichen Erfahrung als Reisegruppenleiter in Israel ist. Ich war schon viele Male mit Charlie in Israel, und er bringt ein besonderes Flair mit, das in der Heiligen Schrift begründet ist und durch die Erfahrungen vieler Pilger, die zum ersten Mal dabei waren, farbenfroh zum Ausdruck kommt. Sie werden auf Ihrem Weg durch jeden Ort etwas lernen und lachen, während Sie sich gleichzeitig immer mehr in den Herrn, das Land und sein Buch verlieben. Danke, Charlie, dass du diese Schätze der Wahrheit auf eine persönliche Art und Weise mit uns teilst!

Greg Hatteberg, *Executive Director of Alumni Services and Assistant Professor for Educational Ministries and Leadership, Dallas Theological Seminary*

Aufgrund seiner ausgedehnten Reisen durch das Land Israel hat Dr. Charles Dyer ein Buch geschrieben, das dazu bestimmt ist, ein geschätzter Klassiker zu werden. In Anlehnung an den unvergänglichen Stil von Mark Twains Buch *Die Arglosen im Ausland* (1869) hat Charlie einen Bericht über seine eigenen Reiseabenteuer in Israel geschrieben. Dieses Buch ist vollgepackt mit spannenden und hilfreichen Informationen über die biblischen Orte und Berichte. Die zahlreichen Fotos werden dem Leser helfen, sich die Landschaften und Besonderheiten vorzustellen, die Charlie so gut beschreibt. Charlie hat über Hundert Reisegruppen durch Israel geführt und dabei viele überraschende und humorvolle Abenteuer erlebt, von denen er erzählt, während er die Leser auf eine fesselnde Reise durch das Land führt. Es wird den Lesern schwerfallen, dieses Buch aus der

Hand zu legen. Ich habe es geliebt! Und ich bin sicher, dass Sie es auch lieben werden.

J. Carl Laney, *Professor Emeritus, Western Seminary*

In meiner Funktion am Dallas Theological Seminary ist es eine meiner grössten Freuden, Reisen für Pilger in Israel zu organisieren und zu beobachten, wie die Bibel in ihrem Leben lebendig wird. Charlie Dyer leitete viele unserer Touren und gestaltete eine einzigartige, lebensverändernde Reise durch das Land, die alles Wissenswerte auf eine Weise zusammenfügte, wie es nur wenige andere können. Ich bin begeistert, dass er diese besondere Reise in einer Erzählung zusammengefasst hat, damit alle diese Erfahrung machen können, auch wenn sie nie die Gelegenheit haben, nach Israel zu reisen.

Kim Till, *Vice President for Advancement,*
Dallas Theological Seminary

Mark Twain

VORWORT

Als einer von denen, die gerne sagen, dass sie «in der Kirche aufgewachsen» sind, erinnere ich mich noch, welche Eindrücke von Israel ich vor Jahrzehnten in der Sonntagsschule gewonnen hatte. Trotz der Versuche unserer Lehrer (die das Heilige Land selbst nie besucht hatten), uns damit zu beeindrucken, wie klein Israel im Vergleich zu den Vereinigten Staaten sei, stellte ich mir immer noch eine riesige Fläche vor, die ich wahrscheinlich auch nie besuchen würde – ein Land, das die Historie und die Geschichten all meiner Helden aus der Bibel beherbergt.

Ich hatte keine Ahnung, dass meine segensreiche Karriere mir die Gelegenheit bieten würde, Israel nicht nur einmal, sondern viermal zu besuchen – was mein Freund Charlie Dyer als «einen guten Anfang» bezeichnen würde.

Ich freute mich, als ich im Highschool-Jahrbuch meiner Frau – einige Jahre, bevor wir uns kennenlernten – sah, dass es ihr «Lebensziel» war, eines Tages das Heilige Land zu besuchen. Was für ein Vergnügen es doch war, ihr bei der Erfüllung dieses Traums helfen zu können. Und was für ein Glück für uns, dass eine unserer Reisen von keinem Geringeren als Dr. Dyer selbst organisiert und geleitet wurde. Wir erinnern uns noch lebhaft an dieses Abenteuer, bei dem Charlie mehr als nur enzyklopädisches Wissen über das Land des Buches unter Beweis gestellt hat. Sein beinahe kindlicher Enthusiasmus führte zu einem unvergesslichen Erlebnis.

Ja, es war anstrengend. Und nein, ich kann es auch nicht besser sagen als das alte englische Sprichwort: Uns war, als würden wir aus einem Feuerwehrschlauch trinken – wir versuchten verzweifelt, alles aufzunehmen, was er uns zeigte und lehrte. Wir schossen jede Menge Fotos und machten uns so schnell Notizen, dass wir sie heute kaum noch entziffern können. Aber das ist das Schöne an diesem Buch. Es brachte mich an all diese Orte zurück und erinnerte mich daran, dass es Charlie trotz seiner beispiellosen Gelehrsamkeit irgendwie gelingt, die wichtigen Einsichten so zu formulieren, dass wir Laien sie verstehen können.

Sie werden dieses Buch, wie Charlie selbst, menschlich, zuverlässig und zugänglich finden. Wenn Sie mit ihm in Israel waren, werden Sie jeden Moment noch einmal durchleben. Wenn Sie noch nicht mit ihm dort waren, werden Sie sich fühlen, als ob Sie dort waren. Und sollte es Ihnen irgendwie möglich sein, werden Sie eines Tages mit ihm dorthin gehen.

Jerry B. Jenkins, *Romanautor und Biograf*

EINLEITUNG

Im Jahr 1867 unternahm Mark Twain eine «Gesellschaftsreise nach dem Heiligen Land, Ägypten, der Krim, Griechenland und zu weiteren auf dem Wege liegenden interessanten Zielen».[1] Die gesamte Reise dauerte fast fünf Monate. Bevor das Schiff in Jaffa anlegte, wo die Reise durchs Heilige Land begann, hatte Twain bereits eine abenteuerlichere Route gewählt. Im Original-Reiseprogramm hiess es: «[...] hier können sich diejenigen wieder dem Dampfer anschliessen, die es vorgezogen haben, die Reise ab Beirut auf dem Landwege über Damaskus, durch Galiläa, über Kapernaum und durch Samaria, den Jordan entlang und vorbei am See Genezareth fortzusetzen.»[2] Zwölf Tage lang ritt Twain zu Pferd durch das Heilige Land, wobei er sich auf staubigen, steinigen Pfaden umsichtig seinen Weg zu den verschiedenen Stätten bahnte.

Während seines Aufenthalts im Heiligen Land hatte Mark Twain den Eindruck, dass die Gruppe zu schnell unterwegs war, vor allem als sie Jerusalem erreichte. «Unsere Pilger stopfen zu viel in einen Tag hinein. Man kann sich an Sehenswürdigkeiten genau wie an Süssigkeiten überessen. Seit wir heute morgen frühstückten, haben wir genug gesehen, dass wir für ein ganzes Jahr Stoff zum Nachdenken besässen, wenn wir uns

1 Mark Twain, *Die Arglosen im Ausland*, Übs. Ana Maria Brock, Mark Twains Abenteuer in fünf Bänden, Hg. Norbert Kohl, Bd. IV, insel taschenbuch 1894 (Frankfurt a.M. / Leipzig: Insel, 1997), 12.

2 Ebd., 16.

die verschiedenen Gegenstände hätten in Bequemlichkeit ansehen und bedächtig betrachten können.»[3]

Ich frage mich, wie Twain auf einen heutzutage typischen Besuch im Heiligen Land reagieren würde. Die meisten Reisen dauern nur zehn bis zwölf Tage, und darin ist die Reisezeit hin und zurück enthalten. In weniger als neun Tagen wird der typische Reisende in einem klimatisierten Reisebus durch das Land gefahren – von Dan bis Beerscheba – und hält unterwegs an, um Fotos von verschiedenen Sehenswürdigkeiten zu knipsen und die allgegenwärtigen Souvenirläden zu besuchen. Am ersten Tag sagen sich diese modernen Pilger, während sie nach ihren Handys greifen, um Fotos zu machen: «Das ist unvergesslich!» Am dritten Tag murmeln viele: «Wo sind wir gleich wieder?», wenn der Bus an noch einem weiteren Ort hält. Da kann es geschehen, dass die Worte von Mark Twain die müden Reisenden einholen und ihnen nicht mehr aus dem Sinn gehen: «Die Sehenswürdigkeiten sind zu zahlreich. Sie umschwärmen einen bei jedem Schritt; kein einziger Fussbreit Bodens ... scheint ohne eine eigene aufregende und wichtige Geschichte zu sein.»[4]

Nachdem ich über hundert Mal nach Israel gereist bin (ich habe aufgehört zu zählen!), habe ich Reisen erlebt, die das religiöse Äquivalent zum Bataan-Todesmarsch sind. Verbohrte Reiseleiter und abgestumpfte Fremdenführer marschieren mit erschöpften Pilgern unzählige Hügel hinauf und hinunter, um eine weitere Ruine zu besichtigen, die man getrost vergessen könnte. Vielen dieser erschöpften Reisenden würde es guttun, wenn sie ihren eigenen modernen Mark Twain im hinteren Teil des Busses sitzen hätten, der die Menschen, Orte und Eigenheiten, denen sie jeden Tag begegnen, leise kommentiert.

Vor einigen Jahren haben mein Freund Greg Hatteberg und ich *The Christian Traveler's Guide to the Holy Land* («Der christliche Reiseführer für das Heilige Land») geschrieben, um die Leute auf eine Reise vorzu-

---

3 Ebd., 629.
4 Ebd, 628.

bereiten. Der Reiseführer sollte jedem Reisenden einen kurzen Überblick über die Orte geben, die er besuchen würde. Eine Übersichtskarte zeigte die Lage des Ortes, gefolgt von einer Übersicht der biblischen Ereignisse mit ausgewählten Bildern. Unser Wunsch war es, dass die Reise mehr als nur eine unscharfe Sammlung von unzusammenhängenden Erinnerungen und Fotos wird. Der Erfolg des Buches hat uns in unserer Überzeugung bestärkt, dass, je mehr jemand vor seinem Besuch im Heiligen Land über die verschiedenen Orte weiss, desto mehr wird er oder sie sich später an die Reise erinnern und sie schätzen.

Allerdings hatte ich immer das Gefühl, dass dem Buch etwas fehlte – ein Mark Twain ähnlicher Sinn für Persönliches und Humor, der einem helfen könnte, sich sowohl emotional als auch intellektuell mit den verschiedenen Orten zu verbinden. Im Laufe der Jahre habe ich Geschichten gesammelt, welche viele Orte mit Ereignissen verbinden, die unsere Gruppen erlebt haben. Diese lustigen, aber wahren Geschichten helfen mir, diese Orte in meinem Gedächtnis zu verankern. Ich kann zum Beispiel nicht über die Taufstelle am Jordan bei Jardenit sprechen, ohne mich an die Frau zu erinnern, die getauft wurde in lila Unterwäsche. Im Laufe der Jahre haben auch Tausende von anderen, die mit mir gereist sind, dieses Ereignis nachempfunden. Sie werden das ebenfalls, wenn Sie zu diesem Kapitel kommen!

Das bringt mich zum Zweck dieses Buches. Dies ist eine Art Reisebericht, der Sie auf eine Reise durch Israel mitnehmen wird. Unterwegs werden Sie die Orte besuchen, die von den meisten Pilgern besichtigt werden. Und wir *werden* uns auf die biblischen Ereignisse konzentrieren, die den jeweiligen Ort so besonders machen. Aber Sie werden auch Mitreisende kennenlernen, die im Laufe der Jahrzehnte einen unvergesslichen Eindruck bei mir hinterlassen haben. Und ich bin sicher, dass bei Ihnen durch die erneute Erzählung dieser Geschichten ebenfalls eine emotionale Verbindung zu den verschiedenen Orten entstehen wird.

Das Heilige Land ist voll von Felsbrocken und steinernen Ruinen. Aber eine erfolgreiche Reise nach Israel bringt den Reisenden auch in Kontakt mit den «lebendigen Steinen», die wir Menschen nennen. Indem ich Ihnen beide Arten von Steinen vorstelle, bin ich zuversichtlich, dass Sie das Land Israel genauso lieben werden wie ich.

Also, schnüren Sie Ihre Turnschuhe, schmieren Sie sich dick mit Sonnencreme ein und halten Sie Ihren Hut fest, während wir uns auf diese einzigartige Reise durch Israel begeben. Wir werden viele unvergessliche Orte besuchen und unglaubliche Ausblicke geniessen. Und auf dem Weg dorthin werden wir auch einige erstaunliche Menschen treffen. Bei alledem werden wir Gottes Wort aufschlagen, um zu erforschen, wie eine Reise durch dieses Land die Botschaft seines Buches ans Licht bringen kann!

Der Autor mit einem «modernen» römischen Soldaten

DER ERSTE TAG

BERG ARBEL
NAZARETH
BERG KARMEL
MEGIDDO
CAESAREA
FLUGHAFEN
BEN GURION

Das Theater in Cäsarea

KAPITEL 1

CÄSAREA:
Die auf Sand gebaute Stadt

Nach einem langen Flug – mit wenig Schlaf, aber mehreren Filmen – landet unsere Flugzeugladung von Pilgern endlich in Israel. Manche Reisegruppen fahren sofort nach Jerusalem, aber unser Plan ist es, an der Küste entlang nach Norden in Richtung Galiläa zu fahren und uns Jerusalem bis zum Ende der Reise aufzusparen. Nach einer kurzen Nachtruhe ist unser erster Halt Cäsarea, die von Herodes dem Grossen erbaute Stadt am Meer.

DIE BEGEISTERUNG DES ERSTEN HALTS

Sobald der Bus am Eingang angehalten hat, schnappen sich aufgeregte Touristen ihre Hüte und Mobiltelefone, stellen die Kopfhörer auf ihre Wiedergabegeräte ein und betreten die Stätte. Der Reiseführer versucht, alle zum Theater zu lotsen, aber die Touristen scheinen sich in alle Richtungen zu verstreuen, wobei sie schon bald vergessene Schnappschüsse von jedem unbedeutenden Steinbrocken und jeder zerbrochenen Statue machen. Die störrischen Lämmer kommen schliesslich in das Theater am Meer und bestaunen ihre erste echte «antike Ruine», die sich aus dem umgebenden Sand erhebt.

Obwohl das Theater von Archäologen restauriert wurde – und heute für Musikaufführungen genutzt wird –, hat es das verwitterte Aussehen eines Bauwerks bewahrt, das seit zwanzig Jahrhunderten dem Mittelmeer die Stirn bietet. Der zerfurchte und pockennarbige Sandstein deutet auf die Stürme hin, die es im Laufe der Jahre heimgesucht haben. Bei den Touristen mit Jetlag weicht die anfängliche Schläfrigkeit einem Gefühl der Begeisterung. Aber diese emotionale Reaktion wird *nicht* von der Grösse, der Erhabenheit oder der anspruchsvollen Verarbeitung dieses Theaters ausgelöst. Sie kommt vielmehr von der ersten sichtbaren, greifbaren Verbindung zur Vergangenheit, mit der sie konfrontiert werden. Für die Reisegruppe ist dies das erste Tor, das sie zurück in die Zeit der Bibel führt.

Plötzlich wird den Touristen klar, dass Herodes der Grosse über dieselben Steine gegangen sein könnte, auf die sie jetzt treten, dass seine Hände genau die Wände berührt haben könnten, die sie jetzt betasten. Die Überreste des Palasts von Herodes – genau der Palast, in dem der Apostel Paulus zwei Jahre lang gefangen gehalten wurde – stehen nur wenige Hundert Meter entfernt. Bevor die Gruppe Cäsarea verlässt, wird sie noch das Hippodrom besichtigen, in dem Wagenrennen stattfanden, den antiken Hafen, der von Herodes erbaut und später von den Kreuzfahrern wieder aufgebaut wurde, und das römische Aquädukt, das Wasser vom zehn Kilometer entfernten Berg Karmel heranführte.

Auf der Reise ist es eine der vielen Aufgaben des Reiseleiters, die Gruppe in Bewegung zu halten. Die Leute wollen das Tempo drosseln, die Geschichte einatmen und die Ruinen mit Menschen aus der Bibel bevölkern – Herodes der Grosse, Herodes Agrippa I., Petrus, Kornelius, der Evangelist Philippus, Paulus, Felix, Festus und Herodes Agrippa II. Aber der Reiseleiter hat auch all die anderen Sehenswürdigkeiten, die die Gruppe noch an diesem Tag besuchen muss, im Kopf. Wie das weisse Kaninchen in Walt Disneys *Alice im Wunderland* schreit er unentwegt: «Wir sind spät dran, wir sind spät dran! Es gibt noch wichtige Termine! Hallo und bald auf Wiederseh'n, wir sind spät dran, wir sind spät dran!»

Das Hippodrom neben dem Palast des Herodes

Für die meisten Besucher von Cäsarea ist der Gang durch die Ruinen mit starken Gefühlen verbunden – die Erste von vielen solcher Erfahrungen während der Reise. Doch wer in der Lage ist, über die beeindruckenden Ruinen hinauszublicken – und sich nicht von der Ungeduld des Reiseleiters ablenken lässt – wird eventuell den fatalen Fehler im grossartigen Plan von Herodes dem Grossen für Cäsarea entdecken. Das Fundament dieser Stadt ruhte nicht auf massivem Fels wie die im Hügelland Richtung Osten. Stattdessen breitete sich die Stadt über den losen Sand der Mittelmeerküste aus. Der ursprüngliche Hafen des Herodes ist verschwunden ... versunken im Meer. Das Aquädukt, das Cäsarea sein lebensspendendes Wasser brachte, steht heute in majestätischer Abgeschiedenheit vom Rest der Stadt. Der nördliche Rand des Aquädukts ist unter dem Sand verschwunden, der unerbittlich sein Gebiet zurückerobert hat, und sein südliches Ende wurde vom Mittelmeer weggespült – und hinterliess eine Lücke zwischen dem Aquädukt und der Stadt, für die es gebaut worden war. Weite Teile der antiken Stadt selbst sind noch immer von Sand bedeckt.

Überreste des römischen Aquädukts

Was Herodes für dauerhaft hielt, erwies seine Vergänglichkeit. Die Stadt – nach Cäsar benannt, mithilfe römischer Technologie erbaut und als Denkmal für die Grösse des Herodes gedacht – konnte nicht überdauern. Die Gebäude mögen prächtig gewesen sein, aber ihre Fundamente wurden von nicht mehr als losem Sand getragen.

Als die Gruppe das Theater verlässt, kommt sie auf dem Weg zum Palast des Herodes durch einen kleinen Wald aus Säulen mit Sarkophagen. Der Palast selbst ragt ins Mittelmeer hinaus, ebenso ein Süsswasserbecken, das sich zum Meer hin erstreckt – vielleicht der erste Infinitypool[5] der Welt. Auf der Nordseite des Palastes spaziert die Gruppe zu den Fundamenten der Versammlungshalle, die Herodes der Grosse errichten liess, um wich-

5 Anm. d. Übs.: «Unendlichkeitsbecken»; ein Schwimmbecken, bei dem der Rand nicht deutlich sichtbar ist, sodass der Eindruck entsteht, es sei unendlich gross. Insbesondere bei einem Becken mit Blick aufs Meer scheint es, als würde es bis zum Horizont reichen.

tige Besucher zu empfangen. Dies ist mit ziemlicher Sicherheit der Raum, in dem der Apostel Paulus vor Festus und Agrippa stand. In Apostelgeschichte 25 berichtet Lukas, Agrippa und seine Frau kamen «mit grossem Prunk und gingen mit den Obersten und den angesehensten Männern der Stadt in den Gerichtssaal» (V. 23). Stellen Sie sich die Szene vor. Der römische Provinzgouverneur lädt die königliche Familie ein, den Enkel von König Herodes, und mit ihnen alle prominenten Bürger von Cäsarea.

Und dann wurde Paulus in die Versammlungshalle geführt, die eisernen Ketten an seinen Hand- und Fussgelenken klirrten und scharrten über den Mosaikboden. Auf die im Raum Versammelten wird Paulus gewirkt haben, als sei er kaum mehr als ein gewöhnlicher Gefangener, der vorgeführt wurde, um die Neugierde des ranghohen Besuches zu befriedigen.

Das Gelände von Herodes' Palast und Versammlungshalle

Aber als Paulus aufgefordert wurde zu sprechen, wich dieser Eindruck. Paulus legte sein persönliches Zeugnis ab, einschliesslich seiner Begegnung mit dem auferstandenen Jesus von Nazareth. Doch das war Paulus noch nicht genug. Er wandte sich direkt an diese Oberhäupter, die dachten, sie hielten sein Leben in ihren Händen, legte ihnen die Ansprüche Jesu dar und forderte sie auf, *ihm* zu antworten. Paulus erklärte ihnen, «dass der Christus leiden müsse und dass er als der Erstling aus der Auferstehung der Toten Licht verkündigen werde dem Volk und auch den

Heiden» (Apg 26,23). Der Jude Agrippa und der Heide Festus verstanden, dass Paulus sie direkt ansprach!

Festus rief: «Paulus, du bist von Sinnen! Das viele Studieren bringt dich um den Verstand!» (Apg 26,24). Aber Paulus gab nicht nach. «Hochedler Festus, ich bin nicht von Sinnen, sondern ich rede wahre und wohlüberlegte Worte!» (V. 25). Und dann wandte er sich an König Agrippa und sagte: «Denn der König versteht dies sehr wohl! An ihn richte ich meine freimütige Rede. Denn ich bin überzeugt, dass ihm nichts davon unbekannt ist; denn dies ist nicht im Verborgenen geschehen! Glaubst du den Propheten, König Agrippa? Ich weiss, dass du glaubst!» (V. 26-27).

Agrippa unterbrach Paulus und antwortete ein wenig defensiv: «Es fehlt nicht viel, und du überredest mich, dass ich ein Christ werde!» Aber Paulus liess sich nicht zum Schweigen bringen. «Ich wünschte mir von Gott, dass über kurz oder lang nicht allein du, sondern auch alle, die mich heute hören, solche würden, wie ich bin, ausgenommen diese Fesseln!» (V. 28-29).

Der Apostel Paulus stand Cäsarea durch; seine zweijährige Gefangenschaft war wahrscheinlich kaum mehr als eine Fussnote in den Journalen der römischen Herrscher, die Judäa von hier aus regierten. Aber die Mission, der Paulus sein Leben gewidmet hatte, war nicht auf losem Sand gebaut. Sie war auf dem massiven Fels Jesus verankert. Paulus selbst erinnerte die Gemeinde in Korinth an diese Wahrheit. «Denn einen anderen Grund kann niemand legen ausser dem, der gelegt ist, welcher ist Jesus Christus» (1Kor 3,11).

Die Worte des Paulus werfen eine wichtige Frage für jede Gruppe auf, die am Beginn einer Reise durch das Heilige Land steht. Worauf sollen wir unser Vertrauen setzen? Es ist dieselbe Frage, die sich manche von denen gestellt haben müssen, die vor zweitausend Jahren der Botschaft des Paulus zuhörten. Sie hatten die sichtbare Macht Roms vor Augen. Könnte eine solche Macht und Gewalt irgendwie weniger bedeutsam sein als die Verheissung der Erlösung, die durch den Tod und die Auferstehung Jesu Christi angeboten wird? Zu Paulus' Zeiten muss eine solche

Gegenüberstellung für viele geradezu absurd gewirkt haben. Nachdem der römische Herrscher von Cäsarea Paulus' leidenschaftliche Botschaft gehört hatte, rief er: «Paulus, du bist von Sinnen!» (Apg 26,24). Er konnte die beeindruckenden Gebäude sehen, die dort bereits standen, und die dumpfen Schläge der Klüpfel hören, die auf die Meissel trafen, um noch mehr Denkmäler für die Grösse Roms zu schaffen. *Das* war für Festus die Realität. Wie konnte Paulus glauben, dass die Macht Gottes durch Jesus Christus grösser war als das?

Zwei Jahrtausende sind vergangen, seit sich diese Männer in genau diesem Audienzsaal in Cäsarea trafen. Von dem Palast sind nur noch Bruchstücke übrig. Die Stadt, die gebaut wurde, um den Namen Cäsars zu ehren – und die grosse Bedeutung des Herodes zu mehren –, ist nun nicht mehr als eine archäologische Rarität. Verschlissen, verwittert, fertig mit der Welt. Aber die vom Apostel Paulus verkündete Botschaft hat sich mit Macht über die ganze Erde verbreitet. Das ist eine wichtige Lektion, die wir von dieser ersten Station unserer Reise durch das Land mitnehmen können!

SPASS MIT SEMINARISTEN

Ich liebe es, eine Reise in Cäsarea zu beginnen. Die umfangreichen archäologischen Ausgrabungs- und die erstaunlichen Restaurierungsarbeiten haben es inzwischen leider unmöglich gemacht, den Reisegästen einen Streich zu spielen. Bevor ein Grossteil der Restaurierung abgeschlossen war, wurden Teile der Ausgrabung wieder mit Sand zugeschüttet, um Beschädigungen oder Plünderungen zu verhindern. Auf einigen meiner frühen Reisen mit Seminaristen nahmen wir sie mit auf einen Spaziergang zwischen dem Palast des Herodes und dem Hafengebiet. An einer bestimmten Stelle hielten wir an und sagten: «Stellen Sie sich vor, was hier noch alles im Sand vergraben sein könnte, direkt unter unseren Füssen!» Und dann fingen wir an, den Sand mit unseren Füssen wegzuscharren.

Mosaik mit einem Zitat aus Römer 13,3

Als griechische Buchstaben sichtbar wurden, fielen die Studenten vor Aufregung auf die Knie, um mehr von dem Sand wegzuwischen. Bald hatte die Gruppe eine vollständige Inschrift freigelegt. Und dann übersetzten diese angehenden Griechisch-Gelehrten mit ein wenig Hilfe von den Professoren: «Wenn du dich also vor der Obrigkeit nicht fürchten willst, so tue das Gute, dann wirst du Lob von ihr empfangen!» Na, das ist ja ein direktes Zitat aus Römer 13,3!

Und das war es auch. Diese Inschrift aus der byzantinischen Zeit, genau genommen eine von zweien, wurde auf dem Boden eines grossen öffentlichen Gebäudes entdeckt. Die Inschrift ist nun vollständig freigelegt, damit ist die «Freude am Entdecken» – und die Möglichkeit, einen Streich zu spielen, dahin!

Nehmen Sie sich etwas Zeit, um die Stadt auf eigene Faust zu erkunden. Achten Sie darauf, alle Fotos zu schiessen. Und vergessen Sie nicht, auf dem Rückweg zum Bus die Toiletten zu benutzen. Trödeln Sie nicht! Der Bus wird in fünfzehn Minuten abfahren. «Wir sind spät dran, wir sind spät dran, wir sind spät dran!»

Blick über das Jesreeltal vom Gipfel des Berges Karmel

KAPITEL 2

DER BERG KARMEL: *Elias Erlebnis auf dem Berg*

Die Strasse zum Gipfel des Berges Karmel – dem traditionellen Schauplatz von Elias Kampf mit den Baalspropheten – ist gepflastert, aber ziemlich schmal. Zwei kleine Autos können problemlos in entgegengesetzter Richtung aneinander vorbeifahren, aber nicht zwei Reisebusse. Zum Glück gibt es entlang der Strasse mehrere Stellen, an denen ein Bus zur Seite ausweichen kann, sodass ein anderer vorbeikommt. Die Fahrgäste lernen die versierten Fahrer zu schätzen, die mit nur wenigen Zentimetern Abstand aneinander vorbeifahren und dabei ihre Seitenspiegel unversehrt lassen.

Der Weg zum Gipfel des Karmel war nicht immer so schön. Auf meinen ersten Reisen nach Israel gab es Stellen, an denen die Strasse kaum breit genug für nur einen Bus war. Wenn sich damals zwei Busse unerwartet an einer dieser engen Stellen begegneten, musste der eine zurücksetzen, bis einer der Fahrer an die Seite fahren konnte, um den anderen vorbeizulassen. Ich habe nie auch nur einen Bericht von Unfällen auf dieser Strasse gehört, aber ich bin sicher, dass diese Anforderung die Nerven von neuen Fahrern auf die Probe gestellt hat.

Die Strasse schlängelt sich schliesslich hinauf zu einem Kloster auf einem der höchsten Gipfel des Karmelgebirges. Das Kloster trägt den Namen Muhraqa, was auf Arabisch «Ort der Verbrennung» oder «Ort des Feuers» bedeutet. Es wurde vom Orden der Unbeschuhten Karmeliten erbaut. Natürlich hat der typische Besucher des Heiligen Landes das Wort «unbeschuht» (lat. *discalceatus*, engl. *discalced*) noch nie in einem normalen Gespräch verwendet, was zeigt, wie sehr diese Reise den eigenen Wortschatz erweitern kann. Das Wort stammt von dem lateinischen Wort für Schuhwerk – *calceatus*. *Discalceatus* zu sein, bedeutete, ohne Schuhe zu sein! Irgendwie hat sich das Wort bei den meisten Menschen nie durchgesetzt, wahrscheinlich zur ewigen Erleichterung von Shoeless Joe Jackson.[6] Zum Glück können die Pilger heute ihre Schuhe an diesem Ort anbehalten. Auf dem Berg Karmel muss niemand schuhlos sein!

Manche Reiseleiter bringen ihre Gruppen nicht gerne nach Muhraqa. Die Fahrt zu diesem Ort führt über abseits gelegene Strecken, und abgesehen von dem winzigen Souvenirladen des Klosters gibt es in der unmittelbaren Umgebung keine Geschäfte. Touristen sind sich selten bewusst, dass viele Geschäfte Reiseleitern und Fahrern eine Provision dafür zahlen, dass sie ihre Busladungen von Touristen zum Einkaufen bringen. Manche weniger ehrenwerte Reiseleiter würden es vorziehen, Stätten wie Muhraqa auszulassen, um ihren Leuten mehr Zeit für Einkäufe im «ganz besonderen Olivenholzladen meines Freundes» in Nazareth zu geben.

Eliastatue auf dem Berg Karmel

6 Anm. d. Übs.: Baseballspieler, der seinen Spitznamen Shoeless, «Der Schuhlose», nach einem Spiel bekam, bei dem er seine Schuhe auszog.

Ich leitete einmal zur gleichen Zeit wie mein Schwager eine Reisegruppe in Israel. Nach unseren Reisen blieben wir in Israel und hatten ein paar freie Tage, um das Land auf eigene Faust ein wenig zu erkunden. Als wir über unsere letzten Touren sprachen, erwähnte er, wie traurig es war, dass die Strasse nach Muhraqa ausgewaschen war. «Aber ich war gerade mit unserer Gruppe dort. Die Strasse war nicht ausgewaschen», sagte ich.

Im Laufe der Jahre leitete mein Schwager mehrere andere Reisen nach Israel, aber mit diesem Reiseleiter hat er nie wieder zusammengearbeitet!

Nachdem der Eintrittspreis bezahlt war, führt der Reiseleiter die Gruppe über einen Platz zum Hauptgebäude. Einige halten an, um ein Foto von der Eliastatue zu machen, die bedrohlich auf sie herabblickt, ein Schwert in der Hand hält und droht, alle verbliebenen Baalspropheten zu töten, die sich in der Reisegruppe verstecken. Sobald sie das Gebäude erreichen, steigen die Pilger eine Treppe zur Aussichtsplattform auf dem Dach hinauf, von wo aus sie einen spektakulären Blick auf das Jesreeltal haben.

Ich liebe den Berg Karmel, unter anderem wegen dieser grossartigen Aussicht. An den meisten Tagen ist das Jesreeltal mit einer leichten Decke aus Dunst zugedeckt, aber ein Besucher kann immer noch genug sehen, um die strategische Bedeutung dieses Tals zu erkennen, das auch als Tal von Esdrelon oder Tal von Harmageddon bekannt ist. Der Ausblick von dieser Dachterrasse hilft einem, sich vorzustellen, wie viel Geschichte Gott in ein so kleines Land gepackt hat. Der moderne Staat Israel hat praktischerweise einen Militärflugplatz in dieses Tal gebaut, dessen zwei Landebahnen ein riesiges V bilden, an dem sich die Gruppe geografisch orientieren kann. Die linke Landebahn weist in Richtung eines Bergkamms, auf dem sich eine Stadt befindet. Der Bergkamm ist der Nazarethkamm, und die Stadt ist die moderne Stadt Nof HaGalil («der Blick auf Galiläa»). Die ursprüngliche Stadt Nazareth liegt direkt daneben, es ist schwer, die beiden von hier aus zu unterscheiden. Die Leute können Jesus, Joseph und Maria gedanklich auf diesen Hügel stellen.

Dieselbe Landebahn weist auch in Richtung eines runden Hügels, der sich direkt *hinter* dem Nazarethkamm erhebt. Das ist der Berg Tabor. Eine spätere Tradition bringt diesen Berg mit der Verklärung in Verbindung, obwohl der Berg Hermon ein besserer Kandidat für dieses Ereignis ist. Aber zwei geistliche Giganten aus dem Alten Testament standen *tatsächlich* auf dem Gipfel dieses Berges – Debora und Barak. Der Berg Tabor ist der Berg in Richter 4–5, von dem herab sie ein Heer von Zehntausend Israeliten gegen die Streitwagen des kanaanitischen Generals Sisera führten.

Die rechte Landebahn weist auf einen weiteren Hügel, den Hügel More. Der Name lässt keinen Schimmer von Erkennen aufkommen bei den meisten in der Gruppe, bis sie den Hügel mit anderen bedeutenden Charakteren aus der Bibel in Verbindung bringen. Am Fusse des Hügels liegt die moderne Stadt Afula. Dort befindet sich die alttestamentliche Stadt Ophra – die Heimatstadt von Gideon! Auf der rechten (südlichen) Seite des Hügels lag die alttestamentliche Stadt Schunem. Elisa machte kurz Halt im Haus einer schunamitischen Frau und kündigte an, dass sie einen Sohn gebären werde (2Kö 4). Später, nach dem tragischen Tod des Jungen, erweckte Elisa das Kind wieder zum Leben.

Auf der linken (nördlichen) Seite des Hügels lag eine Stadt aus neutestamentlicher Zeit namens Nain. In Lukas 7 steht, wie Jesus den Sohn einer Witwe aus Nain wieder zum Leben erweckte. Das Volk reagierte mit den Worten: «Ein grosser Prophet ist unter uns aufgestanden» (Lk 7,16). Warum reagierten sie auf dieses Wunder damit, dass sie Jesus einen Propheten nannten? Vielleicht, weil das grösste Wunder, das sich jemals in dieser Gegend ereignete, nur fünf Kilometer entfernt auf der anderen Seite des Hügels geschah, als der Prophet Elisa diesen Jungen zum Leben erweckte!

Vom Hügel, auf dem Jesus aufwuchs, über den Hügel, auf dem Debora und Barak Israel zu einem grossen Sieg führten, bis hin zum Hügel, auf dem zwei kleine Jungen von den Toten auferweckt wurden – durch Elisa und Jesus. Und wir sind noch nicht fertig mit diesem visuellen Streifzug durch die Geschichte. Gleich rechts vorbei am Hügel More, weit in der Ferne, liegt der Berg Gilboa. Das ist der Hügel, auf dem Gideon seine dreihundert Männer auswählte, um die Midianiter zu besiegen, auf dem Saul und seine Söhne im Kampf gegen die Philister starben und auf dem Ahab und Isebel einen Palast bauten ... und ein Mann namens Nabot sich weigerte, ihnen seinen nahe gelegenen Weinberg zu verkaufen.

Dreizehn Jahrhunderte biblischer Geschichte entfalten sich in dem Tal dort unten. Und wir haben den Hügel, auf dem wir gerade stehen, noch gar nicht mit eingeschlossen! Der Berg Karmel ist eigentlich ein Gebirge, das sich über fast vierzig Kilometer erstreckt. In dem Tal, das uns zu Füssen liegt, können unsere Touristen gerade noch einen grünen Streifen Vegetation erkennen, der den gewundenen Lauf des Flusses Kischon markiert – der genau genommen die meiste Zeit des Jahres nicht mehr ist als ein kleines Rinnsal. Irgendwo auf diesem Hügel focht Elia mit den Propheten des Baal und den Propheten der Aschera seinen Wettstreit aus, und ganz dort unten am Kischon liess Elia das Volk diese falschen Propheten töten.

Heute können sich Reisegruppen, die Headsets tragen, hier auf dem Dach des Klosters entlang des Geländers verteilen und das Panorama geniessen, während die Bibellehrer in ein Mikrofon sprechen. Doch in früheren Zeiten mussten sich die Reisegruppen um den Lehrer versammeln, wenn sie etwas hören wollten. Das galt insbesondere dann, wenn sich mehrere Reisegruppen gleichzeitig auf dem Dach aufhielten.

Bei einer Gelegenheit hatte ich gerade zu sprechen angefangen, als eine grosse Gruppe auf das Dach kam. Ich forderte unsere Reisegruppe auf, sich in der Ecke um mich herum zu versammeln. Ich sagte ihnen, dass ich leise sprechen müsse, weil ich die andere Gruppe nicht stören wolle. Währenddessen begann diese Gruppe, sich in der Mitte des Daches um einen handgezeichneten Kompass zu versammeln, der die Richtung zu verschiedenen Orten anzeigte. Ich wusste nicht genau, was der Leiter sagte, aber an einer Stelle muss er das Feuer beschrieben haben, das nach dem Gebet Elias vom Himmel fiel. Offensichtlich assoziierte er das mit den «Zungen wie von Feuer, die sich zerteilten», die am Pfingsttag in Jerusalem herabkamen (Apg 2,3), denn die Gruppe geriet plötzlich ausser sich, mit wilden Rufen und ekstatischen Äusserungen! Glücklicherweise fiel an diesem Tag nicht wirklich Feuer vom wolkenlosen Himmel, und es waren keine Baalspropheten auf das Dach gekommen.

Bei den meisten unserer Besuche auf dem Berg Karmel am späten Vormittag war das Wetter schön, wenn auch etwas dunstig. Wenn ich die Geschichte von Elias Zusammenstoss mit den Baalspropheten erzähle, konzentriere ich mich normalerweise auf die Dürre. Ich möchte, dass die Reisegruppe sich vorstellt, wie es ausgesehen hat, als nach dreieinhalb Jahren Dürre endlich eine Wolke, nicht grösser als eine menschliche Faust, im Westen über dem Mittelmeer auftauchte. Manchmal gibt es dort sogar eine Wolke, auf die ich zur Veranschaulichung hinweisen kann. Aber einmal auf dem Berg Karmel musste ich mich mehr auf den Regen als auf die Trockenheit konzentrieren!

Es war Frühlingsanfang, und das Wetter hatte den ganzen Morgen über bedrohlich gewirkt. Doch als wir uns dem Gipfel des Karmel näherten, gab es einen Wolkenbruch. Wie wir später erfuhren, waren an diesem Tag bis zu zweihundert Millimeter Regen auf dem Karmel gefallen, was zu schweren Überschwemmungen in Haifa führte. Wir sassen eine Weile im Reisebus und warteten, ob der Sturm aufhören würde. Er hörte aber nicht auf, also erzählte ich noch einmal die Geschichte von Elia und den Baalspropheten und konzentrierte mich dabei auf den grossen Sturm, den Gott nach der Auseinandersetzung schickte. Der Regen war so stark, dass wir das Kloster nicht einmal vom Parkplatz aus sehen konnten, der weniger als neunzig Meter entfernt war. Die Leute kannten alle die Geschichte, aber diese speziellen Effekte waren spektakulär.

Die Ereignisse in der Bibel sind reale Ereignisse, die an realen Orten stattfanden und das Leben von realen Menschen beeinflussten.

Vom Gipfel des Karmel aus gibt es vieles aus der biblischen Geschichte zu sehen, aber es gilt auch, einige tiefgründige Lektionen zu lernen, die jeder Besucher von diesem Ort mitnehmen sollte. Die Erste ist die Erinnerung daran, dass die Ereignisse in der Bibel reale Ereignisse sind, die an realen Orten stattfanden und das Leben von realen Menschen beeinflussten. Die Greifbarkeit dieser Geschichten hinterlässt bei den meisten Besuchern einen tiefen Eindruck. Eine zweite Lektion ist die Erinnerung daran, dass jeder, der sich auf Gottes Seite stellt, die Gegner nicht fürchten muss. Ob Elia, Debora und Barak oder Gideon, der Sieg kam, als treue Männer und Frauen sich entschieden, ihm zu folgen und zu gehorchen. Und zuletzt müssen wir mit Bedacht von diesem Berg herunterfahren. Wann immer wir eine Erfahrung machen, die manche als «Gipfelerlebnis» bezeichnen, wie die, die Elia hier auf dem Berg Karmel hatte, müssen wir uns auf das geistliche Tal vorbereiten, das unweigerlich folgt, egal in welche Richtung wir gehen. Auf Elias Berggipfel in 1. Könige 18 folgte nur ein Kapitel später seine verängstigte Flucht in die Wüste. Das Leben ist eine Reihe von geistlichen Höhen und Tiefen. Erfreuen Sie sich an den Gipfeln, aber seien Sie immer auf die Täler vorbereitet. Fragen Sie einfach Elia!

Überreste des bronzezeitlichen Tores von Megiddo

KAPITEL 3

MEGIDDO:
Der Schauplatz von Harmageddon

Ein Spaziergang über das Gelände des antiken Megiddo ist ein guter Test der körperlichen Fähigkeiten einer Reisegruppe. Die bisherigen Sehenswürdigkeiten erforderten nur recht kurze Spaziergänge, aber die Wanderung über den Gipfel von Megiddo ist anstrengender. Sie ist länger. Man muss über unebenen Boden gehen. Und am Ende steigt man 180 Stufen in den Wassertunnel der Stadt hinab, gefolgt von einem Aufstieg über achtzig Stufen, um wieder herauszukommen.

Die Reisegruppe ist bereit, eine kurze Pause einzulegen, sobald wir den ersten Halt, das Stadttor aus der späten Bronzezeit, erreichen. Dieses Tor war in Gebrauch, als Josua die Kinder Israels in das verheissene Land führte, und es hilft zu erklären, warum Israel dabei versagt hat, das Land vollständig zu besetzen. In der Tat sticht Megiddo in dieser Hinsicht besonders hervor. «Manasse aber vertrieb die Einwohner von Beth-Schean und seinen Tochterstädten nicht, auch nicht diejenigen von ... Megiddo und seinen Tochterstädten; sondern es gelang den Kanaanitern, in diesem Land zu bleiben» (Ri 1,27). Wenn man an diesem Tor steht, versteht man diese Beschreibung. Die Verteidigungsanlagen hatten auf eine

Gruppe von Wüstennomaden ziemlich imposant gewirkt. Das *entschuldigt* nicht Manasses Versagen, hilft aber, es zu erklären.

Als Mark Twain das Heilige Land besuchte, stand er im antiken Megiddo und dachte über all die Armeen nach, die sich im Laufe der Geschichte im Jesreeltal versammelt hatten.

> Die Ebene von Esdrelon – «das Schlachtfeld der Nationen» – versetzt einen lediglich in Träume von Josua und Benhadad und Saul und Gideon; von Tamerlan, Tankred, Löwenherz und Saladin; von den kriegerischen Königen Persiens, Ägyptens Helden und Napoleon – denn sie alle kämpften hier. Wenn die Zauberkraft des Mondlichts die Myriaden von Männern, die auf dieser weiten, fernhin sich erstreckenden Fläche gekämpft haben, zusammenrufen und sie in die Tausend seltsamen Trachten ihrer Hundert Nationalitäten kleiden könnte und die riesige Heerschar die Ebene hinabbrausen liesse im Glanze der Federn und Banner und funkelnden Lanzen, könnte ich hier ein Leben lang stehen, um dem Geisterzug zuzuschauen.[7]

Solange man Israel nicht besucht hat, sind Megiddo und das Jesreeltal einfach nur Namen aus der Bibel von nur wenig historischer Bedeutung. Doch für diejenigen, die wie Twain auf dem Gipfel standen und über das Tal blickten, wird die strategische Lage des Ortes klar. In Richtung Westen reicht das Tal bis zum Mittelmeer beim heutigen Haifa, und in Richtung Osten verbindet es sich mit dem Jordantal. In der Nähe unseres Standorts führte die Internationale Fernstrasse an Megiddo vorbei und verband die beiden grossen Zivilisationen von Ägypten und Mesopotamien. Auf der heutigen Strasse kann immer noch eine Parade von Autos und Lastwagen beobachtet werden, die dem Weg folgt, den die ägyptische Armee vor 3500 Jahren genommen hat.

---

7 Mark Twain, *Die Arglosen im Ausland*, Übs. Ana Maria Brock (Frankfurt a.M. / Leipzig: Insel, 1997), 562.

Carl Rasmussen beschrieb das Jesreeltal als «die Bühne, auf der die Armeen der Welt an- und abtreten».[8] Und das war gewiss auch, was Mark Twain im Sinn hatte, als er denselben Ausblick bestaunte. Der Ort, an dem wir stehen, der Berg von Megiddo, hat mehr als nur *historische* Bedeutung. Für das Wort «Berg» steht im Hebräischen *har*, und in der Offenbarung wird *har Megiddo* als *Harmageddon* umschrieben. Schon der Name weist auf eine auch für uns noch zukünftige Versammlung von Armeen an diesem Ort.

Wer das Wort Harmageddon hört, denkt zumeist an die letzte Schlacht aller Zeitalter, an den ultimativen Ort, an dem das Gute über das Böse triumphieren wird. Aber wenn wir hier stehen, möchte ich, dass unsere Reisegruppe den Ort mit einer etwas anderen Sichtweise verlässt. Für mich markiert der Berg von Megiddo den Ort, an dem das Böse – zumindest zeitweise – über das Gute zu triumphieren scheint. Um zu verstehen, warum ich das meine, müssen wir Megiddo zu zwei verschiedenen Anlässen einen Besuch abstatten.

Der erste Besuch findet gegen Ende des Königreichs Juda statt. Josia, der letzte gute König von Juda, regierte das Land, doch am Horizont zogen die dunklen Wolken des Krieges auf. Im Nordosten kämpften Assyrien und Babylon um die Vorherrschaft über Mesopotamien. Das einst grosse assyrische Reich hing in den Seilen. Die babylonische Armee hatte bereits die Stadt Ninive zerstört und rückte vor, um anzugreifen, was von den assyrischen Streitkräften noch übrig war. Südwestlich von Josia war Ägypten auf dem Vormarsch und hoffte, von diesem Machtkampf zu profitieren. Die mächtige ägyptische Armee begann, nach Norden zu marschieren, um die assyrische Armee zu retten, die Babylonier aufzuhalten und währenddessen ihre Macht und ihren Einfluss auszuweiten.

Der gute König Josia sah in diesem ägyptischen Vormarsch eine tödliche Bedrohung für sein Reich. Obwohl die Ägypter die Internationale

---

8 Carl G. Rasmussen, *Historisch-geografischer Atlas zur Bibel*, Übs. Dagmar Gleiss, Marlis Stubenitzky, Meike Ditthardt (Neuhausen-Stuttgart: Hänssler, 1997), 36.

Fernstrasse hinauf und weg von Jerusalem marschierten, mobilisierte Josia seine Armee und eilte nach Norden, um sie an dem einzigen Ort aufzuhalten, an dem seine kleinere Streitmacht einen strategischen Vorteil haben könnte – bei Megiddo. Er hoffte, die ägyptische Armee in dem nahe gelegenen, engen Pass, der durch den Berg Karmel führt, in die Enge treiben zu können.

Josias unglücklicher Feldzug kostete ihn schliesslich das Leben. Die Bibel beschreibt das Zusammentreffen folgendermassen: «König Josia zog ihm entgegen; aber der Pharao tötete ihn bei Megiddo, sobald er ihn gesehen hatte. Und seine Knechte führten ihn tot von Megiddo weg und brachten ihn nach Jerusalem; und sie begruben ihn in seinem Grab» (2Kö 23,29-30). Megiddo ist der Ort, an dem Josia sein Leben und das Königreich Juda seine Unabhängigkeit verloren.

Nachdem uns dieser erste Halt in Megiddo 2600 Jahre zurück in die Vergangenheit führte, bringt uns der zweite in eine Zeit, die noch in der Zukunft liegt – eine Zeit, in der es so aussieht, als ob die ganze Welt unter die Kontrolle Satans und der Mächte des Bösen fallen wird.

Was viele als die «Schlacht von Harmageddon» bezeichnen, wird in der Bibel gar nicht als Schlacht beschrieben. Im Buch der Offenbarung wird dort ein Aufmarschgebiet für die Armeen der Welt beschrieben. Satan, der Antichrist und sein falscher Prophet senden ihre dämonischen Abgesandten in alle Welt, «um sie zum Kampf zu versammeln an jenem grossen Tag Gottes, des Allmächtigen ... Und er versammelte sie an den Ort, der auf Hebräisch Harmageddon heisst» (Offb 16,14.16). Harmageddon ist der *Sammelplatz*, der Ort, an dem die Armeen ihre Kräfte für ihren letzten Feldzug gegen Israel vereinen ... und zuletzt gegen Gott selbst.

Megiddo ist der Ort, wo Satans Plan zur globalen Eroberung zum Höhepunkt kommt. Die Armeen der Welt vereinen sich schliesslich in Megiddo hinter seinem falschen Messias, um eine Reihe von Feldzügen durchzuführen, die in Jerusalem enden werden. Doch sobald der Sieg zum Greifen nahe scheint, wird Jesus vom Himmel auf den Ölberg herabsteigen, um die Eindringlinge zu vernichten und seine Nachfolger zu retten. Eine

Armee, die bei ihrer Sammlung in Megiddo unaufhaltsam zu sein scheint, wird letzten Endes vom wahren König und Messias besiegt werden, wenn er vom Himmel wiederkommt.

Das Wissen darum, wie die Geschichte endet, gibt unserer Pilgergruppe eine andere Perspektive, während wir uns startbereit machen, unsere Erkundung von Megiddo fortzusetzen. Direkt hinter der Stelle, an der wir stehen, legten Archäologen einen grossen Altar frei, der aus Feldsteinen errichtet worden war. Obwohl wir auf den Altar hinabschauen, war er einst die «Höhe» für die Menschen, die hier kurz vor der Zeit Abrahams lebten.

Eine meiner schönsten Erinnerungen an Megiddo ist die an eine Zeit, in der wir nicht zu dem Gelände hinaufgehen konnten. Den ganzen Morgen über zogen Wolken über den Himmel, und es drohte zu regnen. Eine Zeit lang hatten wir Glück gehabt, aber das änderte sich, als unser Bus auf den Parkplatz rollte. Die Wolken öffneten sich und strömender Regen durchnässte die Reisegruppe, als wir zum Eingang des Gebäudes rannten. Während wir darauf warteten, dass der Regen aufhörte, nutzten wir das Modell, das im Haus war, um die Details des Geländes zu erklären. Es regnete noch immer, also schickten wir die Reisegruppe zu den Toiletten. Wir ahnten nicht, dass unsere Zeit an diesem Ort so gut wie abgelaufen war.

Als die Gruppe begann, sich in der Nähe des Weges zu versammeln, um zum Gelände hinaufzugehen, sahen wir, wie ein Bach in Richtung Gebäude herunterrauschte. Innerhalb weniger Minuten war der Weg komplett überflutet; das Wasser stand bereits etliche Zentimeter tief. Und der Regen hatte kein bisschen nachgelassen. Wir warteten noch ein paar Minuten, aber es wurde klar, dass wir nicht auf den Platz gehen konnten, ohne vollständig durchnässt zu werden. Schliesslich gaben wir auf und rannten zurück zum Bus.

Als wir zum See Genezareth und zu unserem Hotel fuhren, kamen wir am Berg Tabor vorbei. Der Bus rauschte durch tiefe Pfützen auf der Strasse, während wir darüber sprachen, wie Gott Debora und Barak in die Lage versetzt hatte, die Truppen von Sisera zu besiegen, indem er genau im richtigen Moment einen gewaltigen Regensturm schickte. Niemand im Bus hatte Zweifel daran, dass ein solcher Sturm die Felder in einen Sumpf verwandeln und die Wagen unbrauchbar machen könnte, da die eisenbeschlagenen Räder im Schlamm versanken. Die Gruppe hat Megiddo nie zu Gesicht bekommen, aber sie hat auch die Geschichte von Debora und Barak nie vergessen!

Kanaanitischer Altar, der bei Megiddo entdeckt wurde

WANDERUNG DURCH MEGIDDO

Der Aussichtspunkt bei Megiddo ist ein wunderbarer Ort, um über die Rolle zu sprechen, die Megiddo in der Geschichte und in der Prophetie spielt. Es ist aber auch ein hervorragender Ort, um die wichtigsten Berge, die das Jesreeltal einrahmen, zu besichtigen – der Berg Karmel, der Nazarethkamm, der Berg Tabor, der Hügel More und der Berg Gilboa sind von diesem Aussichtspunkt aus deutlich zu sehen. (Na ja, solange es nicht regnet!) Neben dem Aussichtspunkt wurde ein Teil aus dem antiken

Hügel ausgegraben – das archäologische Äquivalent eines Tortenstücks. Und es war einer dieser bemerkenswerten Zufälle, dass die Archäologen ausgerechnet dort eine Stelle gefunden haben, an der sich ein kanaanitischer Altar befand – ein erhöhter Platz aus gerundeten Steinen.

Da wir nun unsere Wanderung über die Spitze des Hügels beginnen, kommen wir zu einer Stelle, an der sich die weniger mobilen «Schafe» von den eher trittsicheren «Ziegen» trennen können. Und als ob sie dem Gebot Jesu in Matthäus 25 folgen würden, gehen die Schafe nach rechts und spazieren den Berg hinunter, zurück zum Besucherzentrum, wo der Bus wartet. Die trittsicheren Ziegen nehmen den Weg nach links, der über den Rest des Geländes führt.

In den Boden eingelassenes Getreidesilo

Trog aus Stein mit der Skulptur eines Pferdes

Nachdem wir an einem grossen, in den Boden gegrabenen Getreidesilo angehalten haben, erreichen wir die Ställe. Zur Zeit von König Ahab wurden hier die Pferde gehalten, die Israels Streitwagen zogen. Aber was für unsere Gruppe vielleicht noch spannender ist, sind die Steintröge. Manche sind alt, manche sind neu. Diese neuen wurden zusammen mit den kunstvoll gestalteten Pferden hinzugefügt, um bei der Visualisierung der antiken Ruinen zu helfen.

Diese Futtertröge lenken den Blick auf die Geschichte von Jesu Geburt. Die meisten Kirchengemeinden haben eine Art Futtertrog oder Krippe, die sie zu Weihnachten aufstellen. Die Krippe ist in der Regel aus Holz und mit Stroh gefüllt, in das der blondhaarige, blauäugige Jesus gelegt wird. Wenngleich eine Krippe aus Holz hübsch aussieht, so wäre sie doch von den hungrigen Tieren schnell zerbissen worden. Eine logischere Wahl für eine Krippe war der Kalkstein, der das Rückgrat des Hügellandes bildete. Er war billig, reichlich vorhanden und langlebig. Wenn er erst einmal in Form gemeisselt war, hielt er für immer. Hier in Megiddo gibt es 2600 Jahre alte Tröge, die noch immer vollständig erhalten sind.

Wenngleich eine Krippe aus Holz hübsch aussieht, so wäre sie doch von den hungrigen Tieren schnell zerbissen worden.

Natürlich ist mir noch keine Kirchengemeinde untergekommen, die sich meinen Vorschlag zu eigen gemacht hätte.

Das letzte Ziel auf unserer Reise durch Megiddo ist die Besichtigung des Wassertunnels. Für Menschen mit Knieproblemen ist es schwierig, die mehr als 180 Stufen hinunterzugehen. Aber stellen Sie sich vor, wie beschwerlich es war, bevor die modernen, amtlich genormten Sieben-Zoll-Treppenstufen (177,8 mm Steigung, der Lektor) verbaut wurden. Die ursprünglichen Stufen waren in den Kalkstein geschlagen, variierten in der Höhe und waren in der Regel nass und rutschig von dem Wasser, das aus den Krügen der Frauen, die sie von der Quelle hinauftrugen, schwappte.

Am Fusse der Treppenstufen befindet sich der in den Fels gehauene Durchgang. Die Erbauer mussten die Tiefe, die Richtung und den Abstand genau passend wählen, damit der Tunnel exakt unter der ursprünglichen Quelle endet. Dann leiteten sie die Quelle um, sodass sie in den Tunnel hinunterfloss. Zuletzt verschlossen sie den Zugang zur Quelle von aussen, damit dieser geheime Eingang in die Stadt vor einem Feind verborgen war.

Die kühle Feuchtigkeit im Inneren des Tunnels ist eine willkommene Wohltat an einem warmen Tag.

Der Wassertunnel bei Megiddo

Leider endet der Tunnel viel zu früh, und wir müssen nun ungefähr acht Treppen hinaufsteigen, um das Wassersystem zu verlassen. Wenn unser Timing stimmt, *sollte* der Bus am Ende des Pfades auf uns warten. Ein weiterer Ort auf unserer Reiseroute ist abgehakt!

Blick vom Berg des Absturzes auf Nazareth

KAPITEL 4

NAZARETH:
Jesu Heimatort

Zur Zeit Jesu war Nazareth ein winziges Dorf mit nur wenigen Hundert Einwohnern. Wie viele der kleinen Orte, die verstreut auf den Hügeln von Judäa und Galiläa lagen, war es abgelegen und schwer zu erreichen. Nur wenige Aussenstehende würden sich je auf den Weg machen, um in das Dorf zu gelangen. Nathanaels Worte spiegelten die allgemeine Stimmung der damaligen Zeit wider: «Kann aus Nazareth etwas Gutes kommen?» (Joh 1,46).

Nazareth war zwar weniger als acht Kilometer Luftlinie von der Internationalen Fernstrasse entfernt, die Ägypten mit Mesopotamien verband, doch um den Ort zu erreichen, musste ein Besucher einen steilen Bergrücken erklimmen. Nachdem er es bis zur Spitze des Hügels geschafft hatte, entdeckte der angehende Besucher, dass das Dorf selbst in einer natürlichen Senke direkt unter der Spitze des Bergkamms lag. Es wurde in diese Schale eingebettet, weil sich dort eine natürliche Quelle – die Wasserversorgung des Ortes – befand. Nazareth war nur ein kleines Dorf, das versteckt hinter einem Hügel lag. Das Alte Testament ist ohne einen einzigen Hinweis auf Nazareth. Und obwohl es der Heimatort von Jesus war, wird er nur siebzehn Mal im Neuen Testament erwähnt.

Aber durch die Verbindung mit Jesus wurde Nazareth zu einem wichtigen Pilgerort und Touristenziel. Im Laufe der Zeit wurde der Ort auch grösser. In den 1950er-Jahren hatte Nazareth fast 20000 Einwohner. Heute ist die Stadt auf über 80000 Einwohner angewachsen. Aber die gleiche zweispurige Strasse, die sich einst durch das kleine Dorf schlängelte, ist immer noch die Hauptroute durch das Stadtzentrum. Die Busladungen von Touristen, die die Kirchen, Schreine und Geschäfte von Nazareth besuchen wollen, müssen sich ihren Weg durch diese enge Strasse bahnen, die mit Autos, Lieferwagen, Strassenhändlern und Geschäften verstopft ist, welche echtes handgeschnitztes Olivenholz und religiöse Souvenirs verkaufen.

Der beste Platz, um sich Nazareth heute anzuschauen, ist der Berg des Absturzes, eine Stelle am Rande des Hügels. Wenn man hier steht und auf Nazareth hinunterblickt, kann man leicht die natürliche Mulde erkennen, in welcher der Ort entstand. Das graue, kegelförmige Dach der Verkündigungsbasilika befindet sich am unteren Ende der Mulde im Zentrum der Stadt. Von diesem guten Aussichtspunkt aus können wir auch erkennen, warum Nazareth heute ein Opfer seines eigenen Erfolgs ist. Die ursprüngliche Strasse zur Stadt schlängelte sich vom Jesreeltal den Hang hinauf, bevor sie auf ihrem Weg nach Norden in die Mulde und durch das Stadtzentrum hinabführte.

DER AUFRUHR IN NAZARETH

Blick vom Berg des Absturzes hinab ins Jesreeltal

Hier auf dem Berg des Absturzes können wir auch ins Jesreeltal hinunterblicken und die neue Autobahn sehen, die im Tunnel durch den Fels geht und den Aufstieg zum Gipfel viel einfacher macht als noch vor wenigen Jahrzehnten. Doch wenn die Reisegruppe auf das Tal und die Strasse hinunterblickt, wird auch der Bericht von Jesu Rückkehr nach Nazareth in Lukas 4 klarer. Jesus war nach Nazareth zurückgekehrt und wurde eingeladen, in der Synagoge die Heilige Schrift zu lesen und auszulegen. Die Leute schätzten den jungen Mann aus ihrem Heimatort, bis er anfing, über Elia und Elisa und deren Dienst an den Heiden zu sprechen. Lukas berichtet über das chaotische Ende dieses Gottesdienstes in der Synagoge. «Da wurden alle in der Synagoge voll Zorn, als sie dies hörten. Und sie standen auf und stiessen ihn zur Stadt hinaus und führten ihn an den Rand des Berges, auf dem ihre Stadt gebaut war, um ihn hinabzustürzen» (Lk 4,28-29).

Drehen Sie sich um und schauen Sie zurück nach Nazareth. Die Basilika ist etwa anderthalb Kilometer entfernt. Drehen Sie sich danach um und schauen Sie an der Seite der steilen Klippe hinunter in Richtung Jesreeltal. Die Gottesdienstbesucher in der Synagoge waren an jenem Sabbat so wütend, dass sie Jesus aus der Synagoge stiessen ... und aus dem Dorf hinaus ... und den ganzen Weg hinauf bis an den Rand der Klippe, wo wir jetzt stehen. Und dann wollten sie ihn von der Klippe stossen! Die Worte in Lukas 4 gewinnen an Kraft und Wirkung, wenn man versteht, wie weit das Volk zu gehen bereit war, um seine Ablehnung des Dienstes Jesu zu zeigen.

Die Worte in Lukas 4 gewinnen an Kraft und Wirkung, wenn man versteht, wie weit das Volk zu gehen bereit war, um seine Ablehnung des Dienstes Jesu zu zeigen.

WAS SOLLEN WIR BESICHTIGEN?

Für römisch-katholische und griechisch-orthodoxe Pilger wäre eine Reise ins Heilige Land nicht vollständig ohne einen Besuch der Verkündigungsbasilika und des Marienbrunnens sowie einiger anderer heiliger Stätten. Aber viele protestantische Reisegruppen meiden die Stadt wegen der vielen Verkehrsstaus. Historisch gesehen, haben die römisch-katholischen und orthodoxen Reisegruppen versucht, die tatsächlichen Orte zu finden, an denen sich die Ereignisse im Leben Christi zugetragen haben, um dann ein Heiligtum zu bauen und dort Gottesdienste abzuhalten. Protestanten sind mehr daran interessiert, alles zu betrachten und sich vorzustellen, wie die Gegend aussah, als die in der Bibel beschriebenen Ereignisse stattfanden.

Verkündigungsbasilika

Mark Twain bemerkte den Unterschied und schrieb sehr ironisch über die Grotte und die Basilika in Nazareth. «Es ist Schwindel, diese Grottengeschichte, aber einer, für den alle Menschen den Katholiken danken sollten. Wo immer sie eine verlorene, durch irgendein biblisches Ereignis geheiligte Örtlichkeit aufstöbern, bauen sie sofort eine massive, beinahe unzerstörbare Kirche hin und bewahren das Andenken der Örtlichkeit zu Nutz und Frommen zukünftiger Generationen. Wäre es den Protestanten überlassen geblieben, dieses höchst verdienstvolle Werk zu tun, wüssten wir heute nicht einmal, wo Jerusalem liegt, und der Mensch, der hingehen und seinen Finger auf Nazareth legen könnte, wäre zu weise für diese Welt.»[9]

9 Mark Twain, *Die Arglosen im Ausland*, Übs. Ana Maria Brock (Frankfurt a.M. / Leipzig: Insel, 1997), 567–568.

Steinmetz bei der Arbeit im Dorf Nazareth

Da es sich hier um eine protestantische Reise handelt, ist die protestantische «heilige Stätte» in Nazareth das *Nazareth Village* – und das ist unser nächstes Ziel. *Nazareth Village* ist eine Nachbildung dessen, wie Nazareth zur Zeit Jesu ausgesehen haben könnte. Touristen können dort Häuser, einen Bauernhof und eine Synagoge besichtigen, die so eingerichtet sind, wie sie zur Zeit Jesu ausgesehen haben könnten. Besucher können einem Bauern beim Pflügen seines Feldes mit einem Pflug mit Eisenspitze zusehen, einem Zimmermann bei der Herstellung von Möbeln und Werkzeugen über die Schulter schauen, einen Steinmetz beim Meisseln eines Steins für ein Gebäude beobachten oder in der Nachbildung einer Synagoge aus dem ersten Jahrhundert sitzen. Dieses Freilichtmuseum ist für viele ein Höhepunkt, weil es ihnen vor Augen führt, wie Nazareth zur Zeit Jesu ausgesehen haben könnte.

WO KOMMEN SIE HER?

Nazareth Village weckt auch Erinnerungen an eine besondere Reise nach Israel mit meinem Co-Moderator aus unserer Radiosendung. Wir waren in Israel und haben Aufnahmen für eine Weihnachtssondersendung von *Moody Radio* gemacht. Diese Art von Reise ist ziemlich anstrengend. Wir beide reisten zusammen mit unseren Ehefrauen in halsbrecherischer Geschwindigkeit durch das Land, um in der begrenzten Zeit, die uns zur Verfügung stand, so viele Interviews und Geräusche wie möglich aufzuzeichnen.

Der Hirte von Nazareth aus «Goschen»

Irgendwie haben wir es geschafft, unseren Besuch in *Nazareth Village* zu einem Zeitpunkt einzuplanen, an dem keine anderen Reisegruppen vor Ort waren. Der Direktor führte uns persönlich herum, während wir uns die Zeit nahmen, die Geräusche von blökenden Schafen aufzunehmen, von Getreide, das geworfelt wird, und von Oliven, die in einer Presse zerdrückt werden.

Der Höhepunkt unserer Zeit dort kam, als sich zwei junge Hirten näherten, die eine kleine Herde von Schafen und Ziegen anführten. Der ältere der beiden schien in seinen späten Teenagerjahren oder Anfang zwanzig zu sein und beobachtete uns interessiert, wie wir unsere Aufnahmen machten. Schliesslich ging mein Co-Moderator hinüber, um zu sehen, ob er mit diesem jungen Hirten sprechen und ihn vielleicht interviewen könnte.

«WOHER–KOMMST–DU?», fragte er. Er achtete sehr darauf, langsam zu sprechen und sich deutlich auszudrücken, in der Hoffnung, dass der Hirte genug Englischkenntnisse hatte, um seine Frage zu verstehen. Der Schafhirte hielt inne, schaute meinen Co-Moderator aufmerksam an und sagte dann langsam und deutlich: «GO-SHEN, IN-DI-AN-A!» Es stellte sich heraus, dass er ein amerikanischer College-Student aus dem Bundesstaat Indiana war, der sich auf einem Hilfseinsatz in Übersee befand!

Diese Begegnung war eine grossartige Erinnerung daran, dass nicht alles im Heiligen Land das ist, was es an der Oberfläche zu sein scheint. Und das ist eine gute Lektion, an die sich alle Pilger erinnern sollten, wenn sie durch das Land reisen und hoffen, irgendwie an die Tage von David, Elia und Jesus anknüpfen zu können.

Der See Genezareth vom Berg Arbel aus gesehen

KAPITEL 5

BERG ARBEL:

Galiläas landschaftlich schönes Panorama

Die meisten Pilger, die nach Israel reisen, haben noch nie vom Berg Arbel gehört. Er wird in der Bibel nie erwähnt und wurde bis vor Kurzem bei den meisten geführten Reisen nicht berücksichtigt. Bevor die Stätte zum Nationalpark erklärt wurde, konnte man sie nur erreichen, indem man durch eine landwirtschaftlich geprägte Gemeinde fuhr und dann anderthalb Kilometer über eine unbefestigte Strasse und einen felsigen Pfad hinaufwanderte. Kein Lebensmittelkiosk. Keine sanitären Einrichtungen. Und fast keine Besucher. Aber für diejenigen, die *tatsächlich* hinaufwanderten, war die Aussicht atemberaubend.

Während der Regenzeit kann sich die unbefestigte Strasse in schlammigen Morast verwandeln. Wir sind mit einer Reisegruppe von Pastoren zum Gipfel gewandert, nur um festzustellen, dass tief hängende Wolken die ganze Aussicht verdeckten. Als wir es zurück zum Bus schafften, waren unsere Wanderstiefel und Turnschuhe mit rotem Schlamm überzogen. Unser Fahrer verlangte von uns, die Schuhe auszuziehen, bevor er uns wieder in seinen Bus liess, und wir verbrachten einen grossen Teil des Abends damit, dicke *Terra-rossa*-Erdklumpen abzukratzen.

Die Wanderung zum Gipfel des Berges Arbel im Sommer war fast genauso schlimm, insbesondere wenn die heisse Nachmittagssonne vom wolkenlosen Himmel stach. Eine Pilgerin auf einer meiner früheren Reisen war davon überzeugt, dass ich sie umbringen wollte, weil ich sie auf eine acht Kilometer lange Wanderung mitgenommen hatte. In diesen frühen Jahren zog ich mich aus der Affäre, indem ich jedem, der mich fragte, erzählte, dass die Strecke «nur drei Kilometer» lang sei. In Wirklichkeit war die Strecke nur etwa halb so lang. Aber das war egal, denn die meisten Amerikaner können sich nicht vorstellen, wie weit ein Kilometer wirklich ist.

Der nahegelegene *Moschav*, die regionale landwirtschaftliche Genossenschaft, sah eine Geschäftsmöglichkeit in der zunehmenden Anzahl von Bussen, die durch ihre Gemeinde fuhren, um auf den Berg Arbel zu wandern. Sie kauften eine Eselherde und boten an, sie an Personen zu vermieten, die auf den Gipfel reiten wollten. Das Geschäft lief nicht allzu lange, denn die jüngeren Besucher wollten zu Fuss gehen, während die älteren sich nicht zu reiten trauten.

Und das aus gutem Grund!

Einmal sahen wir, wie ein älterer Rabbiner einen Esel mietete, um nach oben zu reiten, während seine Schüler zu Fuss gingen. Aber der kleine Esel war nicht glücklich darüber, den korpulenten Rabbi zu tragen. Auf halbem Weg den Hügel hinauf bockte der Esel, dabei stürzte der Rabbi unglücklicherweise und landete auf seinem eigenen Hinterteil. Die jungen Studenten amüsierten sich köstlich über den Rabbi, und ebenso die Gruppe von Ausländern, die gleich hinter ihnen kamen.

Wanderung zum Gipfel des Berges Arbel

Heute ist der Weg zum Gipfel des Berges Arbel viel einfacher. Für Touristen stehen Toiletten bereit, ihre Wasserflaschen können sie am Brunnen auffüllen und für einen schnellen Energieschub sogar ein Eis am Stiel kaufen. Es geht immer noch bergauf, und die Gruppe verteilt sich schnell auf dem Weg. Aber denjenigen, die vorn sind, macht es nichts aus, auf die anderen zu warten, denn die Aussicht vom Gipfel ist so fantastisch.

UNVERGESSLICHE AUSSICHT VOM BERG ARBEL

In dem Moment, in dem ein Pilger den Gipfel des Berges Arbel erreicht, verschwinden alle Gedanken an wunde Füsse, brennende Lungen oder schmerzende Knie. Sie werden ersetzt durch einen Blick auf den See Genezareth, der 380 Meter tiefer liegt. Und im Gegensatz zu dem mässig steilen Weg, der zum Gipfel führt, bietet eine jäh abfallende Klippe eine dramatische Aussicht auf fast den gesamten See. Es ist, als sähe man eine riesige 3D-Karte des Sees in lebendigen Farben!

Blick vom Berg Arbel auf den See Genezareth

Wenn man am Rande der Klippe steht, kann man das Leben Christi nachverfolgen, das sich an seinen Ufern entfaltet hat. Gleich darunter liegen die Ruinen von Magdala, dem Heimatort einer Frau namens Mirjam. Mirjam von Magdala – den meisten besser bekannt als Maria Magdalena. Etwas weiter die Küste hinauf befindet sich eine Gruppe von Gebäuden mit roten Dächern. Das ist Tabgha, der Ort, an dem Jesus sich wahrscheinlich zum ersten Mal Jünger berief und ihnen dann nach der Auferstehung wieder erschien. Der Hügel direkt dahinter ist der Berg der Seligpreisungen.

Blicken Sie weiter am Ufer entlang, und Sie werden das Dorf Nahum sehen. Das hebräische Wort für Dorf ist *kephar*, also war die Ortschaft als Kephar Nahum bekannt. Wir kennen es aus der Bibel als Kapernaum. Ein Stückchen weiter ist die Stelle, wo der Jordan in den See Genezareth mündet. Dahinter liegen Bethsaida und Gergesa – die Gegenden, in denen Jesus die Fünftausend speiste und wo die Schweine ins Meer hinabstürzten.

Von diesem Aussichtspunkt aus entdecken die Touristen, dass der grösste Teil des Wirkens Jesu in einem kleinen Gebiet an der Nordspitze dieses kleinen Sees, das die Form eines Dreiecks hat, stattfand. Die Spitzen dieses Dreiecks sind die drei Städte, in denen Jesus den Evangelisten zufolge die meisten seiner Wunder vollbrachte – Bethsaida, Chorazin und Kapernaum.

Ich stehe sehr gern hier auf dem Berg Arbel, weil er mich an die Worte Gottes in Jesaja 55,8-9 erinnert. «Denn meine Gedanken sind nicht eure Gedanken, und eure Wege sind nicht meine Wege, spricht der HERR; sondern so hoch der Himmel über der Erde ist, so viel höher sind meine Wege als eure Wege und meine Gedanken als eure Gedanken.» Wenn *wir* für die Entsendung des Messias zuständig gewesen wären, hätten wir ihn bestimmt nicht an diesen Ort gesandt. Er ist zu klein, zu abgelegen, zu unbedeutend. Wir hätten Rom oder vielleicht Jerusalem gewählt. Aber *nicht* das Nordufer eines kleinen Sees in Galiläa.

Und doch schickte Gott Jesus in diesen abgelegenen Teil des Römischen Reiches ... in den Bezirk Galiläa ... in eine finstere Ecke eines Süsswassersees in einer Region, auf die sogar die Juden in Judäa herabblickten. Was hat sich Gott dabei gedacht? Wieder kommen mir die Worte Jesajas in den Sinn: «Denn meine Gedanken sind nicht eure Gedanken.»

Weiter vorn im Buch Jesaja lässt Gott uns wissen, warum er genau dieses Fleckchen Land ausgewählt hat, das gerade unter uns liegt. Gleich nach der vierzigtägigen Versuchung Jesu in der Wüste schreibt Matthäus: «Als aber Jesus hörte, dass Johannes gefangen gesetzt worden war, zog er weg nach Galiläa. Und er verliess Nazareth, kam und liess sich in Kapernaum nieder, das am See liegt, im Gebiet von Sebulon und Naphtali, damit erfüllt würde, was durch den Propheten Jesaja gesagt ist» (Mt 4,12-14). Matthäus zitiert dann Jesaja 8,23–9,1. «Doch bleibt nicht im Dunkel [das Land], das bedrängt ist. Wie er in der ersten Zeit das Land Sebulon und das Land Naphtali gering machte, so wird er in der letzten Zeit den

Weg am See zu Ehren bringen, jenseits des Jordan, das Gebiet der Heiden. Das Volk, das in der Finsternis wandelt, hat ein grosses Licht gesehen; über den Bewohnern des Landes der Todesschatten ist ein Licht aufgeleuchtet.»

Jesus musste in das Land Sebulon und Naphtali gehen, weil Gott dem Propheten Jesaja gesagt hatte, dass dies das Gebiet ist, das er ehren wird. Nun, die meisten Menschen wissen nicht, welches Gebiet den Stämmen Sebulon und Naphtali versprochen wurde. Halten Sie also einen Moment inne und schauen Sie sich die Karten hinten in Ihrer Bibel an. Oder, wenn Sie eine elektronische Bibel verwenden, suchen Sie dort beide Namen. Folgendes werden Sie entdecken. Die Region um Nazareth war Teil des Gebiets, das dem Stamm Sebulon gegeben war, und die nordwestliche Ecke des Sees von Galiläa gehörte zum Stamm Naphtali. Jesus ging genau dorthin, wo Gott gesagt hatte, dass das Licht seines Messias leuchten würde!

Jesaja erzählt uns tatsächlich einiges über diesen vorausgesagten Dienst. Er schreibt, Gott habe das Gebiet ursprünglich gedemütigt und es «Galiläa der Heiden» genannt. Damit meinte er, dass das Gebiet so sehr unter Gottes Gericht geraten war, dass Gott den Heiden erlaubte, die Region zu beherrschen und zu kontrollieren. Zur Zeit Jesajas wurde sie von den Assyrern erobert und kontrolliert. Zur Zeit Jesu waren es die Römer. Aber es war das Galiläa «der» oder «kontrolliert von den» Heiden oder «das den» Heiden «gehört». Fremde kontrollierten das Schicksal von Gottes Volk.

Jesaja identifiziert Galiläa auch durch den Jordan und «den See» oder «das Meer». Vielleicht haben Sie noch nie darüber nachgedacht, aber auf welches «Meer» hat Gott verwiesen? Normalerweise denken wir an das Mittelmeer, aber Jesaja verbindet das Meer mit dem Fluss Jordan und dem Stammesgebiet von Sebulon und Naphtali. Es ist das Galiläische Meer! Jesaja kündigte an, dass dies der Ort ist, den Gott auswählen wird, um den Schalter für das Flutlicht seiner Herrlichkeit umzulegen.

Welche Lektion können wir von diesem erhabenen Sitzplatz mit Blick auf einen kleinen See in einer abgelegenen Gegend in Galiläa mitnehmen?

Schauen Sie ein letztes Mal auf den See hinunter. Konzentrieren Sie sich auf dieses winzige Land-Dreieck, in dem Jesus so viele seiner Wunder vollbracht hat. Welche Lektion können wir von diesem erhabenen Sitzplatz mit Blick auf einen kleinen See in einer abgelegenen Gegend in Galiläa mitnehmen? Hier ist die Lektion, die mich jedes Mal mit unglaublicher Wucht trifft, wenn ich an diesen Ort komme: *Keine Sache ist unbedeutend, wenn Gott darin ist.* Allzu oft machen wir uns schuldig, den falschen Massstab zu verwenden, um Bedeutung zu messen. Wir nehmen fälschlicherweise an, dass etwas, das grösser, auffälliger und prominenter ist, auch bedeutender sein müsse. Aber denken Sie an die Prophezeiung von Jesaja. Gott hat diese völlig unbedeutende Gegend ausgewählt, um eines seiner bedeutendsten Werke zu tun. Jesus hat hier gelehrt, geheilt und viele Menschen gespeist. Hier versammelte er auch eine kleine Schar von Jüngern. Und sein Dienst an dieser scheinbar unbedeutenden Schar von Fischern und Steuereintreibern hat letztlich die Welt auf den Kopf gestellt.

DAS UNVERWECHSELBARE PROFIL DES BERGS ARBEL

Wann immer es möglich ist, möchte ich, dass unsere Reisegruppe den Berg Arbel besucht, *bevor* sie die Gegend um den See Genezareth bereist. Der Arbel bietet ein Panorama, das die einzelnen Sehenswürdigkeiten rund um den See ins rechte Verhältnis setzt. Sein Ausblick gibt den Pilgern einen visuellen Rahmen, in den sie die verschiedenen Orte einordnen können. Aber er bewirkt noch etwas anderes. Das unverwechselbare Profil des Berges Arbel ist ein visueller Bezugspunkt für uns, wenn wir auf dem und um den See Genezareth unterwegs sind. Er gibt den Menschen einen Punkt, nach dem sie die vielen Orte, die sie bald besuchen werden, ausrichten können. Halten Sie einfach Ausschau nach dem Berg Arbel am Westufer.

Ein Blick auf den Berg Arbel vom See Genezareth aus

Wenn Reisegruppen zum See Genezareth fahren, ist der Berg Arbel nicht zu sehen. Sobald der See Genezareth endlich in Sicht kommt, lenke ich die Aufmerksamkeit aller gern nach draussen, auf die linke Busseite, in Richtung eines winzigen Baumes, der auf einem kleinen Hügel in der Ferne thront. Während der nächsten Minuten zeige ich immer wieder auf den winzigen Baum, um sie daran zu erinnern, dass dies unser nächster Halt ist – der Berg Arbel! Sagen wir es einfach frei heraus: Die meisten Passagiere sind nicht begeistert und vielleicht auch ein wenig verärgert darüber, dass ich immer wieder aus jedem erdenklichen Winkel auf diesen winzigen Baum zeige.

Sobald wir aus dem Bus aussteigen und den Hügel hinauffahren, weise ich erneut auf den einsamen Baum hin. Aber jetzt erzähle ich ihnen, dass unser Ziel nur ein klein wenig jenseits von dem Baum liegt. Es handelt sich um einen Johannisbrotbaum – bekannt als «falsche Schokolade» –, der Schoten produziert, die denen ähneln, die der verlorene Sohn im Gleichnis Jesu an die Schweine verfüttert. Aber dieser dumme Baum bekommt plötzlich eine neue Bedeutung, wenn die Reisegruppe den Gipfel des Berges Arbel erreicht. So manch ein Tourist hat sich schon neben dem kleinen Johannisbrotbaum fotografieren lassen!

Leider ist dem Baum etwas zugestossen. Er ist immer noch da, aber er ist nur noch ein Schatten seiner einstigen Schönheit. Ich hoffe, der Baum erholt sich und gedeiht wieder. Er ist eine grossartige Landmarke, die den Besuchern hilft, das Ziel zu erkennen, während sie die Rückseite des Berges Arbel erklimmen. Und wenn sie einmal oben waren, wird der Baum auch zu einem Bezugspunkt, der sie daran erinnert, wo sie standen, als sie ihren Blick zum ersten Mal über den See Genezareth schweifen liessen!

Der einsame Johannisbrotbaum auf dem Berg Arbel

RUND UM DEN SEE GENEZARETH

CHORAZIN
BETHSAIDA
BERG DER
SELIGPREISUNGEN
KAPERNAUM
TABGHA
AGDALA
KURSI
JARDENIT

Der See Genezareth vom Bug des Bootes aus

KAPITEL 6

SEE GENEZARETH:

Der kleine See mit einer grossen Geschichte

Mark Twain hatte nie die Gelegenheit, auf dem See Genezareth zu segeln. Als seine Pilgergruppe den See erreichte, entdeckten sie ein Boot und baten ihren Reiseleiter herauszufinden, wie viel der Bootsverleiher für einen längeren Ausflug verlangen würde. Der Kapitän sagte, es würde «zwei Napoleons – acht Dollar» kosten. «Zuviel! – wir geben ihm einen!» Twain notierte die traurige, aber humorvolle Antwort darauf.

> Ich werde niemals erfahren, wie es zugegangen ist; ich schaudere noch, wenn ich daran denke, wie der Ort zu Wundern neigt – aber in einem einzigen Augenblick, so schien es mir, war das Schiff zwanzig Schritt vom Ufer entfernt und sauste davon wie ein erschrecktes Wesen! Acht niedergeschlagene Geschöpfe standen am Ufer ... Sofort gab es im Lager Heulen und Zähneknirschen. Die zwei Napoleons wurden angeboten – wenn nötig, mehr –, und Pilger und Reiseleiter schrien sich heiser mit Bitten an die sich entfernenden Schiffer zurückzukommen. Aber diese fuhren gelassen davon und kümmer-

> ten sich nicht weiter um Pilger, die ihr ganzes Leben lang davon geträumt hatten, eines Tages über das heilige Wasser Galiläas zu gleiten und beim Flüstern der Wellen seiner heiligen Geschichte zu lauschen, und unzählige Meilen gereist waren, um das zu tun – und dann zu dem Schluss gelangten, das Fahrgeld sei zu hoch.[10]

Zum Glück ist die Möglichkeit, auf dem See Genezareth zu segeln, heute Teil fast jeder Reise. Fast eine Stunde lang können sich die heutigen Pilger vorstellen, wie es für Jesus und seine Jünger gewesen sein muss, auf diesem geschichtsträchtigen See zu segeln. Die Boote von heute sind natürlich viel grösser als die zur Zeit Jesu. Und sie sind mit einem leistungsstarken Motor, einer Audio-Anlage, Rettungsringen und ziemlich bequemen Sitzen ausgestattet. Aber wenn die Reisegruppe erst einmal auf dem Wasser ist, fällt es einem leicht, sich vorzustellen, wie es vor zwei Jahrtausenden gewesen sein muss. Na ja, bis eben jemand auf einem Jetski vorbeiflitzt.

Das Galiläische Meer überrascht viele Besucher wegen seiner geringen Grösse. Wenn Menschen an ein «Meer» denken, stellen sie sich ein grosses, salziges Gewässer wie den Atlantik oder den Pazifik vor. Aber das Galiläische Meer ist einfach nur ein Süsswassersee, und dazu ein relativ kleiner. Er ist zwölf Kilometer breit, 21 Kilometer lang und hat eine Fläche von 170 Quadratkilometer. Der Yellowstone Lake im Yellowstone-Nationalpark ist doppelt so gross wie der See Genezareth, während der Lake Tahoe an der Grenze zwischen Kalifornien und Nevada dreimal so gross ist. Und der Lake Champlain, der sich zwischen New York und Vermont erstreckt, ist siebeneinhalbmal so gross!

Diejenigen, die aus dem Mittleren Westen kommen, möchten vielleicht wissen, wie gross der See Genezareth im Vergleich zu einem der grossen Seen ist. Leider ist ein solcher Vergleich praktisch bedeutungslos. Die Flä-

---

10 Mark Twain, *Die Arglosen im Ausland*, Übs. Ana Maria Brock (Frankfurt a.M. / Leipzig: Insel, 1997), 530–531.

che des Eriesees, des kleinsten der grossen Seen, ist 155-mal so gross wie der See Genezareth. Und die gesamte Nation Israel würde ganz bequem in den Michigansee passen – und es bliebe genug Platz für weitere 216 Seen von der Grösse des Sees Genezareth!

Für die meisten Touristen ist es schwer vorstellbar, dass ein so kleiner See eine so grosse Geschichte hat. Natürlich ist sie vor allem durch die Evangelienberichte über das Wirken Jesu an seinen Ufern berühmt geworden. Genau das macht die Zeit, die wir hier verbringen, so besonders. Die Besucher sind auch überrascht, dass der See Genezareth 212 Meter unter dem Meeresspiegel liegt. Dort herrscht ein tropisches Klima mit Bananen- und Dattelpalmenhainen, die auf dem fruchtbaren Boden entlang der Küstenlinie wachsen.

Nach westlichen Massstäben ist der See Genezareth noch recht unerschlossen. Wenn der See in den Vereinigten Staaten läge, wäre er von Eigentumswohnungen umringt und mit Wasserski-Booten und anderen Wasserfahrzeugen bedeckt. Die Zahl der Hotels und anderen Attraktionen entlang der Küste wächst, ebenso wie die Zahl der Motorboote, die durch sein Wasser gleiten. Aber eine Bootsfahrt auf dem See bleibt weiterhin eine sehr geistliche und angenehme Erfahrung.

Vor einigen Jahrzehnten hatte ein Bootsbetreiber die brillante Idee, seine Boote so zu modifizieren, dass sie mehr wie die Boote aussehen, die zur Zeit Jesu auf dem See unterwegs waren. Zwei Unternehmen versuchten, ihre Boote als Jesus-Boote zu vermarkten, was Mitte der 1990er-Jahre zu einem Rechtsstreit führte. Wir wussten zu diesem Zeitpunkt nichts von dem juristischen Gerangel, waren aber angenehm überrascht, als ein Fernsehteam von ABC News fragte, ob sie unsere Reisegruppe auf den See begleiten dürften. Ein Kollege vom Seminar war bei uns und sprach zu der Gruppe, während die Kameras liefen. An diesem Abend riefen wir aufgeregt zu Hause an und sagten unseren Familien, sie sollen sich die Abendnachrichten anschauen.

Aber es kam nichts!

Die Familienmitglieder sahen wochenlang jeden Abend zu, aber der Beitrag wurde nie gesendet. Ein Jahr später, am Samstag vor Ostern, räumten meine Frau und ich nach dem Abendessen auf. Wir hatten die Nachrichten eingeschaltet, und der Nachrichtensprecher machte eine kurze Ankündigung, bevor er eine Werbepause einlegte. «Als Nächstes folgt der Rechtsstreit zwischen jüdischen Touristenbootbesitzern um das exklusive Recht auf den Namen Jesus.» Das musste es sein! Wir schnappten uns eine Kassette und schoben sie in den Videorekorder. Damals erfuhren wir von dem Rechtsstreit um das Recht, den Namen Jesus zu beanspruchen. Und wir konnten kurze Blicke auf unsere Reisegruppe auf dem Boot erhaschen!

Mein Lieblingsausflug auf den See fand an einem kalten, stürmischen Januarmorgen mit einer Gruppe von Pastoren statt. Einige Jahre lang hat der Direktor für Ehemaligenarbeit der Schule, an der ich tätig war, eine kleine Gruppe von Pastoren eingeladen, mit uns nach Israel zu reisen. Wir nahmen sie tagsüber zu den Sehenswürdigkeiten mit und sprachen dann abends über die Logistik, die mit der Leitung einer Gruppe aus ihrer Kirche auf einer Reise verbunden ist. Es war auch eine gute Gelegenheit für die Pastoren, zusammenzukommen und sich zu entspannen, insbesondere nach der hektischen Weihnachtszeit. Aber im Januar sind die Tage kurz, und das Wetter kann völlig unberechenbar sein.

Als wir am Kai ankamen und das Boot für unseren morgendlichen Ausflug bestiegen, sah der Tag nicht allzu vielversprechend aus. Dunkle Wolken hingen tief am Himmel, und eine Brise aus dem Westen hatte bereits begonnen, den See aufzuwühlen. Aber es war immer noch recht ruhig, und der Kapitän war der Meinung, dass er uns ohne allzu grosse Schwierigkeiten hinaus und zurück bringen konnte. Er steuerte das Boot auf den See hinaus und fuhr in Richtung Norden. Schliesslich schaltete er den Motor ab, damit wir dort draussen auf dem See einander Lektionen aus dem Leben Jesu erzählen konnten. Doch unsere Zeit der stillen Besinnung wurde jäh abgebrochen, als plötzlich ein Sturm mit Windböen von

Süden über den See fegte. Das Boot begann zu wippen und zu schaukeln wie ein riesiger Korken.

Normalerweise weht am Nachmittag eine Brise aus dem Mittelmeer von Westen her über den See Genezareth. Wenn Sie sich vorstellen können, dass Sie auf eine heisse Suppenschüssel blasen, können Sie sich auch die Wirkung des Windes auf den See vorstellen, wenn er von den Hügeln herunterkommt. Doch wenn ein Sturm aufzieht, kann der Wind aus jeder Richtung kommen. Und die Wellen können schnell an Höhe und Intensität zunehmen.

Bevor wir unsere Studienzeit beenden konnten, warf der Kapitän den Motor an und wendete seine Barkasse zurück in Richtung Tiberias und die Sicherheit des Hafens. Wir fuhren nun direkt dem Sturm entgegen, während die windgepeitschten Wellen über den Bug schwappten. Damals sah ich zum ersten Mal, wie plötzlich und mit welcher Gewalt ein Sturm auf dem See Genezareth aufkommen kann. Und wo waren die Pastoren, während sich das Schiff abmühte, wieder an Land zu kommen? Sie waren alle am Bug des Bootes, wurden vom prasselnden Regen und von den brechenden Wellen durchnässt, während sie dem Sturm entgegenriefen: «Schweig, werde still!»

Dieser Sturm rückte die Realität von Markus 4,37-39 in die richtige Perspektive. In einigen Übersetzungen heisst es: «Plötzlich brach ein heftiger Sturm los» (NGÜ) oder «es erhob sich ein grosser Sturm», und wir stellen uns ein gewaltiges Gewitter mit strömendem Regen und gezackten Blitzen vor, gefolgt von bedrohlichen Donnerschlägen. Aber Markus, der sein Evangelium auf das Zeugnis des Petrus stützt, liefert eine viel genauere Beschreibung. Er schrieb wörtlich, dass das Boot in «einen grossen Wirbelwind» geriet. Dieser Sturm mag zwar von Regen und Blitzen begleitet gewesen sein, aber das ist *nicht* das, was die Jünger erschreckte. Sie konzentrierten sich stattdessen auf die vom Wind aufgepeitschten Wellen, die «in das Schiff» «schlugen», «sodass es sich schon zu füllen begann». Ich stelle mir vor, wie Petrus heftig mit den Händen gestikulierte, als er

Markus die Geschichte erzählte, um zu verdeutlichen, wie das Boot hin- und hergeworfen wurde, während das Wasser über die Bordwand drang.

Das war der einzige richtige Sturm, den ich auf dem See Genezareth erlebt habe, obwohl wir mehr als ein Mal kabbelige See hatten. Einmal leiteten wir eine grosse Reise mit mehreren Bussen. Wir hatten dafür gesorgt, dass die Leute aus der Reisegruppe in mehrere unterschiedliche Boote steigen konnten für ihre Ausfahrt. Dann trafen wir uns und banden die Boote so zusammen, dass die Buge in dieselbe Richtung zeigten. So konnten alle Teilnehmer den Redner und die Musiker sehen, die vorn im mittleren Boot sassen.

Als ich ein kleines Kind war, spielte ich gern im Planschbecken. Ein amüsanter Zeitvertreib bestand darin, meine Hand auf die Wasseroberfläche zu legen und meine Finger zu einem lockeren Griff zusammenzulegen – als würde ich einen imaginären Baseballschläger in der Hand halten. Dann drückte ich meine Finger zusammen und zwang das Wasser im Inneren, wie eine Fontäne herauszuschiessen. Ich erwähne das, weil es das Bild ist, das mir in den Sinn kam, als ich am Heck des mittleren Bootes stand und die Szene beobachtete. Während der Sprecher fortfuhr, schoben Wind und Wellen die Buge der Boote wie eine riesige Hand zusammen und zwangen das Wasser zwischen ihnen wie einen kleinen Geysir in die Höhe. Der Sprecher bemerkte nicht, was direkt hinter ihm geschah, bis die Ausrichtung der Boote einen dieser Wassergeysire direkt auf ihn schoss. Das war das Heiliges-Land-Äquivalent dazu, wenn man einen Kühleimer voller Gatorade-Sportlimonade über dem Trainer auskippt!

Das Hissen der Flaggen

Im Laufe der Jahre ist eine Bootsfahrt auf dem See Genezareth ziemlich raffiniert geworden. Von einem einfachen Ausflug von Punkt A nach Punkt B hat sich das ganze Erlebnis zu einem emotional und geistlich lohnenden Abenteuer entwickelt. Es beginnt mit dem Hissen der Flagge des Heimatlandes der Pilger und dem Abspielen ihrer Nationalhymne, gefolgt von der israelischen Nationalhymne. Während das Boot auf das Meer hinausfährt, wird geschmackvolle, aber zeitgenössische christliche Musik gespielt. Der Motor wird für eine kurze Andacht abgestellt, auf die entweder eine Demonstration des Netzwurfs ins Wasser oder eine Lektion im Tanzen des jüdischen Rundtanzes Horah zur Melodie von «Hava Nagila» folgen kann. Dann ist es an der Zeit, den Geschenkeladen des Bootes zu öffnen und T-Shirts mit der Aufschrift «Ich segelte auf dem See Genezareth», Halsketten aus Steinen und Muscheln sowie Tischsets mit Abbildungen der wichtigsten Sehenswürdigkeiten rund um den See Genezareth zu verkaufen.

Sobald das Boot wieder anlegt, geht unsere fröhliche Pilgerschar von Bord und macht sich auf den Weg zur nächsten Station unserer Reiseroute, während eine andere Gruppe von Reisenden ansteht, um als nächstes an Bord zu gehen.

Die Kapelle auf dem Berg der Seligpreisungen

KAPITEL 7

BERG DER SELIGPREISUNGEN: *Selig sind die Flexiblen*

Der Berg der Seligpreisungen liegt auf einem Hügel mit Blick auf den See Genezareth. Der Ort ist wunderschön, und schön ist auch die Kapelle. Antonio Barluzzi, der Architekt, entwarf das Gebäude in Form eines Achtecks. Zum Teil ahmte sein Entwurf den Stil der frühesten im Land errichteten Kirchen nach. Nur eine Meile entfernt, in den Ruinen des antiken Kapernaums, können Besucher die Fundamente einer achteckigen Kapelle aus der byzantinischen Zeit bestaunen, die von Königin Helena, der Mutter Konstantins, erbaut wurde.

Aber Barluzzi hatte noch einen zweiten Grund für die Gestaltung seiner Kapelle mit acht Seiten. Auf jeder der Seiten platzierte er eine der acht Seligpreisungen, die Jesus in seiner Bergpredigt gesprochen hat. Von vielen der Kirchengebäude im Heiligen Land bin ich nicht beeindruckt. Sie sind entweder dunkel und beengt – und brauchen dringend einen gründlichen Frühjahrsputz –, oder sie sind überladen mit grellen Ornamenten, die die Aufmerksamkeit eher auf sich selbst lenken als auf die Menschen oder Ereignisse, an die sie erinnern. Ein Pilger beschrieb solche Kirchen als voll von «smells and bells», «Gerüchen und Glocken» – alles ist herausgeputzt und bemalt, ohne tieferen Sinn und Ziel.

Die von Barluzzi entworfenen Kirchen sind anders. Jede ist dem Ort angemessen, an den sie erinnert, lenkt die Aufmerksamkeit des Besuchers auf das Ereignis, an das erinnert wird, und versucht nicht, die Aufmerksamkeit auf sich selbst zu ziehen. Wenn unsere Busladung Reisender zum Berg der Seligpreisungen hinauffährt, werde ich an die neunte Seligpreisung erinnert – diejenige, die weder in der Bibel noch in Barluzzis Kapelle zu finden ist, die aber für jeden Reisenden ins Heilige Land wichtig ist.

«Selig sind die Flexiblen, denn sie werden nicht aus ihrer Form gebracht werden.»

Schon klar, Jesus hat diese Seligpreisung nicht in seine Bergpredigt aufgenommen, aber als Sohn Gottes hat ihn nie etwas überrascht. Von vielen der Pilger, die in den zahlreichen Bussen sitzen, die jetzt am Eingang halten, kann man das nicht behaupten. Die meisten Reisegruppen richten zum Beispiel jeden Morgen einen Weckruf an der Rezeption ein, aber Hotels werden es regelmässig vergessen, ein Zimmer zu wecken. Am Ende eines jeden Tages erinnere ich alle in unserem Bus daran, was sie am nächsten Tag mitbringen müssen, aber regelmässig vergisst es jemand und muss zurück ins Zimmer rennen, was alle aufhält. Und egal, zu welcher Zeit alle wieder am Bus sein sollen, es scheint immer mindestens eine Person zu geben, die zu lange im Souvenirladen verweilt – oder beim Fotografieren das Zeitgefühl verliert.

Die wortlosen Warnungen an alle Besucher

Ich nehme an, dass es für Barluzzi zu schwierig gewesen wäre, seine Kapelle als Neuneck und nicht als Achteck zu entwerfen, aber ich denke trotzdem, dass dies ein guter Ort gewesen wäre, um diese neunte Seligpreisung unterzubringen. Schliesslich stimmen viele der anderen Schilder, die an diesem Ort angebracht sind, nicht genau mit der Predigt von Jesus überein! Das oben abgebildete Schild wurde zum Beispiel von der *Associazione Nazionale per Soccorrere i Missionari Italiani* – der Nationalen Vereinigung zur Unterstützung der italienischen Missionare – aufgestellt. Sehen Sie sich ihre wortlose Warnliste an!

Dieses Schild befindet sich am Eingang des Geländes. Es spielt keine Rolle, welche Sprache Sie sprechen, Sie wissen sofort, dass Hunde, kurze Hosen, Gespräche, Essen oder Trinken, Waffen und Rauchen *nicht* erlaubt sind.

Trinken Sie nicht das lebendige Wasser!

Vor einigen Jahren wurde die Anlage um einen Brunnen erweitert. Auf der linken Seite ist ein Zitat aus Johannes 7,37. «Wenn jemand dürstet, der komme zu mir und trinke!» Aber dann bemerken Sie das Schild rechts daneben: «Wasser nicht zum Trinken.» Zum Glück wurden diese zusätzlichen Worte *nicht* von Jesus gesprochen!

Trotz dieser etwas verrückten Schilder und der vielen Reisebusladungen von Pilgern, die den Ort oft bevölkern, ist der Berg der Seligpreisungen ein wunderbarer Ort für stille Besinnung. Das war jedoch nicht immer der Fall.

SCHWESTER HÖLLENFEUER UND VERDAMMNIS

Viele Jahre lang wurde die Kapelle von einer recht zierlichen Nonne beaufsichtigt. Doch obwohl sie von ihrer körperlichen Statur her ein moderner Zachäus war, herrschte sie mit ihrem eigenen eisernen Zepter und lehrte viele Reiseführer und Gruppenleiter die Gottesfurcht. Ein Reiseführer gab ihr den Spitznamen «Schwester Höllenfeuer und Verdammnis» wegen der Art und Weise, wie sie die Vorschriften an diesem Ort durchsetzte.

Eben dieser Reiseführer brachte einmal die Reisegruppe einer brasilianischen Kirche dorthin. Er war so sehr damit beschäftigt, die Gruppe hineinzuführen, dass er nicht bemerkte, dass einer von ihnen einen Gitarrenkoffer trug. Der Reiseführer gab seine Erklärungen ab und entliess danach die Gruppe für eine Zeit des Nachdenkens und der Besichtigung, während er zurück zum Eingang ging.

Er war noch nicht sehr weit gegangen, als er eine Gruppe hörte, die laut zu den Klängen einer Gitarre sang. Er hielt inne und dachte bei sich, wie ungewöhnlich es war, dass eine Reisegruppe so laut sang. Dann bemerkte er, in welcher Sprache sie zu singen schienen, nämlich in ... war das Portugiesisch? Er drehte sich um und rannte zurück, um seine Reisegruppe zu warnen. Doch bevor er sie erreichen konnte, kreischte eine Stimme über die Lautsprecheranlage: «HÖRT AUF ZU SINGEN! UND RUNTER VOM RASEN!»

Leider ist Schwester Höllenfeuer und Verdammnis heute nicht mehr in der Kapelle, um die Besucher zu beaufsichtigen. Vor einigen Jahren kam sie bei einem tragischen Autounfall auf ihrem Weg nach Bethlehem zu den Weihnachtsfeierlichkeiten ums Leben. Sie wurde durch eine andere Nonne ersetzt, die auf eine freundlichere und sanftere Weise versucht, alle Vorschriften durchzusetzen. Ich hoffe, die neue Besetzung funktioniert, denn es ist um vieles einfacher, mit ihr zu arbeiten.

Aber nur für den Fall, dass Sie vor Ort sind: Lesen Sie die Schilder ... und trinken Sie auf keinen Fall das Wasser!

Die Synagoge in Kapernaum

KAPITEL 8

KAPERNAUM:
Das Dorf Nahums

Willkommen im Dorf Nahums!

Ich sehe an Ihren ratlosen Gesichtern, dass Sie sich nicht daran erinnern können, in der Bibel von diesem Dorf gelesen zu haben. Das trifft sicherlich auf das Alte Testament zu, aber der Ort spielt eine sehr wichtige Rolle im Leben Jesu. Immer noch unsicher? Vielleicht hilft es, wenn ich die Übertragung seines Namens verwende – Kapernaum! Jetzt sehe ich zustimmendes Nicken! Sehen Sie, der Name Kapernaum ist eine Umschrift von zwei hebräischen Wörtern, *kefar nahum*, die «das Dorf Nahums» bedeuten. Wir wissen nicht, ob die Stadt nach dem alttestamentlichen Propheten Nahum oder nach einer anderen uns unbekannten Person benannt wurde. Aber wir wissen, dass sich dieses kleine Dorf im Laufe der Zeit zu einem wichtigen Handelszentrum entwickelt hat.

Die am nordwestlichen Ufer des Sees Genezareth gelegene Stadt hatte zur Zeit Jesu eine gewisse Bedeutung erlangt, da sie nahe der Grenze des von Herodes Antipas regierten Landes Galiläa lag. Weniger als fünf Kilometer entfernt grenzte der Jordan das Reich des Herodes Antipas von dem Land ab, das von Herodes Philippus regiert wurde. Die Römer erkannten die strategische Bedeutung des Ortes. Deshalb stationierten sie dort eine Garnison Soldaten und richteten ein Steuereintreibungsbüro ein.

Aber für den einfachen Arbeiter in Kapernaum drehte sich das Leben um den See ... und den fruchtbaren Boden an seinen Ufern. Der Fischfang muss die Hauptbeschäftigung gewesen sein, aber das dunkle Vulkangestein in der Gegend war zu einem nährstoffreichen Boden verwittert, der auch die Landwirtschaft attraktiv machte. Der jüdische Historiker Josephus hat es so formuliert: «Ist es doch in seiner ganzen Ausdehnung fruchtbar und reich an Viehweiden, dazu auch mit Bäumen aller Art bepflanzt, sodass von seiner Ergiebigkeit auch derjenige ermutigt wird, der sonst keine Freude an der Landarbeit findet. Das ganze Land wurde darum auch von seinen Bewohnern ausnahmslos kultiviert, und kein Teil liegt brach [...]».[11] Kein Wunder, dass es in Kapernaum so viele Mühlsteine zum Mahlen von Getreide gab. Wir werden uns einige dieser Mühlsteine später ansehen.

Unser Rundgang beginnt mit einem Blick auf das, was traditionell als das Haus des Petrus gilt. Tatsächlich gibt es gar nicht viel zu sehen. Bei meinen früheren Besuchen in Kapernaum konnten wir die Fundamente seines Hauses und einer alten Kirche besichtigen, die an dieser Stelle errichtet worden war. Aber dann wurde eine moderne Kirche über die Ruinen gebaut. In gewisser Weise ähnelt dieses Kirchengebäude einer riesigen Krabbe, die aus dem See gekrochen sein könnte, oder vielleicht einer fliegenden Untertasse, die sich genau diesen Ort zur Landung ausgesucht hat. Das Kirchengebäude ist architektonisch nicht schön. Aber was es an Schönheit vermissen lässt, macht es durch die Rücksichtnahme auf seine Besucher wieder wett. Im Laufe der Geschichte gedachten die meisten Kirchen einer bedeutenden Stätte, indem sie diese auslöschten und durch ein massives Steinbauwerk ersetzten.

---

11 Flavius Josephus, *De Bello Judaico: Der jüdische Krieg: Griechisch und Deutsch*, Hg. Otto Michel und Otto Bauernfeind, 3. Aufl. (Darmstadt: Wissenschaftliche Buchgesellschaft, 1982), 3.3.2.

Eingang zur Kirche, die über dem traditionellen Haus des Petrus errichtet wurde

Zum Glück wurde diese Kapelle gleichsam auf Stelzen gebaut, damit Besucher die Ruinen darunter besichtigen können.

PETRUS' VERSICHERUNGSANSPRUCH

Im Laufe der Jahre musste ich zwei Dächer auf zwei verschiedenen Häusern ersetzen. In beiden Fällen wurde das Dach durch heftige Stürme mit golfballgrossem Hagel beschädigt. Die Versicherungsgesellschaft nennt solche Stürme «höhere Gewalt». Glücklicherweise konnten wir innerhalb weniger Wochen eine Dachdeckerfirma damit beauftragen, den Schaden zu beheben. Und die Versicherung übernahm den grössten Teil der Kosten!

Zur Zeit Jesu musste mindestens ein Einwohner von Kapernaum sein Dach reparieren lassen. Matthäus, Markus und Lukas berichten allesamt die grundlegende Geschichte, auch wenn jeder von ihnen sich auf andere Details des Geschehens konzentriert. Aber wenn wir alle Berichte zusammenführen, bekommen wir eine gute Vorstellung davon, wem dieses Haus gehörte, das ein neues Dach brauchte. Da Jesus im Haus von Simon Petrus zu Gast war, muss es sich um das Dach des Hauses von Petrus gehandelt haben! Selbst wenn es zu Petrus' Zeiten eine Hausratversicherung gegeben hätte, hätte er vermutlich immer noch Schwierigkeiten gehabt, die Versicherungsgesellschaft dazu zu bringen, für seinen Schaden aufzukommen, denn in seinem Fall fand die «höhere Gewalt» erst statt, *nachdem* das Dach beschädigt worden war.

Kapernaum war voller Begeisterung über Jesus. Er hatte bereits viele Kranke geheilt und die Dämonen derer ausgetrieben, die besessen waren. Eine kurze Fahrt über den See und zurück brachte weitere Berichte über die plötzliche Stillung eines Sturms und eine dramatische Begegnung mit Dämonen und einer Schweineherde. Und nun war Jesus wieder vor Ort. Die aufgeregte Menge drängte und schob sich stetig voran, um sich in die Gegenwart dieses jetzt plötzlich beliebten Rabbiners zu drängen.

Leider war diese Situation sehr entmutigend für eine Gruppe von Männern, die genau zu diesem Zeitpunkt in Kapernaum ankam. Sie waren kilometerweit gelaufen und hatten einen gelähmten Freund auf einer hölzernen Bahre getragen. Sie wollten ihn zu Jesus bringen, damit er geheilt wird. Aber die engen Gassen von Kapernaum und die Menschenmassen, die sie füllten, brachten dieses Häuflein Brüder zu einem abrupten Halt. Der Weg zu Jesus war versperrt. Und da hatte einer der Freunde eine brillante Idee: Wenn wir nicht durch die Tür hineinkommen, versuchen wir es über das Dach!

Innen- und Aussenansicht einer typischen Dachkonstruktion

Hier kann unser kultureller Hintergrund ein Verständnisproblem schaffen. Wir lesen etwas über ein Haus und stellen uns ein Haus mit Satteldach vor, das mit Schindeln gedeckt ist. Dann sehen wir vor unserem inneren Auge Männer mit Beilen und Sägen auf dem Dach, die durch Holzverkleidung und Dachsparren eine Öffnung schaffen, während sie ihren Freund davor bewahren, von seiner Bahre zu rollen. Aber das typische Haus aus dem ersten Jahrhundert in Kapernaum hatte Steinmauern, über die Holzbalken gelegt waren, um das Flachdach zu bilden. Kleinere Holzstücke wurden dann quer über die Balken verteilt und mit Mörtel überzogen. Eine kleine Mauer oder ein Geländer erstreckte sich rund um den Rand dieses Flachdaches, um zu verhindern, dass jemand versehentlich herunterfällt, während eine Aussentreppe den Zugang ermöglichte.

Archäologen haben herausgefunden, dass diese Dächer in einigen Fällen mit Tonziegeln gedeckt wurden, ähnlich den heute noch verwendeten Dachziegeln. Die Verlegung von Tonziegeln auf dem Dach machte es definitiv stärker und haltbarer. Aber es erhöhte auch das Gewicht, was eine stabilere Unterkonstruktion erforderte, und es war teurer. Ziegeldächer waren seltener, was darauf hindeutet, dass ein Haus mit einem Ziegeldach ein Eigenheim mit mehr Luxus war.

Jeder dieser drei Evangelienberichte enthält die Geschichte des Gelähmten, der von seinen Freunden zu Jesus gebracht wurde. Markus berichtet, dass die Freunde durch das Dach graben mussten, um den Gelähmten zu der Stelle hinunterzulassen, an der sich Jesus im Haus befand. Aber Lukas fügt noch ein weiteres Detail hinzu. Er sagt, sie «stiegen ... auf das Dach und liessen ihn mit der Liegematte durch die Ziegel hinunter in die Mitte vor Jesus» (Lk 5,19). Diese Freunde mussten zuerst die Dachziegel abnehmen und dann durch den Putz und das Holz darunter graben, um eine Öffnung zu schaffen, die gross genug war, um den Gelähmten durch sie hinunterzulassen. Ihre harte Arbeit hinterliess ein klaffendes Loch im Dach von Petrus' Haus.

Wie ich bereits sagte, wenn wir unser Dach reparieren müssen, ist dies oft auf eine «höhere Gewalt» wie einen Hagelsturm zurückzuführen. Aber in dieser Geschichte ging der Schaden am Dach der höheren Gewalt voraus! [Im Englischen ein Wortspiel, da für «höhere Gewalt» «act of God» mit der wörtlichen Bedeutung «handeln Gottes» steht. Zuerst beschädigen die Männer das Dach, dann heilt der Gottessohn den Gelähmten. Der Lektor]

Nachdem wir den schattigen Innenbereich unterhalb der Kirche, die über Petrus' Haus schwebt, verlassen haben, ist der nächste Halt auf unserer Reise die Synagoge. Der weisse Kalksteinbau ist nicht die Synagoge, die zur Zeit Jesu in Kapernaum stand. Dies sind die Überreste einer Synagoge, die mehrere Hundert Jahre später erbaut wurde. Aber der schwarze Basaltsockel, auf dem diese Synagoge ruht, *ist* das Fundament der Synagoge, die hier zur Zeit Jesu stand.

Der Innenraum der Synagoge

Die Synagoge zur Zeit Jesu war ein viel einfacheres und weniger teures Gebäude. Das ist nicht verwunderlich, denn ein römischer Zenturio hatte den Bau finanziell unterstützt. Als der Knecht des römischen Zenturios, der in Kapernaum stationiert war, krank wurde, schickte der Zenturio «Älteste der Juden zu ihm mit der Bitte, er möge kommen und seinen Knecht retten. Als diese zu Jesus kamen, baten sie ihn eindringlich und sprachen: Er ist es wert, dass du ihm dies gewährst; denn er hat unser Volk lieb, und er hat uns die Synagoge erbaut» (Lk 7,3-5).

Die Sonne brennt, und es gibt nur wenig Schatten, sodass wir uns nicht lange in der Synagoge aufhalten werden. Setzen Sie sich doch auf eine der Steinbänke, die ringsum die Wände säumen, während wir auf all die Wunder zurückblicken, die in Kapernaum geschehen sind. Dies ist die Ortschaft, in der Jesus die Schwiegermutter des Petrus und den Gelähmten heilte, der durch das Dach von Petrus' Haus heruntergelassen wurde. Es ist auch der Ort, an dem Jesus den Knecht des Zenturios heilte. Überdies erweckte Jesus die Tochter des Synagogenvorstehers zum Leben und heilte eine kranke Frau, die an Blutungen litt. Dies sind die Berichte, die von den Evangelienschreibern besonders hervorgehoben werden. Matthäus fügt noch hinzu, dass viele Kranke und von Dämonen Besessene zu ihm nach Kapernaum kamen, und Jesus «heilte alle Kranken» (Mt 8,16).

Die Synagoge zur Zeit Jesu war ein viel einfacheres und weniger teures Gebäude.

In Kapernaum ereignen sich mehr der aufgezeichneten Wunder Jesu als in jeder anderen Stadt, einschliesslich Jerusalem. Dies war die Einsatzzentrale für seinen Dienst in Galiläa, und die Menschen, die hier lebten, sahen und hörten alles. Man könnte meinen, dass die Bürger von Kapernaum besonders gesegnet waren, weil sie bei so vielen Ereignissen des Dienstes Jesu einen Sitz in der ersten Reihe hatten. Aber die Realität ist, dass die meisten, obwohl sie die Wunder sahen, nie mit Glauben auf die Ansprüche reagierten, die Jesus erhob. Sie genossen die Aufregung und die Lebhaftigkeit, aber sie nahmen sich die Wahrheit dessen, was er sagte und tat, nie zu Herzen. Und das Endergebnis war katastrophal.

Zuletzt tadelte Jesus die drei Städte in Galiläa scharf, in denen mehr Wunder geschahen als in allen anderen. Und die Stadt, die das härteste Urteil erhielt, war Kapernaum. «Und du, Kapernaum, die du bis zum Himmel erhöht worden bist, du wirst bis zum Totenreich hinabgeworfen werden! Denn wenn in Sodom die Wundertaten geschehen wären, die bei dir geschehen sind, es würde noch heutzutage stehen. Doch ich sage euch: Es wird dem Land Sodom erträglicher gehen am Tag des Gerichts als dir!» (Mt 11,23-24). Während wir hier in diesen skelettartigen Überresten einer Synagoge sitzen, werden wir mit einer ernüchternden Erinnerung konfrontiert. Genau wie die Menschen zur Zeit Jesu werden wir mit der historischen Realität konfrontiert, dass Jesus durch diese Strassen ging und diese Ansprüche erhob. Und die ultimative Frage mit Ewigkeitsbedeutung ist die: Wie stellen Sie sich zu Jesus? Werden Sie ihn als Retter und

Herrn akzeptieren und anerkennen? Oder werden Sie sich dafür entscheiden, Ihr Leben weiterzuleben, ohne vor seinen Ansprüchen auf die Knie zu gehen? Die leblosen Ruinen von Kapernaum erinnern uns heute daran, dass solche Entscheidungen ewige Konsequenzen haben.

EIN MÜHLSTEIN, DEN EIN ESEL DREHT

Rings um Kapernaum gibt es weitere «weniger bedeutende» archäologische Überreste. Zumindest denken viele Reiseleiter, dass sie von geringerer Bedeutung sind, wenn sie ihre Touristen aus der Synagoge hinaus in Richtung Ausgang drängen. Wir aber gehen in den Schatten gleich neben der Synagoge, denn dort befindet sich ein besonderer Fund, den ich Ihnen zeigen möchte. Und lassen Sie mich Ihnen auf dem Weg dorthin eine weitere Geschichte aus Kapernaum erzählen.

In Matthäus 17,24 erfahren wir, dass Jesus und seine Jünger wieder in Kapernaum angekommen sind. Kapitel 18 beginnt dann mit «zu jener Stunde», was darauf hindeutet, dass die folgenden Ereignisse zur gleichen Zeit stattfanden wie die im vorherigen Kapitel. Die Jünger bitten Jesus, ihnen eine Frage zu beantworten: «Wer ist wohl der Grösste im Reich der Himmel?» (Mt 18,1). Jesus antwortete, indem er zur Veranschaulichung ein kleines Kind herbeirief. «Wer nun sich selbst erniedrigt wie dieses Kind, der ist der Grösste im Reich der Himmel» (V. 4).

Aber dann warnte Jesus vor denen, die versuchen könnten, einen seiner kindlichen Nachfolger dazu zu bringen, dass er stolpert und sündigt. Er sagte, für einen solchen Menschen wäre es besser, «dass ein grosser Mühlstein an seinen Hals gehängt und er in die Tiefe des Meeres versenkt würde» (Mt 18,6). Was genau ist ein «grosser Mühlstein»? In der Grundsprache heisst es wörtlich «ein Mühlstein eines Esels» – das heisst, ein grosser Mühlstein, der von einem Esel gedreht wurde. Wie sieht also ein Mühlstein eines Esels aus? Die Antwort liegt direkt vor uns!

Ein grosser Basaltmühlstein in Kapernaum

Sehen Sie den grossen, sanduhrförmigen Basaltstein? Das ist ein oberer Mühlstein. Oben wurde in den Trichter Getreide hineingeschüttet, während Esel oder andere Tiere über das Geschirr mit dem Stein verbunden diesen drehten. Dieser obere Mühlstein sitzt auf einem kegelförmigen unteren Mühlstein. Wenn sich der obere Mühlstein um den unteren drehte, wurde das Getreide zerquetscht, das in den Spalt rieselte. Doch nun zurück zu Matthäus 18.

Jesus sagte, es wäre besser für einen Menschen, wenn man ihm einen grossen, schweren Mühlstein um den Hals hängen und «er in die Tiefe des Meeres versenkt würde», als dass er einen seiner Anhänger zur Sünde verleitete. Auch hier gilt: Der Ort ist entscheidend. Jesus sprach diese Worte, als er am See von Galiläa stand. Man kann sich leicht vorstellen, wie Jesus auf einen der vielen Mühlsteine zeigt, die von Eseln in der Gegend gedreht werden, und sich dann mit einer ausladenden Geste umdreht und auf den See Genezareth deutet. Es ist, als ob Jesus sagen würde: «Ihr wollt meinen jungen Nachfolgern eine Schlinge oder Falle in den Weg legen, um sie zu Fall zu bringen? Ich habe einen Vorschlag, der euch mehr Vorteile bringt. Seht ihr den grossen Basaltmühlstein dort drüben? Nehmt ein Seil und legt euch den Mühlstein um den Hals. Dann fahrt damit auf den See Genezareth und springt ins Wasser! Euren eigenen physischen Tod herbeizuführen, wäre besser für euch als der ewige Urteilsspruch, den ihr von mir erhalten werdet, weil ihr meinen jungen Nachfolgern Schaden zugefügt habt.»

MOSE UND DER THORASCHREIN

Es ist bald an der Zeit, Kapernaum zu verlassen, aber wir müssen auf unserem Weg nach draussen noch zu einer weiteren Station. Eine Reihe von gemeisselten Kalksteindekorationen befindet sich zu unserer Rechten, während wir zum Ausgang gehen. Besonders eine Bildhauerarbeit hebt sich von den anderen ab. Sie zeigt eine Kiste auf Rädern mit Türen auf einer Seite. Wenn Sie hier lange genug stehen, kann es sein, dass ein Reiseleiter vorbeikommt und ungefähr Folgendes sagt: «Und hier sehen Sie eine der prächtigsten Bildhauerarbeiten der Synagoge, die die Bundeslade Israels in der Wüste zeigt.»

Bildhauerarbeit am Thoraschrein in Kapernaum

Wenn Sie verwirrt sind, keine Sorge: Das ist *nicht* die Bundeslade. Dieses antike Behältnis hatte obenauf zwei goldene Cherubim mit ausgebreiteten Flügeln. Und sie hatte lange Stangen an zwei Seiten, weil sie von den Leviten getragen und nicht auf einen Wagen gestellt werden sollte (2Mo 25,14; 4Mo 4,15). Es gibt nur zwei Fälle, in denen die Bundeslade auf einen Wagen gestellt wurde – ein Mal, als sie von den Philistern nach

Israel zurückgebracht wurde (1Sam 6), und ein Mal, als David zum ersten Mal versuchte, sie nach Jerusalem hinaufzubringen (2Sam 6). Beide Ereignisse endeten nicht gut!

Diese Steinskulptur stellt den Thoraschrein dar, einen beweglichen Kasten, in dem die Schriftrollen des Gesetzes, der Propheten und der Schriften aufbewahrt wurden. Dieser Kasten wurde zu den Sabbatgottesdiensten in die Synagoge gerollt und für die Zeit zwischen den Gottesdiensten an einen sicheren und geschützten Ort gebracht.

Die Fehleinschätzung durch manche Reiseleiter erinnert mich an Mark Twains Erfahrung in Jerusalem. Als er den Felsendom besuchte, den er die Moschee von Omar nannte, berichtete er: «Genau vor der Moschee erhebt sich ein Miniaturtempel, welcher die Stelle bezeichnet, wo David und Goliath [*sic*] gesessen und dem Volke Recht gesprochen haben.» Er fügte eine Fussnote an, die in typischer Twain-Manier ebenso bedeutsam ist wie die ursprüngliche Aussage. «Ein Pilger teilt mir mit, dass es nicht David und Goliath, sondern David und Saul waren. Ich bleibe bei meiner eigenen Angabe – der Fremdenführer hat es mir erzählt, und der muss es ja wissen.»[12] Ich kann nur sagen: Ja, das *sollte* er!

12 Mark Twain, *Die Arglosen im Ausland*, Übs. Ana Maria Brock (Frankfurt a.M. / Leipzig: Insel, 1997), 626.

Die Ruinen des antiken Chorazin

KAPITEL 9

CHORAZIN:
Kapernaum mit Aussicht

Jerome Murphy-O'Connor bezeichnete Chorazin als «Kapernaum mit Aussicht»,[13] und das ist eine gute Beschreibung des Ortes. Eingebettet in die Hügellandschaft, etwa fünf Kilometer vom See Genezareth entfernt – und dreihundert Meter höher gelegen –, genossen die Bewohner des antiken Chorazin einen wunderbaren Blick auf den See, wobei sie die drückende Hitze und Feuchtigkeit an seinem Ufer meiden konnten.

Chorazin wurde aus dem schwarzen Basaltgestein gebaut, das die Region Galiläas bedeckt, die im Norden an den See Genezareth grenzt. Daher ist der Ort praktisch unsichtbar, bis der Bus fast schon auf den Ruinen steht. Anders als bei einigen anderen Sehenswürdigkeiten in der Gegend halten nur relativ wenige Reisegruppen in Chorazin an. Aber für die Gruppen, die anhalten, ist die Einsamkeit von Chorazin eine willkommene Abwechslung zu den Buskonvois und Touristenmassen bei den anderen religiösen Sehenswürdigkeiten.

---

13 Jerome Murphy-O'Connor, *The Holy Land*, 5. Aufl. (New York: Oxford University Press, 2008), 257: «Capernaum with a view».

Doch wenn die Reisenden in Chorazin dem Bus entsteigen, ist ein Hauch von Langeweile in ihren glasigen Augen erkennbar. «Hier sind wir an *noch* einem Halt, den man getrost vergessen kann! Es ist heiss, und ich bin müde und durstig. Ausserdem kann ich mich an *kein einziges* Ereignis aus der Bibel erinnern, das in Chorazin stattgefunden hat. Ist es in Ordnung, wenn ich einfach im Bus bleibe und diese Stätte auslasse?»

Und die Antwort, die diesen Pilgern hilft, munter zu werden und sich schleunigst zu bewegen, lautet: «Wenn Sie eine der Ortschaften verpassen wollen, in denen Jesus mehr Wunder vollbracht hat als in jedem anderen Ort des Landes, dann bleiben Sie hier im Bus. Aber wenn Sie mehr über Jesus und seine Wunder wissen wollen, dann folgen Sie mir.» Das versetzt die Menge normalerweise in Bewegung. Und sobald die Gruppe die Synagoge erreicht, sind die Leute wieder frisch und bereit zuzuhören.

DIE SYNAGOGE

Die Synagoge in Chorazin ist die perfekte Ergänzung zu der in Kapernaum. Beide stammen aus der Zeit nach Jesus, und beide sind so ausgerichtet, dass die Eingänge nach Jerusalem zeigen. Aber die Synagoge in Chorazin veranschaulicht die Art von Synagoge, die zur Zeit Jesu in Kapernaum stand, besser. Sie ist kleiner und weniger verziert. Und sie wurde aus Basaltgestein aus der Nähe gebaut, nicht aus weissem Kalkstein, der aus grösserer Entfernung herantransportiert werden musste. Diese und die in Magdala entdeckte Synagoge helfen Reisenden, sich vorzustellen, wie eine Synagoge ausgesehen haben könnte, als Jesus in der Gegend wirkte.

Innenraum der Synagoge

Aber was macht Chorazin so besonders? Der Ort wird in den Evangelien nur zweimal erwähnt – einmal von Matthäus und einmal von Lukas. Und an beiden Stellen wird sie nur beiläufig als eine der drei von Jesus verfluchten Ortschaften erwähnt. Aber es ist *die Art und Weise* wie die drei Orte an diesen Stellen vorgestellt werden, die Chorazin seinen besonderen Status verleiht. «Da fing er an, die Städte zu schelten, in denen die meisten seiner Wundertaten geschehen waren, weil sie nicht Busse getan hatten: Wehe dir, Chorazin! Wehe dir, Bethsaida! Denn wenn in Tyrus und Zidon die Wundertaten geschehen wären, die bei euch geschehen sind, so hätten sie längst in Sack und Asche Busse getan» (Mt 11,20-21).

Sowohl Matthäus als auch Lukas nennen drei Städte, in denen Jesus mehr Wunder getan hat als sonst irgendwo. Und Chorazin ist – zusammen mit Bethsaida und Kapernaum – eine der Städte auf dieser Liste! Nennen Sie jetzt ein einziges Wunder, das Jesus in Chorazin vollbracht hat. Wenn Ihnen nichts einfällt, muss Sie das nicht beunruhigen. In der Bibel wird *kein einziges* der Wunder berichtet, die Jesus in Chorazin vollbracht hat. Abgesehen von dieser einzigen Erwähnung der Stadt in den beiden Evangelien wissen wir nichts über Jesu Wirken in Chorazin. Und doch hilft uns diese Realität, eine zentrale Wahrheit über das Wirken Jesu zu verstehen. Was wir in der Bibel aufgezeichnet haben, ist nur eine kleine Auswahl dessen, was Jesus während seiner Zeit auf Erden gelehrt und getan hat. In Chorazin geschahen viele Wunder, aber keines davon ist in der Bibel verzeichnet.

Die Tatsache, dass wir nicht jedes einzelne von Jesus vollbrachte Wunder kennen, entmutigt mich nicht und lässt mich auch nicht an der Bibel zweifeln. Nein, ganz im Gegenteil. Wenn Jesus mehr als drei Jahre lang im Heiligen Land gewirkt hat, *muss* er viel mehr getan haben, als in den Evangelien berichtet wird. Der Apostel Johannes bestätigt diese Vermutung. «Noch viele andere Zeichen tat Jesus nun vor seinen Jüngern, die in diesem Buch nicht geschrieben sind. Diese aber sind geschrieben, damit ihr glaubt, dass Jesus der Christus, der Sohn Gottes ist, und damit ihr durch den Glauben Leben habt in seinem Namen» (Joh 20,30-31). Und ein Kapitel später erinnerte Johannes seine Leser noch einmal daran, dass sein Bericht nur eine *teilweise* Aufzeichnung all dessen war, was Jesus getan hat. «Es sind aber noch viele andere Dinge, die Jesus getan hat; und wenn sie eines nach dem anderen beschrieben würden, so glaube ich, die Welt würde die Bücher gar nicht fassen, die zu schreiben wären» (Joh 21,25).

Die Evangelien sind selektive Berichte von Jesu Leben und Wirken. Gott liess die Verfasser alles aufschreiben, was wir wissen mussten, um von seinem Leben, seinem Wirken und seinen Ansprüchen überzeugt zu sein. Jesus vollbrachte in Chorazin viele Wunder, aber keines davon war für unser Verständnis seiner Person und seines Werks von Bedeutung, und deshalb wurde keines aufgeschrieben.

DER SITZ DES MOSE

Wenn wir hier in der Synagoge stehen, können wir uns etliche Ereignisse aus dem Leben Jesu vorstellen, aber mein Favorit ist der Bericht in Lukas 4.

Dieses Kapitel beschreibt ein Ereignis, das in der Synagoge von Nazareth stattfand, aber wir können anhand dieser Synagoge hier veranschaulichen, was dort geschah. In diesem Bericht überreicht der Synagogenvorsteher Jesus die Schriftrolle des Propheten Jesaja. Jesus entrollte sie bis zu dem Abschnitt, den wir als Jesaja 61 kennen, und begann dann zu lesen. Sehr wahrscheinlich wurde die Schriftrolle aus dem Thoraschrein herausgenommen, dem beweglichen Kasten mit der Heiligen Schrift, der in dem offenen Raum zwischen zwei der Eingänge stand.

Sehen Sie den flachen Stein auf dem Boden, direkt vor der mittleren Tür? Das könnte der Sockel des Podiums oder Rednerpults sein, auf dem die Schriftrolle während der Lesung abgelegt wurde. In einer modernen Synagoge wird es *Bimah* oder *Bema* genannt. Jesus stand also an der *Bimah* in Nazareth, als er aus dem Buch Jesaja las. Dann, so berichtet Lukas, rollte Jesus die Schriftrolle wieder zusammen, reichte sie dem Synagogenvorsteher, damit er sie wieder in den Thoraschrein legen kann, «setzte sich» und begann zu lehren (Lk 4,20-21). Aber wohin setzte sich Jesus?

Auf den «Sitz des Mose».

Auf der anderen Seite des Thoraschreins, neben dem mittleren Eingang, steht ein steinerner Stuhl oder Sitz. Dieser Stuhl ist aus demselben Vulkangestein gemeisselt, das diese Gegend bedeckt. Das Exemplar hier in der Synagoge ist allerdings eine Nachbildung. Das Original befindet sich im Israel-Museum in Jerusalem. Wenn Sie die Vorderseite genau betrachten, können Sie die Schrift erkennen. Die Inschrift ist auf Aramäisch und identifiziert die Person, die den Stuhl für die Synagoge herstellen liess. «Erinnert sei für immer an Judah ben Ischmael, der diese Stoa und ihre Treppe gebaut hat. Als Lohn soll er einen Anteil mit den Gerechten haben.» Mit der erwähnten Stoa ist nicht etwa das griechische Wort für eine Säulenhalle gemeint, sondern die Plattform, auf der der Stuhl stand.

Das gefällt mir sehr! Judah ben Ischmael bezahlte dafür, dass der Stuhl, das Podest, auf dem er stand, und die Treppe, die zu ihm hinaufführt, für die Synagoge hergestellt wurden. Dann beschloss er natürlich, das

Geschenk mit seinem Namen versehen zu lassen, damit jeder daran erinnert wurde, wie grosszügig er war. Das machen wir auch heute noch so!

Nachbildung des Sitzes des Mose in der Synagoge

Der Stuhl, auf den sich Jesus in Nazareth setzte, um zu lehren, war wahrscheinlich ähnlich wie der hier in Chorazin. Dies war der Ort, an dem der Lehrer sass, um die Heilige Schrift auszulegen. Dieser Stuhl hilft auch, eine andere Schriftstelle zu erklären. In Matthäus 23,2 sagte Jesus: «Die Schriftgelehrten und Pharisäer haben sich auf Moses Stuhl gesetzt». Was das bedeutet, ist klar. Dies war der Ort, an dem diese religiösen Anführer sassen und die Heilige Schrift auslegten. So wie Mose die Israeliten angeführt und sie Gottes Gebote gelehrt hatte, so führte die Person, die auf diesem Stuhl sass, die Menschen in der Synagoge an. Und in dem Masse, in dem diejenigen, die an diesem Ort der Autorität sassen, die Gebote Gottes erläuterten, sagte Jesus: «Alles nun, was sie euch sagen, dass ihr halten sollt, das haltet und tut ...». Doch dann fügte er hinzu: «aber nach ihren Werken tut nicht, denn sie sagen es wohl, tun es aber nicht» (V. 3). Daraufhin tadelt Jesus die Heuchelei der religiösen Anführer seiner Zeit aufs Schärfste.

Aufregende Dinge für eine so abgelegene Ortschaft, die heute nur noch wenige besuchen!

Nachdem Sie sich etwas Zeit genommen haben, um die restaurierten Häuser gleich hinter der Synagoge zu erkunden, ist es an der Zeit, zurück in Richtung Eingang zu gehen. Aber es gibt noch einen weiteren Halt.

KOMMT UND NEHMT ZUFLUCHT IN MEINEM SCHATTEN

Überall in Chorazin gibt es wunderbare schattige Plätze zum Ausruhen und Picknicken. Der Baum *Ziziphus spina-christi*, der seinen Namen von der Überlieferung hat, dass die Dornenkrone, die Jesus aufgesetzt wurde, aus seinen Zweigen gemacht worden war, spendet den Schatten für diese Stellen. Diese Bäume mit ihrem dichten Wurzelwerk, das andere Pflanzen verdrängt, halten den schattigen Bereich darunter relativ frei von Unkraut. Sie produzieren auch eine eigene Frucht, die gegessen werden kann, obwohl sie nicht sehr schmackhaft ist. Unser letzter Halt ist im erfrischenden Schatten eines dieser grossen *Ziziphus-spina-christi*-Bäume.

Auf dem Weg in den Schatten eines Ziziphus-spina-christi-Baumes

Die meisten Gruppen ignorieren einfach die Bäume auf ihrem Weg zur Synagoge, aber im Schatten dieses Baumes gibt es eine grossartige Geschichte zu erzählen. Es ist das Gleichnis von Jotham, dem einzigen Sohn Gideons, der das Massaker an all seinen anderen Brüdern durch Abimelech und die Männer von Sichem überlebt hat. Die Geschichte ist in Richter 9 zu finden. Als sich das Volk von Sichem versammelte, um Abimelech zum König zu salben, stand Jotham auf dem Gipfel des Berges Garizim und rief nach unten den Menschen zu. Er erzählte ihnen die Geschichte von den Bäumen, die sich versammelten, um für sich einen König zu salben.

Die Bäume baten zuerst den Ölbaum, König zu werden, aber der Ölbaum lehnte ab. Dann fragten sie den Feigenbaum, gefolgt vom Weinstock, aber auch sie lehnten das Angebot ab. Schliesslich, vielleicht in ihrer Verzweiflung, baten sie das, was unsere Bibel den «Dornbusch» oder «Dornstrauch» nennt, König zu werden. Im Hebräischen ist es das Wort *'atad*. Das Problem ist, dass die Details der Geschichte nicht wirklich zu einem verworrenen Dornengestrüpp passen. Nogah Hareuveni, der Gründer von Neot Kedumim, Israels Biblischem Landschaftsschutzgebiet, glaubt, dass der *Ziziphus-spina-christi*-Baum ein besserer Kandidat ist.[14] Wie die anderen Bäume bringt er eine Frucht hervor, die allerdings nicht so nützlich ist. Und er kann den anderen Bäumen die Möglichkeit bieten, «Zuflucht unter meinem Schatten» zu nehmen (Ri 9,15). Wenn sie das jedoch tun, werden sie leider sterben, denn die Wurzeln dieses Baumes rauben ihnen die gesamte Nahrung unter seinem Blätterdach. Dieser Baum könnte also der *'atad* Baum aus Richter 9 sein – der wertlose Baum, der alles zerstört, was unter seinem «Schutz» zu gedeihen versucht.

Unsere nun gestärkten Pilger holen ihre Smartphones aus ihren Taschen und Beuteln, um einen weiteren Aha-Moment festzuhalten.

---

14 Nogah Hareuveni, *Tree and Shrub in Our Biblical Heritage* (Kiryat Ono, Israel: Neot Kedumim, 1984), 60–62.

DAS KANINCHEN

Ein «Kaninchen» ruht auf einem Steinhaufen

Halten Sie auf dem Rückweg zum Bus Ausschau nach einem braunen, pelzigen Tier, das etwa so gross ist wie ein Murmeltier. Dieses Tier lebt in den Felsen, und Chorazin ist ein Ort, an dem es oft gesichtet werden kann. Man kennt es auch als Klippdachs oder Klippschliefer (Hyrax), aber mein Lieblingsname ist der, der ihm in der alten Lutherbibel (bis 1912) gegeben wird – das «Kaninchen»!

In 3. Mose 11,5 wurden «Kaninchen» als unreine Tiere bezeichnet, was bedeutet, dass sie nicht gegessen werden durften. Aber Sprüche 30,24-28 wirft ein positiveres Licht auf diese pelzigen Säugetiere. Dieser Abschnitt identifiziert «Kaninchen» als eines von vier kleinen Tieren, «doch sind sie überaus weise»; von ihnen können die Menschen wertvolle Lektionen für das Leben lernen. Welche Lektion können sie uns also lehren? «Klippdachse – kein mächtiges Volk, aber sie setzen ihr Haus auf den Felsen ...».

Während wir diese Kreaturen zwischen den Felsen umherhuschen sehen, werden die Worte dieses Weisheitsspruchs lebendig. Diese Tiere sind ziemlich wehrlos. Wenn sie auf offenem Gelände gefangen würden, wären sie eine leichte Beute von Raubtieren. Aber «Kaninchen» leben nicht in der freien Natur. Um sie aufzuspüren, hält man nach Felsen Ausschau – Felsvorsprünge an Klippen oder zu Steinzäunen aufgetürmte Felsbrocken ... oder nach alten Ruinen wie hier in Chorazin.

Was ist die Lektion, die wir von diesem unbedeutenden Tier lernen sollen? Obwohl die «Kaninchen» klein und recht wehrlos sind, haben sie sich klugerweise sichere Orte gesucht. Sie veranschaulichen, wie wichtig es ist, nicht töricht zu leben und sich nicht unnötig Bedrohungen oder Gefahren auszusetzen. Es ist weise, in bedrohlichen Situationen Sorgfalt und Vorsicht walten zu lassen. Fragen Sie einfach diese Tiere, die über die Felsen hüpfen.

Schild am Eingang von Bethsaida

KAPITEL 10

BETHSAIDA:
Die Stadt, die verschwand

Der Durchschnittsmensch könnte denken, dass es schwierig wäre, eine antike Stadt zu verlieren. Schliesslich ist das ja nicht so, als würde man eine Brille oder ein Mobiltelefon verlegen. Städte wurden damals aus Ziegeln und Stein gebaut, zwei Materialien, die lange Zeit überdauern. Die Bewohner der Städte verloren Münzen, warfen zerbrochene Töpfe weg und begruben ihre Toten – kurzum, sie hinterliessen Dinge, die heute deutlich machen, dass dort irgendwann in der Vergangenheit Menschen gelebt hatten.

Aber es scheint, dass die Stadt Bethsaida schon immer schwer zu finden war. Ein Teil des Problems bei der Lokalisierung einer antiken Stadt besteht darin, den Namen der Stadt zu kennen. Und Namen können sich im Laufe der Zeit ändern. Im Neuen Testament schreiben die Verfasser der Evangelien von einer Stadt namens Bethsaida. Der Name bedeutet «Haus der Fischerei» oder «Haus der Jagd». Laut Johannes 1,44 war Bethsaida die ursprüngliche Heimatstadt von Philippus, Petrus und Andreas. Und ihre Verbindung zu Bethsaida sollte keine Überraschung sein, denn Petrus und Andreas waren beide Fischer. Aber wo genau lag diese Stadt, und wie lautete ihr offizieller Name?

Der jüdische Historiker Josephus liefert einige Hinweise, die bei der Identifizierung von Bethsaida helfen. Er sagte, dass die Stadt durch Philippus, den Sohn von Herodes dem Grossen, eine physische Umgestaltung und einen neuen Namen erhielt; er «erhob dann den Flecken Bethsaida, der am See Gennesar lag, zum Range einer Stadt, verschaffte derselben Einwohner und Hilfsquellen und nannte sie nach des Caesars Tochter ebenfalls Julias».[15] Mit anderen Worten: Philippus hat die Stadt instand gesetzt und ihren Namen geändert, um die Familie des Herrschers zu ehren, der ihn an die Macht gebracht hat. Josephus erzählt seinen Lesern auch, dass der Jordan «unterhalb der Stadt Julias mitten durch den See Gennesar hindurchfliesst»[16] – das ist der See Genezareth. Die Stadt lag also am Nordufer des Sees Genezareth am Fluss Jordan.

Und doch wusste bis vor Kurzem niemand genau, wo Bethsaida lag. Viele Forscher nehmen heute an, dass ein Ort namens Et-Tell der wahrscheinliche Standort von Bethsaida ist. Andere bezweifeln jedoch die Verbindung zwischen Et-Tell und Bethsaida. Sie haben mindestens zwei weitere mögliche Standorte für die Ortschaft vorgeschlagen. Warum halten sie nichts davon, dass dieser Ort Bethsaida sein soll? Genau wie bei Immobilien ist das Wichtigste dabei die Lage, die Lage, die Lage.

---

15 Flavius Josephus, *Jüdische Altertümer*, Übs. Heinrich Clementz, 12. Aufl. (Wiesbaden: Fourier, 1994), 18.2.1.

16 Flavius Josephus, *De Bello Judaico: Der jüdische Krieg: Griechisch und Deutsch*, Hg. Otto Michel und Otto Bauernfeind, 3. Aufl. (Darmstadt: Wissenschaftliche Buchgesellschaft, 1982), 3.10.7.

Archäologische Ausgrabungen in Et-Tell

Wenn der Name Bethsaida «Haus der Fischerei» bedeutet, wo ist dann das Wasser? Et-Tell befindet sich über anderthalb *Kilometer* nördlich des Sees Genezareth. Für die Skeptiker ist die Identifizierung dieses Ortes als Bethsaida ein Marketingtrick, der eines cleveren Immobilien-Projektentwicklers würdig ist, der versucht, die Leute zur Investition in ein zweifelhaftes [im englischen Originaltext: «fishy» als Wortspiel, der Lektor] Projekt zu verleiten. «Ich habe ein Angebot für Sie! Sie können sich am Erdgeschoss unseres neuesten Seeufer-Bauprojekts in Galiläa beteiligen – Haus der Fischerei! Es liegt *fast* am Ufer des wunderschönen Sees Genezareth!»

Es gibt eine Lösung für dieses Problem. Die Stadt mag heute über anderthalb Kilometer vom See Genezareth entfernt sein, aber in der Antike könnte sie viel näher gelegen haben. Es ist möglich, dass die Sedimente, die den Jordan hinunterflossen, das Gebiet um Bethsaida auffüllten und ein Delta bildeten, das die Uferlinie weiter nach Süden verlagerte. Auch wenn der Ort heute nicht mehr am Wasser liegt, könnte er vor zweitausend Jahren sehr wohl am See Genezareth gelegen haben. Und als wollten Archäologen dabei helfen, diese Tatsache zu untermauern, haben sie an der Ausgrabungsstätte sogar ein Haus freigelegt, in dem sie Angelhaken, Anker und Bleigewichte für Netze fanden.

Aber Bibelleser entdecken vielleicht noch eine zweite zweifelhafte [im englischen Originaltext: «fishy» als Wortspiel, der Lektor] Tatsache über Bethsaida. Im Alten Testament ist keine Ortschaft mit diesem Namen zu finden. Und doch haben Archäologen in Et-Tell Überreste einer bedeutenden Stadt aus alttestamentlicher Zeit freigelegt. Wie hiess diese Stadt also, bevor sie Bethsaida wurde? Wir wissen es nicht genau, aber Archäologen vermuten, dass es sich um die Stadt Zer handeln könnte, die in Josua 19,35 erwähnt wird. Viele meinen, dass die Stadt, wie auch immer sie heissen mochte, die Hauptstadt eines Königreichs namens Geschur war. Dieses Königreich erstreckte sich vom See Genezareth nach Nordosten bis fast nach Damaskus, und der König, der dort zur Zeit Davids regierte, hiess Talmai. David ging sogar ein Bündnis mit diesem König ein, indem er die Tochter von Talmai heiratete.

DIE ABSOLUT GRÖSSTE FISCHGESCHICHTE

Die wohl absolut grösste Fischgeschichte aus dieser Stadt ist die über den schleimigen Sohn, der vom Haken gegangen ist. Sie erinnern sich nicht an diese Geschichte? Das werden Sie bald, denke ich, sobald ich ein paar Details beigesteuert habe!

Die Geschichte beginnt genau an diesem Ort, aber Tausend Jahre *vor* der Zeit Jesu. Damals war dieser Ort die Hauptstadt des Königreichs Geschur. Es war noch früh in Davids Regierungszeit, und er war noch dabei, seinen Thron zu sichern. In der Bibel wird aus dieser Zeit berichtet, dass es «Krieg zwischen dem Haus Sauls und dem Haus Davids» gab (2Sam 3,1). Wir kennen den Ausgang der Geschichte, aber zur damaligen Zeit wussten andere Nationen nicht, wer als Sieger hervorgehen würde. Und in solchen Situationen war es immer besser, sich abzusichern. Das macht die historische Fussnote in 2. Samuel 3 so wichtig. Der Verfasser vermerkt den Anstieg von Davids Stärke und veranschaulicht dies durch die Nennung der sechs *Söhne*, die David in dieser Zeit geboren wurden (V. 2-5).

Jeder Sohn wurde von einer anderen Frau geboren, was den traurigen Zustand der Ehe in jener Zeit widerspiegelt. Aber der Verfasser hält beim dritten Sohn inne, um ein weiteres Detail zu nennen, das diesen Sohn von den anderen unterscheidet. Der dritte Sohn war «Absalom, der Sohn der Maacha, der Tochter Talmais, des Königs von Geschur» (2Sam 3,3). Zu dieser Zeit schlossen die Könige Bündnisse durch Heirat. Wir wissen nicht, ob David auf Talmai zugegangen war oder Talmai auf David, aber in jedem Fall heiratete David die Tochter des Königs von Geschur und zementierte damit die Beziehung zwischen den beiden Nationen.

Es ist möglich, dass David diesen Ort besucht hat – und auf seinen Strassen umherging. Doch das wissen wir einfach nicht. Aber wir wissen, dass Davids Sohn Absalom hier Zeit verbrachte. In 2. Samuel 13 lernen wir das verräterische Wesen von Absalom kennen, als er den Mord an seinem Bruder Amnon plante. Es war ein erbärmlicher Zeitabschnitt in Davids Familiengeschichte. Amnon hatte Absaloms Schwester Tamar vergewaltigt, und Absalom wollte sich rächen. David hatte es versäumt, gegen Amnon vorzugehen, was falsch war, aber das gilt ebenso für Absaloms Betrug und sein Verlangen, Rache zu üben. Absalom ermordete seinen älteren Bruder, der der Erste in der Thronfolge war, und danach heisst es: «Absalom aber war entflohen und ging zu Talmai, dem Sohn Ammihuds, dem König von Geschur» (2Sam 13,37).

Drei Jahre lang lebte Absalom im Exil im Königreich Geschur. Er verbrachte drei Jahre damit, über all das nachzudenken, was er getan und was er zurückgelassen hatte. Aber anstatt sein Herz zu erweichen, schien die Zeit an diesem Ort Absalom noch mehr zu verhärten. Schliesslich durfte er nach Jerusalem zurückkehren, und nach zwei weiteren Jahren versöhnte er sich mit David. Oder zumindest dachte David, sie hätten sich versöhnt. David hat Absalom vergeben, aber Absalom hat seinem Vater

David nie vergeben. Zuletzt reiste Absalom nach Hebron und verkündete, *er* sei jetzt König. Was folgte, war ein weiteres trauriges Kapitel, das den letzten Teil von König Davids Herrschaft trübte und Absalom das Leben kostete.

Bei den Ausgrabungen an dieser Stätte entdeckten die Archäologen einen Schrein, der dem Mondgott gewidmet war. Der Schrein befand sich direkt vor dem Stadttor. Die Hörner des Stiers bilden einen Bogen, der die Mondsichel symbolisiert. Leider wurde der Schrein an dieser Stätte von Vandalen beschädigt. Aber zum Glück war der Originalstein bereits in das Israel-Museum in Jerusalem gebracht worden, wo er ausgestellt ist.

Nachbildung des Schreins für den Mondgott

DIE STADT UMBENENNEN

Der Stein mit dem Bild des Mondgottes

Zur Zeit Jesu war die Stadt in Bethsaida umbenannt worden, zumindest bis Herodes' Sohn Philippus beschloss, sie erneut umzubenennen. Philippus baute zwei Städte in seinem Königreich wieder auf – eine im Norden am Fusse des Berges Hermon und diese im Süden am See Genezareth. Er benannte beide Städte zu Ehren von Cäsar um, dem römischen Kaiser, der ihm geholfen hatte, seine Position als König zu sichern. Er benannte die nördliche Stadt Panias in «Cäsarea Philippi» um, damit sie von der gleichnamigen Stadt an der Mittelmeerküste zu unterscheiden war, die sein Vater erbaut hatte. Philippus benannte auch die Stadt Bethsaida in «Julias» um, zu Ehren von Cäsars Tochter. Die lokale Bevölkerung nannte beide Städte jedoch weiterhin bei ihren ursprünglichen Namen.

DAS ZWEIFELHAFTE WUNDER

Matthäus 11 zählt Bethsaida zu den drei Städten, in denen Jesus die meisten seiner Wunder vollbrachte. Aber können Sie ein Wunder nennen, das *in* Bethsaida geschehen ist? Wenn Sie gut in Bibelkunde sind, werden Sie vielleicht auf Markus 8 kommen. Das ist der Bericht über die Heilung des Blinden durch Jesus, bei dem Jesus das Wunder zweimal vollbringen musste. Aber in dem Abschnitt heisst es, dass Jesus den Mann *aus* Bethsaida *hinaus* führte, bevor er das Wunder tat. Technisch gesehen war Jesus also in der Stadt, als der Blinde zu ihm gebracht wurde, aber der Mann wurde nicht *in* Bethsaida geheilt. Und abgesehen von diesem einen Wunder kennen wir keines der anderen Wunder, die Jesus tatsächlich *in* dieser Ortschaft vollbracht hat. Wie wir bereits sagten, ist etwas zweifelhaft an der Sache.

In Markus 8 brachten ein paar Leute einen blinden Mann zu Jesus, damit er geheilt wird. Nachdem Jesus den Mann aus dem Ort geführt hatte, berichtet Markus, «spie» er «ihm in die Augen, legte ihm die Hände auf und fragte ihn, ob er etwas sehe» (Mk 8,23). Der Mann antwortete: «Ich sehe die Leute, als sähe ich wandelnde Bäume!» (V. 24).

Das ist der Punkt, an dem viele ein Problem mit diesem Bericht haben, denn auf den ersten Blick sieht es so aus, als hätte Jesus einen schlechten Tag gehabt. Er versuchte, den Mann zu heilen, aber das Wunder gelang ihm nicht ganz. Jesus musste seine Hände ein zweites Mal auf die Augen des Mannes legen, bevor dieser endlich alles klar sehen konnte.

Ist dies ein Fall, in dem Jesus das Wunder wiederholen musste, um es richtig zu machen? Zum Glück lautet die Antwort: Nein!

Dieses zweistufige Wunder war nicht in erster Linie darauf angelegt, dem Wohl der Ortschaft oder des Mannes, der geheilt wurde, zu dienen. Vielmehr war es eine Veranschaulichung – ein Lehrstück – für die Jünger Jesu. Sie hatten eine gewisse Vorstellung davon, wer Jesus war, aber sie hatten noch vieles zu lernen. Genau wie dieser blinde Mann hatten auch die Jünger nur ein teilweises Sehvermögen, wenn es um ihr Verständnis von Jesus ging. Es war mehr Arbeit nötig, bevor sie klar sehen konnten.

LEKTIONEN AUS BETHSAIDA

Welche Lektionen können wir aus unserer Zeit hier in diesem zweifelhaften «Haus der Fischerei» mitnehmen? Lassen Sie mich zwei vorschlagen – eine aus dem Alten Testament und eine aus dem Neuen Testament. Erstens erinnert uns Absalom daran, dass wir vor Gott nichts auf die lange Bank schieben dürfen. Absaloms Bitterkeit gegen seinen Bruder und danach seine Bitterkeit gegen seinen eigenen Vater führten zu seinem Untergang. Der Verfasser des Hebräerbriefs formuliert es so: «Und achtet darauf, dass nicht jemand die Gnade Gottes versäumt, dass nicht etwa eine bittere Wurzel aufwächst und Unheil anrichtet und viele durch diese befleckt werden» (Hebr 12,15).

Zweitens erinnert uns Bethsaida an die Warnung, die jedem Aktienprospekt beiliegt: «Die bisherige Performance ist keine Garantie für zukünftige Ergebnisse.» Im Neuen Testament war Bethsaida eine wichtige Stadt, die Hauptstadt der Region, die von Herodes Philippus regiert wurde. Sie war eine der drei grössten Städte, in denen Jesus Wunder vollbrachte, und ein Viertel der wichtigsten Jünger Jesu kam aus dieser Stadt. Klingt beeindruckend, nicht wahr? Aber sehen Sie sich diese Stätte heute an. Bethsaida ist eine mahnende Erinnerung daran, nicht mit dem Blick in den Rückspiegel durchs Leben zu fahren. Nicht das, was wir bereits getan haben, ist wichtig, sondern das, was noch vor uns liegt. Gott ist unendlich viel mehr an unserer Zukunft interessiert als an unserer Vergangenheit. Und das zu vergessen, bedeutet, so zu werden wie Bethsaida heute ist – ein blosser Schatten dessen, was es einmal war.

Gott ist unendlich viel mehr an unserer Zukunft interessiert als an unserer Vergangenheit. Und das zu vergessen, bedeutet, so zu werden wie Bethsaida heute ist – ein blosser Schatten dessen, was es einmal war.

Das Mosaik in Tabgha zeigt einen Korb mit Brot und zwei Fischen

KAPITEL 11

TABGHA:
Schauplatz des verpassten Wunders

Tabgha ist ein trügerisch verwirrender, aber wunderschöner Ort am Ufer des Sees Genezareth, zweieinhalb Kilometer südwestlich von Kapernaum. Praktisch alle katholischen Pilger besuchen diese Stätte, während viele protestantische Gruppen dies nicht tun. Der Name der Stätte selbst scheint geheimnisumwoben zu sein. Tabgha ist tatsächlich der arabische Name des Ortes, der eine Abwandlung des griechischen Namens Heptapegon – «sieben Quellen» – war, weil an dieser Stelle sieben Süsswasserquellen in den See Genezareth münden.

Aber das vielleicht Verwirrendste an dieser Stätte ist der Grund für ihre religiöse Bedeutung. In der kirchlichen Tradition wurde dieser Ort als der Schauplatz identifiziert, an dem die Speisung der Fünftausend stattfand. Das Mosaik mit der Darstellung von zwei Fischen und einem Korb mit Broten wird als Beweis dafür angesehen, dass es sich tatsächlich um diesen Schauplatz handelt. Leider hat die Entdeckung eines weiteren Mosaiks mit Broten und Fischen in Hippos, auf der anderen Seite des Sees, die Identifizierung infrage gestellt. Dies mag ein wunderbarer Ort sein, um an das Wunder zu erinnern, aber es ist *nicht* der Ort, an dem das Wunder geschah.

Matthäus lieferte eine gute Zusammenfassung der Ereignisse rund um dieses Wunder. In Matthäus 13,54 steht, wie Jesus seine «Vaterstadt» Nazareth besuchte. Er befand sich in der Region Galiläa, einem Gebiet, das zu dieser Zeit von Herodes dem Tetrarchen regiert wurde, den man auch als Herodes Antipas kannte – er war ein Sohn von Herodes dem Grossen. In Matthäus 14 wird berichtet, wie alarmiert Herodes war, als er von den Wundern hörte, die Jesus tat. Er dachte, Jesus könnte Johannes der Täufer sein, der von den Toten auferstanden ist, was ihn sehr aufbrachte, denn er war derjenige, der Johannes hatte hinrichten lassen!

Dann schreibt Matthäus: «Und als Jesus das hörte [dass Johannes getötet worden war], zog er sich von dort in einem Schiff abseits an einen einsamen Ort zurück» (Mt 14,13). Als Jesus hörte, dass Herodes Antipas sich auf seinen Dienst konzentrierte, segelte er auf die andere Seite des Sees Genezareth. Der Fluss Jordan war die Grenze des Königreichs von Herodes. Indem er auf die Ostseite des Sees segelte, verliess Jesus den Herrschaftsbereich des Herodes. Matthäus berichtet dann, dass die Speisung der Fünftausend «abseits» irgendwo auf dieser Seite des Sees stattfand.

Nach dem Wunder befahl Jesus den Jüngern, «ans jenseitige Ufer zu fahren» (Mt 14,22), während er auf dem Berg blieb, um zu beten. Gleich danach ging Jesus auf dem Wasser. Aber so erstaunlich diese Geschichte auch ist, springen Sie mal zum Ende des Berichts. Matthäus schliesst die Geschichte mit den Worten: «Und sie fuhren hinüber und kamen in das Land Genezareth» (V. 34). *Gennesaret* ist die griechische Transliteration des hebräischen Wortes *kinneret*. Das ist der Name des Sees, aber es war auch der Name einer Stadt am See, die kaum einen Kilometer südlich von Tabgha lag.

Nur noch ein klein wenig Geduld, bitte! Jesus begann in der Region von Herodes Antipas und überquerte den See Genezareth, um die Gerichtsbarkeit des Herodes zu verlassen. Die Speisung der Fünftausend fand an einem anderen Ort auf der gegenüberliegenden Seite des Sees Genezareth statt, östlich des Jordans. Nach dem Wunder stiegen die Jünger in ein Boot, um über das Meer zurückzufahren, und landeten in Genezareth, in der Nähe von Tabgha. Die Speisung der Fünftausend kann also nicht in Tabgha stattgefunden haben, weil es auf der falschen Seite des Sees liegt.

Ein Teil der Verwirrung ist darauf zurückzuführen, dass es im Markusevangelium von Jesus heisst: «Und sogleich nötigte er seine Jünger, in das Schiff zu steigen und ans jenseitige Ufer, nach Bethsaida, vorauszufahren, bis er die Volksmenge entlassen hatte» (Mk 6,45). Aber wie konnten sie in ein Boot steigen und nach Bethsaida fahren, wenn sie bereits auf dieser Seite des Sees waren? Wenn Sie diesen Vers bei Markus lesen, klingt es so, als läge Bethsaida nicht auf der Seite des Sees, wo sich das Wunder ereignete, sondern auf der gegenüberliegenden Seite, aber das scheint allen anderen Evangelienberichten zu widersprechen.

Die Antwort findet sich im griechischen Originalwortlaut. Bei der Angabe von Anweisungen verwendet Markus zwei verschiedene griechische Präpositionen. Zuerst gab Jesus den Jüngern wörtlich den Befehl, «ans jenseitige Ufer» zu fahren. Markus verwendet die Präposition *eis*, die die Richtung zu einem Ort angibt. Das Ziel, das sie ansteuerten, war am «jenseitige[n] Ufer». Dann erklärte Jesus, ähnlich wie ein modernes Navigationsgerät, die spezifische *Route*, die sie nehmen sollten, um dieses Ziel zu erreichen. Sie sollten *pros* Bethsaida reisen. Das heisst, sie sollten am nördlichen Rand des Sees entlangfahren – bei oder in Richtung oder um Bethsaida herum –, anstatt zu versuchen, eine Abkürzung direkt über den See zu nehmen. Der Sturm, der darauf folgte, zeigt, dass Jesus einen weisen Rat gegeben hat. Markus 6,45 legt nahe, dass die Speisung der Fünftausend weiter östlich von Bethsaida stattfand, am nordöstlichen Rand des Sees Genezareth, weil sie auf ihrer Reise nach Westen an Bethsaida vorbeifahren mussten. Das Wunder *geschah nicht* in Tabgha.

BESTER ANGELPLATZ AM SEE GENEZARETH

Siebzig Jahre lang war Mendel Nun Mitglied des Kibbuz Ein Gev am Ostufer des Sees Genezareth. Jahrzehntelang arbeitete er als Fischer auf dem See und wurde zum anerkannten Experten für das Fischen in diesem Gewässer. Im Jahr 1989 schrieb er *The Sea of Galilee and Its Fishermen in the New Testament* (dt. Ausg.: *Der See Genezareth und die Evangelien*). In seiner Beschreibung von Tabgha schrieb er: «Die Quellen von Tabgha hatten eine grosse wirtschaftliche Bedeutung. Im Winter zieht ihr warmes Wasser Schwärme von Muscht[17] an, die aufgrund ihrer tropischen Herkunft die Wärme lieben [...] Die Fischer von Kafarnaum hielten sich hier im Winter und Vorfrühling sehr häufig auf und machten Tabgha so zu einem wichtigen wirtschaftlichen Vorort.»[18]

Als Jesus Petrus, Andreas, Jakobus und Johannes zu Jüngern berief, gingen sie gerade ihrem Fischerhandwerk nach (Mt 4,18-22). Als er nach seiner Auferstehung den Jüngern in Galiläa erneut erschien, geschah dies, während sie fischten (Joh 21,1-14). Es ist sehr wahrscheinlich, wie Nun schlussfolgert, dass sich «die meisten Ereignisse, die von den Evangelien mit dem Fischfang verbunden werden, in Tabgha abgespielt» haben.[19] Kein Wunder, dass der Ort für die frühen Christen religiöse Bedeutung hatte! Die Primatskapelle erinnert an die Stelle, an der Jesus dreimal zu Petrus sagte: «Simon, Sohn des Jonas, hast du mich lieb? ... Weide meine Schafe!» (Joh 21,15-17).

---

17 Anm. d. Übs.: Eine Fischart.

18 Mendel Nun, *Der See Genezareth und die Evangelien: Archäologische Forschungen eines jüdischen Fischers* (Giessen: Brunnen, 2001), 24.

19 Ebd., 25.

Primatskapelle am See Genezareth

Es ist völlig klar, warum die Katholiken auf dieser Seite Halt machen. Sie verehren Petrus als den ersten Papst und glauben, dass auch die Vermehrung der Brote und Fische durch Jesus hier stattgefunden hat. Aber warum neigen die Protestanten dazu, diese Seite zu meiden? Wahrscheinlich, weil wir Petrus *nicht* als den ersten Papst verehren und weil wir glauben, dass die Speisung der Fünftausend auf der *anderen* Seite des Sees stattfand. Doch wenn wir nicht aufpassen, können wir eine sehr wichtige Stätte übersehen. Wenn Mendel Nun recht hatte – und als säkularer Jude hatte er kein konfessionelles Interesse –, dann kennzeichnet diese Stätte den Abschluss des Dienstes Jesu und seiner Jünger.

Wie würden Sie Jesus antworten, wenn er zu Ihnen käme, Ihren Namen sagte und dann fragte: «Hast du mich lieb?»

Es ist fast unmöglich, auf einer Blitzreise durch Israel alle religiösen Stätten zu besichtigen. Selbst wenn man von Sonnenaufgang bis Sonnenuntergang unterwegs ist, gibt es immer noch mehr Sehenswürdigkeiten zu sehen, als Zeit zur Verfügung steht, sie zu besichtigen. Aber Tabgha ist einen Besuch wert. Machen Sie einen kurzen Rundgang durch die Kapelle. Schiessen Sie Ihr Foto von dem Mosaik mit den Fischen und Broten. Aber fahren Sie danach hinunter ans Meer. Suchen Sie sich einen Platz am Ufer und lesen Sie Johannes 21. Wie würden Sie Jesus antworten, wenn er zu Ihnen käme, Ihren Namen sagte und dann fragte: «Hast du mich lieb?»

Blick auf den See Genezareth

Die Sehenswürdigkeit Magdala, direkt unterhalb des Berges Arbel

KAPITEL 12

MAGDALA:
Mirjam von Migdal

Unser nächster Halt auf dieser Blitzreise um den See Genezareth ist das jüdische Dorf Migdal, das behaglich am Fusse des Berges Arbel liegt. Bis die jüngsten archäologischen Entdeckungen dieser Sehenswürdigkeit neues Interesse verschafften, war ihr grösster Ruhm eine Frau, die nach Moses Schwester benannt war. Diese Frau aus der Zeit Jesu hiess Mirjam von Migdal, aber Sie kennen sie wahrscheinlich am besten unter dem Namen, wie er im Neuen Testament geschrieben wird – Maria Magdalena.

Haben Sie sich jemals gefragt, warum es im Neuen Testament so viele Frauen mit dem Namen Maria gibt, obwohl im Alten Testament keine einzige Frau mit dem Namen Maria zu finden ist? Das liegt daran, dass der hebräische Name Mirjam ins Griechische als *Mariam* transliteriert wurde, und das wurde dann im Deutschen als Maria übersetzt. Die dreizehn Mal, die Mirjam in der hebräischen Bibel vorkommt, transkribiert die Septuaginta (die griechische Übersetzung des Alten Testaments) ihren Namen als *Mariam*. Alle, die im Neuen Testament Maria heissen, wurden nach Moses Schwester benannt. Deshalb gibt es im Neuen Testament mindestens sechs verschiedene Frauen mit dem Namen Maria, darunter die Mutter von Jesus, Maria, die Schwester von Martha, die in Bethanien lebte, und Maria Magdalena.

Wenn Maria tatsächlich Mirjam hiess, war der Name ihrer Heimatstadt Migdal oder Magdala. *Migdal* ist das hebräische Wort für Turm. Im babylonischen Talmud war die Stadt als Migdal-Nunajja bekannt, der «Turm der Fische». Im Griechischen war er offenbar auch als Tarichea («Ort der Fischverarbeitung») und Dalmanutha (Mk 8,10) bekannt.

Bis 2009 hielten nur wenige Reisegruppen in Magdala an, weil es dort fast nichts zu sehen gab. Doch in diesem Jahr wurde die Synagoge der Stadt aus der Zeit Jesu freigelegt, und plötzlich wurde der Ort zu einem beliebten Ausflugsziel.

DIE SYNAGOGE

Wer die Synagoge von Magdala besucht, der gewinnt zwei verschiedene Eindrücke. Der erste Eindruck ist, wie klein die Synagoge wirklich war. Irgendwie stellen wir uns ja vor, dass Jesus in Synagogen, gross wie Arenen, predigt, die bis unter die Decke mit Tausenden von Gläubigen gefüllt sind. Aber wenn in diesem kleinen Raum hundert Menschen nebeneinander gesessen wären, hätten sie das Gebäude bis zum Überlaufen gefüllt und den Zorn des örtlichen Brandinspektors auf sich gezogen – hätte es damals einen solchen Beamten gegeben. Andere Synagogen, wie die in Kapernaum, waren grösser; doch dieses Gebäude ist repräsentativ für eine typische Dorfsynagoge zur Zeit Jesu. Es ist eine gute Erinnerung daran, kleine Gemeinden nicht zu verachten. Jesus wertschätzte das Kleine.

Die Synagoge von Magdala

In Markus 1,39 heisst es, Jesus «verkündigte in ihren Synagogen in ganz Galiläa und trieb die Dämonen aus». Das wirft eine spannende Möglichkeit auf. Könnte Mirjam von Migdal – Maria Magdalena – Jesus zum ersten Mal begegnet sein, als er in diese Synagoge kam, um zu predigen? Dies ist ihr Heimatort. Auch wenn wir während der Ereignisse der Kreuzigung und Auferstehung mehr über sie erfahren, ermöglicht Markus 16,9 ebenfalls einen Blick auf Maria, der zurück in die Zeit ihrer ersten Begegnung mit Jesus zu weisen scheint. Dort beschreibt Markus sie als die Frau, «von der [Jesus] sieben Dämonen ausgetrieben hatte». Maria war eine von denen, die die wunderbare Macht Jesu über die dämonischen Mächte des Satans erlebten. Und durch diese erste Begegnung wurde sie zu einer Nachfolgerin Jesu. Lukas erwähnt sie ausdrücklich als eine der Frauen, die mit Jesu Gefolge reisten und «die ihm dienten mit ihrer Habe» (Lk 8,2.3).

Der zweite Eindruck, den man von der Synagoge gewinnt, ergibt sich aus einer genauen Betrachtung des Steintisches, der sich in den Ruinen befindet. Tatsächlich können die heutigen Besucher nur eine Replik des Originaltisches besichtigen, welcher sicher verwahrt ist. Der Tisch diente dazu, eine Schriftrolle darauf abzulegen, die während eines Gottesdienstes ausgerollt und gelesen wurde.

Steintisch in der Synagoge von Magdala

Der Tisch selbst ist nur etwa 45 Zentimeter hoch. Wenn er nicht auf einem weiteren Tisch stand, musste man sich zum Lesen davor hinsetzen oder hinknien. Dieses winzige Detail ist eine gute Erinnerung daran, dass die Arten der Anbetung in der Vergangenheit nie so zweidimensional oder starr waren, wie wir vielleicht vermuten. In Lukas 4,16 ging Jesus am Sabbat in die Synagoge in Nazareth und «stand auf, um vorzulesen». Das war der übliche Brauch, der bis in die Zeit Esras zurückreicht, als er auf einem Podest stand, um das Wort Gottes zu lesen, während das Volk stand, um zuzuhören (Neh 8,2-5). Wenn der Steintisch in Magdala jedoch auf dem Boden stand, musste sich der Leser hinsetzen oder hinknien, um zu lesen, nachdem die Schriftrolle ausgerollt war.

Die interessantesten Elemente des Tisches sind die Motive an den Seiten und oben. An der Kopfseite des Tisches, wo die lesende Person sitzen würde, befindet sich das Motiv einer siebenarmigen Menora. Wahrscheinlich handelt es sich um eine Abbildung derjenigen, die damals im Tempel in Jerusalem war. Es ist fast so, als ob derjenige, der an der Kopfseite des Tisches sass, sich vorstellen konnte, durch die Türen des Tempels in das Heiligtum zu schauen.

Die langen Seiten des Tisches zeigen Säulenbögen, während die Rückseite mit Motiven von Rädern und Feuer versehen ist. Die Elemente auf der Rückseite könnten die Räder und feurigen Engelwesen darstellen, die mit dem Thronwagen Gottes in Hesekiel 1 beschrieben sind. Wenn ja, dann stellt diese Seite des Tisches das Allerheiligste dar, den Ort, an dem die Schechinah-Herrlichkeit des Herrn wohnte. Auf der Oberseite, wo die Schriftrolle liegen würde, befindet sich eine grosse Rosette.

Könnte dieser Tisch eine Darstellung des Tempels in Jerusalem sein? Wenn ja, dann war es eine Erinnerung daran, dass der Gott Israels an jedem Sabbat sichtbar unter seinem Volk in Jerusalem wohnte. Die Synagoge war nie dazu gedacht, diese Realität zu ersetzen.

DIE BEGEGNUNGSKAPELLE

Von der Synagoge ist es nur ein kurzer Spaziergang hinunter zum Ufer des Sees Genezareth. Am Ufer haben Katholiken ein spirituelles Zentrum mit dem Namen *Duc In Altum* errichtet, der von der lateinischen Übersetzung der Worte Jesu an Petrus in Lukas 5,4 stammt: «Fahre hinaus auf die Tiefe». Im Inneren befindet sich eine Nachbildung eines Bootes aus dem ersten Jahrhundert mit dem See Genezareth im Hintergrund.

Aber so beeindruckend dieser Fototermin auch sein mag, wir gehen die Treppe hinunter ins Untergeschoss des Gebäudes, um die Begegnungskapelle zu besuchen. Der Boden in dieser Kapelle ist Teil des ursprünglichen Marktplatzes von Magdala aus dem ersten Jahrhundert, gleich neben dem alten Hafen. Das Wandgemälde, das durch seine Detailtreue besticht, zeigt den Moment, in dem die blutflüssige Frau den Saum des Gewandes Jesu berührte und geheilt wurde.

Ich muss gestehen, dass mir das Wandbild ein wenig Unbehagen bereitet. Es hat nichts mit dem Wandbild selbst zu tun: Es ist der *Standort*, der mich stört. Die Frau, die an Blutungen litt, wurde in Kapernaum geheilt, als Jesus auf dem Weg zum Haus des Synagogenvorstehers Jairus war. Mein Empfinden für geografische Authentizität möchte das Wandbild von der Wand in Magdala abziehen und es physisch nach Kapernaum tragen, an den Ort, wo dieses Ereignis tatsächlich stattfand. Aber dann erinnere ich mich daran, dass die Franziskaner schon seit 1894 in Kapernaum sind. Sie hatten mehr als genug Zeit, um ihr eigenes Wandbild zu malen. Ihre katholischen Brüder in Magdala gaben ihnen einen Vorsprung von 115 Jahren. Und ehrlich gesagt kann man den Leuten in Magdala verzeihen, dass sie sich einige der Geschichten aus Kapernaum angeeignet haben. Immerhin hat Kapernaum mehr als genug grossartige Berichte über Jesus. Magdala hat nur den Namen einer einzigen Einwohnerin. Zugegeben, sie ist ein bemerkenswerter Mensch, aber man kann kaum erwarten, dass sie ganz allein für die Sehenswürdigkeit dieser Stadt aufkommt.

Nein, die Verantwortlichen von Magdala sollten für ihre Leidenschaft und für ihre Kreativität gelobt werden.

Und ich verspreche, dass ich mich nicht am Wandbild zu schaffen machen werde.

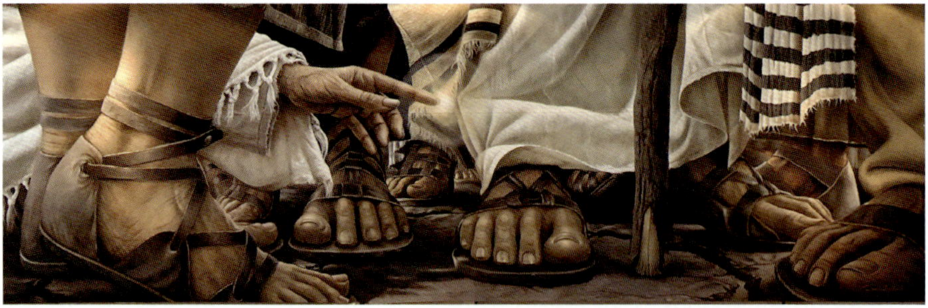

Wandgemälde, das die Begegnung zwischen Jesus und der Frau, die an Blutungen litt, zeigt

Die Taufstelle am Jordan in Jardenit

KAPITEL 13

JARDENIT: *Die Dame in lilafarbener Unterwäsche*

Jardenit veranschaulicht den Grund, warum so viele Besucher in Israel durcheinandergeraten. Es ist eine wunderschöne Taufstelle am nördlichen Ende des Flusses Jordan, direkt unterhalb des Sees Genezareth, obwohl Jesus am südlichen Ende des Jordans nahe Jericho getauft wurde. Und diese «christliche heilige Stätte» wird von einem jüdischen Kibbuz betrieben! Doch auch wenn diese Fakten für Verwirrung sorgen mögen, schmälern sie weder die besondere Schönheit dieses Ortes noch seine Bedeutung für diejenigen, die sich hier taufen lassen wollen.

In meinen jüngeren Jahren hatte ich Bedenken, Gruppen nach Jardenit zu bringen. In meinem jugendlichen Idealismus sagte ich mir, dass dies nicht der *authentische* Schauplatz war, dass er nur betrieben wurde, um Profit zu machen, und dass die meisten derjenigen, die sich hier taufen lassen wollten, bereits zu Hause «den Sprung gewagt» hatten. Zum Glück wich mein jugendlicher Eifer einer älteren und weiseren Einschätzung. Für viele ist die Taufe im Jordan ein geistlicher und emotionaler Höhepunkt ihrer Reise ins Heilige Land. Es ist eine Gelegenheit, sich öffentlich mit dem Herrn zu identifizieren und ihm in einem sehr konkreten Akt des Gehorsams zu folgen.

Und doch können geistliche Erfahrungen manchmal mit der humorvollen Seite der Realität kollidieren.

Am Tag, bevor wir die Taufstelle in Jardenit besuchen, erkläre ich den Leuten, dass sie die Möglichkeit haben, sich im Jordan taufen zu lassen. Ich bitte diejenigen, die sich taufen lassen möchten, sich mit dem Pastor zu treffen, der die Taufe durchführen wird, um sowohl die geistliche Bedeutung der Taufe als auch den praktischen Ablauf zu besprechen. Alle, die sich taufen lassen möchten, erinnere ich daran, irgendwelches Schuhwerk sowie einen Badeanzug oder eine kurze Hose und ein T-Shirt mitzubringen, die sie unter dem Taufgewand tragen können. Und ich erzähle die Geschichte von der Dame, die lilafarbene Unterwäsche trug!

DIE DAME, DIE LILA TRUG

Es geschah vor einigen Jahren, als ich eine Reisegruppe von Freunden und Unterstützern der Hochschule mitleitete, an der ich unterrichtete. Der Präsident der Hochschule war in der Gruppe und vollzog die Taufen. Er war schon in die Jahre gekommen, also hatten wir einen weiteren Mitarbeiter im Wasser, der ihm assistierte. Am Tag zuvor hatte ich daran erinnert, dass sie Schuhe und etwas mitbringen sollten, das sie unter ihrem Taufgewand tragen konnten, und ich hatte dummerweise angenommen, dass alle zugehört hätten.

Der Kibbuz, der die Taufstelle betreibt, gewährt (gegen eine Gebühr) jedem Täufling ein Taufgewand, ein Handtuch, einen Taufschein und den Zugang zum Umkleidebereich. Ich ging mit dem Rest der Gruppe hinunter, um uns einen der Taufbereiche zu sichern. Es war ein wunderschöner Tag, warm, aber nicht drückend heiss. Der Wasserstand des Jordans war wegen der starken Winterniederschläge höher als normal. Was wir nicht wussten: Israel war gerade dabei, hinter dem Damm gestautes Wasser in den Jordan zu leiten. Wir wussten auch nicht, dass eine der Damen, die sich taufen lassen wollten, vergessen hatte, ihre Badesachen mitzubringen.

Die Gruppe versammelte sich am Flussufer, während der Präsident und der Assistent die Prozession der Täuflinge ins Wasser führten. Wenn ich daran zurückdenke, bin ich erstaunt, wie schnell das Wasser zu steigen schien. Als die besagte Dame den Präsidenten erreicht hatte, war ihm das Wasser bereits bis zur Brust gestiegen. Als sie ihre Knie beugte, hielt er ihre Arme fest und tauchte sie nach hinten unter Wasser.

Das war der Moment, in dem es anfing, schief zu laufen.

Die Frau war ziemlich gross, und als sie wieder aus dem Wasser auftauchte, wurden ihre Füsse unter ihr weggespült. Das schöne weisse Taufkleid aus dünner Baumwolle wurde vollkommen durchsichtig. Da stellte sich schnell heraus, dass sie ihren Badeanzug vergessen hatte und ersatzweise sich in ihrer lila Unterwäsche taufen liess. Zum Unglück begann sie auch, sich aus dem zarten Griff des Präsidenten zu lösen und ihre eigene persönliche Pilgerreise den Jordan hinab anzutreten. Der Präsident rief um Hilfe, und der Assistent ging, so schnell er nur konnte, planschend durch das Wasser, um sie zu erreichen, bevor sie vollends ihren Halt verlor und auf einen anderen Taufplatz zutrieb. Wir am Ufer Stehenden wohnten dem kuriosen Vorgang gebannt bei.

Diese liebe Heilige und der Präsident, der sie taufte, sind inzwischen in die Herrlichkeit eingegangen. Ich frage mich, ob sie sich irgendwo im neuen Jerusalem getroffen haben, vielleicht am Ufer vom Fluss des Lebens, und sich kichernd an die «Taufanwärterin in der lilafarbenen Unterwäsche» erinnern, die fast entwischt wäre. Obschon sie gestorben sind, lebt die Geschichte in jeder Gruppe, die ich nach Israel bringe, weiter.

ZUSÄTZLICHE GESICHTER

Meistens kennt derjenige, der tauft, diejenigen, die getauft werden. Aber ab und zu nehmen wir ein paar Zusätzliche mit auf. In der Regel sind es Menschen, die in Israel leben und zum Glauben gekommen sind. Ihre

Freunde ermutigen sie, die Taufstelle zu besuchen und jemanden zu bitten, sie zu taufen. Natürlich kann dabei die Sprache ein Problem sein. Als dies das erste Mal geschah, schaute der Leiter verwirrt drein, weil die Person am Ende der Schlange ihm nicht bekannt vorkam. Also fragte ihn der Leiter: «Sind Sie hier, um sich taufen zu lassen?» Die Antwort auf Russisch war nicht hilfreich.

Das Gespräch brach die Botschaft der Erlösung auf ihre einfachste Ebene herunter. Der Leiter hielt seine beiden Zeigefinger hoch, bildete damit ein Kreuz und zeigte dann auf sein Herz. Und danach zeigte er auf die Person, die sich taufen lassen wollte. Der Mann antwortete mit einem herzhaften «Da!» Und mit diesem einfachsten Glaubensbekenntnis wurde dieser junge Russe von einem amerikanischen Pastor an einer christlichen heiligen Stätte getauft, die von einem jüdischen Kibbuz betrieben wird!

Taufgottesdienste am Jordan sind auch für denjenigen, der tauft, unvergesslich. Einmal hatten wir einen christlichen Leiter, der so vom Ereignis gefangen war, dass er mitten in der Taufe begann, eine Predigt zu halten ... wobei er den Täufling noch immer *unter* Wasser hielt! Während die Sekunden verrannen, wurde aus dem Kichern der Gruppe an Land ein Nach-Luft-Schnappen. Sie waren besorgt, dass gemäss der Symbolik der Taufe – der Sünde zu sterben und mit Christus begraben zu werden – der ältere Heilige, der noch unter Wasser war, direkt vom Jordan in den Himmel befördert würde. Zum Glück endete die improvisierte Predigt rechtzeitig und der Leiter zog den Mann aus dem Wasser ... mehr «getauft» als die anderen.

Ein Pilger wird getauft

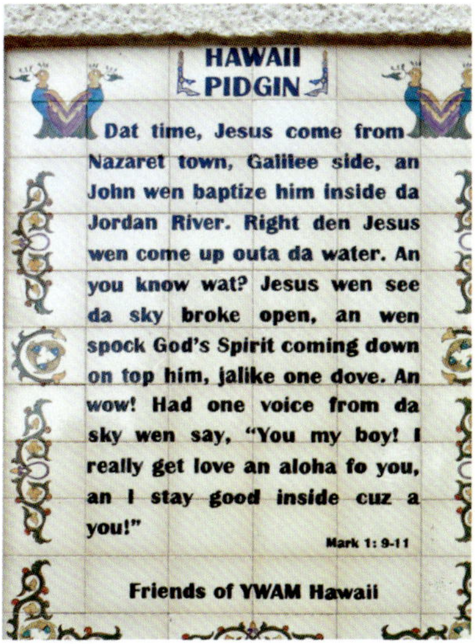

Der Taufbericht aus Markus 1 in hawaiianischem Pidgin-Englisch

Tausende werden jedes Jahr in Jardenit getauft. Das Wasser des Jordans hat keine besonderen Eigenschaften, die es von dem Wasser in den Taufbecken in den Gemeinden zu Hause unterscheidet, ausser vielleicht die Tatsache, dass das Wasser kälter ist und Fische darin schwimmen. Was ist es also, das diesen Ort so besonders macht? Es ist die sichtbare Erinnerung daran, dass der Jordan der Ort ist, in dem Jesus getauft wurde, und die Taufe ist etwas, das Jesus seinen Nachfolgern befohlen hat. «So geht nun hin und macht zu Jüngern alle Völker, und tauft sie auf den Namen des Vaters und des Sohnes und des Heiligen Geistes und lehrt sie alles halten, was ich euch befohlen habe. Und siehe, ich bin bei euch alle Tage bis an das Ende der Weltzeit!» (Mt 28,19-20).

Wie um die Allgemeingültigkeit des Befehls Jesu zu unterstreichen, sind die Wände der Umgrenzungsmauer von Jardenit mit zahlreichen Keramikfliesen bedeckt, auf denen der Bericht über die Taufe Jesu aus Markus 1 in verschiedenen Sprachen zu lesen ist. Mein persönlicher Favorit ist der in hawaiianischem Pidgin-Englisch. Möglicherweise müssen Sie ihn laut lesen, aber die Zeit und die Mühe sind es wert.

Blick von der Kapelle am Hang auf das Kloster

KAPITEL 14

KURSI:

Schauplatz der dämonen-besessenen Schweine

Kursi ist auf den meisten Rundreisen ein unbedeutender Halt. Der Reiseführer erwähnt vielleicht diesen Schauplatz, während der Bus auf der Autobahn daran vorbeirast, aber nur wenige sind interessiert genug, um anzuhalten. Das liegt unter anderem daran, dass die genaue Lokalisierung des Ortes, an dem Jesus die Dämonen in die Schweineherde fahren liess, umstritten ist. Matthäus 8 berichtet, dass Jesus die Dämonen aus zwei Männern trieb und in eine Schweineherde fahren liess. Markus 5 und Lukas 8 beschreiben jedoch nur *einen* von Dämonen besessenen Mann, und sie verorten das Ereignis an einem anderen Ort. Zum Glück lassen sich die scheinbaren Widersprüche leicht auflösen.

Ich mag die Besichtigung von Kursi, weil sie hilft, die Verwirrung aufzuklären. Matthäus, der an eine jüdische Zuhörerschaft schrieb, verzeichnet den *genauen* Ort, an dem das Ereignis stattfand. Markus und Lukas, die für ein Publikum schreiben, das mit der Geografie Israels weniger vertraut ist, geben die nächstgelegene grosse Stadt an, die bekannt sein könnte. Auch wir machen das immer wieder. Je nachdem, wie vertraut

Sie mit Pennsylvania sind, könnte ich sagen, dass ich nördlich von Philadelphia, in der Nähe von Bloomsburg, oder in Almedia aufgewachsen bin. Alle sind gleichermassen wahr, aber sie sind nicht gleichermassen hilfreich. Je besser Sie mit der Gegend vertraut sind, desto genauer kann ich werden.

Matthäus gibt den genauen Ort an, an dem das Ereignis stattfand, obwohl die Stelle noch immer umstritten ist. Einige glauben, dass sie am südöstlichen Ende des Sees Genezareth liegt, während andere – mich eingeschlossen – glauben, dass sie weiter nördlich, auf halber Höhe des Ostufers liegt. Der arabische Name des weiter nördlich gelegenen Ortes ist Kursi, der den früheren griechischen Namen Gergesa bewahrt. Die Entdeckung eines byzantinischen Klosters an diesem Ort, mit einer kleinen Kapelle auf dem Hügel darüber, deutet darauf hin, dass auch die Alte Kirche Kursi als Ort des Wunders ansah.

Ich habe mehrere Freunde, die bei der Identifizierung anderer Meinung sind. Wir können uns «darauf einigen, nicht einer Meinung zu sein», da dies für den Glauben nicht entscheidend ist. Aber auf einer Studienreise wurde die Debatte etwas heftig. Bei Kursi erklärte ich, warum ich das für die vernünftigste Wahl hielt. Während wir nach Süden fuhren, versuchte mein Freund, seine Argumente für den alternativen Standort darzulegen. Ich muss mich wohl etwas zu resolut gewehrt haben, denn schliesslich sagte er: «Na gut, halten wir den Bus an und wandern zum anderen Standort!» Ich willigte ein, und unsere Reisegruppe, die aus Studenten bestand, trat eine improvisierte Exkursion an.

Die unbefestigte Strasse führte im Zickzack durch Bananenhaine, und ich spürte, dass mein Freund nicht mehr ganz so zuversichtlich wie zuvor war, dass wir wirklich in der richtigen Richtung unterwegs waren. Die Strasse endete an einem Zaun, und darin befand sich eine Straussenherde, die von einem Kibbuz vor Ort aufgezogen wurde. Diese Gelegenheit konnte ich mir nicht entgehen lassen. «Du hast nicht nur den falschen Ort, sondern auch das falsche Tier!»

Das «Steilufer», das zum See Genezareth hinabführt

Die meisten, die die Geschichte über die von Dämonen besessenen Männer und die Schweineherde lesen, stellen sich vor, wie die Herde von einer Klippe in den See Genezareth stürzt. Allerdings gibt es am Ostufer keine Klippe, die den See überragt. (Die einzige Klippe, auf die diese Beschreibung zutrifft, ist der Berg Arbel, und der liegt auf der anderen Seite des Sees.) In Matthäus 8,32 steht, dass die Herde «sich den Abhang hinunter in den See» stürzte. Während wir hier auf der Fahrbahn stehen, kann unsere Gruppe alle Details der Geschichte zuordnen.

Wir brauchen zunächst einen «steilen Abhang», der zum See Genezareth hinunterführt. Tatsächlich gibt es auf der gesamten Ostseite des Sees nur eine einzige Stelle, auf die diese Beschreibung zutrifft. Sie liegt etwa anderthalb Kilometer südlich von Kursi und dem Kloster. Von der Spitze der Golanhöhen fällt ein Ausläufer bis zum Wasser ab. Geht man von diesem Ausläufer in nördlicher oder südlicher Richtung, flacht das Gebiet entlang des Sees zu einer Ebene ab, bevor es das Wasser erreicht. Aber an dieser einen Stelle fällt der Hang von oben nach unten ab, nur unterbrochen von dem Einschnitt, der heute für die Autobahn in den Abhang gegraben wurde.

Unser allererster Halt ist an diesem Einschnitt im Berghang. Im Norden können wir die Stelle ausmachen, an der sich im Altertum das Dorf Gergesa befand. Matthäus sagt, die Schweineherde weidete «weit weg von ihnen» (Mt 8,30). Wir können problemlos von einem Ort zum anderen blicken, obwohl die beiden Orte etwa anderthalb Kilometer voneinander entfernt sind.

Die Gräber, in denen die beiden Besessenen lebten, wurden in den Hügel östlich der Ortschaft gehauen. Dort befindet sich das alte Kloster mit seiner separaten Kapelle auf dem Hügel. Und dort hatten Jesus und die Jünger diese beiden von Dämonen besessenen Männer angetroffen. Manche sehen ein Problem darin, dass Matthäus von der Anwesenheit zweier Männer berichtet, während Markus und Lukas nur einen beschreiben. Aber das ist nicht wirklich ein Problem. Matthäus gibt die genaue Anzahl der Besessenen für diejenigen an, die mit dem Ort vertraut waren und die vielleicht sogar furchterregende Geschichten über diese gefährlichen Männer gehört hatten. Markus und Lukas konzentrieren sich auf den Auffälligeren der beiden – denjenigen, durch den die Dämonen tatsächlich sprachen.

Viele Jahre lang war ein gelbes Schild mit einem roten Dreieck und einer Warnung auf Hebräisch, Arabisch und Englisch an einem Stacheldrahtzaun neben dem Weg angebracht, auf dem wir gerade stehen. Das Schild erinnerte uns daran, dass dieses Gebiet von 1948 bis 1967 die Grenze zwischen Israel und Syrien war … und dass wir uns gerade am Rande eines Minenfeldes befanden. So mancher Pilger stellte sich neben das Schild und versuchte, Familie und Freunde zu Hause mit vagen Andeutungen über die tatsächliche Gefahr während der Reise zu erschrecken. Leider sind die Tage solcher Tricksereien nun vorbei. Israel hat alle Minen entlang dieser ehemaligen Grenzgebiete entfernt. Und das Schild ist jetzt auch verschwunden.

Wir sind noch nicht ganz fertig mit unserem Besuch in Kursi. Nachdem wir nun die Stelle gesehen haben, an der die Schweine kopfüber ins Meer stürzten, wollen wir die Stelle besuchen, an der Jesus den von Dämonen besessenen Männern begegnete. Es dauert nur ein paar Minuten, bis der Bus das Kloster erreicht, das in typisch ostorthodoxer Manier gestaltet ist. Das Kloster wurde offensichtlich zum Gedenken an ein religiöses Ereignis gebaut. Und das einzige Ereignis, das in dieser Gegend stattfand, ist Jesu Begegnung mit diesen Männern und ihrer Legion von Dämonen. Dass es zusätzlich eine kleine Kapelle auf dem Hügel gibt, deutet darauf hin, dass die Gräber selbst in diesem Bereich in den Berg gehauen wurden. Sie befanden sich ausserhalb des Dorfes, aber nicht in allzu grosser Entfernung, da die Bürger die Leiche des Verstorbenen zur Bestattung in die Gruft tragen mussten.

Das Schild, das vor Landminen warnte

Es ist fast schon Zeit, zum Bus zu gehen, aber ich habe noch eine letzte Geschichte zu erzählen. Wir müssen zunächst zurück zum Eingang des Klosters spazieren. Vor Jahren wurde ich eingeladen, mit einer grossen Reisegruppe von Pastoren und christlichen Führungskräften Israel zu besuchen. Die Reise wurde vom Fremdenverkehrsamt der israelischen Regierung gesponsert und sollte uns dazu ermutigen, Reise-

Im Inneren der Ruinen des byzantinischen Klosters

gruppen nach Israel zu bringen. Wäre das meine erste Erfahrung in Israel gewesen, bin ich mir nicht sicher, ob ich je wieder das Land besucht hätte. Die Reise entpuppte sich als logistischer Albtraum. Ein Konvoi von Bussen rollte durch das Land und brachte Hunderte von Pastoren und religiösen Leitern zu Orten mit unzureichenden Restaurants und ... Toiletten. Wir begannen den Tag in Tel Aviv, und unser letzter Halt war in Kursi – Gergesa. Die Sonne ging schon beinahe unter, und wir mussten noch zu unseren Hotels in Tel Aviv zurückfahren. Aber das Fremdenverkehrsamt wollte uns eine besondere Attraktion für christliche Pilger zeigen, die es nun an diesem Ort gab.

Der «Stufenschrein» am Eingang des Klosters

Gleich neben dem Eingang befand sich etwas, das wie ein Stufenschrein aussah. Der Fremdenverkehrsbeamte erklärte der Gruppe, dass dies ein Ort sei, an dem christliche Pilger eine Votivkerze anzünden und eine Urkunde zur Bestätigung ihrer frommen Hingabe erhalten könnten. Natürlich alles zu einem bestimmten Preis. Es war zu verlockend, um zu widerstehen. Ich habe die Kerze nicht angezündet, aber ich habe eine der Urkunden bekommen, die ich später mit folgender Notiz an einen Freund geschickt habe: «Ich war in Gergesa. Ich dachte an die Schweine ... und ich dachte an dich!»

Diese spezielle Marketingstrategie machte eine Bauchlandung. Ich sah nie eine Reisegruppe, die am Schauplatz der Schweine Kerzen angezündet hat. Letzten Endes wurde der Schrein selbst zu einem klapprigen Pflanzkübel mit ein paar farblosen Topfpflanzen. Manche religiösen Rituale eignen sich einfach nicht für archäologische Stätten.

NACH NORDEN ZUM BERG HERMON

BERG HERMON
DAN
BANIAS
GOLANHÖHEN
HAZOR

Die Akropolis von Hazor mit dem Berg Hermon im Hintergrund

KAPITEL 15

HAZOR:
Kontrolle der internationalen Autobahn

Die heutige Reise ist eine Busfahrt an die äusserste Nordgrenze Israels. Unsere Fahrt führt uns zunächst zu einem schmalen Streifen Land, der zwischen den Bergen von Obergaliläa im Westen und dem Jordantal im Osten liegt. Gleich hinter den Hügeln westlich von uns verläuft die heutige Grenze zwischen Israel und dem Libanon. Das Jordantal östlich von uns sieht heute ziemlich schön aus, mit seinem Flickenteppich aus Feldern und Obstgärten. Wenn Sie zur richtigen Jahreszeit kommen, können Sie beobachten, wie Millionen von Vögeln auf ihrer Wanderung zwischen Nordeuropa und Afrika am Hule-See Rast machen. Dieser See liegt nur 24 Kilometer nördlich des Sees Genezareth.

Aber was heute wunderschön aussieht, war in der Vergangenheit eine grosse Gefahr. Bis vor etwas mehr als einem Jahrhundert war diese nördliche Ausdehnung des Jordantals das, was man euphemistisch als Feuchtgebiet bezeichnen könnte – allerdings war dort, wo ich aufgewachsen bin, das geläufigere Wort hierfür *Sumpf*. Beim Wandern durch das Tal wurden die Reisenden in der Vergangenheit mit den drei M konfrontiert – Matsch,

Moskitos und Malaria. Aus diesem Grund verlief die Internationale Fernstrasse – die inoffizielle Strasse zwischen Ägypten und Mesopotamien – entlang des schmalen Streifens der Hochebene zwischen den hohen Bergen und dem sumpfigen Tal. Und über diesen Streifen Land wachte die antike Stadt Hazor.

Bevor wir Hazor erreichen, müssen wir zunächst durch die moderne Stadt Rosch Pina fahren. Bei meiner allerersten Reise nach Israel machte diese kleine Stadt einen grossen Eindruck auf mich. Es war im Sommer 1982, und Israel, die PLO und Syrien befanden sich im Krieg. Die meisten Kämpfe fanden im Libanon statt, auch wenn auf mehrere Gemeinden im Norden Israels Katjuscha-Raketen abgefeuert wurden. Nur wenige Tage nach Beginn der Kämpfe folgte unsere Busladung Studenten der israelischen Armee in den Norden Galiläas. Am späten Nachmittag des zweiten Tages hielten wir an einer Jugendherberge in Rosch Pina, um dort die Nacht zu verbringen.

Als wir aus dem Bus kletterten und uns zur Anmeldung anstellten, verteilte die Dame hinter dem Schalter unsere Bettlaken und Handtücher. Wir waren die einzige Gruppe dort, also gab sie uns eine sehr gründliche Führung durch die Einrichtung. «Hier sind Ihre Zimmer. Hier befinden sich die Toilette und die Dusche. Hier ist der Speisesaal. Hier ist der Bunker ...»

«Warten Sie! Warten Sie einen Moment! Etwas langsamer, bitte. Was war das?» Sehr sachlich hielt sie inne und wiederholte sich, als ob wir einfach schwerhörig sein müssten. «Ich sagte: ‹Das ist der Eingang zum Bunker.›»

Ich verspürte den plötzlichen Drang, mich an einen meiner Mitreisenden zu wenden und zu sagen: «Toto, ich habe den Eindruck, wir sind nicht mehr in Kansas!»[20] In Wirklichkeit waren wir weniger als 16 Kilome-

20 Anm. d. Übs.: «Toto, I've a feeling we're not in Kansas anymore!» Ein in den USA sehr bekanntes Filmzitat aus *The Wizard of Oz* (dt. «Der Zauberer von Oz») von 1939, in dem Dorothy, gespielt von Judy Garland, zu ihrem Hund Toto diesen Satz sagt, nachdem ein Wirbelsturm sie samt ihrem Haus in die fremde Welt Oz versetzt hat.

ter von der Grenze zum Libanon entfernt, und die Katjuscha-Raketen der PLO hatten eine effektive Reichweite von 21 Kilometern. Aber was uns so überraschend – na ja, tatsächlich sogar schockierend – erschien, war einfach die Realität des Alltags dieser Frau an der Rezeption. Es war definitiv eine neue Perspektive darauf, wie es ist, in Israel zu leben.

Wir halten heute nicht in Rosch Pina, aber der Anblick der Ortschaft erinnert uns daran, dass unser erster Halt des Tages bald in Sichtweite ist. Es ist an der Zeit, meine Bibel aufzuschlagen und aus Josua 11 und Richter 4 zu lesen. Beide Kapitel beschreiben Schlachten zwischen Israel und einem kanaanitischen Anführer namens Jabin. Da die Ereignisse in diesen beiden Berichten fast ein Jahrhundert auseinander liegen, muss sich der Name auf zwei verschiedene Personen beziehen. Jabin, was so viel wie «Wahrnehmer» oder «Unterscheider» bedeutet, war wahrscheinlich ein Thronname oder eine königliche Bezeichnung, die der König verwendete. Ähnlich wie «Pharao» als Bezeichnung für die verschiedenen Könige Ägyptens verwendet wurde, könnte Jabin das kanaanitische Äquivalent zur Bezeichnung des Herrschers als «Weiser» oder «Eure Exzellenz» gewesen sein.

Der Herrscher von Hazor schien seinem Titel durchaus gerecht zu werden. Die Stadt, über die er herrschte, war zur Zeit Josuas die grösste des Landes. Sie lag auf diesem schmalen Landstreifen zwischen den Bergen und dem Sumpfland und wachte über die wichtigste Handels- und Reisestrasse, die die beiden grossen Zivilisationen der damaligen Zeit miteinander verband. Laut Josua 11 herrschte dieser König über alle Könige in der unmittelbaren Umgebung. Sein Einfluss erstreckte sich vom Fuss des Berges Hermon nach Süden bis zum See Genezareth und dann nach Westen bis zum Mittelmeer.

An einem klaren Tag ist mein Lieblingsausblick auf den Berg Hermon derjenige, der sich eröffnet, wenn wir uns dem alten Hazor nähern. Obwohl der Berg Hermon noch fast fünfzig Kilometer entfernt ist, erhebt er sich majestätisch in der Ferne. Zu Beginn des Frühjahrs kann die Spitze des Berges Hermon noch mit Schnee bedeckt sein, was einen schönen Kontrast zu dem grünen Laub bildet, das die Hänge von Hazor bedeckt.

Während wir auf der Strasse am antiken Hazor entlangfahren, sieht die Stätte nicht besonders beeindruckend aus, zumindest nicht auf den ersten Blick. Aber das liegt daran, dass der Hügel neben uns nicht die ganze Stadt ist. Es ist nur die Akropolis. Die wahre Grösse von Hazor wird deutlich, wenn die Strasse auf das Gelände selbst ansteigt. Die alte Stadt erstreckt sich nun über beide Seiten der Fahrbahn. Und während wir von dem Hügel herunterfahren, können wir die Umrisse der Stadt erkennen, die sich nach links ausdehnt. Hazor war eine grosse Stadt.

DEM MONDGOTT DIENEN

Die Ausgrabungen in Hazor dauern noch an. Das Stadttor und ein Teil der Stadtmauer aus der Zeit Salomos wurden Mitte der 1950er-Jahre von dem israelischen Archäologen Jigael Jadin freigelegt. Die jüngsten Ausgrabungen erstreckten sich über mehr als dreissig Jahre und konzentrierten sich auf den kanaanitischen Palast auf der Akropolis. Die Hoffnung besteht, eines Tages das königliche Archiv des antiken Hazor freizulegen. Das wäre eine Entdeckung, die es mit den Schriftrollen vom Toten Meer aufnehmen könnte.

Die frühen Ausgräber in Hazor entdeckten auch einen Schrein für den Mondgott *Jerah* oder *Jarikh*. Der Raum enthielt eine Reihe aufrecht stehender Steine mit einem Opfertisch davor und dem Motiv einer Person, die eine Schale in ausgestreckten Händen trägt. Auf der Brust des Mannes, vielleicht ein Priester, war eine Mondsichel eingraviert. Eine Mondsichel ist auch an der Spitze des mittleren Steins zu sehen. Der Stein zeigt zwei Hände, die offenbar zur Anbetung des Mondes erhoben sind.

Die Verehrung des Mondgottes war im gesamten Alten Orient verbreitet. Eines der wichtigsten Zentren der Anbetung war Ur, die Stadt, aus der Gott Abraham berief. Wie Josua in seiner letzten Botschaft an das Volk Israel sagte: «Eure Väter wohnten vor Zeiten jenseits des [Euphrat-]Stromes, und sie dienten anderen Göttern, [auch] Terach, der Vater Abrahams und Nahors» (Jos 24,2). Einer der Götter, die Terach verehrte, muss der Mondgott gewesen sein.

Reihe aufrecht stehender Steine, die in einem Raum in Hazor gefunden wurden

Als Israel in das Land kam, war Jericho die erste grosse Stadt, die erobert wurde, und die letzte eroberte grosse Stadt war Hazor. Beide wurden durch Feuer vollständig zerstört. Und beide waren Zentren der Verehrung für den Mondgott. Woher wir das wissen? Der Name Jericho stammt von dem Namen des Mondgottes *Jerah* oder *Jarikh*. Und die Entdeckung des Schreins für den Mondgott in Hazor macht deutlich, dass der Mondgott auch dort verehrt wurde. Es ist fast so, als hätte Gott die Zerstörung beider Städte angeordnet, um sicherzustellen, dass Israel nie wieder zur Anbetung des Mondes zurückkehrt.

Die Besichtigung der Ruinen von Hazor und die Erkenntnis, dass die Stadt ein Zentrum der Mondanbetung war, hilft dabei, Gottes direkten Befehl in 5. Mose 4 zu veranschaulichen, «dass du deine Augen auch nicht zum Himmel hebst und die Sonne und den Mond und die Sterne und das ganze Heer des Himmels anschaust und dich verführen lässt, sie anzubeten und ihnen zu dienen, die doch der HERR, dein Gott, allen Völkern unter dem ganzen Himmel zugeteilt hat. ... So hütet euch nun, dass ihr den Bund des HERRN, eures Gottes, nicht vergesst, den er mit euch gemacht hat, und euch nicht ein Bildnis macht von irgendeiner Gestalt, was der HERR, dein Gott, dir verboten hat! Denn der HERR, dein Gott, ist ein verzehrendes Feuer, ein eifersüchtiger Gott» (5Mo 4,19.23-24).

Die Anbetung des Mondgottes

Der Bach aus der Quelle von Dan, eine der Quellen des Jordans

KAPITEL 16

DAN:
Die Nordgrenze Israels im Altertum

Wenn der Bus auf dem Parkplatz des Geländes anhält, wo sich im Altertum Dan befand, beherrscht ein Gedanke das Sinnen eines jeden Pilgers: Wo sind die Toiletten? Die einstündige Busfahrt, gepaart mit der zusätzlichen Tasse Kaffee zum Frühstück, hat selbst den Geistlichsten der Reisegruppe einen laserartigen Fokus auf die grundlegenden Notwendigkeiten des Lebens beschert. Zum Glück hat die israelische Natur- und Parkbehörde das berücksichtigt und sehr schöne Toilettenanlagen eingerichtet. Nachdem alle diese Annehmlichkeiten in Anspruch genommen haben, sind wir bereit, die Wanderung in das Naturschutzgebiet zu beginnen.

DIE SÜNDE DER DANITER

Der erste Teil der Reise durch dieses Gelände folgt dem Bach, der unterhalb des Hügels fliesst, auf dem im Altertum die Stadt Dan erbaut worden war. Das Wort *erfrischend* kommt mir immer in den Sinn, wenn ich diese Wanderung beginne. Das ist nicht das, was Besucher in Israel zu sehen erwarten. Das rauschende Wasser erinnert mich an die Bäche, die ich als Kind in den Hügeln von Nordost-Pennsylvania gesehen habe.

Das Wort erfrischend kommt mir immer in den Sinn, wenn ich diese Wanderung beginne. Das ist nicht das, was Besucher in Israel zu sehen erwarten.

An einer Wegbiegung halte ich inne und ziehe meine Bibel raus, um über die Entscheidung eines Teils des Stammes Dan zu sprechen, sich in dieser Gegend niederzulassen. Die Geschichte steht in Richter 18, und die Botschaft ist traumhaft für jeden Prediger, mit angemessenen Anwendungen über die Gefahren von Ungehorsam, Täuschung und Götzendienst. Der Stamm Dan hatte von Gott selbst ein Erbteil erhalten, so steht es in Josua 19,40-48. Doch anstatt das Land im Glauben einzunehmen, versteckte er sich in einer winzigen Ecke des Landes und beklagte sich, «denn bis dahin war ihm unter den Stämmen Israels kein Erbe zugefallen» (Ri 18,1). Dann schickten die Daniter ihr eigenes Team von Spionen aus, um den von Gott offenbarten Willen für ihr Leben zu verbessern. Unterwegs trafen diese auf einen jungen Leviten, der sich als falscher Priester bei einem reichen Mann mit einer Sammlung von Götzen verdingt hatte. Die Spione entdeckten ein Stück unberührtes Land, überzeugten den Stamm, dorthin umzuziehen, und brachten den Priester mit, der dabei half, sie zum Götzendienst zu verführen, bis sie schliesslich in Gefangenschaft gerieten.

Aber nun, da unsere Reisegruppe tatsächlich in dem Land steht, das einst die fünf Spione entdeckt haben, wird die Schwarz-Weiss-Moral der Botschaft ein wenig unschärfer. War es falsch, ihr Erbe zu verlassen? Ja, schon, aber sehen Sie sich das viele Wasser an! Und schauen Sie nur, wie fruchtbar das Land ist. Unsere Schar von Reisenden hat das Gebiet, das Gott ursprünglich Dan versprochen hat, noch nicht besucht, aber sie können sich nicht vorstellen, dass es so schön ist wie dieses Stück Land. Und die Stille und die Sicherheit sind wichtige Verkaufsargumente. Man kann fast hören, wie die fünf Spione den Rest des Stammes dazu überreden, sich in Bewegung zu setzen. Das Hauptargument war «die Lage, die Lage, die Lage»! Oder, wie sie es ausdrückten: «Wenn ihr hingeht, werdet ihr zu einem sorglosen Volk kommen und in ein weites Land; denn Gott hat einen Ort in eure Hände gegeben, wo kein Mangel herrscht an allem, was es auf Erden gibt!» (Ri 18,10).

War es also falsch, dass die Daniter ein «Upgrade» für Gottes ursprünglichen Plan anstrebten? Wenn man hier steht, könnte man versucht sein, sich auf die Seite der Daniter zu stellen. Aber das ist der Punkt, an dem die Geschichte dabei hilft, die richtige Perspektive einzunehmen. Als Gott das Land zuteilte, wusste er, was hinter dem zeitlichen Horizont lag. Indem sie von ihrem ursprünglichen Erbland in dieses Gebiet zogen, kamen die Daniter vom sprichwörtlichen Regen in die Traufe. Die Philister kontrollierten einen Teil des Landes, das Gott ursprünglich dem Stamm Dan zugewiesen hatte. Aber durch die Umsiedlung hierher wurde der Stamm zur Zielscheibe für jede grössere Nation, die von Norden her in das Land eindrang. Die Syrer. Die Assyrer. Die Babylonier. Die erste Station auf ihrem Eroberungszug durch das verheissene Land war immer Dan.

Hunderte von Jahren nach der Zeit der Richter sagte der Prophet Jeremia die bevorstehende Invasion der Babylonier gegen Jerusalem voraus. Den Anmarsch der babylonischen Armee veranschaulicht er folgendermassen: «Von Dan hört man das Schnauben seiner Rosse» (Jer 8,16). Lange bevor er Jerusalem erreichte, hatte der Feind bereits Dan erreicht. Ein Spaziergang durch das hiesige Naturschutzgebiet erinnert uns daran, dass Gottes geoffenbarter Wille immer der beste ist, auch wenn es im Moment nicht so aussehen mag. Jeder Versuch, Gottes Plan zu umgehen, wird uns stets mehr Herzschmerz einbringen.

NACKTBADEN

Auf halber Strecke der Wanderung steht unsere Reisegruppe vor einer Entscheidung. Die meisten können sich mir zu einem schönen Spaziergang direkt am Bach anschliessen. Leider bedeutet das auch, dass man auf runden, wackeligen Steinen laufen muss. Und wenn wir einer Gruppe von Schulkindern auf einem Ausflug folgen, werden die Steine fast immer nass und rutschig sein. Der Rest der Gruppe kann sich meiner Frau anschliessen, die sie auf einem ebenen und ruhigen Weg durch den Wald führen wird. Die beiden Routen treffen zuletzt wieder aufeinander, aber das meiste Abenteuer – und die grössere Gefahr – liegt auf dem Weg, den ich gewählt habe.

Den rauschenden Bach entlang von Stein zu Stein zu schreiten, erinnert mich wieder an meine allererste Reise nach Israel. Als unsere Reisegruppe Dan erreichte, waren die einzigen Menschen hier, ausser uns natürlich, die Soldaten der israelischen Armee. Sie nutzten das Naturschutzgebiet als einen Ort, an dem sie sich von den Kämpfen im Libanon ausruhen und erholen konnten. Als wir damals auf dieser Strecke am Bach entlanggingen, mussten wir sehr vorsichtig sein, wo wir hintraten, denn der felsige Weg war nicht so gut gepflegt wie heute. Aber an einer Stelle waren das Gestrüpp und die Bäume gerodet worden, um einen schönen Blick auf das rauschende Wasser freizugeben. Leider war dies auch die Stelle, an der einige israelische Soldaten beschlossen hatten, nackt zu baden! Sie blickten auf, sahen uns und winkten uns einfach zu, als wir vorbeigingen. Ich bin sicher, dass wir eine der wenigen Gruppen sind, die sagen können, dass sie die israelische Armee überrascht und mit heruntergelassenen Hosen erwischt haben!

GEHIRNERSCHÜTTERUNG IM ANMARSCH

Heute ist der Weg am Bach entlang nicht allzu schwierig zu bewältigen, aber in den Wintermonaten kann die Wassermenge ansteigen. Kleine Rinnsale scheinen an verschiedenen Stellen hervorzusickern und auf ihrem Weg zum Bach kaskadenartig über die Felsen hinabzustürzen. Und nach den gelegentlichen Winterregenfällen kann sogar der unbefestigte Weg zwischen den Felsabschnitten ziemlich schlammig werden. Dieser Schlamm landet schliesslich auf den Felsen und macht sie sehr rutschig. Wanderer müssen gut aufpassen, sonst können ihre Füsse von den Felsen abrutschen und ins kalte Wasser geraten.

Leider hat der ständige Blick nach unten auch seine Nachteile. Einige der Bäume im Naturschutzgebiet haben tiefhängende Äste, die über den Weg ragen und darauf warten, einem ahnungslosen Wanderer gegen die Stirn zu knüppeln. Ich versuche stets, unsere Reisenden vor dieser Gefahr zu warnen, aber zwischen der Anspannung beim Fotografieren und der Angst, auszurutschen und ins Wasser zu fallen, vergisst man das leicht. Eine Wanderin war so sehr auf ihre Füsse bedacht, dass sie mit dem Kopf hart gegen einen dieser Äste stiess. Den Rest der Wanderung rief sie: «Gehirnerschütterung im Anmarsch!»

Schliesslich erreichen wir die Quelle von Dan, die Stelle, an der die Hauptquelle aus dem Boden fliesst. Diese Quelle ist eine der grössten im Nahen Osten, die jährlich knapp 240 Millionen Kubikmeter Wasser ausspuckt. Und all dieses Wasser kommt von dem Regen und dem Schnee, die auf den Berg Hermon fallen.

Es ist nun an der Zeit, den Hügel zu erklimmen, auf dem die Stadt Dan im Altertum erbaut wurde. Das erfrischende Geräusch des rauschenden Wassers wird bald nur noch eine schöne Erinnerung sein.

DAS HÖHENHEILIGTUM VON DAN

Der Spaziergang zur Spitze des Hügels ist recht einfach und bringt uns zum Höhenheiligtum in Dan. Hier begegnen wir der ersten von vielen religiösen Fälschungen, die wir auf unserer Reise durch Israel sehen werden. Der Schrein erinnert mich an meine kurze Karriere im Bankwesen. Während der ersten achtzehn Monate meines Studiums arbeitete ich nebenher als Kassierer in einer Bank vor Ort. In dieser kurzen Zeit habe ich es geschafft, 1000 Dollar zu viel in bar herauszugeben. (Ich hasste den Fünfzehnten und Dreissigsten eines jeden Monats – und die meisten Freitage –, weil dann die Leute kamen, um Einzahlungen vorzunehmen und Bargeld abzuheben. Das war *vor* dem Aufkommen von Überweisungen und Geldautomaten.) Es wurde mir zweifelsfrei klar, dass meine Berufung nicht im Bankwesen lag.

Eine unterhaltsame Lektion, die ich während meiner Arbeit in der Bank gelernt habe, war, als ein Agent vom Geheimdienst zu uns kam und uns beibrachte, wie man Falschgeld erkennt. Ich hatte mir vorgestellt, dass der Agent Proben der verschiedenen gefälschten Geldscheine mitbringen würde, die in der Gegend im Umlauf waren. Aber zu meiner anfänglichen Enttäuschung zeigte er keinen einzigen gefälschten Geldschein. Stattdessen konzentrierte er sich auf die Dinge, die für Fälscher besonders schwer nachzumachen sind. Die Lektion erwies sich als äusserst wertvoll: Je besser man das Original kennt, desto leichter ist es, *jede* Fälschung zu erkennen.

Das Höhenheiligtum in Tel Dan

Diese Lektion fürs Leben erwies sich als nützlich, als wir den Tempelkomplex in Dan erkundeten. Er hatte einen äusseren Hof mit einem Altar, ähnlich wie der in Salomos Tempel in Jerusalem. Anhand des Aluminiumrahmens, der die Grösse des Altars andeutet, muss das Original ziemlich beeindruckend gewesen sein. Aber es war eine Fälschung. Diejenigen, die hinübergehen und die verbliebenen Steine des alten Altars untersuchen, entdecken, dass sie zu rechteckigen Blöcken gemeisselt worden sind. Aber Gottes Anweisung für einen Altar war klar und deutlich. «Und du sollst dort dem HERRN, deinem Gott, einen Altar bauen, einen Altar aus Steinen; über diese sollst du kein Eisen schwingen. Aus ganzen Steinen sollst du den Altar des HERRN, deines Gottes, bauen; und du sollst darauf dem HERRN, deinem Gott, Brandopfer opfern» (5Mo 27,5-6).

Gleich hinter dem Altar befand sich einst der Tempel. Steinstufen führten zum Eingang hinauf, genau wie in Jerusalem. Dieser Tempel hatte auch ein Heiliges und ein Allerheiligstes gehabt, genau wie der Tempel in Jerusalem. Aber wenn man genau hinschaut, kann man die Fälschung erkennen. Gott gebot Israel, ihn an dem Ort anzubeten, den er auswählen würde, und Gott entschied sich letztendlich für Jerusalem (5Mo 12,5.11). Aber König Jerobeam, der erste König des Nordreiches Israel, «machte zwei goldene Kälber und sprach zu [dem Volk]: Es ist zu viel für euch, nach Jerusalem hinaufzuziehen! Siehe, das sind deine Götter, Israel, die dich aus dem Land Ägypten herausgeführt haben! Und er stellte das eine in Bethel auf, und das andere setzte er nach Dan. Aber diese Tat wurde [für Israel] zur Sünde; und das Volk lief zu dem einen [Kalb] bis nach Dan» (1Kö 12,28-30). Dieser religiöse Tempel war gebaut worden, um eines der beiden goldenen Kälber zu beherbergen. Von Anfang an war er eine schlechte Fälschung, die versuchte, dem echten Tempel in Jerusalem zu ähneln.

DER HISBOLLAH WINKEN

Gleich hinter dem Höhenheiligtum von Dan befindet sich ein Beobachtungsplatz, an dem Gruppen an der Nordgrenze Israels stehen und in den

Libanon blicken können. Drei Kilometer entfernt liegt ein kleines arabisches Dorf namens Ghadschar. Ein Teil des Dorfes liegt in Israel, doch der andere im Libanon. Für Amerikaner ist es schwer vorstellbar, in völligem Frieden und in Sicherheit an der Grenze zum Libanon zu stehen, aber das ist die Realität bei einer Reise nach Israel.

Um die Situation ins rechte Licht zu rücken, fordere ich die Reisegruppe auf, in Richtung des Dorfes zu winken. «Es ist möglich, dass jemand von der Hisbollah Wache hält und Sie sieht.» Um die Reisegruppe zu ermutigen, wende ich mich dem Dorf zu und winke herzlich. Obwohl die Teilnehmer der Reisegruppe hinter mir stehen, nehme ich an, dass sie ebenfalls winken. Bei einer Reise drehte ich mich jedoch rechtzeitig um und bemerkte, dass ein Mitglied unserer Reisegruppe beschlossen hatte, etwas anderes zu machen. Er verwendete dazu nur einen Finger an jeder Hand, und er hat definitiv *nicht* gewinkt. Zum Glück winkten alle anderen!

Das Dorf Ghadschar an der Grenze zwischen Israel und Libanon

DIE TORE VON DAN

Wenn wir unseren Rundgang durch das antike Dan fortsetzen, treffen wir schliesslich auf diejenigen, die nicht am Fluss entlanggegangen sind. Jetzt ist es an der Zeit, die beiden antiken Tore zu besichtigen, die freigelegt wurden. Das Erste ist ein Tor aus Lehmziegeln aus der Bronzezeit. Obwohl es manchmal Abrahams Tor genannt wird, wurde es wahrscheinlich erst mehrere Hundert Jahre nach Abrahams Zeit errichtet. Abraham kam zwar durch diese Gegend, als er die Könige angriff, die seinen Neffen Lot gefangen genommen hatten (1Mo 14,14-15), aber dieses Tor sah er nicht.

Das Lehmziegeltor wurde mit einer bogenförmigen Öffnung konstruiert. Vielen Studenten wird fälschlicherweise beigebracht, die Römer hätten den Torbogen erfunden. Dieses Tor zeigt deutlich, dass die Verwendung des Bogens als Bautechnik schon lange vor dem Beginn des Römischen Reiches bekannt war. Die Römer haben die Technik jedoch perfektioniert.

Das Lehmziegeltor bei Dan

Das Lehmziegeltor in Dan hat überlebt, weil die dort lebenden Menschen irgendwann beschlossen haben, es zu vergraben. Vielleicht war das Tor an einer zu ungeschützten Stelle platziert worden, oder es lag zu ungünstig für Handel und Verkehr. Was auch immer der Grund war, das Tor wurde jedenfalls vergraben und in die Stadtmauern integriert. Sonst hätten sich die Lehmziegel schon vor langer Zeit aufgelöst.

Ein paar Hundert Meter hinter dem Lehmziegeltor befindet sich der Torkomplex aus der Zeit der geteilten Monarchie Israels. Im Inneren des äusseren Portals ist ein Hof mit den Überresten einer Plattform. Die Plattform markierte den Ort, an dem der Statthalter über die ihm vorgelegten

Fälle zu urteilen hatte. Es war das Gerichtsgebäude dieser Zeit. Gelegentlich haben wir diesen Platz genutzt, wenn Paare darum gebeten haben, ihr Ehegelübde zu erneuern. Und es gab hier sogar einen Heiratsantrag. (Sie sagte Ja!)

Durchgang durch das äussere Tor in den Innenhof

Um das innere Tor, das in die Stadt führte, zu erreichen, mussten diejenigen, die durch das äussere Tor kamen, nach links gehen. Sind Sie Rechtshänder oder Linkshänder? Wenn Sie Rechtshänder sind, dann tut es mir leid, Ihnen sagen zu müssen, dass Sie jetzt tot sind! Ein rechtshändiger Soldat trug sein Schwert oder seinen Speer in der rechten Hand und seinen Schild in der linken. Wenn er durch das äussere Tor hereinkam und sich nach links zum inneren Tor wandte, schossen die Wächter der Mauer auf ihn. Die unglücklichen rechtshändigen Soldaten hielten ihre Schutzschilde in der falschen Hand. Kein Wunder, dass man linkshändigen Soldaten den Vorzug gab (Ri 20,16)!

Einer der grössten archäologischen Funde aus dem antiken Dan wurde auf dem Platz direkt vor diesem Torkomplex freigelegt. Archäologen legten Teile eines Steindenkmals frei, das eine Gedenkinschrift enthielt. Diese *Stele* wurde vom König von Damaskus nach seinem Sieg über Israel und der Einnahme der Stadt graviert und aufgestellt. Später eroberte Israel die Stadt zurück, zerschlug das Denkmal und vergrub die Trümmer.

Was die Inschrift auf der *Stele* so bedeutsam macht, ist, dass sie auf eine bestimmte Zeit in der Geschichte Israels datiert werden kann. Der König behauptet fälschlicherweise, er habe «Jehoram, den Sohn Ahabs, König von Israel, und [...] Ahasja, den Sohn Jehorams, König des Hauses David, getötet». Diese beiden Könige wurden 841 v. Chr. getötet und kämpften zu dieser Zeit gegen Hasael, den König von Damaskus (2Kö 8,28-29). Aber am wichtigsten ist vielleicht Hasaels Prahlerei, dass er den «König des Hauses David» getötet hat. Bis zur Entdeckung dieses Denkmals glaubten viele, David sei nichts weiter als ein Mythos, ähnlich wie König Artus, eine israelische Legende, die Tausend Jahre später erfunden wurde, um die frühe Geschichte Israels zu verherrlichen. Aber hier ist eine Inschrift, die weniger als 130 Jahre nach dem Tod von König David angefertigt wurde und ankündigt, dass der Herrscher des Königreichs Juda über das «Haus» oder die Dynastie Davids regiert. Die Archäologie erringt einen weiteren Sieg für die Zuverlässigkeit der Bibel!

Inschrift, die das «Haus Davids» erwähnt

Wasser, das vom Fuss des Berges Hermon bei Banias fliesst

KAPITEL 17

BANIAS:
Schauplatz des grossen Bekenntnisses von Petrus

WAS BEDEUTET EIN NAME?

Es ist nur eine kurze Busfahrt von Dan nach Banias, aber es ist genug Zeit, um eine schnelle Bibelsuche durchzuführen und herauszufinden, dass es in der Bibel keinen Ort namens Banias gibt. Was hat also diese nächste Sehenswürdigkeit mit der Bibel zu tun? Das ist ganz einfach!

Das heutige Banias ist in Wirklichkeit ein Ort namens Paneas – nur hiess er in der Bibel Cäsarea Philippi. Verwirrt? Dann folgen Sie mir auf dieses Gelände, und ich erkläre es Ihnen.

Wir stehen am Fusse des Berges Hermon, an einer weiteren Wasserquelle, die aus dem Berg fliesst. Oberhalb und links der Quelle befindet sich eine grosse Höhle, aus der einst das Wasser sprudelte. Als Alexander der Grosse durch dieses Gebiet kam, brachte er die griechische Sprache und Kultur mit. Und diese Stelle mit ihrem fliessenden Bach und der üppigen Vegetation schien der perfekte Ort zu sein, um den griechischen

Gott Pan anzubeten, den Gott der Hirten, der Herden und der Natur. So wurde der Ort als Paneas – Pans Ort – bekannt.[21]

Als die Region im siebten Jahrhundert von den Muslimen erobert wurde, führten sie eine neue Sprache ein – Arabisch. Aber im Arabischen fehlt der P-Laut. Der am nächsten verwandte Laut, den sie haben, ist das B. Infolgedessen wurde der Name *Paneas* zu *Banias*, und das ist bis heute sein Name geblieben.

Doch auch wenn das alles stimmt, warum wurde dieser Ort in der Bibel dann Cäsarea Philippi genannt? An dieser Stelle kommt die Politik des Altertums ins Spiel. Nach dem Tod von Herodes dem Grossen beauftragten die Römer Herodes Philippus, einen seiner Söhne, mit der Herrschaft über die Region nördlich des Sees Genezareth und östlich des Jordans, einschliesslich der Region Paneas. Er baute hier eine Stadt und widmete sie Cäsar. Aber da sein Vater bereits die Hafenstadt Cäsarea am Mittelmeer gebaut hatte, nannte Philipp seine Stadt Cäsarea Philippi – «Cäsarea des Philippus». Philippus konnte den «offiziellen» Namen der Stadt ändern, aber die Geschichte der Region oder die Herzen der Menschen konnte er nicht ändern. Sie nannten sie weiterhin Paneas, und dieser Name wurde beibehalten, auch nachdem die von Philippus erbaute Stadt nicht mehr genutzt wurde.

Die Nische, in der einst der Schrein für den Gott Pan stand

Doch zur Zeit Jesu hiess das Stadtgebiet offiziell Cäsarea Philippi. Und diese Stadt war durch und durch heidnisch. Ein Cäsar Augustus geweih-

21 Charles H. Dyer, *30 Tage mit Jesus im Heiligen Land: Ein Andachtsbuch über das Heilige Land*, Übs. Martin Plohmann (Dillenburg: Christliche Verlagsgesellschaft; Dübendorf: Verlag Mitternachtsruf, 2016), 101–102.

ter Tempel stand direkt vor der Höhle, und das Leben spendende Wasser aus der Höhle schien aus dem Sockel des Tempels zu fliessen. Neben dem Augustustempel befand sich der Hof des Pan und der Nymphen und daneben der Tempel des Zeus, des Götterkönigs.

JESU UNANGEKÜNDIGTER TEST

Jesus nahm seine Anhänger mit auf eine Exkursion nach Cäsarea Philippi – weg von den frommen Massen in Galiläa und Judäa und mitten hinein in das Herz dieser heidnischen Hochburg. Dies war der perfekte Ort, um seine Anhänger zu den wichtigsten Themen seines Lebens und seines Dienstes zu befragen. Von dem Besuch dort wird in Matthäus 16 berichtet.

Jesus bat seine Jünger zunächst, sie sollten ihm erklären, für wen andere ihn hielten. Also fragte er: «Für wen halten die Leute mich, den Sohn des Menschen?» (Mt 16,13). Ihre Antwort? «Etliche für Johannes den Täufer; andere aber für Elia; noch andere für Jeremia oder einen der Propheten» (V. 14). Die Leute erkannten, dass Jesus kein gewöhnlicher Mensch war, und sie waren sogar bereit zuzugeben, dass er ein Prophet war. Und die drei vom Volk vorgeschlagenen Kandidaten sind bezeichnend. Johannes der Täufer war der erstaunlichste und dramatischste Prophet, den Gott zur Zeit Jesu in Dienst genommen hat. Und im Alten Testament waren Elia und Jeremia bereit, ganz allein in Zeiten grosser Bedrängnis und geistlicher Finsternis für Gott einzutreten.

Die Leute erkannten an, dass Jesus ein Prophet war, aber weiter wollten sie nicht gehen. Dann nahm Jesus seine eigenen Jünger in den Blick. «Ihr aber, für wen haltet ihr mich?» (Mt 16,15). Petrus platzte mit der richtigen Antwort heraus. «Du bist der Christus, der Sohn des lebendigen Gottes!» (V. 16). Petrus verstand, dass Jesus mehr als nur ein Prophet war. Er war der Messias, der Gesalbte Gottes. Wenn Jesus nicht den Vorstellungen anderer Menschen von einem Messias entsprach, dann deshalb, weil ihre Vorstellungen fehlerhaft waren. Petrus verstand, dass Jesus *tatsächlich* der verheissene Messias war.

Genauso wichtig ist, dass Petrus erklärte, dass Jesus der *Sohn des lebendigen Gottes* war. Dies ist eine bemerkenswerte Bestätigung sowohl der Macht Gottes als auch der Gottheit Jesu. Der Gott Israels ist der einzige *lebendige* Gott; und Jesus, der Messias Israels, ist Gottes ewiger Sohn. Jesus lobt Petrus für sein geistliches Verständnis. «Glückselig bist du, Simon, Sohn des Jona; denn Fleisch und Blut hat dir das nicht geoffenbart, sondern mein Vater im Himmel!» (Mt 16,17). Dies ist ein guter Ort, um innezuhalten und über das Bekenntnis von Petrus nachzudenken, denn es hat ewige Auswirkungen. Glauben *Sie* daran, dass Jesus der im Alten Testament verheissene Messias war? Was noch wichtiger ist: Glauben Sie, dass er Gottes ewiger Sohn war, der gesandt wurde, um «sein Volk [zu] erretten von ihren Sünden» (Mt 1,21)? Ihr ewiges Schicksal könnte von Ihren Antworten auf diese Fragen abhängen.

MARK TWAIN IN CÄSAREA PHILIPPI

Cäsarea Philippi war der erste biblische Schauplatz, den Mark Twain im Gebiet des heutigen Israel besuchte. Bevor er in Banias ankam, verbrachte Twain einen unangenehmen Tag in Damaskus, wo er mit einem Magenvirus im Bett lag. Und *bevor* er krank wurde, hatte er seine Zeit in Syrien auch nicht gerade genossen. Die Erkrankung hat seine sarkastische Bewertung von Syrien nur noch verstärkt. «Das Reisen in Syrien hat seine interessanten Seiten wie das Reisen in jedem anderen Teil der Welt, und doch ist es eine willkommene Abwechslung, wenn man sich das Bein bricht oder die Cholera bekommt.»[22] Er machte sich auch über seine Mitreisenden lustig – von ihrer ausgefallenen Kleidung bis hin zu ihrer Angewohnheit, Souvenirs von den verschiedenen Monumenten, die sie besuchten, abzubrechen. Aber nachdem er in den Ruinen von Cäsarea Philippi angekommen war, hörte Twain zumindest für einen kurzen Moment auf, ein geistreicher Zyniker zu sein und wurde sehr offen und transparent.

22 Mark Twain, *Die Arglosen im Ausland*, Übs. Ana Maria Brock (Frankfurt a.M. / Leipzig: Insel, 1997), 494.

Für einen kurzen Moment hörte Twain auf, ein geistreicher Zyniker zu sein und wurde sehr offen und transparent.

Er begann damit, die Frage Jesu und Petrus' Antwort aus Matthäus 16 nachzuerzählen. Danach erklärte er, warum ihm das Schwierigkeiten bereitete. «Ich kann es noch nicht begreifen, dass ich da sitze, wo ein Gott gestanden hat, und den Bach und die Berge erblicke, auf die jener Gott geblickt hat, und von dunklen Männern und Frauen umgeben bin, deren Vorfahren ihn gesehen und sogar mit ihm gesprochen haben, von Angesicht zu Angesicht und unbekümmert, gerade wie sie es mit jedem anderen Fremden getan hätten. Ich kann das nicht begreifen; die Götter, wie ich sie aufgefasst habe, sind immer in Wolken verborgen und sehr weit entfernt gewesen.»[23]

Blumen, die entlang des Baches bei Banias wachsen

Leider war Mark Twain nie in der Lage, seine Kämpfe zu überwinden und zum persönlichen Glauben zu finden. Wie ein Biograf gesagt hat: Twain «wollte glauben, aber er konnte nicht glauben».[24] Twains Kampf ist eine ernüchternde Erinnerung daran, dass ein Besuch im Heiligen Land – so wunderbar es auch

23 Ebd., 503–504.

24 Ron Powers, Autor der Biografie *Mark Twain: A Life*, in der Dokumentation «Mark Twain's Journey to Jerusalem: Dreamland», Dokumentation, Regie: A. D. Oppenheim, Indigo Films Entertainment Group, 2017.

sein mag – nicht automatisch die persönlichen geistlichen Probleme löst. Wie der Verfasser des Hebräerbriefs klarstellt: «Ohne Glauben aber ist es unmöglich, ihm wohlzugefallen; denn wer zu Gott kommt, muss glauben, dass er ist und dass er die belohnen wird, welche ihn suchen» (Hebr 11,6).

DIE KRAFT DES WASSERS

Unser nächster Halt liegt anderthalb Kilometer flussabwärts. Während viele israelische Familien und Schulreisegruppen gern den Fluss entlangwandern, um diese Stelle zu erreichen, werden wir Zeit sparen, indem wir den Bus nehmen. Unser Ziel ist ein schöner Wasserfall. Erwarten Sie jetzt nicht etwas von der Grösse der Niagarafälle oder der Höhe der Yosemite-Wasserfälle. Nach amerikanischen Massstäben ist dieser Wasserfall eher bescheiden, aber er ist trotzdem einen Besuch wert. Es ist eine recht kurze Wanderung – etwa 180 Stufen –, um zur Aussichtsplattform hinabzusteigen. Natürlich muss man auch einen kurzen Fussmarsch zurücklegen – und dieselben 180 Stufen wieder hinauf –, um zum Bus zu gelangen.

Der Weg zum – und vom – Wasserfall

Diese Wanderung ist nicht schwierig, aber man muss aufpassen, dass man nicht ausrutscht. Ich weiss das aus schmerzhafter Erfahrung. Ich war am Banias-Wasserfall mit einer Busladung von Freunden meiner Radiosendung. Die Wanderung nach unten und zurück verlief problemlos. Bevor wir losfuhren, zählten wir durch, um sicherzustellen, dass alle im Bus sassen. Leider waren nicht alle anwesend. Mein Co-Moderator war verschwunden! Der Produzent und ich liessen die Neunundneunzig sicher aufgehoben im Bus sitzen und liefen zurück, um unseren Kumpel zu finden.

Als ich die Stufen hinunterlief, entdeckte ich meinen Co-Moderator neben dem Bach, wie er Fotos machte. Jon ist ein hervorragender Fotograf, und er hatte einfach das Zeitgefühl verloren. Ich rief ihm zu, aber dabei verpasste ich die nächste Stufe und stürzte über die Uferböschung. Wenn die Leute sagen, dass die Zeit in einem kritischen Moment langsamer vergeht, weiss ich genau, was sie meinen. Ich erinnere mich in Zeitlupe, wie ich auf einen grossen Felsen zustürzte, der in einem scharfen Winkel aus dem Boden ragte. Mir wurde klar, dass ich mir wahrscheinlich das Bein oder den Knöchel brechen würde, wenn mein rechter Fuss allein auf dem Felsen auftreffen würde. Irgendwie gelang es mir, meinen linken Fuss so in Position zu bringen, dass beide gleichzeitig auf den Felsen kamen. Mein Schwung hielt mich in Bewegung, und ich stürzte seitwärts vom Felsen herab und rollte den Rest des Hügels hinunter. Zum Glück gab es keine weiteren Felsen auf dem Weg nach unten. Wir schafften es zurück zum Bus, und das Einzige, was ausser meinem Stolz schmerzte, waren ein paar Schürfungen und blaue Flecken an meinen Armen und Beinen.

Die Besucher des Banias-Wasserfalls hören das Plätschern des Wassers, bevor der Wasserfall auch nur in Sicht kommt. Und obwohl er nicht riesig ist, ist er wunderschön und erfrischend für diejenigen, die sich die Zeit nehmen, hinunterzuwandern. Aber ich glaube, das hat auch biblische Bedeutung. Während Sie also am Wasserfall stehen, lesen Sie die Psalmen 42 und 43.

Der Wasserfall bei Banias

Diese beiden Psalmen sollten als ein einziges Werk mit drei separaten Strophen gelesen werden. Jede Strophe endet mit demselben Kehrvers: «Was betrübst du dich, meine Seele, und bist so unruhig in mir? Harre auf Gott, denn ich werde ihm noch danken, dass er meine Rettung und mein Gott ist!» (Ps 42,6.12; 43,5).

In der ersten Strophe (Ps 42,2-6) blickte der Psalmist mit innigem Gefühl auf die Vergangenheit zurück, während er gleichzeitig seinen gegenwärtigen Zustand beklagte. Er dürstete nach Gott, so wie ein Hirsch in Zeiten der Dürre nach Wasser dürstet. Unter Tränen stellte er den gegenwärtigen Spott derer, die ihn gefangen nahmen («Wo ist [nun] dein Gott?»), der einstigen Freude gegenüber, die er erlebt hatte, als er nach Jerusalem gereist war, um den Herrn anzubeten.

In der zweiten Strophe (V. 7-12) schildert der Psalmist den Schmerz und die Verwirrung, die er empfand, als er aus dem Land Israel ins Exil geführt wurde. Die Bewegung, die er schildert, geht vom «Land des Jordans und der Hermongipfel» bis zum «Berg Mizar» (an den Hängen des Berges Hermon). Während es sein Wunsch war, *nach Süden* zu Gottes Tempel in Jerusalem zu reisen, wurde er *nach Norden* in die Gefangenschaft geführt, weg von dem Land, das Gott seinem Volk verheissen hatte.

Der Psalmist stellte seinen Aufruhr, seinen Schmerz, seine Verwirrung und seinen Herzschmerz so dar, als wäre ihr erdrückendes Gewicht ein tosender Wasserfall, der unerbittlich auf ihn niederprasselt. Ich stelle mir gerne vor, wie er gerade in der Nähe dieses Wasserfalls am Fusse des Berges Hermon entlang ging. Touristen betrachten die Wasserfälle und sehen grosse Schönheit, aber für den Psalmisten stellten die Wassermassen das Gewicht des Kummers dar, der ihn zu überwältigen schien. In seinem Schmerz schrie er zu Gott: «Warum hast du mich vergessen?» (V. 10).

Gottes treue Liebe und seine Worte des Trostes bleiben bei Tag und Nacht bestehen, auch wenn unsere Umstände etwas anderes vermuten lassen.

Die Antwort des Psalmisten auf seine eigene bohrende Frage besteht aus zwei Teilen. Die erste ist eine bemerkenswerte Erinnerung an die Treue Gottes. «Am Tag wird der HERR seine Gnade entbieten, und in der Nacht wird sein Lied bei mir sein, ein Gebet zu dem Gott meines Lebens» (Ps 42,9). Dies ist das einzige Mal in diesen beiden Psalmen, dass der Psalmist Gott als «HERR» bezeichnet (wobei er das hebräische Wort *jahwe* verwendet, um sich auf den bundestreuen Gott zu beziehen). Auch wenn der Verfasser sich verlassen und allein gefühlt haben mag, war Gott immer noch da ... und für sein Volk noch immer am Werk. Gottes treue Liebe und seine Worte des Trostes bleiben bei Tag und Nacht bestehen, auch wenn unsere Umstände etwas anderes vermuten lassen.

Die zweite Antwort auf eine der schwierigsten Fragen des Lebens befindet sich in der letzten Strophe dieses dreistrophigen Psalms (Ps 43,1-5). Der Psalmist gewann Perspektive und Hoffnung, indem er sich im Gebet an Gott wandte und sich auf die Zukunft konzentrierte. Seine Probleme schienen überwältigend zu sein, aber er musste sich daran erinnern, dass Gottes Macht grösser ist als alle etwaigen Schwierigkeiten, die ihm begegnen könnten. So konnte er Gott bitten, ihn zu retten und ihn durch die Fluten des Lebens zu führen. Der Psalmist endete mit einem Gefühl der Erwartung und Hoffnung. Er wusste, dass er eines Tages nach Jerusalem zurückkehren würde, um Gott anzubeten. Er wusste nicht, wie sich alles entwickeln würde, aber er war überzeugt, dass Gott sein inniges Gebet erhören würde. Und das gab ihm neue Hoffnung.

Lassen Sie uns, mit der wundervollen Botschaft der Psalmen 42–43 im Herzen, zurück zum Bus dort oben gehen. Nehmen Sie sich Zeit ... und achten Sie auf Ihre Schritte. Wenn Sie möchten, können Sie auch den Weg am Bach entlanggehen und ein paar Fotos von diesem erstaunlich erfrischenden Ort machen. Behalten Sie nur bitte die Zeit im Auge. Ich möchte nicht wieder heruntersteigen müssen, um Sie zu suchen!

Der Bach unterhalb des Banias-Wasserfalls

Der Blick auf den Berg Hermon von den Golanhöhen aus

KAPITEL 18

DIE GOLANHÖHEN: *Der Strasse nach Damaskus nahe*

Die Strasse von Banias zu den Golanhöhen ist steil und schmal. Ich schätze das Geschick unseres Fahrers, der die vielen Kurven der Fahrbahn meistert. Die meisten Busfahrer sind hoch qualifiziert, aber nicht alle. Schon früh hatte ich einen Fahrer, der mich an Jehu erinnerte, den Mann, von dem es in der King James Version recht malerisch heisst, er «treibet rasend»[25] (2Kö 9,20). Eine modernere Übersetzung fasst die Fahrkünste sowohl von Jehu als auch von diesem Busfahrer deutlicher zusammen – «er fährt wie ein Verrückter» (GNB). Nachdem ich nur eine Fahrt mit diesem Fahrer gemacht hatte, teilte ich dem Reiseveranstalter mit, dass ich ihn *nie wieder* als Fahrer haben wollte. Aber ich habe ihn von Zeit zu Zeit bei verschiedenen Sehenswürdigkeiten gesehen. Seine Passagiere sehen aus, als hätten sie den ganzen Tag in Jehus Streitwagen verbracht.

Ich erwähne Jehu und diesen Fahrer wegen einer bestimmten Wegstrecke, die auf die Golanhöhen führt. Es handelt sich um eine schmale, zweispurige Strasse mit einer starken Steigung, die auf einer Strassen-

25 Anm. d. Übs.: So Leander van Ess, Die heiligen Schriften des Alten und Neuen Testamentes, 1858, dessen Übersetzung an dieser Stelle der KJV, «driveth furiously», überraschend gut entspricht.

seite recht schroff abfällt. Ich bitte die Reisegruppe, in die Schlucht hinunterzuschauen, und erzähle ihnen dann die Geschichte des modernen Jehu – und vergleiche ihn mit unserem freundlichen und sicheren Fahrer. Auf einer Fahrt erwähnte ich «Clouseau» – den Namen, den ich dem anderen Fahrer wegen seiner Ähnlichkeit mit Inspektor Clouseau aus den Der-rosarote-Panther-Filmen gegeben hatte. Mein Fahrer erzählte, dass Clouseau während eines Sturms mit seinem Bus von dieser Strasse abgekommen ist und dabei mehrere Touristen ums Leben gekommen sind. Seine Firma behielt ihn als Fahrer und gab ihm einen neuen Bus! Während der restlichen Fahrt bedanken sich unsere Pilger überschwänglich bei unserem Fahrer für seine Fertigkeit. Einige halten auch Ausschau, ob sie Clouseau hinter dem Steuer eines anderen Busses erspähen können.

Wenn wir auf den Golanhöhen angekommen sind, verändert sich die Landschaft. Die Gegend wird recht flach. Gelegentlich sorgt ein Hügel für Abwechslung. Die Hügel sind erloschene Vulkangipfel, die einen dunklen, fruchtbaren Boden hinterlassen haben. Da wir uns jetzt rund Tausend Meter über dem Meeresspiegel befinden, ist die Temperatur gesunken. Im Sommer ist dies eine willkommene Abwechslung zu den heissen und schwülen Witterungsverhältnissen rund um den See Genezareth. Aber im Winter kann es kalt und regnerisch sein. Ein paar Mal erlebten wir Schneeregen und sogar Schnee.

Im Nordwesten können wir den Gipfel des Berges Hermon sehen, der um weitere 1800 Meter aufragt. Je nach Jahreszeit kann der Gipfel noch mit Schnee bedeckt sein. Wir folgten der Route, auf der ein eifriger Saulus von Tarsus unterwegs war, als er Jesus auf seinem Weg nach Damaskus begegnete.

Direkt vor uns befinden sich zwei nebeneinander liegende Vulkangipfel. Der rechte Gipfel ist Har (das hebräische Wort für einen Hügel oder Berg) Avital. Israel hat einen Abhörposten auf dem Gipfel, um die Situation in Syrien im Auge zu behalten. Aus Sicherheitsgründen empfehle ich Ihnen, *keine* Fotos von diesem Ort zu machen! Das bedeutet natürlich, dass alle sofort ihre Kameras und Smartphones zücken wollen! Dies ist eine grossartige Illustration des Prinzips, das Paulus in Römer 7,9 beschreibt: «als aber das Gebot kam, lebte die Sünde auf, und ich starb». Halten Sie also Ihren sündigen Impuls im Zaum und denken Sie daran, dass niemand von uns zu Ihrer Verteidigung eilen wird, wenn Sie erwischt werden und Ihre Fotos abgeben müssen. Ich vermute sogar, dass viele in der Reisegruppe so tun werden, als würden sie Sie nicht kennen!

Unser Ziel ist der linke Vulkangipfel – Har Bental. Der Hügel ist ein stillgelegter Armeestützpunkt, der jetzt für die Öffentlichkeit zugänglich ist. Und er bietet uns einen grossartigen Blick auf Syrien.

HAR BENTAL

Bei meinem ersten Besuch in Har Bental leitete ich eine Reisegruppe von Pastoren. Das Gelände war gerade erst für die Öffentlichkeit zugänglich gemacht worden, und ausser den abgeschlossenen Bunkern des Stützpunkts gab es dort nichts. Um den Ort zu finden, verwendeten wir eine Fotokopie einer hebräischen Karte, die uns ein Freund geschickt hatte. Zum Glück war unser stets hilfsbereiter Fahrer bereit, die steile Strasse bis zum Gipfel hinaufzufahren, obwohl wir nicht sicher waren, ob es dort Platz zum Wenden gab. Es gab welchen, und wir entdeckten dort oben eine Stelle mit spektakulärer Aussicht.

Seit dieser ersten Reise hat sich Har Bental zu einem bedeutenden Touristenziel entwickelt. Er hat keine direkte biblische Bedeutung, aber er ist eine hervorragende Stelle, um über den Berg Hermon und Paulus' Begegnung mit Jesus auf der Strasse nach Damaskus zu sprechen. Und das Gelände stellt einen wunderbaren Ort dar, um über die jüngsten Ereignisse im Nahen Osten zu sprechen, einschliesslich des Dramas, das sich während des Jom-Kippur-Krieges 1973 rund um diesen Schauplatz abspielte.

Ein Wegweiser vor dem Hauptbunker hilft Besuchern, die strategische Bedeutung der Golanhöhen zu verstehen. Damaskus ist lediglich 60 Kilometer entfernt. Jerusalem ist weniger als 240 Kilometer entfernt, Bagdad gerade mal 800 Kilometer und Teheran nur 1400 Kilometer. Die gesamten Golanhöhen sind nur 69 Kilometer lang und 14 bis 19 Kilometer breit. Aber die Einnahme und das Halten der Golanhöhen hat es Israel ermöglicht, ein höheres Mass an Sicherheit und Stabilität entlang der Grenze zu Syrien zu erlangen.

Der Wegweiser und Bunker auf dem Har Bental

Blick durch einen Geschützturm nach Syrien

DIE KUNST VON HAR BENTAL

Einige der skurrilsten Ausschmückungen des Har Bental sind die Skulpturen entlang des Weges. Sie sind das Werk des niederländisch-israelischen Bildhauers Joop de Jong. Die Skulpturen sind alle aus Metallschrott gefertigt, der in der Gegend gefunden wurde.

«Heavy Metal»-Motorradfahrer

Ein bösartiger «Rustasaurus»

NUR EIN PAAR PATRONEN

Am Ende jeder Israelreise helfe ich den Reisenden, sich auf das vorzubereiten, was ihnen bei der Sicherheitskontrolle am israelischen Flughafen widerfahren wird. Israel nimmt die Sicherheit sehr ernst, und einige Aspekte des Ablaufs können einschüchternd sein, wenn ein Reisender nicht vorbereitet ist. Dazu gehört auch, die typischen Fragen durchzugehen, die das Sicherheitspersonal Reisenden stellen könnten. Und diese Fragen bringen mich zurück zu einer früheren Reise nach Israel ... und zu den Golanhöhen.

Wir waren auf einer Studienreise, aber es hatte den Anschein, dass wir Probleme mit einem bestimmten Studenten bekommen. Er war weder faul noch respektlos oder bösartig. Er war einfach, sagen wir, vergesslich. Wir haben damit aufgehört, im Bus durchzuzählen. Wenn dieser Student im Bus war, waren es alle anderen auch, denn er war *immer* der Letzte. Er hatte die nervtötende Angewohnheit, sich auf dem Weg zu einer Sehenswürdigkeit ablenken zu lassen und erst dann wieder aufzutauchen, um Fragen zu stellen, *nachdem* wir bereits alles erklärt hatten. Ich wusste, dass *er* die Ursache sein würde, wenn wir am Flughafen Probleme bekämen. Und deshalb heckte ich einen Plan aus.

Im alten Check-in-Bereich des Flughafens wurden die Reisegruppen in Warteschlangen kanalisiert, die durch einziehbare Gurte an Pfosten eingegrenzt waren. Ich bat unseren potenziell problematischen Studenten, für mich «das Schlusslicht» am Ende der Warteschlange zu bilden. Er war höher gewachsen als die meisten, und ich sagte ihm, dass ich so sehen könne, wo unsere Reisegruppe endete. Aber das war gelogen. Ich wollte, dass er am Ende der Schlange steht, damit alle anderen durch die Sicherheitskontrolle kommen konnten, bevor er an der Reihe war.

Ich kam mir ziemlich genial vor, als ich die Reisegruppe durch die Check-in-Warteschlange führte. Ich hätte mich an Sprüche 16,18 erinnern sollen: «Stolz kommt vor dem Zusammenbruch, und Hochmut kommt vor dem Fall.» Ich schaute auf und stellte fest, dass die Warteschlange, in die man mich eingewiesen hatte, an einer Wand endete und nicht bei dem Sicherheitsbeamten. Ich stand nun am *Ende* der Schlange, und die Sicherheitskräfte würden am anderen Ende beginnen – mit unserem Problemstudenten. Ich versuchte, meinen Rollkoffer zurück zum anderen Ende zu manövrieren, aber die Sicherheitskräfte kamen mir zuvor und nahmen unseren besonderen Studenten zur Befragung beiseite.

«Waren Sie jemals von Ihrer Reisegruppe getrennt?»

«Ja.» (Er war ganz allein auf die Toilette gegangen.)

«Haben Sie sich mit jemandem getroffen, der nicht zur Reisegruppe gehört?»

«Ja.» (Den Busfahrer und den Reiseleiter – als er mit ihnen zu Mittag gegessen hatte.)

«War Ihr Gepäck jemals ausser Sichtweite, seit Sie es gepackt haben?»

«Ja.» (Wir haben unser Gepäck eigenhändig zum Bus getragen und selbst eingeladen ... aber es war *unter* dem Bus, während wir zum Flughafen fuhren, sodass er es tatsächlich nicht *sehen* konnte.)

Ich sah unsere Chancen auf einen reibungslosen, schnellen Check-in in Rauch aufgehen. Und dann stellte der Sicherheitsbeamte seine letzte Frage: «Haben Sie irgendwelche Waffen oder irgendetwas, das als Waffe benutzt werden kann?»

Die Zeit schien sich zu verlangsamen, als ich seine Antwort hörte: «Nur ein paar Patronen!»

Es dauerte fast drei Stunden, bis die Sicherheitskräfte unser gesamtes Gepäck eingehend überprüft hatten. Wir haben es ins Flugzeug geschafft, aber nur knapp.

Jahre später war ich beteiligt an der mündlichen Doktorprüfung dieses Studenten. Ich war erst spät hinzugekommen und war der dritte Leser seiner Dissertation. Die ersten beiden Leser hatten bereits alle relevanten Fragen gestellt. Schliesslich drehten sie sich zu mir um, um zu sehen, ob ich irgendwelche Fragen hatte, die ich stellen wollte.

«Nur eine. Warum hatten Sie Patronen?»

Es stellte sich heraus, dass der Sohn dieses Mannes eine Patronensammlung hatte. Und als wir auf den Golanhöhen waren, fand er unbenutzte Munition auf dem Boden. Er hob sie auf, um sie seinem Sohn zu bringen, hatte aber vergessen, es einem von uns zu sagen. Als er jedoch vom Sicherheitsdienst gefragt wurde, erinnerte er sich daran.

Und die Moral von der Geschichte ist: Wenn Sie in Israel auf den Golanhöhen sind, heben Sie bitte keine Patronen auf.

Blühender Kirschbaum auf den Golanhöhen

VON GALILÄA ZUM TOTEN MEER

EN HAROD
BET SCHE'AN
JERICHO
WADI QILT
QUMRAN
EN GEDI
MASADA

En Harod, Gideons Quelle, die aus dem Berg Gilboa fliesst

KAPITEL 19

GIDEONS QUELLE: *Die Auswahl der dreihundert Männer*

En Harod – die Quelle von Harod, manchmal auch Gideons Quelle genannt – ist einer der Lieblingsorte meiner Frau in Israel. Die Tatsache, dass wir einen Enkel namens Gideon haben, könnte zum Teil erklären, warum sie ihn so liebt, aber auch der Ort selbst ist erstaunlich. Er bietet für die Reisenden einen der vielen Aha-Momente, die sie auf einer Rundreise erleben. Manche Sehenswürdigkeiten in Israel sind umstritten, aber der Ort, an dem Gideon seine dreihundert Männer auswählte, ist absolut sicher lokalisiert, denn das Wasser fliesst immer noch direkt aus dem Fuss des Berges Gilboa. Der Berg hat sich nicht bewegt, und die Quelle auch nicht.

EINE VERKLEINERUNG

Ich erinnere mich vage daran, wie ich als Kind die Geschichte von Gideon hörte, der seine dreihundert Männer auswählte. Die meisten Einzelheiten waren mir entfallen, aber ich wusste, dass er sie an einem Bach ausgewählt hatte – der Quelle von Harod. Ein verwirrender Zufall ist, dass der Name im Englischen dem von König Herodes dem Grossen ähnelt (engl. «Herod»), dem Herrscher zur Zeit der Geburt Jesu. Aber die Namen sind nicht miteinander verwandt, und die Quelle war schon lange vor Herodes da.

In der Nähe meines Heimatortes gibt es einen grossen Bach namens *Fishing Creek* (dt. «Fischbach»). Aber in meiner Vorstellung war er zu klein, um zur Erhabenheit der Bibel zu passen, also konnte ich mir dort nicht vorstellen, wie Gideon seine dreihundert Männer auswählte. Stattdessen stellte ich mir vor, dass die Geschichte in der Nähe eines Gewässers wie dem *Susquehanna River* spielt, der nahe meiner Heimatstadt fliesst. Der Fluss ist dort vierzig Meter breit, und irgendwie schien diese grosse Geschichte aus der Bibel nach einer so grossen Bühne zu verlangen.

Der Bach, der aus der Quelle von Harod fliesst

Und dann reiste ich nach Israel und besuchte die Quelle von Harod.

Die Stelle wurde in den letzten Jahren verschönert – farbenfrohe Bougainvillea wächst entlang des Weges, und grosse, flache Felsbrocken bieten sicheren Halt für diejenigen, die auf die andere Seite des Baches gelangen wollen. Doch selbst diese Beschreibung könnte einen falschen Eindruck bei jemandem erwecken, der immer noch versucht, sich einen breiten Strom vorzustellen, wie ich es vor meinem Besuch tat. Die Felsen mögen zwar einen stabilen Weg über den Bach bieten, aber ein trainierter Sportler könnte ohne allzu grosse Schwierigkeiten über den Bach springen. Er ist nur ungefähr zwei bis zweieinhalb Meter breit!

Als ich zum ersten Mal an diesem kleinen Bach stand, sah ich die Geschichte von Gideon mit anderen Augen. Während ich mir einen grossen *Fluss* vorgestellt hatte, übersah ich die anderen Einzelheiten. Im Mittelpunkt der Geschichte steht nicht der Bach, sondern eine sehr reale Bedrohung durch eine eindringende Armee – und der Glaube eines jungen Mannes, der von Gott berufen wurde, sein Volk zu befreien. Die Quelle von Harod ist der perfekte Ort, um diese Geschichte wieder zu erleben.

EIN UNGEWÖHNLICHER HELD

Gideon hielt man in seiner Abschlussklasse am Gymnasium vor Ort nicht für den Klassenprimus. Tatsächlich war er ein Niemand. Er hat es selbst zugegeben: «Siehe, meine Sippe ist die geringste in Manasse, und ich bin der Kleinste im Haus meines Vaters!» (Ri 6,15). Gideon hatte wenig Vertrauen in seine Fähigkeiten, obwohl Gott ihn als «tapferen Helden» sah (V. 12). Es ist offensichtlich, dass einer der beiden Betrachter eine verzerrte Sicht der Realität hatte.

Im Laufe der Geschichte könnte der Durchschnittsleser denken, dass Gott derjenige war, der sich geirrt hatte. Gideon scheint ein vollendeter Verlierer zu sein. Denken Sie darüber nach. Wenn Gott Ihnen persönlich erscheinen und Ihnen sagen würde, dass er Sie auserwählt hat, sein Volk zu führen, und dann Feuer aus einem Felsen schiessen lassen würde, um das von Ihnen vorbereitete Opfer zu verzehren, hätten Sie doch zumindest ein *klein wenig* Vertrauen in Ihre Fähigkeit, das zu tun, was er von Ihnen verlangte. Bei Gideon war das nicht so.

Gideon brauchte einen zusätzlichen Beweis, also legte er buchstäblich «das Vlies aus» – zwei Mal. «Wenn du Israel durch meine Hand retten willst, wie du gesagt hast, siehe, so will ich ein Wollvlies auf die Tenne legen. Wenn der Tau nur auf dem Vlies sein, der ganze Boden ringsum aber trocken bleiben wird, so werde ich erkennen, dass du Israel durch meine Hand erretten wirst, wie du gesagt hast» (Ri 6,36-37).

Blick über das Jesreeltal von En Harod auf den Hügel More

Am nächsten Tag war das Vlies voller Wasser und der Boden war trocken. Das wäre für die meisten genug, um sie zu überzeugen, aber nicht für Gideon. Vielleicht war es nur ein glücklicher Zufall. Also bat Gideon um ein weiteres Zeichen. «Das Vlies allein soll trocken bleiben und Tau liegen auf dem ganzen übrigen Boden!» (V. 39). Und am nächsten Tag bekam Gideon nasse Füsse, als er durch das Gras lief, um zu einem Wollvlies zu kommen, das knochentrocken war.

An diesem Punkt der Geschichte wird die Quelle von Harod wichtig. Die eindringenden Midianiter kamen in grosser Zahl aus der Wüste östlich des Flusses Jordan. Diese Nomaden ritten auf ihren Kamelen heran und lagerten an den Hängen des Hügels More. Stellen Sie sich vor, wie Gideon auf dem Berg Gilboa steht, vielleicht in der Nähe des Fusses des Berges, und über das Tal auf 135 000 Midianiter blickt, die nur sechseinhalb Kilometer entfernt lagern ... und sich dann umdreht, um auf seine recht kleine Armee von 32 000 Mann zu blicken. Die Quoten standen 4:1 gegen ihn.

Daraufhin sagte Gott: «Das Volk, das bei dir ist, ist zu zahlreich» (Ri 7,2). Gott wies Gideon an zu verkünden, dass jeder, der Angst habe, gehen könne, und 22 000 seiner Männer nahmen das Angebot an. Die Chancen gegen Gideon und seine verbliebenen Soldaten standen nun bei mehr als 13:1. Und die Antwort Gottes? «Das Volk ist noch zu zahlreich!» (V. 4). Gott gab Gideon dann eine Möglichkeit, seine endgültige Truppe auszuwählen. «Führe sie hinab an das Wasser ...» Offensichtlich lagerte Gideon nicht in dem Tal entlang des Baches. Er und seine Männer waren auf dem Berg Gilboa. Kamele sind nicht so gut im Hügelklettern, also hatten Gideon und seine Männer dort eine Verteidigungsposition eingenommen. Gott befahl Gideon, seine verbliebenen Männer hinunter zum Bach zu führen, der eben auch ein Ort war, an dem sie anfälliger für Angriffe waren.

Die Leute verstehen meist nicht, wie Gideon diejenigen auswählte, die bei ihm bleiben sollten. Im Text steht, dass jeder ausgewählt wurde, der «mit seiner Zunge von dem Wasser leckt, wie ein Hund leckt», während abgewiesen wurde, «wer auf seine Knie fällt, um zu trinken». Der nächste Satz ist entscheidend. In der Bibel steht, dass es dreihundert Männer waren, «die von der Hand in den Mund geleckt hatten» (Ri 7,5-6).

Haben Sie schon einmal einen Hund beim Wassertrinken beobachtet? Er hält nicht seine Schnauze ins Wasser. Vielmehr streckt er seine Zunge hinein und zieht das Wasser in sein Maul hoch. Die von Gideon ausgewählten Männer waren diejenigen, die ihre Hand ins Wasser hielten und es zum Mund führten. Aber warum? Wahrscheinlich, weil jeder Mann in der Hocke sein Schwert in der einen Hand hielt, während er mit der anderen das Wasser aus der Quelle schöpfte. Diese Soldaten waren entweder die Wachsamsten oder die Vorsichtigsten. Die abgewiesenen Soldaten waren diejenigen, die sich zum Trinken auf Hände und Knie herabliessen, und dazu mussten sie ihre Waffen niederlegen.

Als die Wasserpause vorbei war, hatte Gideon nur noch dreihundert Männer. Aber was konnten so wenige gegen so viele ausrichten? Auf einen

Israeliten kamen 450 Midianiter. Dann gab Gott Gideon eine letzte Hilfestellung. «Fürchtest du dich aber hinabzugehen, so lass deinen Burschen Pura mit dir ins Lager hinuntersteigen, damit du hörst, was sie reden» (Ri 7,10-11). Gideon beschloss, auf das Angebot Gottes einzugehen, was stark darauf hindeutet, dass er *tatsächlich* immer noch Angst hatte. Wir mögen uns über Gideons mangelnden Mut lustig machen, aber in jedem von uns steckt ein kleiner Gideon. Wir wissen, dass das, was Gott gesagt hat, wahr ist, aber wir haben immer noch Schwierigkeiten damit, es in unserem Herzen zu akzeptieren und in unserem Leben danach zu handeln.

Der nächste Teil der Geschichte ist für mich der bemerkenswerteste von allen. Gideon – der Mann, der trotz Gottes fortwährender Zusicherung des Sieges mit der Angst kämpfte – hört, wie einer der midianitischen Angreifer den Traum eines anderen deutet, und plötzlich fügt sich alles zusammen. Daraufhin «betete er an» (V. 15) und kehrte zurück, um seine Männer zum Sieg zu führen.

Wenn Sie in das Wasser dieser Quelle blicken, sehen Sie dann Gideons Spiegelbild oder Ihr eigenes?

Halten Sie inne und schauen Sie sich die Quelle an. In vielerlei Hinsicht ist diese kleine Quelle ein perfektes Symbol für Gideon. Sie sieht unbedeutend aus, sicherlich nicht etwas, das wir als grossartig oder majestätisch bezeichnen würden. Aber Gott verwendete diesen Bach und den Mann, der an seinem Ufer stand, um zu zeigen, dass er weiss, was das Beste ist ... und dass seine Macht ausreicht. Gideon hielt sich selbst für kaum mehr als einen verängstigten Bauern, aber Gott sah in ihm einen tapferen Krieger. Und dann half Gott Gideon geduldig, den Mut zu entdecken, von dem er nicht wusste, dass er ihn besass.

Wenn Sie in das Wasser dieser Quelle blicken, sehen Sie dann Gideons Spiegelbild oder Ihr eigenes? Fällt es Ihnen wie Gideon schwer zu glauben, dass Gott jemanden mit Ihrem Hintergrund, Ihren Zweifeln, Ihren Ängsten und Ihren Schwierigkeiten gebrauchen könnte? Wenn ja, dann schauen Sie noch einmal zur Quelle von Harod. Gott hat Freude daran, diejenigen, die Schwierigkeiten haben, zu seinen tapferen Kriegern zu machen. Fragen Sie einfach Gideon.

DAS ANDERE EREIGNIS AN DER QUELLE VON HAROD

Reiseleiter weisen oft auf ein Haus hin, das an einem Weg direkt über der Quelle liegt. Das Haus und das nahe gelegene Mausoleum gehören Jehoschua und Olga Hankin. Obwohl er ziemlich arm war, war Jehoschua davon überzeugt, dass es sein Lebensziel war, das Land Israel auszulösen. In den ersten Jahrzehnten des zwanzigsten Jahrhunderts gelang es ihm, fast 150000 Hektar Land im Jesreeltal zu erwerben, Land, das schliesslich Teil des modernen Staates Israel wurde. Als er es kaufte, war das Gelände eine Mischung aus kargen Stücken Land mit Erd- und Felsboden und moskitoverseuchtem Sumpf. Aber irgendwie sah Jehoschua es als das, was es zuletzt werden sollte – fruchtbares Ackerland. Er baute das Haus so, dass er über das Tal blicken konnte, bei dessen Erwerb er geholfen hatte. Aufgrund seiner Vision und Entschlossenheit ist Hankin heute als «Löser des Landes» bekannt.

Doch so schön diese Geschichte auch sein mag, es ist nicht die erste Geschichte, die mir in den Sinn kommt, wenn unser Bus in En Harod ankommt. Vor Jahren gab es auf dem Gelände ein grosses Schwimmbad mit Toiletten und Umkleidekabinen. Jetzt sind sie weg, aber ich sehe sie immer noch vor mir – wie auch das folgende Ereignis. Unser Bus hielt in der Nähe des Schwimmbeckens, und ich sprang heraus, um unsere Reisegruppe zu den Toiletten zu führen. Die Fahrt vom Hotel am See Genezareth hatte fast eine Stunde gedauert, und die meisten hatten Verlangen nach diesen Einrichtungen.

Ich stand mit dem Rücken zu den Gebäuden und blickte auf die Reisegruppe, die aus dem Bus stieg. «Männer auf die linke Seite des Gebäudes,

Frauen auf die rechte!» Während ich das sagte, musste ich meine rechte Hand für die Männer und meine linke Hand für die Frauen ausstrecken. Das Erteilen von Anweisungen im Rückwärtsgang ist eine höhere Anforderung, also konzentrierte ich mich auf das, was ich sagte, anstatt nach hinten zu schauen, um sicherzustellen, dass alle meinen Anweisungen folgten. Was ich nicht erwähnt hatte, war, dass jede Gebäudeseite *zwei* Türen hatte – eine für die Toiletten und die andere für den Umkleidebereich. Die Frauen wählten die richtige Tür, aber einige Männer nicht.

Die Gruppe von Männern, die in die Umkleidekabinen ging, hielten die Duschkabinen zunächst für begehbare Pissoirs. Die Reise hatte erst vor Kurzem begonnen, und sie nahmen an, dass dies eben die Art und Weise sein musste, wie es in Israel üblich war. Sie hätten mit ihrem Fehler davonkommen können, wenn nicht einer der Männer nach oben gegriffen und etwas gezogen hätte, was, wie er annahm, der nach unten baumelnde Griff der Spülung sein musste.

Die Namen dieser Personen bleiben unbenannt ... aber die Geschichte lebt auf jeder Reise weiter.

Blick über den Cardo, im Altertum die Hauptstrasse von Bet Sche'an; im Hintergrund der Hügel, auf dem einst die ursprüngliche Stadt lag

KAPITEL 20

BET SCHE'AN:
Das Pompeji von Israel

Die Geschichte ist voll von Beispielen für scheinbar unbedeutende menschliche Fehler, die zu katastrophalen Verlusten führten. Das Spaceshuttle *Challenger* ging – zusammen mit den sieben Astronauten an Bord – wegen des Versagens eines gefrorenen Dichtungsrings während eines Kaltwetterstarts verloren. Im Jahr 1999 stürzte der *Mars Climate Orbiter* ab, weil das Navigationsteam seine Berechnungen auf das metrische System stützte, während das Konstruktionsteam die Beschleunigungsdaten auf der Grundlage des englischen Systems in Zoll, Fuss und Pfund angab. Tatsächlich decken die Ermittler nach fast *jeder* grossen Katastrophe – unabhängig vom Fachgebiet – eine *Reihe* von scheinbar kleinen Fehlern, Irrtümern oder Fehlkalkulationen auf, die letztendlich zu dem katastrophalen Versagen geführt haben. Diese Möglichkeit von Missgeschicken wird uns helfen, die geistliche Bedeutung des antiken Bet Sche'an zu verstehen.

Als archäologische Stätte ist Bet Sche'an beeindruckend. Doch nur wenige wissen viel über den Ort selbst, wo er in der Bibel zu finden oder warum er geistlich bedeutsam ist. In den meisten englischen Bibeln wird der Name der Stadt *Beth-shan* oder *Beth Shan* geschrieben, aber eine bessere Umschrift ist Bet Sche'an, was «Haus der Ruhe» bedeutet. In den vierhundert Jahren zwischen dem Ende des Alten Testaments und dem Beginn des Neuen Testaments erhielt die Stadt einen neuen Namen – Skythopolis, die Stadt der Skythen. Die Ortschaft wurde wahrscheinlich nach skythischen Söldnern umbenannt, die sich zu dieser Zeit dort niederliessen.

DAS POMPEJI VON ISRAEL

Heute ist Bet Sche'an das Pompeji von Israel. Jahrelange Ausgrabungen haben erstaunliche Überreste einer grossen römisch-byzantinischen Stadt ans Licht gebracht. Zur Zeit Jesu war Skythopolis/Bet Sche'an eine blühende heidnische Stadt, eine der Städte der Dekapolis, einer Konföderation hellenistischer Stadtstaaten. Diese Ortschaft war die einzige Stadt in der Konföderation, die auf der Westseite des Jordantals lag.

Ein Panoramablick auf das Theater von Bet Sche'an

Die Überreste des antiken Theaters der Stadt lassen erahnen, wie prächtig Bet Sche'an einst war. Das Theater hatte ursprünglich drei Sitzränge, die bis zu 7000 Personen fassen konnten. Nur ein Rang wurde restauriert. Hinter dem Theater befindet sich der Cardo Maximus, eine grosse Säulenstrasse, die sich nach Norden in Richtung der Akropolis der Stadt erstreckt. Flankiert wird die Strasse von den Überresten eines grossen Badehauses und der Agora, dem Marktplatz.

Schauen Sie sich die Akropolis genau an. Der Hügel ist tatsächlich der Standort der alttestamentlichen Stadt Bet Sche'an. Stellen Sie sich diesen Hügel vor, wie er oben von einer massiven Mauer umgeben ist, und Sie können vielleicht erahnen, welche Bedeutung diese Stadt in der Geschichte Israels hatte. Die Stadt lag an der wichtigsten Ost-West-Strasse, die vom Mittelmeer durch das Jesreeltal und über den Fluss Jordan zur Königsstrasse führte. Sie wachte über eine der wenigen Stellen, an denen der Jordan überquert werden konnte, und das machte sie zu einem strategisch wichtigen Ort.

Doch so strategisch wichtig Bet Sche'an geografisch auch war – und so beeindruckend er archäologisch immer noch ist –, verbindet die Bibel den Ort mit zwei katastrophalen geistlichen Fehlschlägen.

Die Säulenstrasse und die Akropolis vom Theater aus

DIE KATASTROPHALEN FEHLSCHLÄGE IN BET SCHE'AN

Der erste katastrophale Fehlschlag von Bet Sche'an ist im Buch der Richter aufgezeichnet. Eigentlich ist es nicht mehr als eine kurze historische Fussnote – ein kleines Detail, das man leicht übersehen kann. Gott hatte Israel befohlen, das Land zu bewohnen, aber das Buch der Richter berichtet über den unvollständigen Gehorsam des Stammes Manasse. «Manasse aber vertrieb die Einwohner von Beth-Schean und seinen Tochterstädten nicht, auch nicht diejenigen von Taanach und seinen Tochterstädten, noch die Bewohner von Dor und seinen Tochterstädten, noch die Bewohner von Jibleam und seinen Tochterstädten, noch die Bewohner von Megiddo und seinen Tochterstädten; sondern es gelang den Kanaanitern, in diesem Land zu bleiben» (Ri 1,27).

Bet Sche'an gehörte zu einer Reihe von befestigten Städten, deren Eroberung vom Stamm Manasse versäumt wurde. Diese Städte waren gut befestigt und schwer zu überwinden, und es gab mehr als genug Land im übrigen Stammesgebiet von Manasse, um den unmittelbaren Bedarf des Stammes zu decken. Die Führer von Manasse müssen gedacht haben, dass es wohl kein grosses Problem wäre, die Kanaaniter in diesen wenigen Städten zu belassen. Israel hatte *den grössten Teil* des Landes erobert. Welchen Schaden könnten diese wenigen Städte schon anrichten, wenn sie vom Rest des Landes abgeschnitten wären?

Leider beschreibt der Rest des Richterbuches den Kummer, der durch Israels Ungehorsam verursacht wurde. Wie der Engel des Herrn in Richter 2,3 ankündigte, sollten die im Land verbliebenen Kanaaniter zum Fallstrick[26] Israels werden und sich erheben, um Gottes auserwähltes Volk zu verschiedenen Zeiten während der Zeit der Richter zu unterwerfen und zu versklaven. Israel hat vierhundert Jahre lang Kummer gelitten, weil sie

26 Anm. d. Übs.: So nach der Schlachter 2000 – das hebräische Wort ist schwierig zu übersetzen, und die Übersetzer lösen diese Aufgabe auf sehr unterschiedliche Weise.

Gott nicht gehorcht haben, als er ihnen sagte, sie sollten das *ganze* Land einnehmen, einschliesslich Bet Sche'an.

Aber auch wenn der Hügel von Bet Sche'an ein trauriges Denkmal für das Scheitern zur Zeit der Richter ist, so ist er doch ein noch grösseres Zeugnis für das verheerende Scheitern von Israels erstem König. Das Leben von König Saul studieren heisst die Tragödie eines Königs entdecken, der sein Potenzial nie voll ausgeschöpft hat. Von Gott auserwählt, von Samuel gesalbt, vom Heiligen Geist bevollmächtigt, hatte Saul einen guten Start. Aber eine Reihe von persönlichen Fehlern, von denen einige so unbedeutend schienen, dass sie von den meisten seiner Zeitgenossen übersehen wurden, führten zu seinem katastrophalen Untergang.

Sauls Probleme begannen, wie die des Stammes Manasse vor ihm, mit unvollständigem Gehorsam. In 1. Samuel 13 wurde Saul aufgefordert, sieben Tage auf Samuel zu warten, damit dieser ein Opfer darbringen konnte. Saul wartete sechs Tage und dreiundzwanzig Stunden – fast die gesamte Zeit, aber doch nicht ganz bis zum Ende. In 1. Samuel 15 wurde Saul befohlen, die Amalekiter umzubringen, und er tötete *die meisten* von ihnen – aber doch nicht alle. Dies scheinen geringfügige Abweichungen zu sein, kleine Fehler, die innerhalb der Toleranz der meisten Qualitätskontrollinspektoren liegen würden. Aber nicht, wenn der zuständige Inspektor der Gott des Universums ist.

Gott bezeichnete Sauls unvollständigen Gehorsam als Rebellion und arroganten Ungehorsam (1Sam 15,23). Sauls Unfähigkeit, Gott vollständig zu gehorchen, kostete ihn das Königreich. Und zuletzt kostete es ihn das Leben seiner Söhne – und das vieler seiner Soldaten. Das Buch 1. Samuel endet mit einer grossen Schlacht zwischen Israel und den Philistern. Gott war nicht mehr bei Saul, und seine Truppen erlitten eine schreckliche Niederlage am Berg Gilboa am Rande des Jesreeltals. Als die Schlacht vorbei war, hatten die Philister Israel in zwei Hälften geteilt. Sie kontrollierten das Jesreeltal bis hin zum Fluss Jordan.

Im Übrigen heisst es zu Saul: «Und es geschah am folgenden Tag, da kamen die Philister, um die Erschlagenen auszuplündern, und sie fanden

Saul und seine drei Söhne auf dem Bergland von Gilboa liegen. Da schlugen sie ihm den Kopf ab und zogen ihm seine Waffenrüstung aus und sandten [Boten] in das Land der Philister ringsumher, um diese Freudenbotschaft im Haus ihrer Götzen und unter dem Volk zu verkündigen. Und sie legten seine Waffen in das Haus der Astarte, aber seinen Leichnam hängten sie an die Mauer von Beth-Schean» (1Sam 31,8-10).

Die auf einem Hügel gelegene Stadt Bet Sche'an wurde zur Trophäe für die Philister. Die kopflosen Körper von Saul und seinen Söhnen hingen ganz oben an den Mauern dieses Hügels, und der Gestank ihrer verwesenden Leichen verpestete die Luft. Erst zu spät lernte Saul die Wahrheit, dass Gott von seinen Anhängern vollständigen Gehorsam erwartet. Die Konsequenzen für Ungehorsam sind zu tragisch, um sie auch nur als Option in Betracht zu ziehen.

Eine weitere Ansicht des Hügels, auf dem einst die alttestamentliche Stadt Bet Sche'an stand

Wenn ich in Bet Sche'an bin, fällt es mir schwer, meinen Blick von diesem Hügel abzuwenden. Er ist eine feierliche Erinnerung daran, dass die

Konsequenzen für Ungehorsam schwer wiegen. Wir leben in einer Welt, die Versagen entschuldigt und versucht, die Konsequenzen von Fehlern zu minimieren. Aber Gott erwartet von seinen Anhängern, dass sie nach einem höheren Standard leben.

DER ZUSAMMENBRUCH VON BET SCHE'AN

Bet Sche'an liegt, wie das gesamte Jordantal, auf einer geologischen Verwerfungslinie. Es liegt im Grossen Graben, der sich von der Türkei bis nach Afrika erstreckt. Und so ungefähr alle paar Hundert Jahre erlebt die Region ein grosses Erdbeben. Bet Sche'an war im Jahr 749 n. Chr. eine Stadt im Niedergang, als genau solch eine Katastrophe eintrat.

Überreste von Steinsäulen und Kapitellen, die durch ein Erdbeben gestürzt sind

Im frühen siebten Jahrhundert kamen mehrere Invasoren in das Gebiet des alten Israel. Die Perser eroberten das Land ein Jahrzehnt lang, bevor sie von den Byzantinern vertrieben wurden. Doch weniger als ein Jahrzehnt später drangen muslimische Armeen aus Arabien ein, besiegten die byzantinischen Streitkräfte und übernahmen die Region. Bet Sche'an erlebte eine Phase des Niedergangs. In den nächsten hundert Jahren humpelte die Stadt gleichsam vor sich hin. Aber als das Erdbeben im Jahr 749 sich ereignete, stürzte die Stadt buchstäblich in sich zusammen. Massive Steinkapitelle wurden von den Säulen gestürzt und brachten Dächer zum Einsturz. Die Säulen stürzten zu Boden, zerbrachen und blockierten so die Strassen. Fahrbahnen sackten ein, und Gebäude brachen zusammen. Die Zerstörung war so gross, dass die Überlebenden einfach wegzogen, anstatt zu versuchen, die Stadt wiederaufzubauen. Im Laufe der Jahrhunderte wurde das Gelände mit Erde bedeckt, die vom Regen herangespült oder vom Wind hineingeweht wurde. Die einst prächtige Stadt war begraben, bis auf die Ruinen des antiken Theaters und den Hügel selbst, auf dem die ursprüngliche Stadt einst stand.

DIE TOILETTEN DES ALTERTUMS

Heute erwachen die Überreste von Bet Sche'an wieder zum Leben, dank der Arbeit der Archäologen, die dort seit mehr als vier Jahrzehnten Ausgrabungen durchführen. Das Theater war das erste grosse Bauwerk, das restauriert wurde, es folgten die antike Turnhalle/Badelandschaft, das Amphitheater und der Cardo Maximus und Decumanus Maximus – die beiden Hauptverkehrsadern der antiken Stadt.

Und die öffentlichen Toiletten sind auch wieder da!

Diese Entdeckung hat mich fasziniert, da ich stets versuche, die praktische Seite dieser Sehenswürdigkeiten des Altertums zu bedenken. Die Leute reisen gerne mit mir, weil ich Themen wie die nächste Toilettenpause der Reisegruppe im Blick behalte. Wir wollen vielleicht nicht darüber reden, aber seien wir mal ehrlich. Solche Fragen sind *sehr* wichtig für jemanden, der in einer ansonsten unbekannten Gegend unterwegs ist. Und das musste auch in der Vergangenheit der Fall gewesen sein. Also frage ich mich an verschiedenen Schauplätzen: «Wie haben die Menschen damals solche praktischen Dinge geregelt?» Ich habe die öffentlichen Toiletten in uralten Städten wie Ephesus, Korinth und Philippi gesehen. Ich habe auch private Toiletten in Ephesus und in der Davidsstadt gesehen. Die öffentlichen Toiletten in Bet Sche'an ähneln denen in Ephesus, und ich nehme unsere Reisegruppe – oder zumindest die, die sich für solche Dinge interessieren – gerne mit auf einen kurzen Rundgang durch diese antiken Klos.

Drei Details fallen auf, wenn man die antiken öffentlichen Toiletten in Bet Sche'an besucht. Das erste Detail ist die Aufmerksamkeit des Architekten für praktische Belange. Die Römer bauten die Toiletten an drei Aussenwänden des Gebäudes. Der Bereich über den Toiletten war überdacht und bot den Besuchern an regnerischen Tagen Schutz. Aber das Gebäude hatte auch einen offenen Innenhof, der frische Luft ins Innere liess.

Die öffentlichen Toiletten des Altertums

Das zweite Detail, das auffällt, sind die Abwasseranlagen. Die Römer entwarfen das Bauwerk so, dass Fliesswasser unter die Sitze floss, um die menschlichen Ausscheidungen wegzuspülen. Sie stellten auch einen kleinen Trog neben die Füsse, um fliessendes Wasser aufzufangen, das für die anschliessende Reinigung verwendet werden konnte – höchstwahrscheinlich mit einem Stock und einem daran befestigten Schwamm.

Das dritte Detail und vielleicht das schockierendste für diejenigen, die aus dem Westen kommen, ist die plötzliche Erkenntnis, dass die gesamte Einrichtung geschlechtsneutral und ziemlich intim war – fast bis zu dem Punkt, dass man «Backe an Backe» sass. Offensichtlich hielten die Römer die Toiletten für einen Ort der sozialen Interaktion. Freilich trugen sie auch knielange Tuniken oder Togas und darüber einen Umhang, sodass ein gewisses Mass an Sittsamkeit gewahrt blieb. Aber private Kabinen gab es in diesen öffentlichen Toiletten nicht.

Ich habe viele Gruppenfotos gesehen, die in den alten Toiletten von Bet Sche'an aufgenommen wurden. Ich habe peinlich darauf geachtet, nicht selbst für eines zu posieren!

Schild am Eingang zum alttestamentlichen Jericho

KAPITEL 21

JERICHO:
Von Rahab bis Zachäus

Ich liebe Jericho, aber wahrscheinlich aus den völlig falschen Gründen.

Meine Lieblingsmahlzeit auf der gesamten Reise gibt es im Restaurant *Mount of Temptation* (dt. «Berg der Versuchung»), das etwas ausserhalb des alttestamentlichen Jericho liegt. Diejenigen, die im Hauptspeisesaal gegessen haben, sind da vielleicht anderer Meinung. Das Restaurant hat ein nettes Buffet, aber das zählt kaum zu den «Lieblingsmahlzeiten» des durchschnittlichen Touristen. Tja, aber das liegt daran, dass die Touristen nicht mit dem Busfahrer und dem Reiseleiter essen!

Sehen Sie, es gibt zwei verschiedene Essbereiche in dem Restaurant. Die Touristen werden in den ersten Stock geführt, wo es mehrere Buffetwarteschlangen und einen grossen Essbereich gibt. In der Zwischenzeit gehen die Reiseleiter und Fahrer in einen kleineren Essbereich im Erdgeschoss. Dort ist Walid zuständig. Walid folgt dem arabischen Brauch, Gästen gegenüber grosse Gastfreundschaft zu üben. Und mit Gastfreundschaft meine ich mehrere Gänge der wunderbaren arabischen Küche. Eine grosse Auswahl an Salaten mit Hummus, Falafel, Tahina und frischem Pita. Aber essen Sie sich nicht an den Salaten satt, denn es folgen saftige Lammkoteletts, Spiesse, Brathähnchen und Berge von Pommes frites ...

alles serviert mit frisch gepresster Limonade und alkoholfreien Getränken Ihrer Wahl. Und wenn Sie denken, dass es endlich vorbei ist, kommen der arabische Kaffee und warme *Kanafeh*. Sie können meine Tasse Kaffee haben, aber versuchen Sie nicht, sich an meiner Kanafeh zu vergreifen. Walid weiss, wie sehr ich sie liebe, also gibt er mir normalerweise ein grosses Stück davon.

Die Reisegruppe dort oben weiss wirklich nicht, was sie verpasst, und das ist wahrscheinlich auch gut so. Einmal war ich jedoch unten, während unsere Gruppe oben gegessen hat. Das untere Restaurant befand sich in einem anderen Bereich, mit einem kleinen Fenster in der Nähe der Decke, das den Blick auf den Sitzbereich im ersten Stock freigab. Während ich Walids üppiges Festmahl genoss, blickte ich auf und sah, wie einer unserer Gäste durch die Öffnung auf unseren Tisch und das ganze Essen blickte. Das Gleichnis Jesu vom reichen Mann und Lazarus kam mir schlagartig in den Sinn, als der Gast mit sehnsüchtigen Augen über die «grosse Kluft» blickte, um das Essen anzuschauen, das ich in Abrahams – oder Walids – Schoss genoss!

Problematisch ist am Mittagessen im Restaurant *Mount of Temptation* nur, dass es viel zu schnell vorbeigeht, und danach wandert man in der Hitze des Tages hinaus auf das Gelände des alttestamentlichen Jericho. Und auf den ersten Blick sieht Tell es-Sultan – das alttestamentliche Jericho – kaum beeindruckend aus. Tatsächlich sieht es eher aus wie mehrere grosse Haufen abgeladener Erde. Jericho spielt eine so überdimensionale Rolle in der Geschichte von Israels Einzug ins Land, dass Reisende unbewusst erwarten, Ruinen einer riesigen Stadt zu sehen. Die meisten sind enttäuscht, wenn sie zum ersten Mal das Gelände des alten Jericho betreten.

Blick hinunter auf den neolithischen Turm

Das beeindruckendste greifbare Überbleibsel ist ein neolithischer Turm, der von Kathleen Kenyon bei ihren Ausgrabungen in den 1950er-Jahren freigelegt wurde. Der Blick hinab auf den Turm erinnert uns daran, dass der Ort im Laufe der Jahrtausende erbaut worden ist. Die Gebäude jeder neuen Ära wurden auf den vorherigen zerstörten Schichten errichtet. Und die meisten Gebäude, abgesehen von diesem Turm, waren aus Lehmziegeln gebaut. Die meisten dieser Ziegel sind vor langer Zeit wieder zerfallen, sodass es praktisch unmöglich ist, sich die Gebäudeform dessen vorzustellen, was dort früher existierte.

Der Berg der Versuchung vom alttestamentlichen Jericho aus betrachtet

Es sind nicht die greifbaren Ruinen, die Jericho seine Bedeutung verleihen. Es war die strategische Lage der Stadt, die sie so wichtig machte. Und deshalb begeben wir uns zunächst zu einer hoch gelegenen Aussichtsplattform. Drehen Sie sich, während Sie verschnaufen, nach Westen, und sehen Sie sich den hohen Berg an. Das ist, der Tradition gemäss, der Berg der Versuchung, auf dem Jesus in der Wüste versucht wurde. Wurde er genau an dieser Stelle versucht? Wahrscheinlich nicht. Aber gleich oberhalb dieses Berges beginnt die judäische Wüste, und das *ist* tatsächlich der Ort, an dem Jesus versucht wurde. Vom höchsten Punkt Jerichos aus haben wir einen Panoramablick, der sich vom Berg der Versuchung nach Norden in Richtung Gilgal, nach Osten über das Jordantal zu den Ebenen von Moab, nach Süden zum Toten Meer und dann nach Südwesten zur Strasse erstreckt, die am neutestamentlichen Jericho vorbei nach Jerusalem führt. Und die Oase von Jericho liegt direkt neben uns. Jericho kann immer noch «die Palmenstadt» genannt werden, wie es in Richter 3,13 heisst.

Aber Jericho war nicht nur wegen seiner Lage wichtig. Die Bedeutung des Ortes geht auch auf die Menschen zurück, die hier die Bühne der biblischen Geschichte betreten haben. Wenn diese Menschen nun dort gelebt hätten, wo ich aufgewachsen bin, hätten sie alle Spitznamen bekommen. Einige in meinem Heimatort waren für das bekannt, womit sie ihren Lebensunterhalt verdienten. Dick der Postbote hat unsere Post zugestellt. Er ging in unsere Kirchengemeinde, aber als Kind kannte ich seinen Nachnamen nicht. Er war einfach Dick der Postbote. Dann war da noch Joe der Friseur. Das war sein Name. Er liess ihn sogar auf seinem Grabstein eingravieren! Andere bekamen einen Spitznamen, der auf einem körperlichen Merkmal beruhte. Die Mutter eines meiner engen Freunde war «Shorty» (dt. «Kurze»). Und wieder andere hatten Spitznamen, die sich dem Verständnis entziehen. Der Vater eines anderen Freundes wurde zum Beispiel einfach «Snipe» (dt. «Schuss») genannt. Spitznamen sind heute nicht mehr so gebräuchlich, aber sie können uns helfen, eine Verbindung zu einigen der unvergesslichen Figuren herzustellen, die in Jericho lebten.

RAHAB DIE HURE

Die erste Person, die wir kennenlernen müssen, ist Rahab. Aber wenn Sie ihren Namen sagen, was kommt Ihnen dann als Erstes in den Sinn? Wenn Sie die Bibel kennen, ist das nächste Wort, das aus Ihrem Mund kommt, ihr Beruf – Prostituierte oder Hure. Rahab wird in der Bibel achtmal namentlich erwähnt, und fünfmal davon wird das Wort «Prostituierte» oder «Hure» angehängt. Sie wird in vier verschiedenen Büchern der Bibel erwähnt (Josua, Matthäus, Hebräerbrief und Jakobusbrief), und Matthäus ist das einzige Buch, in dem das Wort «Hure» nicht vorkommt.

Es ist eine Sache, als Dick der Postbote oder Joe der Friseur bekannt zu sein. Das sind ehrenwerte Berufe. Aber wie würden Sie es finden, wenn Ihr Leben lang jeder Ihrem Namen das Wort «Prostituierte» anhängt? Um es milde auszudrücken: Rahab war eine Frau mit einer Last. Betrachten

Sie all die Nachteile, die sie zu ertragen hatte. Sie war eine Kanaaniterin, keine Israelitin. Sie war eine Frau in einer Gesellschaft, die Frauen oft mehr als Besitz denn als Menschen betrachtete. Und ... sie war eine Prostituierte. Sie hat ihren Körper für das Vergnügen anderer verkauft.

Aber die Umstände bestimmen nicht das Schicksal. Eines zeichnete Rahab aus. Und das finden wir in den Worten, die sie zu den Spionen sprach, die zu ihr nach Jericho kamen.

> Ich weiss, dass der HERR euch das Land gegeben hat; denn es hat uns Furcht vor euch überfallen, und alle Einwohner des Landes sind vor euch verzagt. Denn wir haben gehört, wie der HERR das Wasser des Schilfmeeres vor euch ausgetrocknet hat, als ihr aus Ägypten gezogen seid, und was ihr den beiden Königen der Amoriter, Sihon und Og, jenseits des Jordan, getan habt, an denen ihr den Bann vollstreckt habt. Und als wir dies hörten, da wurde unser Herz verzagt, und es ist kein rechter Mut mehr in irgendjemand vor euch; denn der HERR, euer Gott, ist Gott oben im Himmel und unten auf Erden! (Jos 2,9-11)

Wie konnte Rahab das wissen? Sie hatte keinen Zugang zu den fünf Büchern Mose, dem einzigen Teil der Bibel, der zu diesem Zeitpunkt geschrieben war, wie konnte sie also etwas über den Gott Israels wissen? Wahrscheinlich tauschten Reisende, die durch Jericho zogen und ihre Dienste in Anspruch nahmen, Neuigkeiten und Klatsch über die Geschehnisse in der Region aus, einschliesslich Berichten über eine Gruppe von Menschen ... und über den Gott, dem sie dienten ... und über die Dinge, die dieser Gott getan hatte. Rahab wusste nicht viel, aber sie glaubte – und handelte nach – der Wahrheit, die sie gehört hatte. Rahab war bereit, ihr Leben und das Leben ihrer Lieben einem Versprechen anzuvertrauen, das ihr im Namen des Gottes Israels gegeben wurde – einem Gott, von dem sie nur von anderen gehört hatte.

Rahab wusste nicht viel, aber sie glaubte – und handelte nach – der Wahrheit, die sie gehört hatte.

Rahabs Glaube hat ihr Leib und Leben gerettet, aber er hat noch so viel mehr bewirkt. Weil sie bereit war, ihr Leben zu riskieren, um die beiden Spione zu schützen, wurde diese kanaanitische Hure trotz ihrer Vorgeschichte von den Israeliten akzeptiert. Sie hörte auf, ein blosses Objekt zu sein, und wurde zu Salmons geliebter Ehefrau. Und Salmon war kein Tölpel, der kein anständiges Mädchen zur Frau bekommen konnte. Sein Vater war Nachschon, der zufällig der Anführer des Stammes Juda war (4Mo 2,3; 1Chr 2,10-11). Tatsächlich beauftragte Mose Nachschon mit der Organisation der Krieger aus dem Stamm Juda (4Mo 10,14). Es ist sogar möglich, dass Salmon einer der beiden Spione war, die von Josua auf die gewagte Mission nach Jericho geschickt wurden.

Rahab brachte einen Erben zur Welt, der eine wichtige Rolle bei der Umwandlung Israels in eine Nation spielen sollte. Sein Name war Boas. Und letzten Endes wurde Rahab durch diesen Sohn zu einem Glied in der Kette, die zu David und zu Jesus führte.

Und doch ist die Geschichte von Rahab noch nicht beendet. Im Neuen Testament verweisen die Verfasser des Hebräerbriefs und des Jakobusbriefs auf Rahab als leuchtendes Beispiel für den Glauben. Tatsächlich ist Rahab eine von nur zwei Frauen, die in der Wolke von Zeugen in Hebräer 11 namentlich genannt werden. Diese Frau, die als Prostituierte anfing, endete als Mutter im Stammbaum der Könige. Und der Wendepunkt kam, als sie beschloss, Gott ihr Leben anzuvertrauen. Rahab veranschaulicht die Wahrheit, dass es keine Rolle spielt, woher Sie kommen oder was Sie getan haben. Gott ist unendlich viel mehr daran interessiert, wer Sie sind – und wohin Sie gehen. Rahab ist eine Erinnerung daran, was Gott mit und durch einen Menschen tun kann, der bereit ist, an ihn zu glauben.

SHORTY DER STEUEREINTREIBER

Wenn wir in den Bus einsteigen und durch die Oase von Jericho fahren, müssen wir noch zwei weitere Stopps einlegen. Der Nächste ist an einem grossen Baum mit einem weiss getünchten Stamm. Der Baum ist ein Maulbeerfeigenbaum, und er erinnert uns an die Geschichte vom «sehr kleinen Mann» aus Jericho, der «auf einen Maulbeerbaum»[27] stieg, um Jesus zu sehen. Der Name des Mannes war Zachäus, und wenn er in meiner Heimatstadt gelebt hätte, würde man ihn Shorty (dt. «Kurzer; Knirps») genannt haben.

Maulbeerfeigenbaum in Jericho

Der Baum vor uns ist nicht der Baum, auf den Zachäus geklettert ist, auch wenn manche Reiseleiter Ihnen das weismachen wollen. Der Maulbeerfeigenbaum (lat. *Ficus sycomorus*) unterscheidet sich stark von einer typischen amerikanischen Platane (engl. *American sycamore*). Die Maulbeerfeigenbäume, die in Israel wachsen, sind ziemlich hoch und tragen kleine, feigenähnliche Früchte, die am Stamm und an den Ästen wachsen. Der Baum hat auch viel Laub, das jeden verstecken könnte, der darauf Ausschau halten, aber nicht selbst gesehen werden wollte. Jemand wie unser Steuereintreiber namens Shorty.

27 Anm. d. Übs.: Zitiert wird im Englischen wie hier im Deutschen das Zachäus-Kinderlied, nicht der Bibeltext.

Die Leute mögen sich heute über das Finanzamt beschweren, aber es gibt kaum Gemeinsames zwischen Zachäus und jemandem, der heutzutage für das Finanzamt arbeitet. Zachäus arbeitete für Rom, die ausländische Besatzungsmacht. Die Steuereintreiber waren in der Regel wohlhabende Privatpersonen, die sich das Recht erkauften, die Steuern einzutreiben. Diese Befugnis erlaubte es ihnen, zusätzliche Gelder für sich selbst zu erpressen – das Äquivalent eines gesetzlich sanktionierten Raubes. Zachäus war ein reicher Mann, aber zumindest einen Teil seines Reichtums verdankte er der Zusammenarbeit mit den Römern gegen sein eigenes Volk.

Stellen Sie sich die Überraschung von Zachäus vor, als Jesus die Stelle erreichte, an der er hockte, stehen blieb, aufblickte und sagte: «Zachäus, steige schnell herab; denn heute muss ich in deinem Haus einkehren!» (Lk 19,5). Nach dieser Begegnung mag Zachäus körperlich ein «sehr kleiner Mann» geblieben sein, aber Gott verwandelte ihn in einen geistlichen Riesen unter den Bewohnern von Jericho.

BART DER BLINDE

Es ist Zeit, wieder in den Bus zu steigen und zu unserem letzten Halt in Jericho zu fahren – dem neutestamentlichen Jericho.

Jericho war das Palm Springs des Reiches von Herodes dem Grossen – ein Ort der Wärme, der Sonne und der süssen Früchte von den vielen Dattelpalmen, die dort wuchsen. Aber Herodes hatte ein Problem. Die ursprüngliche Stadt hatte eine grosse jüdische Bevölkerung, und Herodes hatte ein ziemlich angespanntes Verhältnis zu diesen Untertanen, die er regierte. Die Lage war grossartig ... aber die Nachbarn konnten unangenehm werden. Also dachte sich Herodes eine geniale Lösung aus. Er baute eine neue Stadt – das römische Verwaltungszentrum Jericho.

Jericho war das Palm Springs des Reiches von Herodes dem Grossen.

Diesem neuen Jericho fehlte die Wasserversorgung der ursprünglichen Stadt, also baute Herodes ein Aquädukt, um Wasser von einer Quelle in der Judäischen Wüste zu holen, die mehrere Kilometer entfernt lag. Er baute sich einen Palast über dem Flussbett am Rande der Berge. Zu seinem Palastkomplex gehörte auch ein Schwimmbad, in dem Herodes später seinen eigenen Schwager ermordete, den er als Bedrohung für seine Herrschaft ansah. Und genau über dem gesamten Komplex befand sich die Burg Kypros, ein gut verteidigter Zufluchtsort, falls sich Herodes jemals von seinen Untertanen in der Nähe bedroht fühlen sollte.

Das Schwimmbad im neutestamentlichen «römischen» Jericho

Wie Minneapolis und St. Paul oder Dallas und Fort Worth waren die beiden Städte von Jericho voneinander getrennt und doch untrennbar miteinander verbunden. Und wenn man diese Tatsache kennt, ergibt die

Geschichte von der Begegnung Jesu mit Bart dem Blinden mehr Sinn. Matthäus berichtet, das Wunder geschah, als Jesus und seine Jünger «von Jericho auszogen» (Mt 20,29), aber in Markus und Lukas steht, das Wunder geschah, als Jesus «nach Jericho» kommt oder «sich Jericho näherte» (Mk 10,46; Lk 18,35). Diese scheinbare Diskrepanz lässt sich leicht erklären. Matthäus schrieb seinen Bericht für ein jüdisches Publikum und erklärte ihnen, dass sich das Wunder ereignete, als Jesus auf dem Weg *heraus aus* dem jüdischen Bereich von Jericho war. Markus und Lukas schrieben an ein heidnisches Publikum und beschrieben das Wunder aus der Perspektive Jesu, als er sich dem römischen Bereich von Jericho «näherte». Ein richtiges Verständnis der Geografie – und des spezifischen Zwecks und der Zielgruppe eines jeden Verfassers – lässt die angeblichen Schwierigkeiten verschwinden.

Aber zurück zu der Geschichte von Bart dem Blinden.

Barts offizieller Name war Bartimäus, was «Sohn des Timäus» bedeutet. Der Name scheint perfekt zu seinem Standort zu passen. Er ist eine Mischung aus dem aramäischen Wort *bar*, das «Sohn» bedeutet, und dem griechischen Wort *timaios*, das «ehrenhaft» bedeutet. Er war ein Mann mit einem aus jüdischem und heidnischem Bestandteil zusammengesetzten Namen, der an einer Strasse sass, die Städte mit getrennten jüdischen und römischen Kulturen verband. Aber wo ich aufgewachsen bin, hätte man ihn einfach Bart der Blinde genannt.

Obwohl sein voller Name «Sohn der Ehre» bedeutete, war Barts Leben bei seiner Geburt weit hinter den Hoffnungen seiner Eltern zurückgeblieben. Er war auf den niedrigsten Stand der Gesellschaft herabgestuft worden und sass «am Weg und bettelte» (Lk 18,35). Bart hörte, wie sich eine grosse Menschenmenge in Gang setzte, als sie das alttestamentliche Jericho verliess und sich auf den Weg ins neutestamentliche Jericho und in Richtung der Strasse machte, die nach Jerusalem führte. Während die meisten Bettler die Gelegenheit genutzt hätten, allen Vorübergehenden zuzurufen, konzentrierte sich Bartimäus mit der Präzision eines Laserstrahls auf eine bestimmte Person in der Menge. «Jesus, du Sohn Davids, erbarme dich über mich!» (Lk 18,38).

Woher wusste er, dass er sich auf Jesus ausrichten musste? Markus berichtet, wie man ihm mitteilte, «dass Jesus, der Nazarener» vorbeikommen würde (Mk 10,47). Und es ist wahrscheinlich, dass er Geschichten über Jesu Wunder und vielleicht auch über seine Lehre gehört hatte. Aber die Worte von Bart dem Blinden – und seine Hartnäckigkeit – verraten uns, dass er eine tiefere Einsicht in Jesus hatte als die meisten der Menschen in der Menge. Er erkannte, dass Jesus der «Sohn Davids» war. Dies ist mehr als nur ein genealogischer Hinweis darauf, dass Jesus aus dem Stamm Juda stammt. Er erkannte an, dass Jesus der Messias war. Mit vollem geistlichem Scharfblick rief Bart der Blinde: «Jesus, du bist der Messias!»

Sein zweiter Satz fasste das Wesentliche dessen zusammen, was er von seinem Messias wollte. «Erbarme dich über mich!» Es ist fast sicher, dass das Wort, das er rief, von dem hebräischen Wort *chesed* stammt, ein Wort, das «unverdiente Gunst» oder «treue Liebe» bedeutet. Er bat Jesus, seine gnädige Hilfe jemandem zukommen zu lassen, der nichts von Wert besass, um sie zu rechtfertigen. Eine solche Barmherzigkeit basiert auf der innewohnenden Güte desjenigen, der die Hilfe gibt, und nicht auf der Würdigkeit desjenigen, der sie erhält.

Die Menge wies Bart zurecht und sagte ihm, er solle still sein, aber er schrie nur noch mehr. Und da hielt Jesus an und rief ihn zu sich. «Was willst du, dass ich dir tun soll?», fragte Jesus. «Herr, dass ich sehend werde!», lautete seine einfache Antwort. Und dann verkündete Jesus: «Sei sehend! Dein Glaube hat dich gerettet» (Mk 10,51-52). Bart der Blinde war nicht mehr blind.

Die judäische Wüste im Frühling

KAPITEL 22

DIE JUDÄISCHE WÜSTE:

Mein liebster Ort in ganz Israel!

Heute fahren Busse auf einer modernen Autobahn von Jericho in die judäische Wüste. Aber vor Jahren hatten Reisende zwei Möglichkeiten – beide waren schwierig. Die Erste war die Hauptstrasse vom Toten Meer nach Jerusalem. Es war eine zweispurige Strasse, die sich durch die Hügel und Täler der Wildnis wand. Lange Kolonnen von Autos und Bussen schleppten sich die Strasse hinauf, hinter voll beladenen Lastwagen, die im niedrigen Gang vor sich hin schlichen. Die zweite Strasse führte von Herodes' Palast im neutestamentlichen Jericho zu einem Aussichtspunkt in der Nähe des St.-Georg-Klosters im Wadi Qilt. Diese schmale, unbefestigte Strasse war in die Hügel am Rande einer immer steiler werdenden Schlucht hineinplaniert worden. Da sich die Vorderräder des Reisebusses hinter dem Fahrer befinden, hatten diejenigen, die vorn sassen, das Gefühl, der Bus würde bei jeder Haarnadelkurve über den Rand der Klippe fahren.

Ich liebte es, diese zweite Strasse mit demselben Fahrer zu befahren, mit dem ich seit über fünfundzwanzig Jahren unterwegs bin. Er wartete stets, bis jemand anmerkte, wie furchtbar die Fahrt für Menschen mit Höhenangst sei. Dann rief er: «Wenn Sie Angst haben, machen Sie es genauso wie ich. Schliessen Sie Ihre Augen!»

Viele Jahre lang war die Strasse gesperrt. Es waren Felsbrocken quer über die Strasse verteilt worden, um potenzielle Terroristen daran zu hindern, nach Jerusalem hineinzufahren. Nun verpasste ich die atemberaubende Aussicht auf die Schlucht unter uns, aber ich vermute, dass dafür diejenigen mit Höhenangst froh waren, auf der modernen Autobahn zu fahren. Aber egal, welchen Weg Sie in die judäische Wüste nehmen, das Ziel ist es wert. Die judäische Wüste ist aus mehreren Gründen mein Lieblingsort in Israel. Erstens hat sie sich im Laufe der Jahrhunderte nicht wirklich verändert. Wenn man auf die einsamen Hügel blickt, kann man sich Abraham mit seinen Herden vorstellen, oder den jungen Hirten David mit seinen Schafen, oder Jesus, der vom Satan versucht wird zu bewirken, «dass diese Steine Brot werden» (Mt 4,3).

Ich mag die judäische Wüste auch deshalb, weil sie eine gute visuelle Veranschaulichung der Rolle ist, die die Wüste in der Bibel spielt. Die Wüste war immer ein Ort der Prüfung. Aber es war auch der Ort, an dem Gott immer wieder bewies, dass seine Gnade genügte. Ob es nun darum ging, ein hungriges Volk mit Manna zu versorgen, oder David bekräftigen zu lassen: «Der HERR ist mein Hirte; mir wird nichts mangeln» (Ps 23,1): Gott zeigte seine grosse Macht während dieser Erfahrungen in der Wüste.

WANDERUNG DURCH DIE WILDNIS

Ein dritter Grund, warum ich die judäische Wüste mag, ist, dass ich auf meiner allerersten Reise nach Israel zwischen Jerusalem und Jericho durch sie hindurchwandern durfte. Wir fuhren von Jerusalem zu einer Quelle namens Ein Fawwar, bevor wir unsere achtstündige Wanderung begannen. Der Tag war in drei Abschnitte unterteilt: a) Wanderung entlang des Talbodens, b) Wanderung auf dem Rand eines Aquädukts, das Wasser nach Jericho führte, und c) Wanderung auf einem Pfad, Hunderte

Meter über dem Boden der Schlucht. Es war ein glühend heisser Tag, und bevor wir die Hälfte der Wanderung hinter uns bringen konnten, hatte ich meine beiden Feldflaschen geleert. Und danach bekam ich die israelische Version von Montezumas Rache ... mitten im Nirgendwo. So grausig das auch klingen mag, es hat mir ein sehr tief empfundenes Gefühl der Wertschätzung für Mose, David, Jesus und alle anderen in der Bibel gegeben, die Zeit in der Wüste verbracht haben.

Ich möchte Sie auf eine Reise durch die judäische Wüste mitnehmen. Und ich verspreche Ihnen, dass Sie auf dieser Wanderung nicht von Montezumas Rache heimgesucht werden! Unsere Reise beginnt tatsächlich im Buch Prediger.

DIE SICH WINDENDEN HÜGEL DER JUDÄISCHEN WÜSTE

Im Predigerbuch schrieb ein älterer, aber weiserer König Salomo über das Leben in seiner harschen, ungeschminkten Realität. In einer besonders tiefgründigen Betrachtung schrieb er: «Krumme Sachen kann man nicht gerade machen» (Pred 1,15). Ob es sich um eine aufgebogene Büroklammer oder den verbeulten Kotflügel eines Autos handelt, etwas, das verwunden und verformt wurde, kann nicht vollständig in seine ursprüngliche Form zurückgebracht werden. Man kann dem nahekommen, aber es nicht erreichen.

Was für Büroklammern gilt, gilt auch für das Leben. Die Unschuld der Jugend verblasst, und die harte Realität des Lebens scheint diejenigen, die ihrem unerbittlichen Druck ausgesetzt sind, zu verhärten, zu verbrennen und zu vernarben. Schlechte Entscheidungen bestimmen das Schicksal und die Richtung. Die Abgründe und Täler des Zorns, der Depression, der Enttäuschung und der Einsamkeit graben sich ihren Weg in die Seele eines Menschen und hinterlassen ihn oder sie gezeichnet fürs Leben. Zumindest scheint es so.

Gruppenwanderung durch die judäische Wüste

So muss sich das Volk von Juda vor fünfundzwanzig Jahrhunderten gefühlt haben. Ihre Ablehnung Gottes, ihr Streben nach Vergnügen und ihre gefühllose Missachtung der Bedürfnisse anderer haben tiefe Narben in der Nation hinterlassen. Diese selbstsüchtigen, sündigen Entscheidungen haben sie letztlich alles gekostet, was ihnen im Leben wichtig war. Die Babylonier fielen in Juda ein, eroberten, plünderten und zerstörten Jerusalem und töteten oder verschleppten die Bewohner des Landes ins Exil.

Erst als es zu spät war, erkannten die Menschen die schrecklichen Folgen ihres Handelns. Schmerz, Angst, Leid, Einsamkeit, Depression und Hoffnungslosigkeit gruben sich tief in ihre Seelen. Sie fühlten sich gefangen und ohne Hoffnung auf ein Entrinnen – ihr Leben war so vernarbt wie die gewundenen Täler, die die judäische Wüste durchschnitten.

Dieses raue Land enthielt Gottes Botschaft der Hoffnung für sein Volk in einer Zeit der verzweifelten Not.

Und doch lag Gottes Antwort auf Judas Gefühlen der Entmutigung gleich hinter dem Gipfel des Ölbergs in eben jenen kargen Hügeln. Dieses raue Land – geprägt von tiefen, sich schlängelnden Tälern, zerklüfteten Klippen und hohen Hügeln, durchzogen von messerscharfem Feuerstein – enthielt Gottes Botschaft der Hoffnung für sein Volk in einer Zeit der verzweifelten Not.

«Jedes Tal soll erhöht und jeder Berg und Hügel erniedrigt werden» (Jes 40,4)

Stellen Sie sich vor, welche Wirkung die Worte aus Jesaja 40,4 auf diejenigen hatten, die in Depressionen lebten und keine Hoffnung sahen. «Jedes Tal soll erhöht und jeder Berg und Hügel erniedrigt werden; was uneben ist, soll gerade werden, und was hügelig ist, zur Ebene!» Der Gott der Unmöglichkeiten war im Begriff, die judäische Wüste als Lehrbeispiel für das Volk von Juda zu verwenden.

Jesaja beschrieb einen Tag, an dem Gott Traurigkeit in Trost verwandeln würde ... Gram in Glück ... Frust in Freude. Was dauerhaft zu sein schien, war für einen allmächtigen Gott nur kurzfristig. Jesaja sprach nicht nur von diesen sichtbaren Hügeln und Tälern. Der Gott, der die Verwüstungen der Natur rückgängig machen kann, ist der Gott, der auch die emotionalen Narben im Herzen eines Menschen heilen kann.

Jesaja verkündete unerschrocken, dass sich Gott nichts in den Weg stellen kann, wenn er zur Rettung seines Volkes kommt. Was für uns ein Hindernis zu sein scheint, ist für ihn kein Problem. Gott ist darauf spezialisiert, *jedes* Tal aufzufüllen und *jeden* Berg abzutragen, auch solche, die so mächtig oder dauerhaft zu sein scheinen, dass wir nicht einmal ansatzweise in der Lage sind, uns vorzustellen, wie sie überwunden werden können.

Der Prophet blickte über die kurzfristigen Schwierigkeiten Judas hinaus und sah den endgültigen Triumph Gottes. «Und die Herrlichkeit des HERRN wird sich offenbaren, und alles Fleisch miteinander wird sie sehen; denn der Mund des HERRN hat es geredet» (Jes 40,5). Gott hatte sein Volk nicht aufgegeben. Seine kommende Befreiung war gewiss, denn Gott selbst war derjenige, der das Versprechen gab.

DIE HIRTIN UND PSALM 23

Wie ich bereits erzählte, war eines meiner grössten Abenteuer in Israel eine ganztägige Wanderung durch die judäische Wüste. Nach etwa einer Stunde Fahrt kamen wir um eine Biegung in der Schlucht und trafen auf eine Hirtin, die eine kleine Ziegenherde hütete. Sie hatte sich so positioniert, dass sie auf dem Weg durch das Tal ein wachsames Auge auf ihre weidende Herde werfen konnte.

Diese junge Hirtin erinnerte mich an David, der vor dreitausend Jahren in der gleichen Gegend über seine Herde wachte. Vor seinem Aufstieg zum König von Israel, vor seinem Sieg über Goliath, vor seinem Auftritt am Hof von König Saul als Musiker ... vor alledem war es Davids Aufgabe, die Herde seines Vaters in der judäischen Wüste zu hüten. *Hier* erlernte er den Umgang mit der Schleuder, und hier verfeinerte er wahrscheinlich auch seine musikalischen Fähigkeiten und komponierte Lieder, die später ihren Weg in das Buch der Psalmen fanden.

Eine Hirtin mit ihrer Herde in der Wüste

Wir wissen nicht sicher, wann David den Psalm 23 geschrieben hat, aber die ersten vier Verse stammen aus seiner Erfahrung als Hirte. Man kann fast das Blöken der Herde im Hintergrund hören, wenn David uns in die raue judäische Wüste mitnimmt, um uns die Lektionen mitzuteilen, die er während seiner Zeit der Einsamkeit über Gott gelernt hat.

«Der HERR ist mein Hirte; mir wird nichts mangeln» (Ps 23,1). Das Wort für Hirte kommt von einer Wurzel, die «auf etwas achten» oder «über etwas wachen» bedeutet. Ein Hirte «wachte» über die Herde unter seiner Obhut. David begann damit, dass er bestätigte, dass Gott der Hirte ist, der über ihn wacht. Und mit Gott als Hirte wird die Herde alles haben, was sie zum Gedeihen benötigt.

Ich weiss noch, wie verwirrt ich war, als ich als Kind Psalm 23 auswendig lernte. «Der HERR ist mein Hirte; ich werde es nicht wollen» (engl. «I shall not want»). Aber warum sollte ich nicht *wollen*, dass Gott mein Hirte ist, dachte ich. Später lernte ich, dass das Wort «wollen» (engl. «want») in der King-James-Übersetzung der Bibel eigentlich «Mangel leiden» bedeutet. Die Aufgabe des Hirten war es, dafür zu sorgen, dass die Herde genügend Gras und Wasser hatte. Da *Gott* derjenige ist, der über mich wacht, kann ich darauf vertrauen, dass er meine Bedürfnisse erfüllt.

David illustrierte seine Aussage mit zwei Wortbildern, die auf seine Zeit zurückblicken, als er die Herde hütete. Wie sorgt ein Hirte für seine Schafe? Erstens: «Er weidet mich auf grünen Auen» (Ps 23,2), ein Bild für das frische Gras, das nach dem Winterregen spriesst. Es hat kräftige Halme, ist saftig und zart ... das beste Futter für die Herde.

Eine Quelle, die aus dem Felsen in der Wüste sprudelt

Sein zweites Wortbild stammt von den Wasserquellen, die an etlichen Stellen in der Wüste zu finden sind. Er «führt mich zu stillen Wassern» (Ps 23,2). Solche Quellen und Bäche gibt es nicht viele in der Wüste, aber der kundige Hirte wusste, wo sie sich befanden. Wir stellen uns diese als Teiche vor, in denen sich das Wasser kaum bewegte, aber das ist nicht ganz das, was David schreibt. Es sind nicht «stille Wasser», sondern «Wasser der Ruhe». Er stellt sich Gewässer vor, die beruhigend und erholsam sind, an denen die Herde in aller Ruhe trinken kann, ohne Angst vor wilden Tieren, die in der Nähe lauern könnten.

Was passiert also, wenn der gute Hirte seine Herde zu Hügeln führt, auf denen zartes Gras spriesst, und zu erholsamen Wasserquellen? «Er erquickt meine Seele» (Ps 23,3). Die Herde wird *genährt* und *erfrischt*. Die Hungrigen werden gesättigt, und die Durstigen werden belebt.

David fügt dann hinzu: «er führt mich auf rechter Strasse um seines Namens willen» (Ps 23,3). Gottes Wege sind gut, weil Gott selbst gut ist. Auch wenn wir vielleicht nicht alles verstehen, was in unserem Leben geschieht, können wir darauf vertrauen, dass der Weg, auf den er uns führt, der richtige ist, denn es geht um Gottes Namen – also um seinen Ruf –, der auf dem Spiel steht.

Der gute Hirte nährt und erhält die Herde unter seiner Obhut. Aber seine Rolle umfasst mehr als nur die Versorgung der *leiblichen* Bedürfnisse der Herde. Von ihm wird auch erwartet, dass er die Herde vor Gefahren schützt. «Und ob ich schon wanderte im finstern Tal, fürchte ich kein Unglück; denn du bist bei mir» (Ps 23,4, LUT). Aber was ist das «finstere Tal»?

Im Hebräischen gibt es zwei Wörter zur Beschreibung von Tälern – eines beschreibt ein breites, weites Tal, das andere ein steiles, enges Tal. David verwendet hier das Wort für ein enges Tal, das perfekt die tiefen Schluchten beschreibt, die die judäische Wüste durchziehen. Das Wort für «finster» kommt im Alten Testament achtzehnmal vor. Jeremia verwendete es, um die Wüste Sinai als ein Land des «Dunkels» darzustellen (Jer 2,6, ELB), während es im Buch Hiob neunmal verwendet ist, um den Ort der Toten zu charakterisieren.

David verwendete das Wort, um die Gefahren des Lebens zu veranschaulichen. Wenn die Nacht hereinbrach, krochen dunkle Schatten in die tiefen Täler der judäischen Wüste. Die Dunkelheit verbarg eine Vielzahl von Gefahren für die unachtsame Herde. Wilde Tiere verliessen ihre Höhlen, um sich auf die Suche nach ahnungsloser Beute zu machen. Der Tod selbst schien in den Schatten zu lauern. Aber wenn die Herde unter der Obhut des guten Hirten war, brauchte sie keine Angst zu haben. «Dein Stecken und dein Stab, die trösten mich» (Ps 23,4). Der Hirte stand mit seiner Keule und seinem kräftigen Stab Wache. Das waren die Waffen, die er in den Händen hielt, um jedes Tier abzuwehren, das die Herde bedrohte. Seine Anwesenheit und der versprochene Schutz boten «Trost» in einer Zeit, die sonst von Angst und Sorge bestimmt sein könnte.

WAS ALSO IST EIN WADI?

Bei meiner Wanderung durch die judäische Wüste gingen wir zunächst den Talboden entlang, vorbei an riesigen Felsbrocken, die von früheren Überschwemmungen an ihren Platz geschoben wurden. Dieser Teil der Wanderung endete an einem Teich mit brusttiefem Wasser, das direkt aus dem Felsen in ein ansonsten karges Ödland fliesst. Es erinnerte mich an die Worte aus Jesaja 32,2, wo Gott die Ankunft des Messias mit «Wasserbäche[n] in einer dürren Gegend» vergleicht.

Das war damals meine erste Gelegenheit, ein Wadi «hautnah und persönlich» zu sehen. Vielleicht fragen Sie sich aber auch: «Was ist ein Wadi?» Seien wir ehrlich, das ist kein Wort, das wir allzu oft benutzen. Ein Wadi ist ein saisonal trockenes Flussbett. Das bedeutet, es ist eine Schlucht, die sich während der Regenzeit mit Wasser füllen kann, aber den Rest des Jahres über trocken liegt.

Einige Jahre später besuchte ich Israel während eines ungewöhnlich regnerischen Winters. Wir liefen bei dieser Gelegenheit nicht durch das Wadi, aber wir warfen einen Blick in die zuvor trockene Schlucht und sahen einen stetigen Strom von fliessendem Wasser. Diejenigen, die es zum ersten Mal besuchten, dachten vielleicht, dass es sich um einen normalen Bach oder Fluss handelt, der das ganze Jahr über fliesst, aber ich wusste es besser. Ein paar Monate später war das Bachbett wieder knochentrocken.

Und deshalb ist das Wadi in der Bibel Metapher für etwas Unzuverlässiges. Im Winter, vor allem wenn es viel regnet, kann ein Wadi den Anschein eines ständig fliessenden Baches erwecken. Aber wenn Sie in den heissen, trockenen Sommermonaten erneut dort vorbeikommen, in der Hoffnung, Ihre Wasserbehälter an diesem sogenannten Bach zu füllen: Vergessen Sie es!

Als Hiob von Satan angegriffen wurde, suchte er nach Antworten auf die Frage, warum er leiden musste. Seine drei Freunde kamen vorbei, um ihn zu trösten, aber sie waren ungefähr so hilfreich wie ein ausgetrocknetes Wadi inmitten einer glühenden Hitzewelle. In völliger Verzweiflung rief Hiob ihnen schliesslich zu: «Meine Brüder haben sich trügerisch erwiesen wie ein Wildbach, wie das Bett der Wildbäche, die vergehen, die trübe werden vom Eis, wenn der Schnee sich darin birgt, die aber versiegen zur Zeit der Sommerhitze und von ihrem Ort verschwinden, wenn es heiss wird» (Hi 6,15-17).

Ein Wadi ist ein unzuverlässiger Fluss, der vielversprechend ist, wenn die Zeiten gut sind ... der aber genau dann verschwindet, wenn man ihn am meisten benötigt. In Hiobs Zeiten des Wohlstands und des Erfolgs schienen seine Freunde immer in seiner Nähe zu sein, um mit ihm zu feiern. Aber als alles zusammenbrach, entpuppten sich diese sogenannten Männer der Weisheit als ein Haufen Schlaumeier, die nicht viel mehr taten, als das Salz falscher Anschuldigungen in Hiobs offene, schmerzhafte Wunden zu streuen. Als es für Hiob schwierig wurde, beschlossen diese Freunde, dass es an der Zeit war, ihren bedürftigen Freund im Stich zu lassen und sich gegen ihn zu verbünden.

Auch der Prophet Jeremia hatte Zweifel an Gottes Verlässlichkeit. An einem kritischen Punkt in seinem Leben erlebte Jeremia eine Glaubenskrise. Er war so entmutigt, dass er schrie: «Warum ist mein Schmerz dauernd geworden und meine Wunde tödlich? Sie will nicht heilen. Willst du mir denn sein wie ein trügerischer Bach, wie Wasser, das versiegt?» (Jer 15,18). Gott, kann ich Dir überhaupt vertrauen – oder bist Du so wie ein Wadi, das mich im Stich lassen wird?

Zum Glück kam Gott in diesen finsteren Tagen zu Jeremia und zeigte ihm, wie verlässlich er wirklich war. Jeremias Probleme verschwanden nicht, aber er entdeckte, dass Gottes Gnade ausreichte, um seine tiefsten Bedürfnisse zu stillen. Nur ein paar Kapitel später hat Jeremia die Antwort auf seine eigene Frage aufgezeichnet. Er schrieb: «HERR, du Hoffnung Israels! Alle, die dich verlassen, müssen zuschanden werden! Ja, die, welche von mir weichen, werden auf die Erde geschrieben werden; denn sie haben den HERRN verlassen, die Quelle lebendigen Wassers!» (Jer 17,13). Gott ist in der Tat die «Quelle lebendigen Wassers», die absolut verlässliche Hoffnung für alle, die in Zeiten der Not Hilfe suchen.

BEREITEN SIE SICH AUF DIE HÄNDLER VOR

Für viele Touristen ist die judäische Wüste der Ort, an dem sie zum ersten Mal auf Händler treffen. Sobald sie Jerusalem erreichen, werden sie von Strassenhändlern überrannt, die alles von *Kefijes* (arabische Kopftücher) bis zu Schmuck und «Kamelleder»-Gürteln verkaufen. Aber die erste Begegnung mit diesen hartnäckigen Verkäufern kann zermürbend sein. Während wir zu unserem Aussichtspunkt fahren, versuche ich, die Reisenden mit einigen Tipps vorzubereiten, die ich «Feilsch-Baseball» nenne.

Sobald ein Tourist Blickkontakt aufnimmt, hat der Händler schon das erste Ziel erreicht, im Baseball also die erste Plattform.[28] Das fällt uns Amerikanern schwer, denn uns wurde beigebracht, dass man anderen direkt in die Augen sieht. Aber wenn Sie kein Interesse am Einkaufen haben, tun Sie alles, um jeden Blickkontakt zu vermeiden. Schauen Sie auf den Arm oder die Schulter des Händlers, aber *nehmen Sie keinen direkten Blickkontakt auf*.

Wenn es dem Händler gelingt, die Ware in die Hand des Touristen zu bekommen, hat er nun das zweite Ziel erreicht, die zweite Plattform. Die meisten Leute im Bus denken: «Das ist einfach! Ich werde einfach nichts mitnehmen.» Aber diese Händler sind *clever*. Mit einer Drehung des Handgelenks hat der ahnungslose Tourist nun eine *Kefije* auf oder trägt ein Armband aus «echtem Silber» an seinem Arm. Die beste Verteidigung ist, dem Händler direkt auf die Schulter zu schauen, die Arme seitlich anzulegen und zu sagen: «Nein, danke!»

Wenn der Händler den Touristen zum Feilschen bringen kann, hat er das dritte Ziel erreicht, die dritte Plattform. Manche Touristen glauben dummerweise, sie könnten den Prozess abkürzen, indem sie ein lächerlich niedriges Angebot machen. «Wie viel wollen Sie für die *Kefije* bezahlen?» «Wie wäre es mit einem Dollar!» Was sie nicht wissen, ist, dass sie

---

28 Anm. d. Übs.: Im Baseball muss der Spieler von der Ausgangsplattform aus nacheinander drei Plattformen erreichen und danach wieder zur Ausgangsplattform zurücklaufen, um einen Durchgang zu gewinnen.

jetzt mit dem Feilschen begonnen haben. Und diese Händler sind *Meister* im Feilschen.

Wenn der Händler den Touristen schliesslich dazu bringen kann, einem Preis zuzustimmen, den auch der Händler zu akzeptieren bereit ist, dann geht man davon aus, dass der Tourist dem Kauf des Artikels zugestimmt hat. Der Händler hat damit die Ausgangsplattform wieder erreicht und gewonnen.

Diese langatmige Erklärung erinnert mich an eine Reise, die ich leitete und an der auch der Kaplan des *Dallas Seminary* teilnahm. Kaplan Bill war ein guter Freund, der jetzt im Himmel ist. Kaum war ich mit meinen Erklärungen zum Thema Feilsch-Baseball fertig, hielt der Bus vor dem Gelände. Bill stieg aus, sah einem Händler direkt in die Augen und sagte: «Was kostet das Schafsfell?» (Dieses perfekt kreisförmige «Schafsfell» stammte offensichtlich von einem Polyesterschaf!) Das Feilschen verlief in etwa so:

Bill: «Zehn Dollar?»

Händler: [Fassungsloses Schweigen.]

Bill: «Fünfzehn Dollar!»

Händler: [Fassungsloses Schweigen.]

Bill: «Zwanzig Dollar!»

Händler: [Fassungsloses Schweigen.]

Bill: «Fünfundzwanzig Dollar!»

An diesem Punkt reichte der Hausierer das «Schafsfell» einfach an Bill weiter, der in seiner Brieftasche nach dem Geld kramte. Den Rest der Reise über neckten wir Bill wegen seines Feilschgeschicks beim Kauf eines echten Polyester-«Ramschfells».

Höhle 4 in Qumran

KAPITEL 23

QUMRAN:
Die Entdeckung der Schriftrollen vom Toten Meer

Wenn die Schriftrollen vom Toten Meer nicht entdeckt worden wären, würde niemand die Ruinen von Qumran besuchen. Die archäologischen Überreste an dieser Ausgrabungsstätte sind nicht wirklich beeindruckend. Das aussagekräftigste Foto, das man an dieser Stätte machen kann, ist das der Höhle 4, in der etliche Manuskripte und Fragmente entdeckt wurden. Die wahre Bedeutung von Qumran lag in den Schriftrollen und Tausenden Fragmenten, die in zwölf Höhlen auf den Hügeln um die Stätte herum gefunden wurden. Wegen dieser Entdeckungen steht Qumran auf dem Pflichtprogramm der meisten Reisen.

Einige Reisegruppen fahren von Galiläa zum südlichen Ende des Toten Meeres hinunter, um eine oder zwei Nächte in einem der dortigen Kurhotels zu verbringen. Diese Reisegruppen machen auf dem Hin- oder Rückweg Halt in Qumran. Andere Reisegruppen besuchen Qumran als Teil eines sehr langen Reisetages von Jerusalem aus. Qumran ist normalerweise die letzte Station des Tages, nach dem Besuch von Masada, dem Toten Meer und En Gedi. Es ist die letzte Toilettenpause vor der einstündigen Fahrt zurück zum Hotel in Jerusalem.

Ich mag es, wenn meine Reisegruppen zwei Nächte am Toten Meer verbringen, aber auf vielen meiner früheren Reisen begann und endete unser Ausflug zum Toten Meer in Jerusalem. Auf einer bestimmten Reise im Juni war das Wetter brutal heiss. Nach dem Besuch von Masada und En Gedi und einem kurzen Abstecher zum Toten Meer, um kurz darauf zu «treiben», war die Gruppe erhitzt, müde und bereit, nach Jerusalem zurückzukehren, um vor dem Abendessen noch einmal zu duschen. Als sich der Bus Qumran näherte, spürte unser israelischer Reiseleiter, dass die Gruppe körperlich am Ende war, und beschloss, eine autoritative Entscheidung zu fällen. «Es ist spät, und ich weiss, dass Sie müde sind, also lassen wir Qumran aus und fahren weiter zu unserem Hotel in Jerusalem.»

Die meisten waren einverstanden, aber *nicht* alle. Wir hatten einen Seminarprofessor auf der Reise, der seine Doktorarbeit über die Essener geschrieben hatte, die Gruppe, die in Qumran gelebt und die Schriftrollen vom Toten Meer produziert hatte. Ich weiss nicht, woher er die Energie nahm, aber dieser Professor rannte den Gang des Busses nach vorn. «Wir müssen unbedingt in Qumran anhalten!»

Auf sein Drängen hin gab unser Reiseleiter nach, und der Bus fuhr den Hügel hinauf zum Eingang. Der Reiseleiter führte die müde Gruppe hinaus auf das Gelände, bis wir vor der Höhle 4 standen. Er beschloss, die Geschichte zusammenzufassen und unserer Gruppe die *Reader's-Digest*-Version zu geben. Was dann geschah, lief in etwa so ab:

Reiseleiter: «Stellen Sie sich vor, wie ein junger Hirtenjunge einen Stein in diese Höhle wirft und einen Krug zerbrechen hört.»

Professor: «Äh, hier ist die Höhle 4. Das ist in Höhle 1 passiert.»

In diesem Moment machte der Reiseleiter einen schweren taktischen Fehler. «Nun, vielleicht möchten Sie die Geschichte erzählen.»

Heute spenden Baldachine dem Aussichtsbereich von Höhle 4 Schatten, aber damals gab es keinerlei Schatten. Während die Sonne von oben herab brannte, wurde unsere Gruppe mit einem umfassenden Vortrag über die Essener, die Schriftrollen vom Toten Meer und Josephus verwöhnt.

JEREMIA UND DIE GEBORSTENE MIKWE

Heutzutage verbringe ich mit unserer Reisegruppe viel weniger Zeit mit dem Blick auf Höhle 4. Auf meinen *kurzen* Überblick über Qumran folgt diese Ankündigung: «Diejenigen, die hier draussen bleiben möchten, um sich umzuschauen und Fotos zu machen, können das gerne tun. Die anderen können mir in das klimatisierte Gebäude folgen, wo es Toiletten, eine Cafeteria mit kalten Getränken und Eis gibt, und einen Geschenkartikelladen.» Fast alle folgen mir zurück in den klimatisierten Bereich.

Aber wir müssen auf dem Weg dorthin einen kurzen Halt einlegen. Und an diesem Halt müssen wir ein wenig Fantasie aufbringen. Inzwischen weiss jeder auf der Reise, wie wichtig das Wasser in diesem Land ist. Im Gegensatz zu den Zivilisationen, die an den Flüssen Nil, Tigris oder Euphrat gediehen, erwartete das Volk Israel sein Wasser vom Himmel. In 5. Mose 11,11 beschreibt Mose das verheissene Land als «ein Land mit Bergen und Tälern; es trinkt Wasser vom Regen des Himmels». Es ist kein Wunder, dass Wasser in der Bibel zu einem Sinnbild für Leben wurde. Es war lebensnotwendig, aber seine Verfügbarkeit war so unvorhersagbar wie der Regen.

Wie kam also jemand im alten Israel an das Wasser, das vom Himmel fiel? (Hinweis: Er hat also nicht einfach einen Wasserhahn aufgedreht.) Die meisten Menschen, die zu biblischen Zeiten in Israel lebten, hatten drei grundlegende Wasserressourcen, die ihnen zur Wahl standen.

Die zuverlässigsten Wasserressourcen waren die Bäche und Quellen. Das Wasser aus diesen Ressourcen war kühl, rein und absolut erfrischend. Und es war verlässlich. Es stammte vom Regen, der auf das Land fiel und durch das Gestein gefiltert wurde, bis es eine undurchlässige Schicht erreichte. Dann sammelte es sich und floss die Felsstruktur entlang, bis es in einer Quelle zur Oberfläche durchdrang.

Wir haben auf dieser Reise bereits etliche Quellen und Bäche besucht. Einige, wie die in Dan und Cäsarea Philippi, waren ziemlich gross. Andere, wie die Quelle von Harod, an der Gideon seine dreihundert Männer auswählte, oder die Quellen in der judäischen Wüste, sind nicht so gross oder kräftig. Aber sie sind fast ebenso aufsehenerregend, weil sie Leben spendendes Wasser an Orten bereitstellten, wo man es nicht erwartet hätte. Quellen sprudeln im Winter wie im Sommer. Man findet sie am Fusse des Berges Hermon und in der Wüste im Süden, wo sie ein anschauliches Beispiel für die «Ströme» sind, die «Wasser in der Wüste» werden, wie es in Jesaja 35,6 beschrieben wird.

Leider gibt es nur ziemlich wenige Quellen und Bäche in Israel. Die meisten Israeliten hatten nicht das Glück, eine so verlässliche Wasserversorgung zur Verfügung zu haben. Die zweite Möglichkeit war also, einen Brunnen zu graben, um den Grundwasserspiegel zu erreichen. Auch das Brunnenwasser war kühl und erfrischend. Aber eine anhaltende Dürre oder ein Erdbeben konnten den Grundwasserspiegel verändern, und ein Brunnen konnte daher versiegen.

Sowohl Abraham als auch Isaak gruben Brunnen im Negev. Der Name der Ortschaft Beerscheba – die wir bald besuchen werden – bedeutet wörtlich «Brunnen der Sieben», eine Anspielung in 1. Mose 21 auf die sieben Lämmer, die Abraham für den Brunnen bezahlte, den er bereits gegraben hatte. Der Brunnen, den Jakob in Sichem gegraben hatte, war noch 1800 Jahre später in Gebrauch, als Jesus sich dort mit der samaritanischen Frau traf, wie in Johannes 4 berichtet. Tatsächlich gibt es diesen Brunnen auch *heute* noch, fast 3800 Jahre, nachdem er gegraben worden war. *Das* ist eine verlässliche Wasserversorgung.

Aber im grössten Teil des israelischen Hügellandes muss man sich durch etliche Dutzend Meter tiefen massiven Fels graben, um den Grundwasserspiegel zu erreichen. Und was heute mit moderner Bohrausrüstung möglich ist, überstieg die Fähigkeiten der Menschen in der Vergangenheit, die nichts weiter als einen Hammer, einen Meissel aus Eisen und die Kraft ihrer blossen Hände hatten, um die erforderliche Arbeit zu erledigen. Kühles, erfrischendes Brunnenwasser war für die meisten keine Option.

Was ist mit den übrigen Leuten? Woher bekamen die meisten Menschen ihr Wasser?

Diejenigen, die nicht in der Nähe einer Quelle oder eines Brunnens lebten, mussten ihre eigenen unterirdischen Speicheranlagen graben – sie gruben Zisternen, um das Regenwasser aufzufangen und zu speichern. Eine Zisterne ist im Wesentlichen ein Loch, das in den Fels gegraben und dann mit Mörtel ausgekleidet wird, um Wasser zu speichern. Dies war die am häufigsten verwendete Wasserressource für das Volk Israel, aber auch die *unzuverlässigste* Ressource. Wenn die Regenfälle im Winter nicht ausreichten, um die Zisterne zu füllen, oder wenn die Zisterne einen Riss im Putz bekam, konnte das im Winter gesammelte Regenwasser ablaufen, bevor der heisse Sommer vorbei war.

Zisternenwasser war nicht nur unzuverlässig, sondern auch am stärksten verschmutzt. Die Zisterne wurde an einer tiefen Stelle im Boden gegraben, damit das gesamte Wasser in die Grube fliesst. Aber stellen Sie sich den ersten Regen nach einem heissen, trockenen Sommer vor. Der Boden ist mit Staub bedeckt ... und ein paar anderen Überraschungen, die eine Ziege oder ein Vogel hinterlassen haben, die gelegentlich des Wegs kamen. Wenn der harte, peitschende Regen mit voller Wucht zuschlug, ergossen sich Sturzbäche über den Boden zur Zisternenöffnung und rissen alles, was sich auf dem Boden befand, mit sich in die Grube.

Als Jeremia in eine Zisterne in Jerusalem hinabgelassen wurde, sank er in den Schlamm ein (Jer 38,6). Von Zeit zu Zeit musste ein Hausbesitzer den Dreck aus seiner Zisterne schaufeln, damit sie nicht davon voll wurde. Zisternenwasser war die am wenigsten zufriedenstellende und unzuverlässigste Wasserressource, aber sie war die am häufigsten verwendete.

Und das bringt uns zurück zu unserer letzten Station hier in Qumran – dem Ort, an dem Sie Ihre Fantasie gebrauchen müssen! Dieses Loch vor uns ist eine *Mikwe*, die von den Essenern zum Zweck der rituellen Reinheit verwendet wurde. Sie können immer noch Reste von Putz an den Wänden sehen. Und wenn Sie genau hinsehen, können Sie sogar einen grossen Riss im Putz erkennen, der wahrscheinlich durch ein Erdbeben verursacht wurde.

Die Mikwe in Qumran mit einem Riss im Putz

Stellen Sie sich vor, Sie wären in Qumran gewesen, als das Beben stattfand. Nachdem das Beben aufgehört hatte, gingen Sie an dieser überdachten *Mikwe* vorbei und hörten nur das *gluck, gluck, gluck* von Wasser, das aus einem neu entstandenen Riss im Putz ablief. Zeitweise musste die gesamte Anlage wegen des Wasserverlustes aufgegeben werden. Jetzt stellen Sie sich vor, diese *Mikwe* wäre Ihre Zisterne und Sie leben in der Zeit von Jeremia. Ihr Leben hängt von dem Wasser ab, das in dieser Zisterne gespeichert ist – Wasser, das aus diesem grossen Riss im Putz austritt. Dieser Eindruck macht Sie bereit, die Botschaft von Jeremia zu hören.

Der Prophet trat vor das Volk von Juda und verkündete in Jeremia 2,12-13: «Entsetzt euch darüber, ihr Himmel, und schaudert, werdet schreckensstarr!, spricht der HERR. Denn mein Volk hat eine zweifache Sünde begangen: Mich, die Quelle des lebendigen Wassers, haben sie verlassen, um sich Zisternen zu graben, löchrige Zisternen, die kein Wasser halten!»

Gott oder Götzen. Die Alternative ist eindeutig ... und drastisch. Gott ist die Quelle des lebendigen Wassers. Er ist immer verlässlich, immer genügend. Sich von Gott abzuwenden und stattdessen auf Götzen zu vertrauen, ist so, als würde man sich von einem kühlen Bach abwenden und sich stattdessen auf eine Zisterne verlassen, um seinen Bedarf zu decken. Und zwar nicht auf irgendeine Zisterne, sondern auf eine, die rissig und kaputt ist – eine Zisterne, die sich für jeden als unzuverlässig erweisen wird, der dumm genug ist, ihr zu vertrauen. Sich von Gott abzuwenden und sein Vertrauen auf etwas anderes zu setzen, ist völliger Irrsinn.

Jetzt ist es an der Zeit, dass wir uns in den klimatisierten Bereich begeben, um ein kaltes Getränk zu bekommen. Aber stellen Sie sich währenddessen vor, dass das kalte Getränk, das Sie bald in der Hand halten werden, aus einem kristallklaren Bach stammt. Dann stellen Sie sich ein Glas daneben vor, das mit Brackwasser aus einer rissigen Zisterne gefüllt ist – einer Zisterne, deren Wasserstand bereits zu sinken beginnt. Wenn Sie die Wahl hätten, welche Wasserressource würden *Sie* wählen?

Eine Nahaufnahme des Risses in der Mikwe

Eine Steingeiss in En Gedi

KAPITEL 24

EN GEDI:

Davids Begegnung mit Saul

Erste Eindrücke können täuschen. Die Fernstrasse durch En Gedi führt über einen qualvoll gewundenen Umweg, um die Senkgruben in der Landschaft zu umgehen, und in der Nähe des Parkeingangs befinden sich die Überreste eines abgestorbenen Dattelpalmenhains. En Gedi passt nicht annähernd zu der Beschreibung ihres Liebhabers, welche die zukünftige Braut im Hohelied Salomos gibt. «Eine Hennablüte ist mir mein Geliebter, in den Weinbergen von En-Gedi» (Hld 1,14, ZB). Die Hennablüte und die Trauben sind nirgendwo zu sehen.

Aber die Besucher müssen über diese ersten Eindrücke hinwegsehen, um die wahre Schönheit und Bedeutung des Ortes zu entdecken. Die Senkgruben sind tatsächlich recht neu. Eine lang anhaltende Dürre, verbunden mit dem Abpumpen von Wasser aus dem See Genezareth und dem Jordan für die Landwirtschaft, hat die Wassermenge, die in das Tote Meer fliesst, stark reduziert. In der Tat sinkt der Pegel des Toten Meeres seit mehreren Jahrzehnten jedes Jahr um fast einen Meter. Die sich zurückziehende Uferlinie hat Salzschichten hinterlassen, und das Wasser, das während der Winterstürme von den Hügeln ins Tote Meer herabfliesst, hat diese unterirdischen Schichten aufgelöst, sodass Tausende von Senkgruben entstanden sind.

Wir müssen zwei Stopps in En Gedi einlegen. Der erste befindet sich in einer Lehrgrabung auf der Klippe direkt über dem Eingang. Zum Glück wird uns der Bus hinauffahren. Während unserer beiden Stopps werden wir drei Schnappschüsse aus der Bibel betrachten – drei Porträts von Menschen, deren Bereitschaft, Gott zu folgen, sie in die Wüste von En Gedi führte.

Die Lehrgrabung ist ein grossartiger Ort, um uns in En Gedi zu vertiefen. Die Schlucht darunter ist der Nahal David. Das ist eine von zwei tiefen Schluchten, die die Oase En Gedi umklammern. Auf halber Höhe der Schlucht, wo sich die beiden Seiten zu treffen scheinen, befindet sich ein grüner Fleck mit einem winzigen, vertikal verlaufenden weissen Band. Das ist der Wasserfall von En Gedi.

Wenn Sie genau hinhören, können Sie das Lachen und Rufen von Busladungen israelischer Schulkinder hören, die zu den Wasserfällen hinaufwandern. Es ist eine wunderbare Wanderung, und wir werden uns in Kürze dorthin begeben, um uns auf Davids Begegnung mit Saul zu konzentrieren. Aber zur Lehrgrabung sind wir gerade wegen der vielen Schulkinder zuerst gegangen. Sie helfen tatsächlich dabei, die Steinböcke, diese Wildziegen, aus der Schlucht zu verjagen bis hin zu dem Ort, an dem wir uns versammelt haben. Der Name En Gedi bedeutet «Quelle der Wildziegen», und dieser Aussichtspunkt an der Lehrgrabung ist einer der besten Plätze, um einen Blick auf diese erstaunlichen Tiere zu erhaschen.

Blick auf den Nahal David in Richtung Wasserfall

Wenn Sie die Felswand auf der anderen Seite der Schlucht genau betrachten, können Sie vielleicht einen schmalen Pfad entdecken, der sich an die Seite des Hügels schmiegt. Dieser Steig führt vom Wasserfall bis zur Spitze der Klippe. Ab und zu werden Sie ein paar Leute sehen, die den Pfad hinaufklettern. Und wenn Sie das sehen, werden Sie erkennen, wie lang und fordernd dieser Aufstieg ist. Wer in guter körperlicher Verfassung ist, könnte den grössten Teil eines Vormittags brauchen, um sich den Pfad hinaufzuarbeiten und die Spitze der Klippen zu erreichen. Das ist eine *ernsthafte* Kletteranforderung!

Wenden Sie sich nun nach links und schauen Sie nach Süden, am Toten Meer entlang. Von diesem Aussichtspunkt aus können Sie gerade noch die Umrisse von Masada am Horizont erkennen, achtzehn Kilometer entfernt. Der Boden zwischen En Gedi und Masada ist extrem rau und felsig. Stellen Sie sich vor, Sie laufen stundenlang durch dieses unwegsame Gelände, unter einer brutal heissen Sonne und ohne die Möglichkeit, unterwegs anzuhalten, um ein Glas Wasser zu trinken. Es ist leicht zu erkennen, dass die Wüste kein Ort für Schwächlinge ist! Und es ist auch leicht zu erkennen, warum En Gedi so besonders war – eine Oase mit Wasser und Bäumen in einer ansonsten kargen Gegend.

Jetzt ist es an der Zeit, sich unsere drei Schnappschüsse aus En Gedi anzusehen.

RUT UND NAEMI

Dieser Aussichtspunkt ist ein guter Ort, um über die Geschichte von Rut zu sprechen. Die meisten Menschen kennen die Grundzüge dieser Geschichte. Rut war eine Moabiterin, die einen der beiden Söhne von Naemi heiratete, als Naemi und ihre Familie während einer Hungersnot nach Moab flohen. Traurigerweise starben Naemis Mann und ihre beiden Söhne und hinterliessen Naemi, Rut und Orpa als drei trauernde Witwen. Schliesslich beschloss Naemi, nach Bethlehem zurückzukehren. Rut und Orpa wollten ihr als gehorsame Schwiegertöchter folgen, aber Naemi entliess sie aus all ihren verbleibenden Verpflichtungen. «Warum wollt ihr mit mir gehen?» (Rut 1,11). Naemi hatte keine weiteren Söhne. Es gab nichts Positives, das sie ihnen anbieten konnte.

Orpa kehrte um, nachdem sie Naemi einen Abschiedskuss gegeben hatte, aber Rut weigerte sich zu gehen. Naemi versuchte erneut, Rut zu überreden, zu ihrer Familie zurückzukehren, aber Rut antwortete mit einem kraftvollen Bekenntnis. «Denn wo du hingehst, da will ich auch hingehen, und wo du bleibst, da will ich auch bleiben; dein Volk ist mein Volk, und dein Gott ist mein Gott! Wo du stirbst, da sterbe auch ich, und dort will ich begraben werden; der HERR tue mir dies und das und noch mehr, wenn nicht der Tod allein uns scheiden soll!» (Rut 1,16-17). Das sind wunderbare Worte, und wenn wir hier in der Lehrgrabung stehen, wissen wir noch mehr zu schätzen, was diese Worte wirklich bedeuten.

Wie kamen Rut und Naemi von Moab nach Bethlehem? Sie gingen auf der Ostseite des Toten Meeres los, genau östlich von Masada. Nachdem sie von den Hügeln Moabs abgestiegen waren, kamen sie zur Lisan, der Landzunge, die im Osten in das Tote Meer ragt. Wenn der Wasserstand des Toten Meeres niedrig war, konnten sie trockenen Fusses ans Westufer gelangen. Aber wenn der Wasserstand höher war, überquerten sie den Lisan und schwammen dann die verbleibenden anderthalb Kilometer oder etwas mehr zum anderen Ufer. Nach der Überquerung mussten sie die achtzehn Kilometer von Masada bis nach En Gedi wandern. Das einzige Trinkwasser, das ihnen in der ganzen Zeit zur Verfügung stand, war das Wasser, das sie aus Moab mitgebracht hatten. Und danach kam erst der schwierige Teil der Reise!

Schauen Sie sich noch einmal die Schulkinder dort unten an und stellen Sie sich vor, wie Naemi und Rut denselben Weg entlanggehen. Sie hätten sich so lange wie möglich in der Nähe der Wasserquellen aufgehalten. Aber zuletzt mussten sie den Aufstieg am Hang der Klippe beginnen. Veranschaulichen Sie sich, wie sie sich den kleinen Pfad in der Ferne hinaufkämpfen. Wie lange hätten diese beiden Frauen wohl gebraucht, um den ganzen Weg nach oben zu klettern? Einen halben Tag? Einen ganzen Tag?

Doch dann sind sie noch immer nicht zu Hause angekommen. Sie haben nun eine weitere Tagesreise durch die judäische Wüste vor sich, bis sie endlich Bethlehem erreichen.

Ruts Engagement gegenüber Naemi war ein aufopferndes Versprechen, das Rut sehr schnell wunde Füsse, schmerzende Knie und ausgetrocknete Lippen beschert hatte.

Die meisten von uns springen gerne zum Ende der Geschichte und übergehen alle unangenehmen Teile. Rut trifft Boas. Sie verlieben sich, heiraten und bekommen ein Kind ... das der Grossvater von König David wird. Aber bei diesem Sprung übersehen wir die Mühen, den Schweiss, die Hitze, die Erschöpfung und den Schmerz, die der Boden waren, in den die Saat von Ruts Treue gesät wurde.

Ruts Engagement für Naemi, zu dem das spätere Engagement von Boas für Rut passt, ist keine glamouröse, romantische, überlebensgrosse Szene aus einem Hollywoodfilm. Es war ein aufopferndes Versprechen, das Rut sehr schnell wunde Füsse, schmerzende Knie und ausgetrocknete Lippen beschert hatte. Sie hat ihr Versprechen mit Schweiss, Durst und harter Arbeit untermauert. Sie hatte keine Ahnung, wie die Geschichte ausgehen würde. Als sie ihr Versprechen abgab, konnte sie nur Jahre harter Arbeit beim Ährenlesen auf den Feldern von Fremden erwarten, um ihre alternde Schwiegermutter zu unterstützen, die Diskriminierung durch eine Gesellschaft, die sie als Ausländerin ansah, und zuletzt allein alt zu werden. Der Berg, der sich vor uns auftürmt, war wahrscheinlich für sie ein Vorgeschmack darauf, wie ihr Leben fortan aussehen würde.

Das Buch Rut beginnt mit «Und es geschah in den Tagen, als die Richter regierten» (Rut 1,1) und endet mit der Geburt von David. Es führt den Leser aus einer Zeit der geistlichen Finsternis in eine Zeit des geistlichen Segens – aus einer Zeit der Schwierigkeiten in eine Zeit der Hoffnung.

Und in gewissem Sinne drehte sich der gesamte Übergang um die Entscheidungen zweier Menschen – Rut und Boas –, die sich entschieden, einen anderen Weg zu gehen, einen Weg, der schwieriger war und persönliche Opfer erforderte. Aber es war auch ein Weg, der sie in eine Position brachte, in der Gott sie gebrauchen konnte, um das Schicksal eines ganzen Volkes zu verändern.

Wir leben in einer Zeit, die der Zeit der Richter ähnelt, in der jeder das tut, was in seinen Augen richtig ist. Traurigerweise zahlt die ganze Welt die Zeche für die wirtschaftlichen, moralischen und geistlichen Konsequenzen dieser Fehlentscheidungen. Aber Gott ist noch immer auf der Suche nach Männern und Frauen, die bereit sind, die Bedürfnisse anderer über ihre eigenen zu stellen.

Nach diesem Schnappschuss von Rut schauen wir uns ein Foto von Ruts Ur-Ur-Ur-Ur-Ur-Ur-Enkel an – König Josaphat.

JOSAPHAT UND DER ÜBERRASCHUNGSANGRIFF

Dieser Aussichtspunkt ist eine wunderbare Stelle, um ein ansonsten obskures Ereignis in 2. Chronik 20 aus dem Leben von König Josaphat zu erforschen. Während seiner Herrschaft über das Königreich Juda eilten einmal Männer mit einer schockierenden Nachricht aus der Wüste nach Jerusalem. «Eine grosse Menge rückt gegen dich heran von jenseits des [Toten] Meeres, aus Aram; und siehe, sie sind bei Hazezon-Tamar, das ist En-Gedi!» (2Chr 20,2). Die Edomiter hatten sich mit den Moabitern und Ammonitern verbündet, um einen Überraschungsangriff gegen Juda zu führen. Sie hatten bereits die Landzunge in der Nähe des südlichen Endes des Toten Meeres überquert und waren dabei, ihre vereinten Armeen in En Gedi zu organisieren – weniger als zwei Tagesmärsche von Jerusalem entfernt.

Der König und das Volk standen unter Schock. Sie hatten wenig Zeit, um eine Verteidigung vorzubereiten. Zitternd vor Angst schrien sie zu Gott um Hilfe. «Unser Gott, willst du sie nicht richten? Denn in uns ist keine Kraft gegen diesen grossen Haufen, der gegen uns herangerückt ist, und wir wissen nicht, was wir tun sollen, sondern auf dich sind unsere Augen gerichtet!» (2Chr 20,12).

Wenn Sie jemals mit Problemen konfrontiert waren, die Ihnen absolut überwältigend erschienen, dann wissen Sie, wie sich Josaphat und das Volk von Jerusalem fühlten, als sie verzweifelt zu Gott schrien. In diesem Moment ihrer grössten Not hat Gott geantwortet. Sein Geist kam auf Jehasiel, einen der Männer, die mit der Leitung des Gesangs im Tempel beauftragt waren. Jehasiels Worte von Gott waren einfach und direkt. «Fürchtet euch nicht und erschreckt nicht vor diesem grossen Haufen; denn nicht eure, sondern Gottes Sache ist der Kampf! Morgen sollt ihr gegen sie hinabziehen. ... Aber es ist nicht an euch, dort zu kämpfen. Tretet nur hin und bleibt stehen und seht die Rettung des HERRN, der mit euch ist!» (2Chr 20,15-17). Der König und das Volk neigten vor dem Herrn ihr Gesicht zur Erde, um Gott für seine versprochene Befreiung zu danken.

Am nächsten Tag begann das Heer von Juda seinen Marsch von Jerusalem in die Wüste. Und die Marschordnung war komplett anders als jede andere Schlachtformation in der Geschichte. Angeführt wurde das Heer von Sängern, die Josaphat ernannt hatte und die «in heiligem Schmuck dem HERRN singen und ihn preisen sollten». Ihre Worte wurden zum Rhythmus, in dem die gesamte Armee marschierte. «Dankt dem HERRN, denn seine Gnade währt ewiglich!» (V. 21).

Wie endete dieser erstaunliche Marsch in die Schlacht? Gott sorgte dafür, dass sich die verbündeten Invasionsarmeen gegeneinander wendeten. Als Josaphat und sein Heer die Stelle erreichten, an dem sie den Feind erwarteten, waren die Eindringlinge bereits besiegt. So steht es in der Bibel: «Als aber Juda zur Bergwarte gegen die Wüste hin kam und sich gegen den Haufen wenden wollte, siehe, da lagen die Leichen auf dem Boden; niemand war entkommen» (V. 24).

Drei Tage später versammelte sich das Volk von Juda in einem Tal entlang der Route, die sie gerade zurückgelegt hatten, um Gott für seinen Sieg zu preisen. Sie benannten das Tal sogar in «Tal Beracha» um, was

«Tal des Segens» bedeutet. Dort versammelten sie sich, um Gott für seine Befreiung zu preisen. Aber der Kompilator des Chronikbuches teilt uns eine wichtige Lektion über Lob und Dankbarkeit mit, die auch 2800 Jahre später noch wahr ist. Bevor das Volk von Juda Gott für seine Taten dankte, wurde ihm gesagt, dass es Gott zuerst dafür danken sollte, wer er ist. «Dankt dem HERRN, denn seine Gnade währt ewiglich!» (2Chr 20,21). Wir können Gott vertrauen, dass er grosse und wunderbare Dinge tut, weil er ein grosser und wunderbarer Gott ist.

Bevor wir unser drittes Porträt betrachten, müssen wir zum Parkeingang hinunterfahren und zum Wasserfall hinaufwandern.

DAVID UND SAUL

Von der Lehrgrabung aus sieht die Wanderung durch den Nahal David zum Wasserfall recht einfach aus. Aber dort unten wird die Schroffheit des Tals deutlicher. Der erste Teil ist noch einfach, aber der Weg wird bald von grossen Felsblöcken verdeckt, die sich durch Erdbeben und Erosion von der Felswand gelöst haben. Diese Felsbrocken wurden dann durch sturzbachartige Überschwemmungen aus der darüber liegenden Wüste ins Tal befördert. Mithilfe von in den Fels gehauenen Stufen, Metallgeländern und gelegentlichen Holzbrücken können sich die Touristen die Schlucht hinaufarbeiten, wenn auch nicht ganz ohne Schwierigkeiten.

Entlang der Route durch die Schlucht gibt es mehrere natürliche Teiche und kleinere Wasserfälle. Und die meisten sind voll von lachenden und im Wasser planschenden israelischen Schulkindern. Aber so einladend diese Teiche auch sind, wir gehen weiter in Richtung des oberen Teils des Pfades – der Stelle, an der sich die beiden Seiten der Schlucht zu vereinen scheinen.

Einer der vielen Pools und Wasserfälle in der Oase von En Gedi

Wenn wir schliesslich den oberen Teil des Weges erreichen, scheint die Schlucht in einer Felswand zu enden, an der gleichsam ein Band aus Wasser herabstürzt. Dieser Wasserfall verblasst im Vergleich zu den Niagarafällen oder den Yosemite-Fällen, aber hier draussen in der Wildnis bietet dieser Bach eine willkommene Erfrischung in der Wüstenhitze. Die verdunstende Gischt und der Nebel, kühlen die Umgebungsluft – Gottes ursprüngliche Klimaanlage. Der Teich ist nur knöcheltief, aber das kühle Wasser fühlt sich wohltuend an für heisse, müde Füsse. Tausende von Jahren über müssen Reisende, die auf ihrem Weg durch die Wüste durch En Gedi reisten, dasselbe gedacht haben, als sie zu dieser erstaunlichen Oase kamen.

Und deshalb dachte König Saul, er könne endlich den jungen David genau hier gefangen nehmen.

Als Saul von einem seiner häufigen Scharmützel mit den Philistern zurückkehrte, erhielt er eine willkommene Nachricht. «Siehe, David ist in der Wüste von En-Gedi!» (1Sam 24,2). Saul wusste, dass David sein Lager in der Nähe von Wasser aufschlagen musste, und er hoffte, dass es nicht allzu schwierig sein würde, David in einer so engen Schlucht zu finden und aufzugreifen. «Und Saul nahm 3000 auserlesene Männer aus ganz Israel und zog hin, um David samt seinen Männern zu suchen, auf den Steinbockfelsen» (V. 3).

Warum war Saul so versessen gegen David? David war schon als junger Mann all das, was Saul nie sein konnte. David hatte Mut. Er kämpfte unerschrocken gegen Goliath, während Saul genauso war wie alle anderen: Sie «entsetzten ... sich und fürchteten sich sehr» (1Sam 17,11). David vertraute auf den Herrn, während Saul diese Ebene des Glaubens nie erreichen konnte. David zeigte Saul gegenüber seine Treue, aber Saul war verräterisch in seinem Umgang mit David. Und all das machte David zu einer Bedrohung, zumindest aus der Sicht Sauls. Es war Howard Hendricks, der weise sagte: «Sobald der Ruf erklang: ‹Saul hat seine Tausende erschlagen, und David seine Zehntausende›, hatte David seinen ersten Kritiker.»[29]

Der Umgang mit Kritikern ist nicht dasselbe wie der Umgang mit Kritik. Kritik kann konstruktiv sein. Aber das Ziel eines Kritikers ist es, einen Menschen zu zerstören, und nicht, ihm zu helfen, sich zu verbessern. Und in 1. Samuel 24 gibt David ein hervorragendes Beispiel dafür, wie man mit Kritikern umgeht. Als Saul versehentlich in die Höhle eindrang, in der sich David und seine Männer versteckt hielten, dachten Davids Anhänger, der ideale Zeitpunkt sei gekommen, um eine Rechnung zu begleichen. «Siehe, das ist der Tag, von dem der HERR zu dir gesagt hat: Siehe, ich will deinen Feind in deine Hand geben, dass du mit ihm machst, was dir gefällt!» (1Sam 24,5). Aber David weigerte sich, Vergeltung zu üben. «Das lasse der HERR ferne von mir sein, dass ich so etwas tue und meine Hand an meinen Herrn, den Gesalbten des HERRN, lege» (V. 7).

Anstatt das selbst in die Hand zu nehmen, übergab David die Situation dem Herrn. Nachdem er sich Saul offenbart hatte, sagte David zu demjenigen, der ihm zu Unrecht nach dem Leben trachtete: «Der HERR

29 Howard Hendricks in einer Rede vor einer Reisegruppe in En Gedi, 27. Mai 1993.

Der grösste der Wasserfälle von En Gedi

sei Richter zwischen mir und dir; und der HERR räche mich an dir, aber meine Hand soll nicht über dir sein!» (1Sam 24,13). David erkannte die souveräne Kontrolle Gottes über die Situation. Gott hatte das Sagen, also brauchte David die Sache nicht selbst in die Hand zu nehmen.

Aber es gibt abschliessend mindestens noch einen weiteren Wahrheitsfunken in dieser Passage, wenn es um den Umgang mit Kritikern geht. Seien Sie klug, nicht dumm! Wenn Sie es mit Kritikern zu tun haben, schlagen Sie nicht zurück, und erkennen Sie, dass Gott die Kontrolle hat. Aber seien Sie gleichzeitig klug genug, um zu wissen, dass sich Kritiker selten ändern – seien Sie also weiterhin auf der Hut. Diese Wahrheit findet sich im allerletzten Vers von 1. Samuel 24, obwohl man wirklich in En Gedi stehen muss, um sie zu ermessen. «Und David schwor dem Saul. Da zog Saul heim; David aber und seine Männer stiegen auf die Bergfeste hinauf» (V. 23). David willigte ein, Sauls Familie nicht zu töten, und Saul willigte ein, David nicht weiter zu verfolgen. David hatte die feste Absicht, seinen Teil der Abmachung einzuhalten, aber er erkannte auch, dass es sehr *unwahrscheinlich* war, dass Saul dasselbe tat.

Während Saul seine Soldaten nach Hause führte, zunächst durch die Wüste nach Westen und dann nach Norden in Richtung seiner Hauptstadt Gibea, führte David seine Männer nach Süden, am Ufer des Toten Meeres entlang, in Richtung der «Bergfeste». Das Wort lautet auf Hebräisch *mez-*

adah – Masada! David ging achtzehn Kilometer nach Süden und kletterte auf einen kargen Tafelberg, der schon zu seiner Zeit als «Bergfeste» bekannt war, um zu beobachten und sicherzustellen, dass Saul und seine Männer nicht versuchten, umzukehren und ihn unvorbereitet zu erwischen.

EIN ERFOLGREICHER BESUCH IN EN GEDI

Ein erfolgreicher Besuch in En Gedi ist jeder Besuch, bei dem unsere Pilger Steinböcke sehen können. Und dabei sind die meisten Reisen erfolgreich. Es geht nichts über den Anblick dieser anmutigen Tiere, die eine fast senkrechte Steilwand hinaufklettern. Das prägt die Bedeutung von En Gedi – Quelle der Wildziegen – ein.

Einmal hatten wir zwei Busse mit Reisenden gleichzeitig in der Lehrgrabung. Wir hatten noch keine Steinböcke gesehen, und ich war ein wenig besorgt. Unsere Reisegruppe setzte sich zu einer Andacht zusammen, und mein Freund öffnete seine Bibel, um über die Begegnung zwischen Saul und David zu sprechen. Er lehnte an einem grossen Felsen, mit dem Rücken zum Gebäude, während die Gruppe entlang des Geländers stand oder an Picknicktischen ihm gegenüber Platz genommen hatte.

Kurz nachdem er zu sprechen begonnen hatte, tauchte ein Steinbock geräuschlos von der Böschung zu unserer Rechten auf und begann, über den Rasen zwischen dem Sprecher und dem Gebäude zu laufen. Und dann erschien ein weiterer Steinbock. Und noch einer. Und noch einer. Eine ganze Steinbockherde zog schweigend über den Rasen, während mein Freund immer wieder von der Begegnung zwischen Saul und David an der Quelle der Wildziegen erzählte. Ich bin mir nicht sicher, wie viele Leute sich genau an seine Worte erinnern, aber sie haben einige unglaubliche Fotos von diesen Steinböcken gemacht.

Blick von Osten auf Masada

KAPITEL 25

MASADA:

Herodes' Festung fürs Jüngste Gericht

Wer behauptet, Masada sei beeindruckend, der untertreibt. Aber man muss schon nahe an diesen Tafelberg herankommen, um seine gewaltigen Ausmasse wirklich abschätzen zu können. Masada war die Wüstenfestung fürs Jüngste Gericht, die von Herodes dem Grossen erbaut wurde. Sein scheinbar unbezwingbarer Palast ragte 365 Meter über das Tote Meer auf, mit steilen Klippen auf jeder Seite. Und an den Stellen, wo die Klippen nicht genug Schutz boten, umgab Herodes seine Zitadelle mit Mauern und hortete dort Waffen und Wasser in Mengen, die seiner Meinung nach ausreichten, um alle Angriffe abzuwehren.

Masada war Herodes' Sicherheitspolster, sein letzter Zufluchtsort für den Fall, dass sich seine grössten Ängste bewahrheiten sollten. Und er hatte eine Menge zu befürchten! Josephus, der antike jüdische Historiker, beschrieb die Versessenheit des Herodes auf Masada folgendermassen: «Es hiess nämlich allgemein, Herodes habe sich diese Festung als persönliche Zuflucht ausgebaut, da ihn sein Argwohn eine doppelte Gefahr sehen liess: einmal vonseiten des jüdischen Volkes, es möchte ihn selbst absetzen und das ehemalige Königsgeschlecht zur Herrschaft zurückholen; zum andern – und diese Gefahr war weit grösser und schwerer – vonseiten der ägyptischen Königin Kleopatra. Dieselbe hielt nämlich mit ihrer Absicht keineswegs hinterm Berge, sondern wandte sich häufig an Antonius und bedrängte ihn mit der Bitte, Herodes aus dem Wege zu räumen und ihr das Königreich der Juden zu schenken.»[30]

Ein Aufstand seitens seiner Untertanen. Drohungen von Kleopatra, gepaart mit ihrem Einfluss in Rom. Herodes muss schlecht geschlafen haben, denn er war tatsächlich in grosser Gefahr. Kein Wunder, dass er darauf versessen war, Masada zum sichersten Palast im ganzen Nahen Osten zu machen.

Herodes setzte sein Vertrauen in Masada. Es wurde seine Hoffnung auf Schutz, seine Überlebensversicherung, sollte er jemals seine Macht verlieren. Er gab der Stätte keinen Namen, aber der Name Masada, im Hebräischen *mezadah*, bedeutet «Festung» oder «Bollwerk». Und der Name passte gut zu seinem Vertrauen in diesen Ort. Es war der am stärksten befestigte, am besten zu verteidigende und sicherste Ort im ganzen Land.

ZUGÄNGE ZU MASADA

Josephus beschrieb zwei Möglichkeiten, das Tafelplateau von Masada zu erreichen. Ein Weg aus dem Westen war die kürzeste und direkteste Route. Auf der Ostseite führte ein viel längerer Weg von unten hinauf. Josephus nannte ihn den Schlangenpfad, weil eine Kehre auf die andere folgte, bis er sich zum Tafelplateau hinaufgeschlängelt hatte. Aber heute gibt es einen anderen Zugang zu Masada, und zwar den, den die meisten Reisenden wählen – eine Seilbahn, die Besucher in nur drei Minuten auf den Gipfel befördert!

30 Flavius Josephus, *De Bello Judaico: Der jüdische Krieg: Griechisch und Deutsch,* Hg. Otto Michel und Otto Bauernfeind, 3. Aufl. (Darmstadt: Wissenschaftliche Buchgesellschaft, 1982), 7.8.4.

Einige Touristen haben mit der Seilbahn zu kämpfen, weil sie Höhenangst haben. Der beste Rat für Menschen mit Höhenangst ist, sich mit geschlossenen Augen in die Mitte der Gondel zu stellen. Wir haben noch keinen einzigen Fahrgast verloren, obwohl sich die dreiminütige Fahrt für ein paar panische Pilger eher wie drei Stunden anfühlte.

Die Seilbahn fährt tatsächlich nicht ganz bis zum Plateau von Masada hinauf. Die Besucher müssen über eine im Berg verankerte Holz- und Metallbrücke gehen, bevor sie wirklich das Plateau erreichen. Und für diejenigen, die Höhenangst haben: Gehen Sie auf der *Innenseite* der Brücke und bewundern Sie die Felswand gleich rechts von Ihnen. Der Blick auf das Tote Meer und die Wüste in 365 Metern Tiefe ist vielleicht nicht so ganz nach Ihrem Geschmack. Aber wenn Sie erst einmal oben sind, wird Ihnen die schiere Grösse des Tafelbergs jede Höhenangst nehmen.

Die moderne Seilbahn zum Plateau von Masada mit dem Schlangenpfad darunter

LUXUS IN DER WÜSTE

Herodes scheute keine Kosten, um Masada zu befestigen und auch zu verschönern. Er liess Arbeiter riesige Zisternen ausheben und füllte sie dann mit Wasser, das im Winter die Wüstenschluchten hinabfloss. Trotz der Klippen auf allen Seiten liess Herodes die gesamte Anlage mit einer Mauer umgeben. Er baute ein römisches Badehaus, komplett mit *Frigidarium*, *Tepidarium* und *Caldarium* [Räume mit unterschiedlicher Temperatur und Luftfeuchtigkeit, der Lektor]. Und er liess Lagerhäuser bauen, um grosse Mengen an Lebensmitteln und Waffen zu lagern.

Zu Fuss über die Brücke von der Seilbahn zum Inneren von Masada

Herodes baute auf diesem Gelände tatsächlich zwei Paläste. Einer, der auf der Südwestseite, war für offizielle Besucher und Gäste. Aber Herodes wählte eine mehr Aufsehen erregende Stelle für seinen eigenen Palast, und zwar die stufenförmige Felswand an der Nordseite des Tafelbergs. Hier liess Herodes seine Architekten einen dreistufigen Palast errichten, der aus der Seite des Berges herauszuhängen scheint. Die Aussicht von dieser Lage war grossartig und der Ort ideal, um selbst die kleinste erfrischende Brise zu spüren.

Überreste der Lagerhäuser in Masada

Wir haben keine schriftlichen Aufzeichnungen darüber, dass Herodes den Palast nach seiner Erbauung besucht hat, aber es ist schwer vorstellbar, dass er nicht zu diesem Wüstenrefugium reiste, um die Aussicht zu bewundern, die luxuriösen Unterkünfte zu geniessen und in dem zu schwelgen, was er für das Nonplusultra an persönlicher Sicherheit hielt.

Leider lag Herodes auf tragische Weise falsch.

DIE GEFALLENE FESTUNG FÜRS JÜNGSTE GERICHT

Weniger als achtzig Jahre nach Herodes' Tod wurde seine Festung fürs Jüngste Gericht auf die Probe gestellt. Und die letzten jüdischen Verteidiger mussten feststellen, dass jede von Menschenhand errichtete Festung irgendwann überwunden werden kann. Masada fiel 73 n. Chr. nach einer mehrmonatigen Belagerung an die römische Armee. Damit war der erste jüdische Aufstand gegen Rom beendet. Masada war zwar die letzte Festung im Land, welche die Römer zu Fall brachten ... aber sie fiel *dennoch*.

Die Römer errichteten mit der ihnen eigenen militärischen Präzision Lager rund um den Fuss von Masada. Sie errichteten eine Belagerungsmauer um die gesamte Anlage, um eine Flucht zu verhindern, und stellten in regelmässigen Abständen Wachposten auf. Dann begannen sie mit dem Bau einer Belagerungsrampe, auf die sie einen Rammbock heben konnten, um die Mauern zu durchbrechen. Rom baute die Rampe mithilfe jüdischer Sklavenarbeiter. Und als alles vorbereitet war, brachten sie ihren Belagerungsturm die Rampe hinauf.

Der dreistufige Nordpalast von Masada

Die jüdischen Verteidiger wussten, wo die Römer angreifen würden, und errichteten eine Mauer aus Erde und Holz hinter der Steinmauer des Herodes. Die Römer reagierten darauf, indem sie Brandpfeile auf das Holz schossen und es in Brand setzten. Die Flammen setzten fast die Belagerungsmaschine in Brand, bis der Wind drehte und die Flammen gegen die Mauer trieb und sie zerstörte. Es war schon spät am Tag, und so kehrten die Römer ins Lager zurück, um sich auf ihren letzten Angriff am nächsten Tag vorzubereiten. Aber laut Josephus begingen die 960 Verteidiger in dieser Nacht Selbstmord. Männer töteten ihre eigenen Frauen und Kinder. Dann wurden zehn durch das Los ausgewählt, um alle Männer zu töten. Dann zogen diese zehn Männer Lose, um denjenigen zu bestimmen, der die restlichen neun töten würde. Schliesslich nahm sich dieser letzte Mann das Leben. Aber wenn alle tot waren, woher wissen wir dann, was vorgefallen ist? Josephus berichtet, dass sich zwei Frauen und fünf Kinder während des Massenselbstmords versteckt hatten. Sie berichteten den Römern, was in dieser letzten Nacht geschehen war.[31]

Überreste der römischen Belagerungsrampe, über die die Mauern von Masada durchbrochen wurden

31 Ebd., 7.9.1.

«MASADA» VOR MASADA

Herodes machte Masada zu seiner Festung fürs Jüngste Gericht, doch der Angriff Roms – und der Massenselbstmord seiner jüdischen Verteidiger – trug dazu bei, den Ort berühmt zu machen. Dabei war Herodes nicht der Erste, der den strategischen Vorteil von Masada erkannte. Wie wir während unserer Zeit in En Gedi gelernt haben, schritt David tausend Jahre vor Herodes über das Plateau dieses Tafelbergs. Und der Name, den man diesem felsigen Plateau gab – *mezadah*, die Festung –, stammt sogar aus der Zeit vor David.

In 1. Samuel 22 erhaschen wir einen flüchtigen Blick auf den jungen David, wie er vor König Saul flieht. Er ist ein Mann auf der Flucht, der von einem eifersüchtigen König verfolgt wird, der jeden töten will, den er als potenziellen Rivalen auf den Thron ansieht. Nachdem er sich in einer Höhle bei Adullam im westlichen Hügelland von Juda versteckt hatte, gingen David und seine Anhänger nach Bethlehem, um seine Eltern vor einer möglichen Bedrohung zu retten und sie sicher nach Moab zu bringen, auf die östliche Seite des Toten Meeres. Warum Moab? Vielleicht, weil es das Heimatland von Davids Urgrossmutter Rut, der Moabiterin, war. David hoffte, dass seine Familie in der Obhut entfernter Verwandter und ausserhalb der Fänge von König Saul sicher sein würde.

Als er auf dem Rückweg von Moab das Tote Meer überquerte, suchte David ein Versteck in der judäischen Wüste. Er suchte einen Ort, an dem er vor Angriffen sicher sein konnte, vielleicht sogar einen Ort mit einer bemerkenswerten Aussicht in alle Richtungen, die es Saul nicht erlauben würde, sich unbemerkt anzuschleichen. Wohin ist er also gegangen? In 1. Samuel 22,4 heisst es, dass David zur «Bergfeste» gegangen war. Der Tafelberg war schon zu Davids Zeiten als *mezadah* – Masada – bekannt.

Aus menschlicher Sicht schien Masada das perfekte Versteck zu sein. Aber das war nicht der Ort, an dem Gott David haben wollte. Der Prophet Gad erhielt von Gott den Auftrag, David zu sagen: «Bleibe nicht auf der Bergfeste, sondern geh ins Land Juda!» (1Sam 22,5). David gehorchte Gott und kletterte von Masada herunter. Aber nur ein paar Kapitel später war er wieder dort.

Davids Begegnung mit Saul in En Gedi fand rund achtzehn Kilometer nördlich von Masada statt. Nach der Begegnung zogen Saul und seine Armee in Richtung Nordwesten zu Sauls Hauptstadt Gibea. Aber als Saul umkehrte und nach Norden marschierte, zogen David und seine Männer nach Süden – zurück zur «Bergfeste» (1Sam 24,23) –, um sicherzugehen, dass Saul nicht versuchte, umzukehren und sie zu überrumpeln. Vom nördlichen Rand von Masada aus hätte David eine ausgezeichnete Aussicht in Richtung Norden bis nach En Gedi gehabt.

Auf den ersten Blick mag es uns nicht überraschen, dass sowohl David als auch Herodes den strategischen Vorteil eines Ortes wie Masada entdeckt hatten. Beide Männer sahen sich im Laufe ihres Lebens militärischen Bedrohungen ausgesetzt, und beide lernten die Bedeutung einer starken Verteidigungsposition zu schätzen. Aber da enden die Gemeinsamkeiten auch schon. Herodes vertraute auf seine militärische Macht ... auf Festungen wie Masada. Er hat nicht lange genug gelebt, um zu erfahren, dass auch diese Festung fallen würde.

Anders als Herodes vertraute David auf den Schutz Gottes. Woher wir das wissen? David schrieb Psalm 18 zum Gedenken an den versprochenen Schutz Gottes «an dem Tag, als der Herr ihn aus der Hand aller seiner Feinde errettet hatte, auch aus der Hand Sauls» (V. 1). David beginnt mit einer zusammenfassenden Erklärung über Gottes grossen Schutz. «Der HERR ist mein Fels, meine Burg und mein Retter; mein Gott ist mein Fels, in dem ich mich berge, mein Schild und das Horn meines Heils, meine sichere Festung» (V. 3). Und raten Sie mal, welches Wort David für «Burg» verwendet? Sie haben recht. Es ist *mezudah*, Masada.

In Psalm 31 macht David eine ähnliche Aussage. Er nennt nicht den genauen Hintergrund des Psalms, aber er wurde offensichtlich in einer Zeit grosser Schwierigkeiten geschrieben, als sogar Davids Freunde ihn im Stich liessen. Er flehte Gott an, ihm «ein starker Fels, eine feste Burg zu meiner Rettung» zu sein (V. 3). Schon im nächsten Vers erklärte David voller Zuversicht: «Denn du bist mein Fels und meine Festung». Und das Wort, das er in diesen beiden Versen für «Burg» und «Festung» verwendet, ist *mezudah*. David verliess sich nicht auf eine Festung aus Stein, wenn er sich in Schwierigkeiten befand. Seine *mezudah*, seine wahre Festung, war der lebendige Gott.

Genau wie David und Herodes müssen auch wir uns schwierigen Zeiten stellen. Und wenn diese schwierigen Zeiten kommen, wohin wenden wir uns letzten Endes, um Hilfe zu erhalten? Herodes blickte auf einen Tafelberg und sah eine greifbare Festung, die sicher, fast uneinnehmbar schien. Aber die Geschichte hat letztendlich gezeigt, dass er sich da geirrt hat. David hatte Zeit auf demselben Tafelberg verbracht, war aber zu einem anderen Schluss gekommen. Am Ende fand er seinen Schutz nicht in *mezadah*, sondern im «Fels der Zeitalter»,[32] der lebendigen Festung des allmächtigen Gottes. Und das können wir auch!

DIE SYNAGOGE

Eine der unerwarteten Entdeckungen auf Masada war eine Synagoge. Sie wurde *nicht* von König Herodes gebaut. Vielmehr haben die frommen Zeloten, die Masada erobert hatten und verteidigten, einen der Räume in der Aussenmauer in eine Synagoge umgewandelt. Dieser historische Leckerbissen ist spannend, aber am faszinierendsten finde ich den klimatisierten Raum im hinteren Teil der Synagoge. An vielen Tagen können Besucher der Synagoge durch ein Fenster einen modernen Schriftgelehrten bei der Arbeit beobachten, wie er eine Thorarolle abschreibt. Es lohnt sich, ihm dabei zuzusehen, wie er akribisch hebräische Buchstaben aufs Pergament schreibt, so wie es Schriftgelehrte im Laufe der Geschichte immer schon getan haben. Und der Schriftgelehrte schreibt

32 Anm. d. Übs.: Engl. *Rock of Ages* nach dem engl. Kirchenlied, in der dt. Version mit «Fels des Heils» wiedergegeben.

oft den Namen eines Besuchers auf Hebräisch auf ein Stück Papier. Achten Sie darauf, ihn freundlich darum zu bitten!

Schreiber, der eine Thorarolle abschreibt

Sonnenaufgang über dem Toten Meer

KAPITEL 26

DAS TOTE MEER:

Sie können nicht sinken, aber Sie können ertrinken!

WAS BEDEUTET EIN NAME?

Vor zweitausend Jahren beschrieb der römische Historiker Plinius der Ältere das Tote Meer in seinem Buch *Naturgeschichte*. Aber aus seinem Text geht hervor, dass er von diesem ungewöhnlichen Gewässer nicht gerade begeistert war. Er nannte es *Asphaltites*, ein Name, den auch der jüdische Historiker Josephus verwendete. Plinius schrieb, dass es so genannt wurde, weil es «nichts anderes als Bitumen hervorbrachte», eine teerartige Substanz, die gelegentlich noch an die Oberfläche treiben kann. Plinius fügte hinzu, dass der See «von der Natur verflucht» sei und nannte ihn den «pestbringenden See».[33] Pestsee! Irgendwie glaube ich nicht, dass das israelische Fremdenverkehrsamt Plinius anheuern wird, um Werbetexte für irgendwelche Broschüren zu schreiben.

33 Pliny, *Natural History*, Übs. Philemon Holland (London: Barclay, Castle Street, Leicester Square, 1848), 5.15–16.

Plinius hat noch ein weiteres spannendes Detail hinzugefügt. Er schrieb von einem Bericht, dass nichts im See versinken könne. «Keinen Körper eines Lebewesens nimmt es auf: Stiere und Kamele treiben auf ihm.»[34] Ich habe noch nie gesehen, wie ein Kamel versucht hat, im Toten Meer zu schwimmen, aber ich *kann* mit Sicherheit sagen, dass es für einen *Menschen* unmöglich ist, im Toten Meer unterzugehen. Sie können ertrinken, aber sie können nicht untergehen.

Für Plinius und Josephus war dieses grosse Gewässer der See Asphaltites, obwohl wir ihn heute als Totes Meer kennen. Dennoch überrascht es viele Pilger, wenn sie hören, dass es in der hebräischen Bibel *nie* das «Tote Meer» genannt wird. Stattdessen gibt es im Hebräischen vier anderen Namen dafür. Neunmal wird es im Pentateuch und im Buch Josua als «Salzmeer» bezeichnet, was seinen dichten Mineraliengehalt betont. Fünfmal heisst es «Meer der Arava», was sich auf seine Lage im Grabenbruch bezieht. Dreimal wird es «östliches Meer» genannt, wegen seiner geografischen Lage an der östlichen Grenze des Landes Israel. Und bei zwei Gelegenheiten wird es einfach «das Meer» genannt, obwohl es in beiden Passagen im gleichen Zusammenhang auch als Salzmeer oder östliches Meer bezeichnet wird.

Auch Mark Twain hatte gemischte Gefühle gegenüber dem Toten Meer. Zu Beginn seiner Beschreibung beschwört er ein Bild der Verwüstung und Unfruchtbarkeit herauf, das dem von Plinius ähnelt. «[...] es findet sich nirgends ein angenehmer Gegenstand oder ein lebendes Wesen auf dem Wasser oder an den Ufern, das das Auge erfreut. Es ist eine sengende, unfruchtbare, abstossende Einöde. Ein Schweigen brütet über der Landschaft, das die Stimmung niederdrückt. Es erinnert einen an Begräbnis und Tod.»[35]

Die von Twain beschriebene Trostlosigkeit ist noch immer gegenwärtig, aber der Ort besitzt auch eine schlichte Schönheit. Ich bin immer wie-

34 Ebd.
35 Mark Twain, *Die Arglosen im Ausland*, Übs. Ana Maria Brock (Frankfurt a.M. / Leipzig: Insel, 1997), 643.

der fasziniert von den salzbedeckten Felsen am Ufer, die weiss in der Sonne glitzern. Wenn man am Wasser entlangspaziert, kann man sich kaum vorstellen, dass wir uns tatsächlich am tiefsten Punkt der Erde befinden ... rund 430 Meter *unter* dem Meeresspiegel. Die meiste Zeit des Jahres ist das Meer badewasserwarm, und die hohe Salzkonzentration verleiht dem Wasser, wenn man es mit den Fingern verreibt, die seidige Textur von Öl.

Salz, das sich auf den Felsen am Ufer ablagert

Aber trotz all seiner Schönheit ist das Tote Meer immer noch ohne Leben – zumindest im Moment.

KAUFT EURE ANGELLIZENZ!

Stellen Sie sich die Überraschung der jüdischen Gefangenen in Babylon vor, als der Prophet Hesekiel versuchte, ihnen Angellizenzen für das Tote Meer zu verkaufen. Nun, er hat nicht wirklich versucht, ihnen Lizenzen zu *verkaufen*, aber er beschrieb eine Zeit, zu der das Fischen an seinen Ufern alltäglich sein wird.

Hesekiel war als Gefangener in Babylon, als das Land Juda an König Nebukadnezar fiel. In den ersten vierundzwanzig Kapiteln seines Buches schrieb Hesekiel an seine Mitstreiter in der Gefangenschaft und teilte ihnen mit, dass Jerusalem zerstört wird – etwas, von dem sie glaubten, dass es niemals passieren könne. Als die letzte Belagerung begann, wandte Hesekiel seine prophetische Stimme von Juda ab und kündigte an, dass Gott auch die umliegenden Nationen richten wird. Doch ab Kapitel 33, gerade als die ersten Gefangenen aus Jerusalem in Babylon ankamen und die Zerstörung der Stadt bekanntgaben, begann Hesekiel, die Wiederherstellung der Nation und der Stadt vorauszusagen.

Hesekiel 33–48 beschreiben die endgültige Rückkehr des Volkes in das Land. Gott verhiess, sein Volk wieder zu versammeln, eine neue Bundesbeziehung mit ihm einzugehen, ihm seine Sünden zu vergeben, seinen Tempel wieder aufzubauen und für immer bei seinem Volk zu wohnen. Die Botschaft erschien seinen Hörern schier unglaublich. Die Nation war zerstört worden. Das Volk war im Exil, der König war vom Thron gestürzt worden und der Tempel war ein Trümmerhaufen. Wie könnte die Nation jemals wieder aufleben? Aber Hesekiel ging über die einfache Vorhersage der Rückkehr Judas hinaus. Er kündigte auch an, dass das nördliche Königreich Israel, die anderen zehn Stämme, die fast 150 Jahre zuvor in die Gefangenschaft gegangen waren, ebenfalls in das Land zurückkehren und mit Juda zu einem einzigen Königreich wiedervereinigt werden würden – etwas, das es seit dem Tod von König Salomo, fast 350 Jahre zuvor, nicht mehr gegeben hat.

Was haben Hesekiels erstaunliche Prophezeiungen mit dem Toten Meer oder dem Kauf einer Angellizenz zu tun? Die Antwort findet sich in Hesekiel 47.

Nachdem Hesekiel die wundersame physische und geistliche Wiedervereinigung seines Volkes angekündigt hatte, sagte er, dass das Tote Meer als Anschauungsobjekt für Gottes unglaubliches Versprechen dienen werde. In Übereinstimmung mit den Propheten Joel und Sacharja sagte Hesekiel, dass lebendiges (oder fliessendes) Wasser aus dem wiederaufgebauten Tempel fliessen würde, wenn Gott sein Volk wieder in das Land zurückbringt. Der Strom würde nach Osten fliessen, «über die Arava», also das Jordantal, und «ins Meer» (Hes 47,8). Das Meer ist natürlich das Tote Meer.

Hesekiel sagte dann die erstaunliche Verwandlung voraus, die stattfinden wird. Wenn das Wasser in das Tote Meer fliesst, wird das Wasser dort frisch werden.

> Alle lebendigen Wesen, alles, was sich dort tummelt, wohin diese fliessenden Wasser kommen, das wird leben. Es wird auch sehr viele Fische geben, weil dieses Wasser dorthin kommt; und es wird alles gesund werden und leben, wohin dieser Strom kommt. Und es wird geschehen, dass Fischer an ihm stehen werden; von En-Gedi bis En-Eglaim wird es Plätze zum Ausbreiten der Netze geben. Seine Fische werden sehr zahlreich sein, gleich den Fischen im grossen Meer, nach ihrer Art. (Hes 47,9-10)

Hesekiel kündigte an, dass sogar das Tote Meer lebendig werden wird, wenn Gott sein Volk physisch und geistlich wiederherstellt!

Eine grossartige Lektion, die man vom Toten Meer mitnehmen kann, ist die Tatsache, dass Gott sich darauf spezialisiert hat, das Unmögliche zu tun.

Wir haben vor Kurzem En Gedi besucht, einen der beiden Orte, die Hesekiel in diesem Abschnitt erwähnt. Aber wo ist En-Eglaim? Der Name bedeutet «die Quelle der zwei Kälber». Dies ist das einzige Mal, dass sie in der Bibel erwähnt wird, daher können wir uns nicht absolut sicher sein, wo sich dieser Ort befindet. Aber unsere beste Vermutung ist, dass es sich um eine der Quellen am nordwestlichen Rand des Toten Meeres nahe Qumran handelt. Die Entfernung zwischen En Gedi und Qumran beträgt 32 Kilometer. Eines Tages werden die besten 32 Kilometer Uferlinie für den Fischfang in ganz Israel entlang des nordwestlichen Ufers des Toten Meeres liegen.

Eine grossartige Lektion, die man vom Toten Meer mitnehmen kann, ist die Tatsache, dass Gott sich darauf spezialisiert hat, das Unmögliche zu tun. Israel hat eine Zukunft, weil Gott ein Versprechen gegeben hat. Und obwohl es Zeiten gab, in denen diese Zukunft unmöglich schien, ist Gottes Versprechen nie ins Wanken geraten. Israels heutige Präsenz im Land ist ein Vorspiel für das, was Gott für die Zukunft versprochen hat. An jenem Tag *werden* sich die Fischer am Ufer eines «Toten» Meeres drängen, in dem es von Fischen nur so wimmeln wird. Und der Gott, der Israel und das Tote Meer verwandeln kann, ist derselbe Gott, der auch Ihr Leben verwandeln kann, wenn Sie auf ihn vertrauen.

IM TOTEN MEER SCHWEBEN

Mark Twain und seine Begleiter verbrachten eine Stunde damit, im Toten Meer zu schweben. Der Reiseführer, den sie mitgebracht hatten, warnte sie davor, ins Tote Meer zu gehen. «Unsere gesamte Lektüre hatte uns zu erwarten gelehrt, dass der erste Sprung in das Tote Meer von qualvollen Folgen begleitet sein würde – unser Körper würde sich anfühlen, als durchbohrten ihn plötzlich Millionen glühender Nadeln; der furchtbare Schmerz würde stundenlang anhalten; wir müssten sogar damit rechnen, von Kopf bis Fuss mit Blasen bedeckt zu werden und viele Tage elend zu leiden.» Twain entlarvte diese Beschreibung mit einem herrlich knappen Satz. «Wir wurden enttäuscht» – er bezog sich auf das Buch, nicht auf seine Erfahrung am Toten Meer. Er beschrieb seine Zeit im Wasser als ein «spassiges Bad».[36]

Im Toten Meer schweben

36 Ebd., 643–644.

Ein «Bad» im Toten Meer ist immer noch etwas, das jeder Besucher zumindest einmal ausprobieren sollte. Die beste Art, das Tote Meer zu betreten, ist, einfach hinauszuwaten, bis das Wasser einem bis zur Hüfte geht. Strecken Sie dann die Arme seitlich aus, beugen Sie die Knie und tun Sie so, als ob Sie sich in einen Lehnstuhl setzen würden. Ihre Beine werden nach vorn gedrückt werden, und Sie werden schweben! Aber zwei Worte der Vorsicht. Erstens: Planschen Sie nicht. Sie wollen nicht, dass Ihnen das Wasser in den Mund oder in die Augen läuft. Zweitens: Seien Sie vorsichtig, wenn Sie sich wieder hinstellen. Das Wasser ist so dicht – und Sie sind so schwimmfähig – dass es tatsächlich möglich ist, sich auf den Kopf zu stellen – mit den Beinen, die in der Luft baumeln, während der Kopf unter Wasser ist. Wie ich schon sagte: Sie können nicht sinken ... aber Sie *können* ertrinken.

Wenn wir am Toten Meer ankommen, erkläre ich Ihnen ein letztes Mal, was Sie im Wasser tun – und was Sie lassen – sollten. Tragen Sie keinen Schmuck. Tauchen Sie nicht unter. Planschen Sie nicht. Und wenn Sie Wasser in die Augen bekommen, reiben Sie sie nicht. (Ihre nassen Hände reiben nur noch mehr Salz hinein.) Glücklicherweise verfügen die Strände am Toten Meer heute über Süsswasserduschen in Ufernähe, falls jemand das Salz von seinen Händen und Augen abspülen möchte.

Auf einem bestimmten Ausflug hatte ich diese Erklärung gerade beendet, als ein Bus voller Touristen an dem öffentlichen Strand vorfuhr, an dem wir angehalten hatten. Ein junger Mann sprang aus dem Bus und rannte auf das Wasser zu. Mit einem «Juhuu!»-Ruf stürzte er sich kopfüber ins Wasser. Als er an die Oberfläche kam, merkte er plötzlich, dass seine Augen brannten. Er begann, sie kräftig zu reiben, während er seine Mitreisenden zu Hilfe rief. Jemand watete barmherzig ins Wasser, um ihn zurück ans Ufer zu führen. Es war die beste Lektion für unsere Gruppe, wie man es *nicht* machen sollte.

SODOM UND GOMORRA

Das südliche Drittel des Toten Meeres hätte schon vor Jahren verdunstet sein müssen. Das Gebiet ist recht flach, und das Einzige, was es vor dem völligen Austrocknen bewahrt, ist der Kanal, der Wasser aus den nördlichen zwei Dritteln des Sees heranführt. Das Wasser wird aus zwei Gründen hierher geleitet – Tourismus und Mineralien. An einem Ort namens Ein Bokek gibt es eine Reihe von Wellness-Hotels für Touristen aus aller Welt, die ans Tote Meer kommen, um im Wasser zu schwimmen, in Schwefelbecken zu baden und sich in der heissen Sonne zu entspannen.

Ein paar Kilometer südlich von Ein Bokek werden in einem kommerziellen Betrieb Mineralien wie Bromid, Magnesium und Pottasche aus dem Toten Meer gewonnen. Das gesamte südliche Drittel des Toten Meeres ist mit Verdunstungsteichen versehen, um diese Mineralien zu gewinnen. Wenn sich das mineralhaltige Wasser in diesen Teichen sammelt und unter der Sonneneinstrahlung verdunstet, hinterlässt es einen dicken, chemischen Schlamm, der extrahiert, getrocknet und dann in die ganze Welt verschifft wird.

Die meisten Touristen geniessen ihren Aufenthalt in Ein Bokek, aber nur wenige wissen, dass die Gegend, in der sie sich treiben lassen, einst der Ort war, an dem Sodom, Gomorrha und die anderen Städte der Ebene lagen, die im Buch 1. Mose beschrieben werden. In 1. Mose 14,3 identifiziert Mose die Könige von Sodom, Gomorra, Adama, Zeboim und Zoar, die sich «verbündeten ... im Tal Siddim, wo [jetzt] das Salzmeer ist». Fünf Städte lagen in dieser Region, die heute von Wasser bedeckt ist.

Wenn man auf den See hinausschaut, kann man sich kaum vorstellen, dass dies einmal ein fruchtbares und üppiges Land war. Vielleicht fügte Mose deshalb eine beschreibende Anmerkung hinzu, als er erklärte, warum sich Lot die Region um das Tote Meer auswählte, um dort zu leben. «Da hob Lot seine Augen auf und sah die ganze Jordanaue; denn sie war überall bewässert, wie der Garten des HERRN, wie das Land Ägypten, bis nach Zoar hinab, bevor der HERR Sodom und Gomorra zerstörte» (1Mo 13,10).

Blick über den südlichen Teil des Toten Meeres in Richtung des Gebietes von Zoar

Dieses Gebiet, das einst üppig bewachsen und gut bewässert war, wurde von Gott zerstört, als er Sodom und Gomorra richtete. «Da liess der HERR Schwefel und Feuer regnen auf Sodom und Gomorra, vom HERRN, vom Himmel herab, und er zerstörte die Städte und die ganze Umgebung und alle Einwohner der Städte und was auf dem Erdboden gewachsen war» (1Mo 19,24-25). Lot, seine Töchter und eine der fünf Städte in der Region wurden nicht vernichtet. Die Stadt Zoar wurde verschont, weil sie für Lot und seine Töchter nahe genug war, um dorthin zu fliehen (V. 20-23). Zoar lag auf der Ostseite des Toten Meeres, versteckt am Fusse der Berge von Moab. Sie überlebte, aber der Rest des Tals wurde vollständig vernichtet. Und dann liess Gott auch noch das Land absacken, damit das Wasser aus dem Toten Meer hineinfliessen konnte und jegliche Überreste bedeckte.

Wenn man auf die Berge blickt, die sich im Wasser spiegeln, kann man sich kaum vorstellen, dass dies einmal erstklassiges Gelände war – ein Garten im Land. Aber vielleicht ist die Verwüstung selbst eine gute Metapher für die Auswirkungen, die die Sünde auf das Leben eines Menschen haben kann. Ganz gleich, wie vielversprechend das Potenzial eines Menschen auch sein mag: Entscheidungen haben Konsequenzen. Ein guter Anfang verbürgt nicht auch ein gutes Ende. Das sind die schweren Lektionen, die wir nicht immer hören wollen, die wir aber unbedingt hören müssen. Und diese Art Lektion schreit uns laut entgegen, wenn wir hier am Toten Meer auf die Trostlosigkeit blicken.

ES GEHT HINAUF NACH JERUSALEM

AJALON
JERUSALEM
SOREK
BETHLEHEM
ELA
HERODION
GUVRIN
LACHIS
ARAD
BEERSCHEBA

Die Zitadelle aus der Eisenzeit im alten Arad

KAPITEL 27

ARAD:
Ein unbekannter Ort mit grosser Bedeutung

Arad steht bei vielen Touren nicht auf der Liste der Pflichtbesuche, und das ist eine Schande. Es stimmt schon, die Stadt wird nur viermal in der Bibel erwähnt. Drei Stellen davon stehen im Zusammenhang mit Israels Sieg über den König von Arad kurz nach dem Tod von Aaron (4Mo 21,1; 33,40; Jos 12,14). Und die vierte Stelle verwendet Arad als geografische Markierung, um den Ort zu bestimmen, an dem sich die Nachkommen des Schwiegervaters von Mose niederliessen (Ri 1,16). Aber der Mangel an Bibelstellen schmälert nicht die Bedeutung dieses Ortes. Arad mag ein unbekannter Ort sein, aber er bietet drei wichtige biblische Lektionen.

BESUCH DER ZITADELLE

Nehmen Sie sich Zeit, die Treppe zur Zitadelle hinaufzusteigen ... und halten Sie Ausschau nach Eidechsen! Ich möchte nicht, dass jemand von einem unter der Treppe hervorschiessenden Reptil überrascht wird. Halten Sie auch Ihre Kameras bereit. Vielleicht sehen Sie ja einen Fuchs über die alten Mauern klettern.

Arad ist ein weiterer Ort mit «Aha-Effekt» auf einer Israelreise. Er zeigt, wie wichtig es ist, die Strassen zu kontrollieren, die durch den biblischen Negev führen. Er veranschaulicht auch zwei wichtige Geschichten aus dem Alten Testament und eine zentrale Wahrheit aus dem Neuen Testament.

Arad beherrschte das östliche Ende der Region, die in der Bibel Negev genannt wird. Auf modernen Karten erstreckt sich der Negev bis hinunter zur Stadt Elat an der Südspitze Israels. Aber in alttestamentlichen Zeiten bezeichnete der Negev einen recht schmalen Landstreifen, der die Grenze zwischen dem Bergland von Juda im Norden und der Wüste im Süden markierte. Er war der bevorzugte Lagerplatz der Patriarchen Abraham, Isaak und Jakob.

Der Negev ist ein Gebiet mit geringen Niederschlägen. In Jahren mit durchschnittlichem Niederschlag kann dort genug Regen fallen, um Weizen anzubauen. Von einem Jahr heisst es: «Und Isaak säte in dem Land und erntete im selben Jahr hundertfältig; denn der HERR segnete ihn» (1Mo 26,12). Doch als zuvor sein Vater Abraham im Negev ankam, war die Lage anders: «Da aber eine Hungersnot im Land herrschte, zog Abram nach Ägypten hinab, um sich dort aufzuhalten; denn die Hungersnot lastete schwer auf dem Land» (1Mo 12,10).

Wenn Sie auf dem Gelände stehen, schauen Sie zuerst nach Norden. Sehen Sie die Schafherde in der Ferne? Sie ist eine Erinnerung daran, dass diese Region heute die Heimat der Beduinen ist – einer Gruppe, die ähnlich lebt wie einst die Patriarchen. Gleich hinter dieser Herde können Sie sehen, wie sich das Bergland von Juda zu erheben beginnt. Wenn Sie ein kurzes Stück in diese Hügel hineinfahren, gelangen Sie zum Gelände der biblischen Ortschaften Karmel und Maon. Vielleicht erinnern Sie sich nicht daran, wo sie in der Bibel erwähnt werden, aber sie sind Teil der ersten Lektion, die wir bei unserem Besuch in Arad lernen können.

DER WEISE, DER TÖRICHTE UND DER NAIVE

Das Buch der Sprüche spricht von drei verschiedenen Arten von Menschen. Manche sind weise, manche sind töricht und manche sind naiv. Alle drei sind in 1. Samuel 25 zu sehen, und die Sicht von Arad aus hilft, sie alle klar in den Blick zu nehmen. Das Kapitel beginnt mit der Ankündigung des Todes des Propheten Samuel. Da Samuel bereits gestorben ist, fühlt sich der junge, naive David durch die Bedrohungen des eifersüchtigen Königs Saul sehr gefährdet. Er spürt den Drang zu fliehen. «David aber machte sich auf und zog hinab in die Wüste Paran» (V. 1).

Wenn das Bergland von Juda gleich nördlich von uns beginnt, beginnt die Wüste Paran gleich südlich von uns. Wenn Sie sich umdrehen und nach Süden schauen, können Sie sehen, wie das Gelände ansteigt. Dort beginnt die Wüste. Der Negev ist tatsächlich eine flache Senke zwischen dem Bergland von Juda und der Wüste Paran. Indem er sich in die Wüste begab, brachte David so viel Abstand wie möglich zwischen sich und Saul.

Die Situation in 1. Samuel 25 ändert sich daraufhin, und wir müssen uns wieder nach Norden wenden und zurückblicken ... zum Beginn des Berglandes von Juda. Nur ein paar Kilometer weiter oben in diesen Hügeln lagen die alttestamentlichen Ortschaften Karmel und Maon. Und hier lernen wir die zweite Figur in unserem Drama kennen. «Es war aber ein Mann in Maon, der hatte sein Gewerbe in Karmel; und dieser Mann hatte ein sehr grosses Vermögen, und er besass 3000 Schafe und 1000 Ziegen; und er liess gerade seine Schafe in Karmel scheren. Und der Name dieses Mannes war Nabal» (1Sam 25,2-3). Der Name Nabal bedeutet «Narr». Dies ist dasselbe Wort, das in Psalm 14,1 vorkommt: «Der *Narr* spricht in seinem Herzen: ‹Es gibt keinen Gott!›»

Es scheint fast unvorstellbar, dass Nabals Eltern ihn bei seiner Geburt «Narr» genannt haben. Wahrscheinlicher ist, dass es sich um einen Spitznamen handelt, den ihm seine Eltern oder andere Personen gegeben haben, als er aufwuchs, wahrscheinlich wegen seiner törichten Handlungen. Wie Abigail später David traurig gesteht: «denn er ist, wie sein Name heisst: ‹Narr› ist sein Name, und Narrheit ist bei ihm» (1Sam 25,25). Es ist wahrscheinlich, dass die Leute ihn aufgrund seines Reichtums und seines Einflusses nicht direkt so angesprochen haben. Aber wenn man dort «Narr» sagte, wusste jeder, wer gemeint war.

Dann fügt der Autor schnell die dritte Figur in die Geschichte ein – Abigail. Sie war «eine Frau von gesundem Verstand und von schöner Gestalt» (1Sam 25,3). Abigail wird zur Heldin des Kapitels. Ihre Weisheit und ihr Urteilsvermögen retten ihre gesamte Hausgemeinschaft vor einer übereilten Entscheidung Davids. Aber ich greife der Geschichte vor.

David hatte sich in der Wüste Paran versteckt, aber er hatte seine Männer geschickt, um Nabals Herden zu schützen. Als David einige dieser Männer zurückschickte, um zu sehen, ob Nabal ihre Dienste mit Vorräten belohnen werde, schickte Nabal sie leider unhöflich weg. David befahl vierhundert seiner Männer, mit ihm zu kommen, machte sich auf und schwor, Nabal und seine Familie zu töten. Als Abigail erfuhr, was geschehen war, schickte sie einen Versorgungskonvoi zu David und machte sich auf ihrem eigenen Esel auf den Weg, um ihn abzufangen.

Hier wird Ihre Warte auf Arad dazu beitragen, dass die Geschichte glasklar wird. Achten Sie sorgfältig auf die Worte aus 1. Samuel 25,20. «Und es geschah, als sie auf dem Esel ritt und im Schutz des Berges hinabzog, siehe, da kamen David und seine Männer herab, ihr entgegen, und so begegnete sie ihnen.» Fällt Ihnen etwas Merkwürdiges auf? Wie können sich Abigail und David treffen, wenn sie beide herunterkommen («hinabzog», «kamen ... herab»)? Wenn sich zwei Personen an einem Hang treffen, die aus entgegengesetzten Richtungen kommen, würde man erwarten, dass die eine Person *herunter*kommt, während die andere *herauf*kommt. Dennoch verwendet der Verfasser im Hebräischen dasselbe Wort, «herunterkommen», um die Bewegung beider zu beschreiben. Wie ist das möglich?

Schauen Sie nach Norden auf das Bergland von Juda. Wenn Abigail auf dem Weg in die Wüste Paran war, um David zu treffen, ging sie zuerst *hinunter* in den Negev. Wenden Sie sich nun der Wüste Paran zu, die im Süden liegt. Wenn David von dort aus zu Nabal reist, würde er zuerst *hinunter* in den Negev gehen. Wenn also beide *abwärts* unterwegs sind, dann müssen sie sich hier im Negev-Becken getroffen haben, irgendwo in der Nähe der Stelle, an der wir jetzt gerade stehen.

Abigail entschuldigte sich für die Taten ihres boshaften Mannes und überreichte David ihre Geschenke. David erkannte die Weisheit in ihrem Rat, der ihn davon abhielt, ein törichtes Gelübde abzulegen. «Und gesegnet sei dein Verstand, und gesegnet seist du, dass du mich heute davon zurückgehalten hast, in Blutschuld zu geraten und mir mit eigener Hand zu helfen!» (1Sam 25,33).

Eine kluge, scharfsinnige Frau hielt einen jungen, naiven Mann davon ab, ein sehr unkluges Gelübde zu erfüllen. Und der Rest ist freilich Geschichte. Nabal, der Narr, starb, und die kluge Frau wurde die Frau des jungen Mannes. Vielleicht sollte das Thema der ganzen Geschichte Sprüche 19,20 sein. «Gehorche dem Rat und nimm die Zurechtweisung an, damit du künftig weise bist!» Es ist anzunehmen, dass Nabal sich nie die Mühe gemacht hat, Abigail zuzuhören. Zum Glück hat David das getan.

GÖTZENDIENST IM KÖNIGREICH JUDA

Die zweite Lektion aus Arad stammt von den Ausgrabungen auf diesem Gelände. Wenn Sie auf dieser Aussichtsplattform stehen, können Sie sehen, dass die Zitadelle recht klein war. Dies war eher ein militärischer Aussenposten als eine Ortschaft. Ihre Hauptaufgabe war es, die Handelsroute durch den Negev zu beschützen und den Weg ins Bergland von Juda zu überwachen. Der Raum in dieser Festung muss sehr beengt gewesen sein, und dennoch wurde ein beträchtlicher Teil des Raumes für nur ein Gebäude verwendet. Und dieses Gebäude befindet sich direkt unter uns, hier an der nordwestlichen Ecke des Geländes.

Der Tempel von Arad

Direkt am Eingang des Gebäudes befindet sich ein offener Innenhof mit einem Steinaltar. Der Altar war aus Feldsteinen gebaut, genau wie Gott es befohlen hatte. Hinter dem Altar befindet sich eine Tür, die zu einer inneren Kammer führt, und am anderen Ende dieser Kammer führt eine Treppe zu einem kleineren Raum mit zwei Weihrauchaltären am Eingang. In dem kleinen Raum befindet sich ein flacher Stein, der an der Rückwand lehnt.

Der Opferaltar und die Räucheraltäre lassen uns wissen, dass dieses Gebäude ein Tempel war. Und er scheint der Stiftshütte in der Wüste nachempfunden zu sein oder vielleicht sogar dem Tempel Salomos in Jerusalem. Aber einige Dinge stimmen da nicht. Warum gibt es zwei Weihrauchaltäre und nicht nur einen? Und wozu dient der flache Stein in dem, was eigentlich das Allerheiligste sein sollte? Und was noch wichtiger ist: Was hat ein Tempel hier überhaupt zu suchen?

In 5. Mose 12 kündigte Gott an, dass Opfer nur an dem Ort dargebracht werden dürfen, den er auswählen würde. «Hüte dich, dass du deine

Brandopfer nicht an irgendeinem Ort opferst, den du dir ersiehst; sondern an dem Ort, den der HERR in einem deiner Stämme erwählt, da sollst du deine Brandopfer opfern, und dort sollst du alles tun, was ich dir gebiete.» (V. 13-14). Der schliesslich von Gott gewählte Ort war Jerusalem. Warum also wurde dieser Tempel in Arad gebaut? Wahrscheinlich diente er der Bequemlichkeit derer, die hier lebten. Anstatt den ganzen Weg nach Jerusalem zu reisen, beschlossen sie, dass es einfacher war, hier ihr eigenes Gottesdienstzentrum zu bauen.

Es ist möglich, dass die Menschen, die hier lebten, nicht einmal den wahren Gott Israels verehrten. Zweifellos hatten sie sich bewusst dafür entschieden, seinem Gebot, nur in Jerusalem anzubeten, nicht zu gehorchen. Und indem sie einen flachen Stein in das Allerheiligste legten, die Stelle, an der die Schechina-Herrlichkeit Gottes über der Bundeslade wohnen sollte, ersetzten sie den einen Gott Israels durch ein Bild, das jeden Gott darstellen konnte, den das Volk wollte. Traurigerweise war Arad nicht die einzige Ortschaft in Juda, in der solche Praktiken stattfanden.

Durch den Propheten Jeremia beschrieb Gott die götzendienerischen Praktiken im ganzen Land. «Siehst du denn nicht, was sie in den Städten Judas und auf den Strassen von Jerusalem tun? Die Kinder lesen Holz zusammen, und die Väter zünden das Feuer an, die Frauen aber kneten Teig, um der Himmelskönigin Kuchen zu backen; und fremden Göttern spenden sie Trankopfer, um mich zu ärgern» (Jer 7,17-18). Später schreibt Jeremia: «Denn so viele Städte du hast, Juda, so viele Götter hast du auch, und so viele Strassen es in Jerusalem gibt, so viele Altäre habt ihr der Schande errichtet, Altäre, um dem Baal zu räuchern!» (Jer 11,13). Der in Arad aufgedeckte Tempel ist ein aktuelles Beispiel für die Art von Götzendienst, die in Juda grassierte.

Dieser Tempel erinnert uns daran, dass wir unser Herz prüfen müssen, um sicherzustellen, dass wir unser Leben nach Gottes Vorgaben ausrichten und nicht seine Gebote nach unseren Vorlieben zurechtbiegen.

DER MANN VON KERIOT

Wir haben bereits über Karmel und Maon gesprochen, aber es gibt noch eine weitere Ortschaft, die noch näher an unserem Standort liegt. Sie lag nur ein kleines Stück die Strasse hinauf, die ins Bergland von Juda führt. Wahrscheinlich haben Sie noch nie etwas von dieser Ortschaft gehört, aber ich glaube nicht, dass Sie sie nach Ihrer Zeit hier jemals vergessen werden. Die Ortschaft wird nur ein einziges Mal im Alten Testament erwähnt, und in dieser einen Passage hat sie sogar zwei Namen.

Nachdem Josua Kanaan erobert hatte, teilte er das Land unter den Stämmen Israels auf. Der erste Stamm, der seine Zuteilung im Land erhielt, war der Stamm Juda. Kaleb erhielt gemäss Josua 14 die Stadt Hebron, und danach wurden in der ersten Hälfte von Kapitel 15 die Grenzen für den Stamm Juda festgelegt. Schliesslich identifizierte Josua die verschiedenen Städte innerhalb ihres Stammesgebietes.

Diese Liste von Städten, die in Josua 15,21 beginnt, ist eine Einkaufsliste von Orten, mit deren Aussprache wir Mühe haben und die wir nur schwer auf einer Karte finden. Und deshalb übergehen die meisten Menschen sie einfach. Die vierzehnte Stadt auf der Liste ist «Keriot-Hezron, welches Hazor ist» (V. 25). Schauen wir uns diesen Namen etwas genauer an.

Das Wort «Keriot» im Deutschen würde im Hebräischen eigentlich *kerijot* ausgesprochen werden. Es ist die Pluralform des Wortes *kirjat*, das mit einem hebräischen Wort für «Dorf» verwandt ist. Das zweite Wort *Hezron* bedeutet «Einfriedung». Die Stadt erhielt den Zusatznamen *Hazor*. Aber verwechseln Sie diese Ortschaft nicht mit der Stadt Hazor, die wir zuvor besucht haben. Diese Stadt liegt nördlich des Sees Genezareth, während diese Ortschaft im äussersten Süden von Juda ist. Stellen Sie es sich folgendermassen vor. Auch in den USA gibt es mehrere Städte, die denselben Namen tragen – zum Beispiel vierundzwanzig Ortschaften oder Städte namens Springfield, fünfzehn namens Danville und mindestens drei namens Peoria. Das Wort *Hazor* bedeutet ebenfalls «Einfriedung». Vielleicht begann die Ortschaft als zwei Dörfer, die später zusammengelegt wurden, oder die Ortschaft war von einer doppelten Stadtmauer umgeben.

Keriot-Hezron war nur eine von mehreren Ortschaften in Juda. Sie war weder die grösste noch die strategisch wichtigste, aber sie war dennoch eine der ersten Ortschaften, die in dem Gebiet ausgewählt wurden, das dem mächtigsten Stamm Israels zugewiesen war. Die Ortschaft hatte sicherlich nichts an sich, wofür man sich schämen musste, wenn man dort gelebt hätte. Tatsächlich wird uns in der Bibel von einem vielversprechenden Mann namens Juda berichtet, der aus der Ortschaft Keriot stammte.

Juda hob sich von seinen Altersgenossen ab. Die meisten der Leute um ihn herum kamen aus Galiläa. Sie waren Landeier, die mit einem schrulligen Akzent sprachen, der sie verriet. Juda hingegen stammte aus Keriot, nur knapp sechzig Kilometer von Jerusalem entfernt. Er sprach mit einem *schicklichen* Akzent.

Juda schien auch von den anderen Mitgliedern der Gruppe respektiert zu werden, ja sogar Vertrauen zu geniessen. Wenn sie jemanden brauchten, der die Bücher führte und sich um die Finanzen kümmerte, war Juda der richtige Mann. Dieser Mann aus Keriot hatte eine natürliche Ausstrahlung und die Führungsqualitäten, die andere dazu brachten, ihm zu vertrauen.

Inzwischen haben Sie vielleicht die Teile dieses Puzzles zusammengesetzt. Im Hebräischen würden die Worte «Mann von Keriot» als *isch kerijot* ausgesprochen, da das Wort für «Mann» im Hebräischen *isch* lautet. Und als die Namen im Neuen Testament aus dem Hebräischen ins Griechische umschrieben wurden, änderte sich der Name Juda zu Judas. Wie Sie sehen, war Judas Ischariot, der Mann, der Jesus verraten hat, in Wirklichkeit *Judah Isch Kerijot* – Juda, der Mann aus Keriot. Er ist gleich hinter diesem Hügel dort hinten geboren und aufgewachsen.

Das ist der Moment, in dem Paul Harvey[37] zu sagen pflegte: «Und jetzt kennen Sie ... den Rest der Geschichte.» Aber bei *dieser* Geschichte gibt es

37 Anm. d. Übs.: Paul Harvey (1918–2009) war ein in den USA berühmt gewordener Radiomoderator, der in seinen Sendungen einige wiederkehrende Phrasen verwendete. Diese ist eine davon.

noch mehr zu berichten. Ich meine seine Anwendung auf uns heute. Was sollte unser Verständnis des Hintergrunds von Judas in unserem Leben bewirken? Erstens sollte es uns daran erinnern, ein Buch nie nach seinem Einband zu beurteilen. Welcher Mann sollte der bessere Nachfolger von Jesus werden? Der kultivierte Jünger aus Keriot im Gebiet von Juda oder der raue, miefende Fischer aus Galiläa namens Simon bar Jona? Judas hatte den Stammbaum, aber Petrus hatte letztendlich den Charakter, den Mut und den Glauben. Die Lektion für uns ist, darauf zu achten, dass wir andere niemals nach ihrem Aussehen oder ihrem Akzent beurteilen, sondern nach ihrem Charakter und ihren Taten.

Das führt zu einer zweiten Wahrheit. In Ihrem Leben ist es nicht wichtig, woher Sie kommen, sondern wohin Sie gehen. Sie haben sich Ihre Eltern, Ihren wirtschaftlichen oder sozialen Hintergrund oder Ihre Kindheit nicht ausgesucht. Das lag alles ausserhalb Ihrer Kontrolle. Aber Sie können wählen, wohin Sie heute und morgen gehen. Judas war für die Entscheidungen, die er traf, verantwortlich. Und obwohl er mit grossen Vorteilen begann, beendete Judas Ischariot – Juda, der Mann aus Keriot – sein Leben als Versager. Die Konsequenzen seiner schlechten Entscheidungen sollten uns allen ein blinkendes Warnlicht sein.

Arad ist definitiv ein unbekannter Ort, den viele israelische Reiseleiter lieber nicht besuchen. Wie einer von ihnen mal herausplatzte: «Was soll ich denn hier sagen? Ich habe diesen Ort seit der Leiterschulung nicht mehr besucht!» Aber Arad ist ein Juwel, ein echter Rohdiamant für diejenigen, die die Bibel verstehen wollen. Von David und Abigail über Jeremia und den Götzendienst von Juda bis hin zu Judas Ischariot – dieser Ort hilft, die Botschaft der Bibel besser zu verstehen. Es ist auch ein wunderbarer Ort, um gelegentlich von einem Fuchs oder einem Hirten mit seiner Schafherde überrascht zu werden. Und je nach Jahreszeit ist es auch ein wunderbarer Ort, um eine schwarze Schwertlilie zu sehen ... oder vielleicht sogar einen reifenden Granatapfel!

Ein Fuchs, der durch ein Feld bei Arad läuft

Schwarze Schwertlilie bei Arad

Granatapfel, der an einem Baum reift

Der Brunnen vor dem Eingang zum alten Beerscheba

KAPITEL 28

BEERSCHEBA:

Von Dan bis Beerscheba

Beerscheba war im Altertum die südlichste Grossstadt Israels. Es war die vorübergehende Heimat der Patriarchen Abraham, Isaak und Jakob. Auch der Prophet Elia besuchte die Stadt kurz, als er vor der gottlosen Königin Isebel floh. Eine Reihe anderer Männer und Frauen aus der Bibel gingen durch ihre staubigen Strassen. Doch während viele der Sehenswürdigkeiten in Israel oft von Pilgern und Touristen überlaufen sind, gehört dieser historische Schatz *nicht* dazu. Abgesehen von den gelegentlichen Reisebussen, ist der Parkplatz von Beerscheba leer. Das ist grossartig für diejenigen, die ihr doch einen Besuch abstatten, weil sie das Gelände dann ganz für sich haben. Aber es ist traurig, dass so wenige Touristen hierherkommen.

VON DAN BIS BEERSCHEBA

Bevor wir unseren Besuch beginnen, müssen wir zunächst zwei Redewendungen aus der Bibel verstehen. Jede Gesellschaft hat ihre eigenen kulturell bedingten Redewendungen – Ausdrücke, die mehr ausdrücken als nur das, was die Worte andeuten. Sie können «fit wie ein Turnschuh» sein und trotzdem die «Zunge verschluckt» haben, wenn Sie merken, dass «nicht alles Gold ist, was glänzt». Wir verstehen diese Ausdrücke, auch wenn wir nie Sportunterricht genossen, ein Organ vertilgt oder Gold gewaschen haben. Aber für jemanden aus einer anderen Kultur können solche Redewendungen unverständlich sein, wenn sie nicht erklärt werden.

Die Bibel verwendet ebenfalls Redewendungen. Wenn es in der Bibel zum Beispiel «von Dan bis Beerscheba» heisst, dann ist das so, als würde jemand in den USA sagen «von New York bis Los Angeles», also von einem Ende des Landes zum anderen. Dan war die letzte grössere Stadt, wenn man Israel in Richtung Norden verliess, und Beerscheba war die letzte grössere Stadt, wenn man Israel in Richtung Süden verliess. Der Ausdruck «von Dan bis Beerscheba» bezog sich also auf das ganze Land, vom Norden bis zum Süden und im weiteren Sinne auf alles dazwischen.

Eine andere Redewendung, die in der Bibel zu finden ist, lautete: Jeder sitzt «unter seinem Weinstock und unter seinem Feigenbaum». Die Weinreben wuchsen in der Regel in Bodennähe, aber es gab auch Zeiten, in denen man sie an Spalieren hochwachsen liess, in der Regel am eigenen Haus, damit sie in den heissen Sommermonaten Schatten spendeten. Auf die gleiche Weise wurden Feigenbäume in der Nähe des Hauses gepflanzt, deren Äste bis weit oben gestutzt wurden, damit man unter dem verbleibenden dichten Blätterdach im Schatten sitzen konnte. Der Ausdruck stellt einen Ort der Ruhe und Entspannung dar, aber er beinhaltet auch die Vorstellung von Sicherheit und Geborgenheit. Schliesslich konnte es Jahre dauern, bis die Weinstöcke und Feigenbäume gross genug waren, um diesen Schatten zu spenden. Wenn man unter *seinem* Weinstock oder Feigenbaum sitzen konnte, bedeutete das, dass die Dinge so gut liefen, dass man sich ein wenig entspannen konnte, weil man eine Zeit des Friedens und des Wohlstands erlebt hat.

Alles schön und gut, aber warum sollte jemand hier in Beerscheba über solche biblischen Redewendungen sprechen? Wenn wir uns umsehen, sehen wir *keinen einzigen* Weinstock oder Feigenbaum in der Nähe.

In der Tat sieht das Land etwas karg aus. Wir legen hier vor dem Eingang der Stadt eine Pause ein, in der Nähe des Brunnens, der einst die Karawanen, die durch die Gegend zogen, mit Wasser versorgte und fragen uns: Was können Weinstöcke und Feigenbäume mit Beerscheba zu tun haben? Die Antwort findet sich in der Beschreibung von Salomos Herrschaft über Israel in 1. Könige 4–5.

Der Kompilator von 1. Könige liefert eine lange Liste von König Salomos Errungenschaften, wobei der Schwerpunkt auf der Kontrolle des Herrschaftsgebiets, der Versorgung des königlichen Hofes und den persönlichen Leistungen liegt. Aber in Kapitel 5 ist ein Vers versteckt, der eine Beschreibung der Auswirkungen von Salomos Herrschaft auf den Durchschnittsbürger des Königreichs enthält: «Und Juda und Israel wohnten sicher, jeder unter seinem Weinstock und unter seinem Feigenbaum, von Dan bis Beerscheba, solange Salomo lebte» (1Kö 5,5).

Von Dan bis Beerscheba. Die Herrschaft Salomos hatte Auswirkungen auf das ganze Land. Wir befinden uns jetzt in Beerscheba. Es ist erst kurze Zeit her, dass wir Dan besucht haben. Und der Kontrast zwischen den beiden Orten ist bemerkenswert. Dan bis Beerscheba ist nicht nur eine Redewendung, die das ganze Land von Norden nach Süden beschreibt, sondern auch ein Bild für den Kontrast zwischen einem Ort des Überflusses und einem Ort, der eher darbt ... von einem Ort mit einer erstaunlichen Quelle fliessenden Wassers zu einem Ort, an dem man Brunnen graben und Zisternen aushauen musste, um das Wasser zu speichern, das im Winter durch die Wadis floss.

Aus menschlicher Sicht hatten die beiden Orte ein gemeinsames Problem – sie waren beide verwundbar. Dan versperrte allen Grossmächten den Weg, die versuchten, von Norden her in das Land Israel einzufallen – Syrien, Assyrien und Babylonien. Die erste Stadt, die deren Hammerschläge zu spüren bekam, war Dan. Am anderen Ende des Landes lag Beerscheba und beobachtete die ägyptischen Drohungen aus dem Süden. Salomo erbte das von David eroberte Land, und seine Herrschaft brachte Frieden. Deshalb lebte ganz Israel, von Dan bis Beerscheba, in Sicherheit.

Aber der Vers handelt von mehr als nur leiblicher Sicherheit. Das Sitzen unter dem eigenen Weinstock und Feigenbaum handelte auch von Wohlstand und Frieden. Das Land war produktiv, und die Nation konnte die Früchte ernten, weil sie sich mehr mit Pflugscharen und Sicheln als mit Schwertern und Lanzen beschäftigten. Leider war der Frieden nicht von Dauer. Salomos törichte Handlungen führten nach seinem Tod zu einer Teilung des Königreichs. Und die Könige, die folgten, erreichten mit wenigen Ausnahmen nie die geistliche Grösse von David und Salomo. Jetzt, da wir gerade auf das Land um Beerscheba herum blicken, ist da kein Weinstock und kein Feigenbaum. Diese Zeit des universellen Friedens und Wohlstands ist heute noch genauso schwer zu fassen wie nach dem Tod Salomos.

Aber wir müssen unsere Tour durch Beerscheba nicht entmutigt beginnen, denn Gott hat gesagt, dass sein Programm noch nicht am Ende ist. Tatsächlich hat Gott versprochen, dass eine Zeit kommen wird, die die Zeit des Friedens zu Salomos Zeiten bei Weitem übertreffen wird. Der Prophet Micha beschrieb diese Zeit als einen Tag, an dem «jedermann ... unter seinem Weinstock und unter seinem Feigenbaum sitzen [wird], und niemand wird ihn aufschrecken» (Mi 4,4). Und der Prophet Sacharja beschrieb sie als eine Zeit, in der alle Bewohner des Landes «einander einladen unter den Weinstock und unter den Feigenbaum» (Sach 3,10).

Wann wird diese Zeit des Friedens, des Wohlstands und der Sicherheit in dieser vom Krieg gezeichneten Welt endlich kommen? In den Versen unmittelbar vor seiner Verheissung von Weinstöcken und Feigenbäumen in Kapitel 4 kündigt Micha das «Ende der Tage» (V. 1) an, wenn Gott sein Reich aufrichten wird: «Denn von Zion wird das Gesetz ausgehen und das Wort des HERRN von Jerusalem» (V. 2). In Sacharja 3 sagt der Prophet, dass dieser Tag kommt, an dem Gott «die Sünde dieses Landes an einem einzigen Tag entfernen» wird (Sach 3,9). Später in seinem Buch erklärt Sacharja diese rätselhafte Botschaft, indem er einen Tag beschreibt, an dem Gott einen Geist der Gnade über die Bewohner Jerusalems ausgiessen wird, und sie «werden auf mich sehen, den sie durchstochen haben, ja, sie werden um ihn klagen, wie man klagt um den eingeborenen [Sohn]» (Sach 12,10). Zu dieser Zeit verspricht Gott: «An jenem Tag wird für das Haus David und für die Einwohner von Jerusalem ein Quell eröffnet sein gegen Sünde und Unreinheit» (Sach 13,1). Die Weinstöcke und Feigenbäume warten auf die Wiederkunft Jesu!

Salomo, der Sohn Davids, brachte eine Zeit des vorübergehenden Friedens, des Wohlstands und der Sicherheit für das Land. Aber der endgültige Sohn Davids – derjenige, auf den sowohl Micha als auch Sacharja hinwiesen – wird als Friedensfürst zurückkehren, um *alle* Verheissungen an Israel aus dem Alten Testament zu erfüllen. Stellen Sie sich vor, es kommt der Tag, an dem Sie hierher nach Beerscheba zurückkehren können und ein üppiges, grünes Land mit Weinstöcken und Feigenbäumen sehen werden. Und wenn das geschieht, wundern Sie sich nicht, wenn einer der Einheimischen Sie auffordert, einen Stuhl heranzuziehen und Platz zu nehmen. Wenn Sie das tun, achten Sie darauf, dass Sie ihnen mitteilen, wie sehr sich die Dinge seit Ihrem letzten Besuch verändert haben.

EINE TAMARISKE

Bevor wir das Gelände betreten, möchte ich Ihnen die Möglichkeit geben, die Toiletten zu benutzen. Wir sind schon eine Weile unterwegs, also ist es definitiv Zeit für eine Toilettenpause. Aber während wir darauf warten, dass alle die Einrichtungen benutzen können, betrachten Sie den grossen Baum, an dem wir gerade vorbeigegangen sind. Es ist eine Tamariske. Diese hier ist so zwischen neun und zwölf Meter hoch. Wenn Sie genau hinsehen, werden Sie feststellen, dass sie keine Blätter hat. Sie hat Nadeln – ähnlich wie die einer Kiefer. Und diese Nadeln haben an manchen Stellen eine weissliche Beschichtung. Das ist tatsächlich Salz, das von den Nadeln ausgeschieden wird. In der Tat wird der Baum manchmal als «Salzzeder» bezeichnet. In der Nacht wird alle Feuchtigkeit in der Luft vom Salz angezogen und bildet winzige Tröpfchen auf den Nadeln. Wenn dann die Sonne aufgeht, verdunstet das Wasser. Diese Verdunstung kühlt die Luft um und

Tamariske am modernen Eingang zu Beerscheba

unter dem Baum ab. Im Grunde genommen ist die Tamariske Gottes natürlicher Verdunstungskühler.

Hier im Schatten zu stehen, ist der perfekte Ort, um über die Tamariske zu sprechen – und über die Ereignisse in Genesis 21. Abraham lebte in dieser Region und hatte Probleme mit einigen der Einheimischen. Wie wir auf der Fahrt hierher sehen konnten, ist diese Region, die in der Bibel Negev genannt wird, ziemlich trocken. Durchschnittlich fallen hier zwischen 250 und 380 Millimeter Regen im Jahr. Das war genug, um gute Weideflächen für Schafe und Ziegen zu versorgen, und es war auch genug, um Weizen und Gerste anzubauen. Aber die Regenmenge schwankte von Jahr zu Jahr, sodass Wasser *immer* ein Problem war.

Das ist der Grund, warum Abraham mit den anderen Bewohnern der Region Schwierigkeiten hatte, wie in 1. Mose 21 berichtet wird. Abraham grub einen Brunnen, aber die Diener eines regionalen Anführers namens Abimelech bemächtigten sich des Brunnens. Ein Streit um Wasserrechte in einer Region, in der Wasser knapp war, hätte zu einem zerstörerischen Nachbarschaftsstreit zwischen Abraham und seinen Gegnern führen können. Aber Abraham entschärfte die Situation, indem er direkt zu Abimelech ging, um den Konflikt zu lösen. Abraham schloss einen Vertrag und kaufte den Brunnen, den er ursprünglich selbst gegraben hatte, ganz ohne zu handeln. Auf diese Weise konnte er fortan zweifelsfrei nachweisen, dass er der Eigentümer ist. Der Nachbarschaftsstreit war damit beigelegt. Abimelech und sein Befehlshaber kehrten nach Hause zurück und überliessen Abraham den freien Zugang zu dem für ihn lebenswichtigen Wasser.

1. Mose 21 und Beerscheba sind ausgezeichnete Gelegenheiten, um einige hebräische Wörter zu lernen. Das Wort für «Brunnen» ist *beer*. Und das hebräische Wort für «sieben» ist *schewa*. Interessant ist, dass das Wort für einen Eid oder ein feierliches Versprechen *schawa* lautet. Beerscheba (*beer schewa*) bedeutet also «Brunnen der Sieben», obwohl es auch sehr nach «Brunnen des Eides» klingt. Dies hilft, die Details der Vereinbarung zwischen Abraham und Abimelech zu erklären. Abraham sagte: «Du sollst sieben Lämmer von meiner Hand nehmen, damit sie ein Zeugnis für mich seien, dass ich diesen Brunnen gegraben habe!» Mose fügt dann hinzu: «Daher wird der Ort Beerscheba genannt, weil sie beide dort einander schworen» (1Mo 21,30-31).

Ganz am Ende von 1. Mose 21 fügt Mose der ganzen Episode einen etwas seltsamen Nachsatz hinzu. «[Abraham] aber pflanzte eine Tamariske in Beerscheba und rief dort den Namen des HERRN, des ewigen Gottes, an» (V. 33). Was haben ein Vertrag, eine Tamariske und eine einzigartige Gottesbezeichnung gemeinsam? Das ist eine Frage, die die Menschen seit Jahrhunderten beschäftigt.

Manche suchen in anderen alten Kulturen des Nahen Ostens nach Antworten. Die Tamariske hatte in einigen Kulturen eine religiöse Bedeutung, und heilige Baumhaine waren oft Teil heidnischer Kulte. Aber diese Vorstellungen scheinen diesem Abschnitt völlig fremd zu sein. Abraham pflanzte einen einzelnen Baum, keinen heiligen Hain. Und nachdem er den Baum gepflanzt hatte, rief er den Namen des «ewigen Gottes» an. Auf Hebräisch heisst das *jahwe el ôlam*, der bundestreue Gott Jahwe, der der Gott der Ewigkeit ist. Es ist das *Gegenteil* der heidnischen Anbetung zu Abrahams Zeiten, die zahlreiche Schreine für ein Pantheon von Göttern und Göttinnen errichtete. Abraham betete den einen wahren Gott an, der schon immer existiert hat.

Aber wenn Abraham nicht einem heidnischen Brauch folgte, was hat er dann getan? Warum hat er diese Tamariske gepflanzt? Ich sehe zwei Gründe. Erstens war der Baum ein Symbol dafür, dass Abraham der Besitzer des Landes war. Gott hatte ihm das Land versprochen, und Abraham hatte gerade ein Abkommen mit einem regionalen Anführer geschlossen, der Abrahams Recht auf das Land und die Kontrolle über die dortigen Ressourcen anerkannt hatte. Abraham war kein Fremder auf der Durchreise, nicht einer, der keine Rechte hatte. Er war der anerkannte Besitzer des Brunnens, und der Baum war ein Wahrzeichen, das jedem sagte: «Dieser Brunnen gehört Abraham.»

Aber der Baum war mehr als nur eine Grundstücksmarkierung. Er sollte Abraham und seine Nachkommen auch an die Treue Gottes erinnern. Eine Tamariske braucht Jahrzehnte, um sich zu entwickeln. Die israelische Nationalparkbehörde hat eine neben den Brunnen vor dem Tor des antiken Beerscheba verpflanzt. Nach zwanzig Jahren wurde der Baum entfernt, weil er nur minimal gewachsen ist. Als Abraham seinen Baum pflanzte, gab er damit eine Erklärung ab, sowohl für sich selbst als auch für seine Nachkommen. Es war Gott, der bundestreue Gott der Ewigkeit, der Abraham das Land versprochen hatte. Und Abraham wollte, dass jeder weiss, dass er an Gottes Versprechen glaubte. Der von ihm gepflanzte Baum war eine Erinnerung.

Abraham war bereits über hundert Jahre alt, als er diesen Baum pflanzte. Da er 175 Jahre alt wurde, konnte er noch viele Jahre sehen, wie sich der Baum entwickelte. Vielleicht verbrachte er gegen Ende seines Lebens sogar Zeit damit, unter Gottes immergrünem Verdunstungskühler zu sitzen und über die Treue des bis in alle Ewigkeit bundestreuen Gottes nachzudenken – eine Treue, die Gott den noch ungeborenen Generationen verheissen hatte. Abraham pflanzte einen Baum, der ihn überleben würde, so wie die Verheissungen, die Gott ihm gegeben hatte, noch lange nach seinem Tod Bestand haben sollten.

Es ist an der Zeit, den Schatten dieser Tamariske zu verlassen und sich auf den Weg zu machen. Aber welche Lektion können wir von hier auf *unsere*

Glaubensreise mitnehmen? Eine wichtige Lektion ist das richtige Verständnis von Hoffnung. Hoffnung ist keine ungewisse Sternschnuppenwunsch-Sehnsucht. In der Bibel ist Hoffnung eine zuversichtliche Erwartung, dass Gott tun wird, was er verheissen hat. Es ist eine Erwartung, deren Ausgang so sicher ist, dass wir heute unser Handeln danach richten können. Abraham konnte sich durch diesen Baum «in dem Land verwurzeln», weil Gott ihm eine Verheissung gegeben hatte. Es war nicht der Bund mit Abimelech, der Abraham Hoffnung gab, sondern der Bund, den *Jahwe el olam*, der bundestreue Gott der Ewigkeit, mit ihm geschlossen hatte. Es war *seine* Verheissung, die es Abraham ermöglichte, sich niederzulassen und einen Baum für kommende Generationen zu pflanzen.

RUNDGANG IN BEERSCHEBA

Unsere Reise durch Beerscheba beginnt am Stadttor. Der Brunnen vor dem Tor ist nicht der von Abraham gegrabene Brunnen. Sehr wahrscheinlich lag sein Brunnen näher am Flussbett. Da er nach unten graben musste, um den Grundwasserspiegel zu erreichen, legt der gesunde Menschenverstand nahe, dass er mit dem Graben an der niedrigsten, nicht an der höchsten Stelle des Hügels begann! Wir können eine zweite Beobachtung zu diesem Brunnen machen. Er war *nicht* die Wasserversorgung der Stadt, weil er *ausserhalb* der Stadtmauern lag. Ein Feind, der die Stadt einnehmen wollte, hätte dazu nur den Bewohnern den Zugang zum Wasser verwehren müssen.

Die Lagerhäuser innerhalb des Stadttors

Was war also der Zweck dieses Brunnens? Er diente der Wasserversorgung derjenigen, die in der Nähe wohnten und ihre Herden hüteten. Sie konnten ihre Tiere zum Brunnen bringen, um für sie Wasser zu schöpfen. Der Brunnen diente auch der Wasserversorgung von Reisenden und Karawanen, die durch die Gegend zogen. Gegen die Zahlung eines Wegezolls konnten Karawanen durch die Region reisen und sich Wasser für ihre Tiere sichern. Es ist auch möglich, dass sie einen Teil ihrer Waren gegen Lebensmittel oder andere Vorräte eintauschten, die sie auf ihrer Reise benötigten. Der örtliche Statthalter des Distrikts wandelte das von den Einwohnern als Steuern gezahlte Getreide in Silber, Gold, Gewürze und andere Waren um, die in die königliche Schatzkammer nach Jerusalem geschickt werden konnten.

Die Lagerhäuser, die direkt innerhalb des Torkomplexes entdeckt wurden, bestätigen die Bedeutung des Handels für Beerscheba. In diesen länglichen Gebäuden wurden Weizen, Gerste und andere Waren gelagert, die von den Bewohnern der Region als Steuern abgegeben worden waren.

Diese Rohstoffe wurden dann zur Unterstützung des regionalen Statthalters und der ihm unterstellten Soldaten verwendet. Sie konnten auch an die durchreisenden Karawanen verkauft werden.

Als Archäologen die Lagerhäuser freilegten, fanden sie eine weitere Überraschung. In den aus Feldsteinen und Lehmziegeln gebauten Mauern des Gebäudes entdeckten sie Stücke von bearbeitetem Kalkstein. Schliesslich stellten sie fest, dass die Stücke ursprünglich Teil eines Steinaltars gewesen waren. Ähnlich wie in Arad hatten die Menschen in Beerscheba ihr eigenes Gottesdienstzentrum eingerichtet, um sich die lange Reise nach Jerusalem zu ersparen. Ihr Altar war aus behauenem Stein, was Gott ausdrücklich verboten hatte. «Und wenn du mir einen steinernen Altar machen willst, sollst du ihn nicht aus behauenen Steinen bauen; denn wenn du deinen Meissel darüber schwingen würdest, so würdest du ihn entweihen» (2Mo 20,25). Dieser Altar wurde wahrscheinlich während der religiösen Reformen von König Hiskia oder König Josia abgerissen und in den Mauern des Vorratslagers verbaut.

Der in Beerscheba entdeckte Altar mit Hörnern, ausgestellt im Israel-Museum

Eine der bemerkenswertesten Entdeckungen in Beerscheba ist auch eine der jüngsten. Wenn der Brunnen vor dem Stadttor nicht die Hauptwasserversorgung war, wie kamen dann die Menschen in der Stadt an Wasser? Das Rätsel wurde in den letzten Jahrzehnten gelöst, als Archäologen ein massives System entdeckten, das dazu diente, Wasser in die Stadt zu leiten. Die Einwohner der Stadt gruben einen Schacht, der mehr als 18 Meter tief in den Felsen führte, auf dem die Stadt steht. Sie hieben Zisternen in den Fels, die über 700000 Liter Wasser fassen können, und sie gruben einen Kanal, um Wasser aus dem nahe gelegenen Bach Hebron abzuleiten und die Zisternen damit zu füllen. Besucher von Beerscheba können heute durch das gesamte Wassersystem gehen, wenn sie die Stadt verlassen.

Eingang zum Wassersystem von Beerscheba

DIE SCHLACHT, DIE DEN MODERNEN NAHEN OSTEN VERÄNDERT HAT

Beerscheba spielte in der Bibel eine strategische Rolle, ist aber auch – aus menschlicher Sicht – für die Gestalt des modernen Nahen Ostens verantwortlich. Während des Ersten Weltkriegs kam es im Süden Palästinas zu einem Kampf zwischen England und den Armeen Deutschlands und des Osmanischen Reichs. England kontrollierte den Suezkanal und Ägypten, während Deutschland und die Osmanen Palästina und die arabische Halbinsel kontrollierten.

Die deutschen und türkischen Streitkräfte hatten sich in Gaza verschanzt und blockierten jeden britischen Vorstoss. Im Frühjahr 1917 versuchten die Briten zwei Mal, Gaza einzunehmen, aber beide Male wurden sie besiegt. Ein neuer Befehlshaber, General Edmund Allenby, wurde entsandt, um die Kontrolle über Grossbritanniens ägyptische Expeditionsstreitkräfte zu übernehmen. Am 31. Oktober überraschten Allenbys Truppen, angeführt vom *Australian and New Zealand Army Corps* (ANZAC), die deutschen und türkischen Streitkräfte, indem sie nach Osten auswichen und Beerscheba angriffen. In dem vielleicht letzten grossen Kavallerieangriff der Geschichte überrannten die ANZAC-Truppen, die ihre Bajonette als Schwerter benutzten, die Verteidiger und eroberten die Stadt Beerscheba. Am 7. November fiel Gaza, und am 11. Dezember befreiten Allenbys Truppen Jerusalem.

Die Schlacht von Beerscheba am 31. Oktober 1917 war das Ereignis, das Palästina unter britische Kontrolle brachte. Aber am selben Tag geschah in London noch etwas anderes – das britische Kabinett traf sich in London, um über die Zukunft Palästinas zu beraten. Das Kabinett traf eine Entscheidung, die zwei Tage später in einem Schreiben des britischen Aussenministers Lord Arthur James Balfour festgehalten wurde. In diesem Brief hiess es unter anderem: «Die Regierung Seiner Majestät betrachtet die Errichtung einer nationalen Heimstätte für das jüdische Volk in Palästina mit Wohlwollen [...]»[38]

Trotz der fast 4000 Kilometer Entfernung fanden der militärische Sieg bei Beerscheba und die Entscheidung, eine nationale Heimstätte für das jüdische Volk zu errichten, am selben Tag statt. Zufall? Oder eine weitere Veranschaulichung von Gottes lenkender Hand in der Geschichte? Während des Spaziergangs durch Beerscheba bin ich überzeugt, dass das Zusammentreffen dieser Ereignisse kein Zufall ist. Sie sind eine weitere Erinnerung daran, dass *Jahwe el olam*, der in alle Ewigkeit bundestreue Gott, auch der Gott ist, der die *Kontrolle* über die gesamte Geschichte hat.

38 Stanley Ellisen, *Who Owns the Land?*, aktual. und überarb. von Charles H. Dyer (Wheaton, IL: Tyndale House Publishers, 2003), 157.

Die Eingangsrampe und das Tor in Lachis

KAPITEL 29

LACHIS:
Israels archäologisches Juwel

DIE TÄLER DER SCHEFELA

Unsere Reise nach Jerusalem führt uns durch einen neuen Teil des Landes. Auf Hebräisch wird er die *Schefela* genannt. In den meisten deutschen Bibeln wird das mit «Hügelland», «Niederung» oder «Hügelland im Westen» übersetzt. Die Schefela ist eine ganz besondere Region, die zwischen dem gebirgigen judäischen Bergland und der Ebene von Philistäa an der Mittelmeerküste liegt. Sie war die Eingangstür ins Bergland. Die Ortschaften wurden auf den niedrigen Hügeln gebaut, während die Täler zum Reisen und für den Anbau von Feldfrüchten genutzt wurden.

Fünf Haupttäler durchziehen die Schefela und bringen Reisende von der Küste ins Hügelland. Die Ortschaften, die diese Täler bewachten, wurden zu Konfliktschauplätzen zwischen den Israeliten in den Bergen und den verschiedenen Völkern, die versuchten, über die Täler hinauf in die Berge zu kommen. Von den Philistern über die Ägypter, Assyrer und Babylonier haben die Ortschaften in der Schefela mehr als genug Konflikte erlebt.

Unsere Fahrt durch diese Region ist eine gute Gelegenheit, um Ihnen einige wichtige biblische Fakten über die Geografie und Geschichte zu vermitteln. Ich dachte mir eine recht einfache Methode aus, um den Menschen zu helfen, sich an diese Täler zu erinnern. Ich muss Ihnen zunächst eine Frage stellen: Wenn Sie an die Küste fahren, welche Art von Vogel sehen Sie dann? Antworten Sie bitte auf Englisch! Wenn Sie geantwortet haben: «A seagull.» («Eine Möwe.»), dann lagen Sie richtig. Jetzt müssen Sie nur noch lernen, wie ein Israeli zu buchstabieren – denn die geschriebene hebräische Sprache besteht hauptsächlich aus Konsonanten und so gut wie keinen Vokalen. Lassen Sie uns also «a seagull» wie folgt buchstabieren: A-S-E-G-L – «a segl». Wenn Sie sich «ASEGL» merken können, werden Sie sich auch an die fünf wichtigsten Täler erinnern, die die Schefela einschneiden. Von Norden nach Süden sind es Ajalon, Sorek, Ela, Guvrin und Lachis.

Jetzt müssen wir in jedem Tal eine Person aus der Bibel platzieren. Wir werden Josua im Ajalontal unterbringen. Dies ist das Tal, in dem Josua die Kanaaniter verfolgte, nachdem er die Einwohner von Gibeon gerettet hatte. Als die Israeliten die Kanaaniter verfolgten, rief Josua: «Sonne, stehe still in Gibeon, und du, Mond, im Tal Ajalon!» (Jos 10,12). Wenn wir das Tal von Ajalon erreichen, dann denken Sie an Josua. Die Strasse, die im Ajalontal begann, war die Hauptstrasse hinauf nach Jerusalem.

Das «S» steht für das Sorektal. Wir könnten in dieses Tal eine ganze Reihe von Personen platzieren, aber wir entscheiden uns für Simson. Er wurde nahe des östlichen Randes des Sorektals geboren, und die Philisterin, die er zuerst geheiratet hat, stammte aus Timna am anderen Ende des Tals. Später «gewann er eine Frau lieb am Bach Sorek, die hiess Delila» (Ri 16,4). Simsons «Augenprobleme» wurden schliesslich von den Philistern auf brachiale Weise gelöst, denn sie «stachen ihm die Augen aus» (V. 21).

Das «E» weist auf das Elatal hin. In diesem Tal treffen zwei Krieger aufeinander, die aus entgegengesetzten Richtungen kommen. Direkt westlich des Tals lag die Philisterstadt Gat mit ihrem Superkrieger Goliath. Und am östlichen Ende des Tals verlief eine Strasse, die hinauf ins Bergland zur Stadt Bethlehem führte, dem Heimatort von David. Das Elatal ist der Ort, an dem David gegen Goliath kämpfte.

Das «G» in «ASEGL» steht für das Guvrintal. Von diesem Tal aus konnte eine Strasse kontrolliert werden, die hinauf zur Stadt Hebron führte. Die Person, die wir in dieses Tal platzieren werden, ist der Prophet Micha. Sein Heimatort war Moreschet-Gat, direkt am Talrand, und viele der Ortschaften, die er in Micha 1 nennt, lagen in der Nähe dieses Tals.

Der letzte Buchstabe in unserer «Vogelmerkhilfe» ist das «L», das für das Lachistal steht. Die Stadt Lachis war die zweitgrösste Stadt des Königreichs Juda. Nur Jerusalem war grösser. Und die Militärstrategen wussten, dass sie zuerst diese Stadt einnehmen mussten, wenn sie Jerusalem erobern wollten. Deshalb sind die beiden Personen im Lachistal König Sanherib von Assyrien und König Nebukadnezar von Babylon. Beide Könige eroberten und zerstörten die Stadt Lachis.

Wir nähern uns diesen Tälern von Süden her, daher ist das erste Tal, das wir besuchen werden, das Lachistal. Und nun, nach unserer vorbereitenden Geografie- und Geschichtsstunde gehen wir auf Entdeckungsreise. Also, schnappen Sie sich Ihre Kamera und steigen Sie mit mir aus dem Bus.

DAS VERSTECKTE KLEINOD

Wenn man mich bitten würde, die erstaunlichsten Orte in Israel auszuwählen, die von den meisten Touristen *nicht* besichtigt werden, dann stände Lachis auf dieser Liste. Wer noch nie in Israel war, kann sich vielleicht nicht einmal daran erinnern, den Namen in der Bibel gesehen zu haben. Das liegt daran, dass Menschen beim Lesen die Namen von unbekannten Orten und Personen oft übergehen. Aber selbst diejenigen, die schon einmal in Israel waren, haben diese Sehenswürdigkeit wahrscheinlich noch nicht besucht. Warum steht sie dann so weit oben auf meiner Liste der erstaunlichsten Orte?

Blick aus dem Lachistal auf das Bergland von Juda

Ein Grund, warum Lachis so bedeutend ist, liegt in ihrer Lage, von der aus sie den südlichen Teil der Schefela sicherte und eine wichtige Strasse zur Stadt Hebron bewachte. Ein zweiter Grund für ihre Bedeutung ist die Rolle, die sie in der biblischen Geschichte spielte. Lachis war eine der fünf Städte der Koalition, die Gibeon zur Zeit Josuas angriff (Jos 10,3-4). Später wurde König Amazja von Juda in Lachis ermordet (2Kö 14,19). Und die Stadt wurde sowohl von König Sanherib von Assyrien als auch von König Nebukadnezar von Babylon angegriffen und zerstört. Beide wussten um die strategische Bedeutung von Lachis für die Verteidigung von Juda. Die Eroberung von Lachis war so bedeutend, dass Sanherib einen Raum in seinem Palast in Ninive mit einer Reihe von Reliefs schmückte, die die Einnahme von Lachis zeigen.

Lachis hat auch ein grosses archäologisches Potenzial. Dort wurden bereits mehrere Ausgrabungen durchgeführt, aber es gibt noch immer viel zu entdecken. Die Stadt muss über eine sichere Wasserversorgung verfügt haben, die aber noch nicht entdeckt wurde. Ein Bereich, der ausgegraben wurde, ist der massive Torkomplex, der den Eingang zur Stadt bewacht. Wenn man am Fusse des Hügels steht und auf die Fundamente des Tors blickt, wird klar, warum Sanherib sich mit der Einnahme dieser Stadt brüstete.

Etwas mehr als ein Jahrhundert, nachdem die Stadt an Sanherib gefallen war, schlugen die Babylonier ihr Lager vor Lachis auf. König Nebukadnezar hatte sein Heer zum dritten Mal nach Juda beordert, und auf diesem Feldzug wollte er die Nation, die es wieder einmal gewagt hatte, sich gegen ihn aufzulehnen, endgültig vernichten. Seine Kampagne gegen Juda dauerte lang und war grausam. Nebukadnezar begann damit, dass er mit seiner Armee durch das Land zog und systematisch eine Stadt nach der anderen auslöschte. Am Ende blieben nur drei grosse Städte übrig. Jeremia hat es folgendermassen beschrieben: «... während das Heer des Königs von Babel gegen Jerusalem und alle [noch] übrig gebliebenen Städte Judas kämpfte, nämlich gegen Lachis und Aseka; denn diese waren von allen befestigten Städten Judas [noch] übrig geblieben» (Jer 34,7).

Lachis, Aseka und Jerusalem. Jede andere grössere Stadt war verschwunden. Erobert. Zerstört. Und nun konnte Nebukadnezar seine Kräfte auf diese drei verbleibenden Festungsstädte konzentrieren. Aber in welcher Reihenfolge sind sie gefallen? Die Antwort wurde innerhalb des Tores von Lachis entdeckt. Folgen Sie mir also die Rampe hinauf zu diesem Tor.

DAS TOR IN LACHIS

Als Archäologen den Platz zwischen dem äusseren und dem inneren Tor von Lachis ausgruben, stiessen sie auf mehrere zerbrochene Tonscherben, auf die Wörter geschrieben waren. In einer Zeit, in der Papyrus oder Pergament nicht weit verbreitet waren, bestand der schnellste Weg, eine Notiz zu verfassen, darin, sie auf ein Stück zerbrochene Keramik zu schreiben. Die in diesem Tor entdeckten Keramikfragmente wurden von einer der im Feld verbliebenen Armeeeinheiten an den kommandierenden Offizier in Lachis geschrieben. Es waren militärische Berichte, die dazu dienten, den Kommandanten auf dem Laufenden zu halten.

Stellen Sie sich vor, Sie stehen hier im Tor mit dem Befehlshaber der Truppen in Lachis. Es ist mitten in der Nacht, und die diensthabenden Soldaten haben gerade mit einem Seil einen erschöpften Soldaten über die Mauer gezogen. Er ist ausser Atem, teils von seinem kilometerlangen Lauf, teils aus Angst. Er hat sich mit einer Nachricht des Feldherrn geschickt durch die babylonischen Linien geschlängelt.

Sie hören aufmerksam zu, wie der Stadtschreiber die blasse Schrift auf der zerbrochenen Tonscherbe vorliest. Er blinzelt, während er versucht, die Buchstaben im Licht einer flackernden Öllampe zu erkennen. «Jahwe möge meinen Herrn jetzt sofort gute Kunde hören lassen! Und nun: Genauso, wie mein Herr übermittelt hat, hat dein Diener gehandelt, indem ich auf der Schreibtafel alles genauso notierte, wie du (es) mir übermittelt hast. [...] und aussagen, dass wir die Signale von Lachis beobachten (können) gemäss all den Zeichen, die mein Herr gibt, aber Aseka nicht sehen (können).»[39]

Wir können Aseka nicht sehen! Die abendlichen Signalfeuer waren ein Mittel der Kommunikation. Die Städte konnten sich gegenseitig Signale geben und auch mit der Armee im Feld über solche Leuchtfeuer kommunizieren. Die Entfernung zwischen Lachis und Aseka betrug rund 18 Kilometer – 18 Kilometer strategisch wichtiges Gebiet, in dem die Strassen von der Küste ins Bergland von Juda bewacht wurden. Aber jetzt waren die Lichter von Aseka, einer der beiden verbliebenen Städte in dieser Region, erloschen. Die Botschaft war klar. Aseka war gefallen.

Aseka. Dann Lachis. Zuletzt Jerusalem. Wie Dominosteine fielen sie der Reihe nach – die letzten der Städte, die wehrhaft gegen Babylon standen. Und die Aufzeichnungen, die im Tor von Lachis gefunden wurden, helfen uns, die Reihenfolge ihres Untergangs zu rekonstruieren.

39 Manfred Weippert, *Historisches Textbuch zum Alten Testament*, Grundrisse zum Alten Testament Bd. 10 (Göttingen: Vandenhoeck & Ruprecht, 2010), 423 (Nr. 263).

Die Scherben mit Inschrift sind eine ernüchternde Erinnerung für unsere Zeit. In Jeremia 34–39 berichtet der Prophet über den endgültigen Zusammenbruch des Königreichs Juda, einschliesslich der Stadt Lachis. Aber schon viel früher in seinem Dienst, zu einer Zeit, als man sich so etwas nicht einmal vorstellen konnte, hatte Jeremia diejenigen gewarnt, die glaubten, Gott ungestraft missachten zu können. «Entsetzliches und Abscheuliches ist im Land geschehen: Die Propheten weissagen falsch, und die Priester herrschen mit ihrer Unterstützung; und mein Volk liebt es so! Was wollt ihr aber tun, wenn das Ende von [all] dem kommt?» (Jer 5,30-31). Diese Keramikscherben erinnern uns daran, dass man einen Preis bezahlen muss, wenn man Gott ignoriert, missachtet und ihm nicht gehorcht. Wir können uns unsere Handlungen aussuchen, aber wir können uns die Konsequenzen nicht aussuchen.

Fragen Sie einfach die Menschen zur Zeit Jeremias, die in Lachis lebten.

Teil des Reliefs aus Sanheribs Palast in Ninive, das jetzt im Britischen Museum ausgestellt ist und den Fall von Lachis zeigt

Im Inneren der Glockenhöhlen bei Guvrin

KAPITEL 30

GUVRIN

Das «G»-Tal auf unserer Reise durch die Schefela ist das Guvrintal. So heisst das Tal heute, obwohl das nicht der Name ist, der in der Bibel steht. Der biblische Name des Tals ist nicht so ganz klar. Der Kompilator von 2. Chronik beschreibt eine Schlacht zwischen den Armeen von Asa, dem König von Juda, und Serach, dem Kuschiten, die «im Tal Zephata bei Marescha» stattfand (2Chr 14,9). Das könnte der biblische Name dieses Tals sein, obwohl die Septuaginta das Wort als die Richtung «nördlich» (vom hebräischen Wort *zaph□n*) statt als einen Eigennamen übersetzt. Der Abschnitt macht immerhin eines deutlich: Im Altertum lag die Stadt Marescha in der Nähe dieses Tals. Mehrere andere Städte lagen ebenfalls dort, darunter Moreschet-Gat, die Heimatstadt des Propheten Micha (Mi 1,1.14).

Der flache Hügel von Marescha hebt sich aus der Ferne ab und hilft, die Lage des Guvrintals zu orten. Heute bietet das Angebot der israelischen Nationalparks eine Reihe von Möglichkeiten für Familien und Gruppen, die Region zu erkunden. Besucher können an einer archäologischen «Ausgrabung für einen Tag» in den unterirdischen Kellern von Häusern teilnehmen, die von den Edomitern aufgegeben wurden. Sie können durch eine Reihe miteinander verbundener Gänge klettern oder bemalte sidonische Grabhöhlen erkunden. Es gibt auch eine Reihe von Wanderpfaden. Aber wenn Sie wandern gehen, sollten Sie unbedingt auf dem Weg bleiben. Ich werde Ihnen gleich noch erklären, warum. Während unseres Aufenthalts in Guvrin werden wir an zwei Orten im Nationalpark Halt machen. Der Erste ist bekannt als die Glockenhöhlen.

DIE GLOCKENHÖHLEN

Die Glockenhöhlen sind eine Reihe von unterirdischen Höhlen, die während der byzantinischen und islamischen Zeit gegraben wurden. Daher erwarten Sie vielleicht nicht, in ihnen irgendeine biblische Bedeutung zu finden, aber ich glaube, diese Höhlen können uns eine wichtige Lektion aus der Bibel lehren. Folgen Sie mir also den Pfad hinauf und in die erste Reihe von Höhlen hinein.

Der kühle Schatten ist eine willkommene Abwechslung zur heissen Nachmittagssonne. Und ihre Grösse ist beeindruckend. Von innen kann man ganz einfach erkennen, wie die Höhlen entstanden sind. Die Handwerker schlugen sich zunächst durch eine harte Felsenkruste, um an die weiche Kreide zu gelangen, die direkt darunter lag. Dann begannen sie, die Kreide zu entfernen – eine Eimerladung nach der anderen – und schufen dabei eine glockenförmige Grube. Sobald sie den Boden der Kreideschicht erreicht hatten, gingen sie einige Schritte weiter und begannen mit dem Abbauprozess wieder von vorn. Schliesslich wurden Hunderte dieser miteinander verbundenen Höhlen gebildet. Das ist auch der Grund, warum Sie auf dem Weg bleiben müssen, wenn Sie durch Guvrin gehen. Wir möchten nicht, dass Sie versehentlich in eine versteckte Öffnung treten und sich auf dem Grund einer Grube wiederfinden!

Manche glauben, dass die Kreide als Baumaterial abgebaut wurde. Das ist zwar technisch korrekt, vermittelt aber einen falschen Eindruck. Diejenigen, die hier arbeiteten, bauten keine Steine ab, um sie für den Bau zu verwenden. Die Kreide war zu weich für Steinblöcke. (Stellen Sie sich vor, Sie bauen ein Haus mit Steinen, die die Konsistenz der Kreide haben, die früher für Schultafeln verwendet wurde.) Auch die Form der Höhlen passt nicht zum Abbau von Steinblöcken. Die Höhlen sind rund, nicht viereckig, und die kleine Öffnung an der Spitze hätte den Abtransport grosser Steinblöcke sehr erschwert. Was haben sie also mit dieser Kreide gemacht?

Die Kreide aus diesen Höhlen wurde zu Kalk gebrannt, der mit Sand gemischt zum Verputzen von Wänden und zum Abdichten von Zisternen verwendet wurde. Der Putz trug auch zur Verschönerung der Mauern bei, obwohl er nicht nennenswert zu ihrer Stärke oder Haltbarkeit beitrug. Reiben Sie mit Ihrer Hand an der Wand dieser Höhle entlang und fühlen Sie die glatte Weichheit der Kreide. Sie sieht sauber und weiss aus und würde sicherlich helfen, die Risse und Fugen in den Kalksteinwänden zu überdecken. Aber sie konnte auch Schwächen und Unvollkommenheiten zudecken – und damit ein Warnzeichen ausser Kraft setzen, das anzeigt, dass für die Mauer Einsturzgefahr besteht.

Der Prophet Hesekiel hat das Bild von Kalkputz, der auf eine Steinmauer geschmiert wurde, dazu verwendet, um die völlige Wertlosigkeit der Botschaften der falschen Propheten Judas zu verdeutlichen. Sie führten das Volk in die Irre, indem sie Frieden vorhersagten, obwohl der Untergang der Nation immer näher rückte. Er verglich ihre trügerischen Botschaften mit einer dünnen Putzschicht, die eine schlecht gebaute Mauer bedeckt.

> … darum, weil sie mein Volk irregeführt und von Frieden geredet haben, wo doch kein Friede ist. Jener baut eine Wand, und diese übertünchen sie mit Kalk! So sage nun denen, die mit Kalk tünchen, dass sie fallen wird! Es soll ein überschwemmender Platzregen kommen, und Hagelsteine werden fallen, und ein Sturmwind wird losbrechen. Ja, siehe, die Wand wird fallen! Wird man dann nicht zu euch sagen: Wo ist nun die Tünche, die ihr darübergetüncht habt? (Hes 13,10-12)

Hüten Sie sich vor denen, die Frieden und Wohlstand versprechen, aber die «Bauvorschrift» aus Gottes Wort ignorieren.

Die Botschaft von Hesekiel passt auch für uns. Hüten Sie sich vor denen, die Frieden und Wohlstand versprechen, aber die «Bauvorschrift» aus Gottes Wort ignorieren. Jesus verwendet ähnliche Bilder in der Bergpredigt. Er sprach von einem klugen Mann, der sein Haus auf den Felsen baute, und von einem törichten Mann, der sein Haus auf Sand baute (Mt 7,24-27). Leider kann auch ein schlecht konstruiertes, auf Sand gebautes Haus gut aussehen, wenn Putz schön auf die Wände aufgetragen wird. Aber wenn die Stürme kommen, wird nur das Haus stehen bleiben, das auf dem felsenfesten Fundament von Gottes Wort gebaut ist.

EIN «GETHSEMANE»

Eine kurze Wanderung bringt uns zu unserem zweiten Halt in Guvrin. Eine moderne Metalltreppe führt uns unter die Erde zu einer Olivenölpresse, die bereits vor der Zeit Jesu in Gebrauch war. Diese alte Fabrik wurde in die weiche Kreide gemeisselt. Sie stehen jetzt in «gethsemane» – aber mit einem kleinen «g» geschrieben. Lassen Sie mich das erklären.

Olivenölpresse aus dem Altertum in Guvrin

Der Name «Gethsemane» ist eine Kombination aus zwei hebräischen Wörtern – *gath*, was das Wort für Kelter ist, und *schemen*, was das Wort für Olivenöl ist. Als Jesus mit seinen Jüngern nach Gethsemane ging, begab er sich buchstäblich zur Olivenölpresse. Wir stehen in einer Olivenölpresse, auf Hebräisch heisst das *gath schemen* ... oder *gethsemane*. Aber es ist nicht *das* Gethsemane, wo Jesus verraten wurde. Dieseos Gethsemane werden wir besuchen, wenn wir in Jerusalem vom Ölberg hinab spazieren!

Diese Sehenswürdigkeit ist ein grossartiger Ort, um zu veranschaulichen, wie eine Olivenölpresse im Altertum funktionierte. Die Oliven wurden ganz am Ende des Sommers geerntet, gerade wenn die Regenzeit beginnen sollte. Daher wurden die Pressen oftmals in einer Art Schutzraum eingerichtet, in einem Gebäude oder einer Höhle. Diese unterirdische Anlage war vor dem Wetter geschützt. Hinter uns gibt es einen grossen Bereich, in dem Oliven gelagert werden konnten. Die Oliven wurden zuerst zerquetscht, indem man einen Mühlstein über sie rollte. Dieser «Brei» wurde in runde Weidenkörbe gefüllt, die genau in einen gerundeten Wandspalt passten, der das Verkippen der Körbe während des Pressens verhinderte. Auf den obersten Korb wurde eine Platte aus Holz zur Druckverteilung gelegt.

Darauf kam ein langer Holzstamm, der in eine Nische in der Rückwand des Gewölbes als Widerlager gesteckt wurde. Die Steingewichte unter dem Stamm wurden nacheinander mit einer Haspel hochgezogen. Durch das Gewicht der Steine drückte der Stamm auf die Körbe mit dem Brei, wodurch das Öl ausfloss und in der vor dem Wandspalt befindlichen Steinwanne aufgefangen wurde. Mit jedem weiteren Stein, der am Stamm befestigt wurde, presste der zunehmende Druck weiteres Öl aus den zerquetschten Oliven. Das durch den ersten Stein ausgepresste Öl hatte die höchste Qualität.

Da der Bereich überdacht war, konnte die Olivenölpresse auch nach dem Einsetzen des Herbstregens weiterbetrieben werden. In der übrigen Zeit des Jahres konnte die Einrichtung als bequemer Unterschlupf oder

Treffpunkt dienen. Das ist wahrscheinlich der Grund, warum Jesus und seine Jünger während ihrer Besuche in Jerusalem mehrmals die Olivenölpresse (Gethsemane) als Unterkunft nutzten. Lukas berichtet: In der Nacht, in der Jesus verraten wurde, «begab [er] sich nach seiner Gewohnheit an den Ölberg» und kam mit seinen Jüngern «an den *Ort*» (Lk 22,39-40). Die Gruppe kam, ohne Judas, zu der Höhle mit der Olivenölpresse. Zweifellos nahmen die Jünger an, dass sie hier wie in der Vergangenheit ihr Nachtlager aufschlagen würden.

Gethsemane – der Ort in Jerusalem – ist eine Höhle. Aber diese Höhle wurde in eine Kapelle umgewandelt, was es noch schwieriger macht, sich vorzustellen, wie sie ausgesehen haben könnte, als Jesus und seine Jünger dort waren. Das macht dieses «gethsemane» bei Guvrin so nützlich. Denken Sie an diese Olivenölpresse, wenn wir in Jerusalem ankommen.

HALTEN SIE IMMER IHRE KAMERA BEREIT!

Ein wichtiger Grundsatz bei Reisen durch Israel ist, dass Sie Ihre Kamera oder Ihr Smartphone immer dabeihaben sollten. Sie wissen nie, wann das perfekte Bild plötzlich am Wegesrand auftaucht. Wir fuhren an Marescha vorbei, als ich eine Schafherde am Hang grasen sah. Der Winterregen hatte eine Fülle von Gras hervorgebracht, und die Schafe mampften fröhlich die Pflanzen weg, die grösser waren als sie selbst. Biblische Veranschaulichungen können auftauchen, wenn Sie sie am wenigsten erwarten.

Als ich mir diese Schafherde ansah, erinnerte sie mich an eine anschauliche Beschreibung aus der Feder von König David. Sein Bild von Gottes Fürsorge in Psalm 23 stammt aus der Zeit Davids, als er selbst über seine Herde wachte. Wie sorgt ein guter Hirte für seine Schafe? «Er weidet mich auf grünen Auen» (V. 2). Und wie wir bereits herausgefunden haben, bezieht sich das Wort, das wir mit «grün» übersetzen, tatsächlich auf frisches Gras, die Art, die spriesst, wenn der Winterregen einsetzt. Es ist die Art von Gras, auf dem diese Schafe geweidet haben.

Eine Schafherde mag recht leicht zu erkennen sein, aber nicht jeder «Schnappschuss-Moment» ist so leicht zu erkennen. Manchmal braucht man schnelle Reflexe und ein gutes Gespür für biblische Bilder. In Guvrin entdeckten wir einmal eine einsame Heuschrecke in den Glockenhöhlen. Sie sass auf dem Boden und genoss den Schatten. Der kühle, feuchte Boden hatte sie aufgehalten, und so konnten wir sie einholen.

Schafe grasen am Hang von Marescha

Diese Heuschrecke sieht fast genauso aus wie einer der grossen Grashüpfer, die wir zu Hause vorfinden. Diese kleine Kreatur schien überhaupt nicht ängstlich zu sein. In der Tat war sie kaum mehr als ein Appetithappen für Johannes den Täufer. Aber in einem mysteriösen Prozess, der noch immer nicht vollständig verstanden ist, gibt es Zeiten, in denen sich diese einsamen Heuschrecken zu einem Schwarm zusammenschliessen. Und während eine einzelne Heuschrecke eine leichte Beute ist, kann ein Heuschreckenschwarm mehrere zehn Millionen Heuschrecken umfassen, was sie zu einer unaufhaltsamen Armee macht.

Eine bei Guvrin gesichtete Heuschrecke

Der Prophet Joel beschrieb die Verwüstung, die durch aufeinanderfolgende Invasionen von Heuschrecken verursacht wurde. «Was die Flugheuschrecken übrig liessen, frassen die Wanderheuschrecken. Was die Wanderheuschrecken übrig liessen, frassen die Jungtiere der Heuschrecken. Und was die Jungtiere übrig liessen, frassen die Larven» (Joe 1,4, BB). Heuschrecken konnten Getreidefelder zerstören und Bäume abrinden, sodass alles Pflanzenleben auf ihrem Weg ausgelöscht wurde. Diejenigen, die es geschafft haben, einen Heuschreckenschwarm zu überleben, haben das von Joel gezeichnete Bild der Zerstörung verstanden.

Auch in Sprüche 30,27 wird von Heuschrecken eine wichtige Lebenslektion abgeleitet: «die Heuschrecken – sie haben keinen König, und doch ziehen sie alle in geordneten Scharen aus». Sie mögen führerlos erscheinen, aber sie wissen, wie man klug zusammenarbeitet, um alles zu besiegen, was sich ihnen in den Weg stellt. Was hatte der Verfasser der Sprüche im Sinn, als er die Heuschrecke als eines der vier kleinen Tiere bezeichnete, von denen wir viel über Weisheit lernen können? Vielleicht ist dies seine Lehre für uns: Wenn die unbedeutende Heuschrecke so viel erreichen kann, sobald sie sich zusammenschliesst und zusammenarbeitet, was könnten wir dann erreichen, wenn wir uns mit anderen zusammenschliessen und zusammenarbeiten?

Es ist an der Zeit, unsere Heuschrecke wegfliegen zu lassen, damit wir sagen können, dass bei der Aufnahme unserer Fotos keine Insekten zu Schaden gekommen sind! Aber der Anblick dieser Heuschrecke regt uns zum Nachdenken an. Wir gehen zum Bus, um ins nächste Tal zu fahren.

Ein Panoramablick auf das Elatal vom Gipfel des Socho

KAPITEL 31

DAS ELATAL:
David und Goliath

Bevor wir mit der ganzen Reisegruppe zu unserem Halt im Elatal fahren, möchte ich Sie auf einen privaten Ausflug mitnehmen. Schnüren Sie Ihre Wanderschuhe, denn wir müssen ein wenig klettern. Ich wünschte, wir könnten die ganze Gruppe auf diese Wanderung mitnehmen, aber wenn wir das täten, wäre unser nächster Halt mit Sicherheit die Notaufnahme im Hadassah-Krankenhaus! Wir wandern auf die Spitze des Hügels, auf dem sich im Altertum die Stadt Socho befand. Die Wanderung könnte ein wenig tückisch sein, aber die Aussicht ist es wert.

Der Hügel von Socho

DEN SOCHO HINAUFWANDERN

Von unten sieht die Wanderung zum Gipfel von Socho gar nicht so schwierig aus. Aber die Felsen sind uneben, der Boden ist locker und ein Grossteil des Gebüschs ist mit spitzen Dornen versehen. Warum also erklimmen wir den Gipfel von Socho? Sobald wir oben angekommen sind, haben wir fantastische Aussicht. Betrachten Sie das Ziel als unsere persönlichen «Freilicht-Logenplätze» für den epischen Kampf zwischen David und Goliath.

Blick auf das Elatal von Socho aus, mit Aseka in der Ferne

Vom Socho-Gipfel aus können wir das Elatal hinab auf das Land der Philister blicken. Der höchste Hügel in der Ferne ist der Ort, an dem sich die israelitische Stadt Aseka befand. Wir haben über Aseka gesprochen, als wir in Lachis waren. Das Elatal schlängelt sich hinunter und um Aseka herum, bevor es sich zur Philisterebene hin öffnet.

Wir stehen auf Socho und sehen Aseka in der Ferne, aber was ist so besonders an diesen beiden Orten? Die beiden Orte passen folgendermassen in die Geschichte von David und Goliath: «Die Philister aber zogen ihre Heere zum Kampf zusammen und versammelten sich bei Socho in Juda, und sie lagerten sich zwischen Socho und Aseka, bei Ephes-Dammin» (1Sam 17,1). Wir stehen an der Spitze der philistäischen Armee, an der vordersten Front ihrer Schlachtformation. Hinter uns erstreckten sich die verschiedenen Abteilungen der Philister auf dieser Seite des Tals von hier bis nach Aseka in der Ferne.

Als sich der philistäische Moloch versammelte und sich anschickte, das Tal hinaufzurollen, muss die Nachricht König Saul in seiner Hauptstadt Gibea erreicht haben. Saul sandte eine Nachricht an die Städte entlang der zu erwartenden philistäischen Eroberungsroute, um Freiwillige zu entsenden. Sein Ziel war es, eine Streitmacht aus den bedrohten Ortschaften zusammenzustellen, die ihm helfen sollte, den Angriff der Philister abzuwehren. «Auch Saul und die Männer von Israel sammelten sich und schlugen ihr Lager im Terebinthental auf, und sie rüsteten sich zum Kampf gegen die Philister. Und die Philister standen am jenseitigen Berg, die Israeliten aber am diesseitigen Berg, und das Tal lag zwischen ihnen» (1Sam 17,2-3).

Wenn die Frontlinien der philistäischen Armee bis nach Socho reichten, dann würde man erwarten, dass die israelitischen Streitkräfte auf der anderen Seite des Tals stehen und versuchen, den Vormarsch der Philister in das Bergland von Juda zu verhindern. Und genau so war es.

Der Hügel gegenüber von Socho im Elatal

Sehen Sie sich den kleinen Hügel auf der anderen Seite des Tals von hier aus an, wo wir jetzt stehen. Gleich hinter dem Hügel liegen die Berge von Juda. Die Strasse neben dem kleinen Hügel führt über eine Kammlinie in die Berge und endet nahe der Stadt Bethlehem. Kein Wunder, dass Davids Vater Isai seine drei ältesten Söhne aussandte, um Saul in den Krieg zu folgen (1Sam 17,13). Wenn die Philister nicht aufgehalten wurden, war Bethlehem selbst bedroht.

Nun gut, es ist an der Zeit, dass wir uns *vorsichtig* von diesem Hügel herunterbewegen und uns dem Rest der Reisegruppe anschliessen. Wir bringen sie in die Nähe des Fusses des kleinen Hügels auf der anderen Seite des Tals. Von hier aus kann man sehen, wie strategisch wichtig dieses Gebiet ist, aber unsere Reisegruppe hat diese Perspektive noch nicht. Sehen Sie also zu, wie ich versuche, sie davon zu überzeugen, dass ich nicht verrückt bin, weil ich sie zu einem höchst *selten aufgesuchten* Touristenort gebracht habe.

AUTHENTIZITÄT IM ELATAL

Es tut mir leid, dass ich Sie alle hier im Bus warten liess, während ich einen kleinen Umweg machte. Ich hoffe, Sie konnten die Klimaanlage geniessen. Aber jetzt gehen wir alle zusammen auf eine kleine Wanderung. Und dabei möchte ich, dass Sie sich ein Schlüsselwort merken – Authentizität. Merken Sie sich dieses Wort, denn Sie werden annehmen, dass ich den Verstand verloren habe, wenn Sie mir aus dem Bus über eine Leitplanke und einen mit Unkraut überwucherten Weg folgen.

Gut, wir sind da. Dies ist vielleicht der «ungewöhnlichste» Halt, den wir auf unserer Reise gemacht haben. Nicht malerisch, aber definitiv anders. Wir sind hier, weil ich glaube, dass wir, plus/minus ein paar hundert Meter, *genau* an der Stelle stehen, an der eine der erstaunlichsten Schlachten der biblischen Geschichte stattgefunden hat. Aber lassen Sie mich zunächst etwas weiter ausholen.

Im Elatal wird die Geschichte von David und Goliath erzählt

Schauen Sie zurück zum Bus. Sehen Sie den Hügel direkt dahinter, auf der anderen Seite der Strasse? Das ist Socho, der Hügel, auf den ich eben geklettert war. Schauen Sie jetzt das Tal hinunter. Sehen Sie den höheren Berg in der Ferne? Das Tal liegt etwa fünf Kilometer entfernt und ist der Ort, an dem sich im Altertum die Stadt Aseka befand. Gleich auf der anderen Seite des Berges liegt die Philisterebene. Wenn wir einen Röntgenblick hätten und durch den Berg sehen könnten, würden wir die Philisterstadt Gat sehen. Sie ist nur 16 Kilometer von unserem jetzigen Standort entfernt.

Als Nächstes schauen Sie hierher, direkt hinter mich. Sehen Sie diesen Graben? Es ist tatsächlich der Bach, der durch dieses ziemlich enge Tal fliesst. Momentan ist er ausgetrocknet, aber man kann erkennen, dass hier einst ein kleiner Bach durchfloss. Die alte Strasse durch dieses Tal überquerte den Bach genau hier, wo wir jetzt stehen. Dann schlängelte sie sich an dem kleinen Hügel auf der anderen Seite vorbei, bevor sie einen Kamm hinauf ins Bergland kletterte. Folgen Sie dieser Strasse, und Sie erreichen schliesslich Bethlehem nach etwa 24 Kilometern.

All diese Details sind wichtig, und zwar aus folgendem Grund. Der Verfasser von 1. Samuel 17 beginnt seinen Bericht mit der Beschreibung der Vorbereitungen für eine grosse Schlacht zwischen Israel und den Philistern. Die Philister drangen in das Hügelland Israels vor. Hätte man sie nicht aufhalten können, wäre das Kernland des Landes bedroht gewesen. Und all die Orte, auf die ich gerade hingewiesen habe, werden in 1. Samuel 17 namentlich genannt. Socho war die Frontlinie der Philisterarmee. Von Socho bis nach Aseka in der Ferne war die andere Seite des Tals mit philistäischen Zelten übersät. Ephes-Dammin bedeutet «Grenze des Blutes» und deutet darauf hin, dass dieser Ort im Kampf zwischen diesen beiden Völkern seinen Anteil am Konflikt hatte.

Das Kapitel beschreibt dann Israels Antwort auf die philistäische Aggression, als Saul und die Männer Israels sich versammelten, um den philistäischen Vormarsch aufzuhalten. Es heisst ausdrücklich, dass die Philister auf dem Berg auf der einen Seite standen, während Israel auf dem Berg auf der anderen Seite stand, mit dem Tal zwischen ihnen. Wenn die Philister auf Socho waren, direkt hinter Ihnen, dann waren die Israeliten auf dem Hügel direkt hinter mir, und wir stehen in dem Tal zwischen den beiden. Israel stand mit dem Rücken zur Wand. Wenn die Philister hier durchbrechen würden, wären Bethlehem und die anderen Städte im Bergland bedroht.

Wir wissen, was dann geschah. Goliath kam heraus und forderte Israel zu einem Kriegerduell heraus. Der längste Krieger aus dem Heer der Philister fordert Israel heraus, seinen besten Krieger in den Kampf zu schicken. Alle Augen richteten sich auf Saul, der einen Kopf grösser war als alle anderen in der Armee Israels. Aber als «Saul und ganz Israel diese Worte des Philisters hörten, entsetzten sie sich und fürchteten sich sehr» (1Sam 17,11). Wer könnte gegen Goliath bestehen?

Die Antwort kam mit David, einem jungen Schafhirten aus Bethlehem. Von seinem Vater ausgesandt, um nach seinen Brüdern zu sehen, hörte David die Prahlerei Goliaths. Aber David war nicht beeindruckt. «Was wird dem Mann zuteilwerden, der diesen Philister schlägt und die

Schande von Israel abwendet? Denn wer ist dieser Philister, dieser Unbeschnittene, dass er die Schlachtreihen des lebendigen Gottes verhöhnt?» (1Sam 17,26).

In seiner Verzweiflung wählte Saul diesen Hirten aus, um gegen Goliath anzutreten. Saul bot ihm seine eigene königliche Rüstung an, aber David lehnte höflich ab. Er fühlte sich wohler bei der Wahl der Ausrüstung, die er geschickt gemeistert hatte, beim Bewachen der Herde seines Vaters. «Und er nahm seinen Stab in die Hand und erwählte sich fünf glatte Steine aus dem Bach und legte sie in die Hirtentasche, die er hatte, und zwar in die Schleudersteintasche, und er nahm seine Schleuder zur Hand und näherte sich dem Philister» (1Sam 17,40).

Warten Sie einen Moment, und denken Sie über diese Worte nach. Wenn David aus dem Lager Israels auf dem Hügel hinter mir käme und sich auf den Weg nach Socho machen würde, um gegen Goliath zu kämpfen, wo hätte er dann angehalten, um diese fünf glatten Steine aufzuheben? Wir stehen gerade direkt am Bach, auf einer direkten Linie zwischen den beiden Hügeln. Erinnern Sie sich an meine Worte von vorhin? Plus oder minus ein paar hundert Meter ist *dies* der Ort, an dem die Schlacht stattfand. Aber lassen Sie uns zur Geschichte zurückkehren.

Goliath konnte es nicht glauben. Er blickte verächtlich auf David herab und grinste. «Bin ich denn ein Hund, dass du mit Stöcken zu mir kommst?» (1Sam 17,43). Er verfluchte David und drohte, ihn in Stücke zu reissen und an die Geier zu verfüttern. Und dann hören wir das grosse Bekenntnis von David. Hören Sie seinen Worten aufmerksam zu.

> David aber sprach zu dem Philister: Du kommst zu mir mit Schwert und mit Speer und mit Wurfspiess; ich aber komme zu dir im Namen des HERRN der Heerscharen, des Gottes der Schlachtreihen Israels, die du verhöhnt hast! An diesem heutigen Tag wird dich der HERR in meine Hand ausliefern, und ich werde dich erschlagen und deinen Kopf von dir nehmen, und ich werde die Leichname des Heeres der Philister an diesem Tag den Vögeln unter dem Himmel und den

> wilden Tieren der Erde geben, damit die ganze Erde erkenne, dass Israel einen Gott hat! Und diese ganze Gemeinde soll erkennen, dass der HERR nicht durch Schwert oder Spiess errettet; denn der Kampf ist die Sache des HERRN, und Er wird euch in unsere Hand geben! (1Sam 17,45-47)

David war nicht blind. Er hat Goliaths Grösse deutlich gesehen ... und auch seine Waffen. Aber David betrachtete Goliath nicht aus einer menschlichen Perspektive, sondern aus der Perspektive Gottes. Goliath war grösser als David, aber er war kein Gegner für den Gott, der der *ultimative* Oberbefehlshaber von Israels Armee war. Wenn ich ein Wort wählen müsste, um Davids Einstellung zu beschreiben, dann wäre es *Vertrauen*. Er kannte den Gott, dem er diente, und er war zuversichtlich, dass Gott in der Lage war, ihn zu retten, denn er hatte bereits erlebt, wie Gott ihn «von dem Löwen und Bären errettet» hatte (1Sam 17,37). Dies war kein Kampf zwischen David und Goliath, sondern ein Kampf zwischen Gott und Goliath. David wusste, dass *er* auf der Gewinnerseite stand.

Welchen Riesen stehen Sie gegenüber? Was ist es, das Sie in Ihrem Innersten zittern lässt, weil Sie sich vor der Konfrontation fürchten? Was auch immer es ist, erinnern Sie sich daran. Ihre «Riesen» könnten tatsächlich grösser, stärker und mächtiger sein als Sie. Aber sie sind keine Gegner für den Gott, dem Sie dienen. Denken Sie daran, dass der Kampf die Sache des Herrn ist – und er ist derjenige, der den Sieg schenken wird!

HUMOR IM ELATAL

Ich muss mir keine Gedanken darüber machen, ob ich diesen speziellen Ort mit anderen Reisegruppen teilen muss. Verstehen Sie mich nicht falsch, andere christliche Reisen führen ins Elatal, aber fast keine kommt zu dieser Stelle. Die meisten israelischen Reiseleiter führen ihre Gruppen zum anderen Ende des Tals, in die Nähe von Aseka. Die Busse können dort leichter halten, und auch der Zugang zum Bach ist einfacher. Aber –

und das betone ich gegenüber den hartgesottenen Seelen, die mit mir über die Leitplanke klettern – diese anderen Gruppen besuchen die *falsche* Stelle. Die Frontlinie der Philister befand sich bei Socho, nicht bei Aseka. Ich möchte eine Reise leiten, bei der *Authentizität* im Vordergrund steht. Zum Glück ist die Gruppe, die mit mir über die Leitplanke geklettert ist, jetzt genauso begeistert von dieser Stelle wie ich.

Es ist Zeit, zum Bus zurückzukehren, aber die meisten der Reisegruppe wollen zuerst fünf glatte Steine aus dem Bach sammeln, um sie als Souvenir mit nach Hause zu nehmen. Ich frage mich, wie oft das israelische Sicherheitspersonal am Flughafen beobachtet hat, wie Taschen mit Steinen durch die Röntgengeräte gingen. Ich kann mir das Gespräch auf Hebräisch zwischen der Person, die diese Maschine überwacht, und dem Aufsichtsbeamten vorstellen.

Durchleuchter: «Schmulik, ich habe hier etwas Verdächtiges. Sieht aus wie ein Sack mit Steinen.»

Aufsichtsbeamter: «Mach dir deswegen keine Gedanken. Das sind nur ein paar Christen, die im Elatal waren!»

Einige Touristen sind sehr wählerisch, wenn es darum geht, genau die richtigen Steine in Grösse und Form zu finden. Die von David verwendeten Steine waren rund und etwas kleiner als eine Faust. Aber ich habe Leute gesehen, die mit winzigen Kieselsteinchen aus dem Bach kamen, die an Goliath abgeprallt wären wie ein Schwarm Mücken. Andere gehen mit Steinen zurück zum Bus, die so gross sind, dass sie die Lederriemen von Davids Schleuder zerrissen hätten. Und wieder andere brauchen so lange, um die richtigen Steine zu finden, dass sie, wenn es zu Davids Zeiten gewesen wäre, sie noch beim Suchen im Bach von Goliath getötet worden wären.

Ich muss zugeben, dass ich von meiner ersten Reise ins Elatal einen Stein mit nach Hause gebracht habe. Ich bin überzeugt, dass ich wirklich einen der fünf Originalsteine besitze. David hat einen verwendet. Ich habe einen aufgehoben. Bleiben also noch drei weitere, die unsere Pilger finden können!

Auf der Suche nach fünf glatten Steinen im Bach Ela

Seit Jahren führe ich eine Ein-Mann-Kampagne für den Bau eines Restaurants direkt neben dieser Stelle im Elatal. Ich habe alle Details ausgearbeitet. Was wir noch benötigen, ist ein Investor ... und ein wenig Zusammenarbeit mit dem israelischen Tourismusministerium. Stellen Sie sich ein Restaurant mit einer Dachterrasse vor, auf der Reisegruppen die Geschichte nacherzählen können, ohne über eine Leitplanke klettern zu müssen. Neben dem Restaurant würden wir ein 2,75 m grosses Modell von Goliath aufstellen. Gegen eine geringe Gebühr könnte jeder, der den Umgang mit der Schleuder ausprobieren wollte, versuchen, den Riesen zu erschiessen. (Ich habe auch die Erfahrung gemacht, dass dieser Teil des Betriebs eingezäunt werden müsste. Ich habe einen Freund, der hier mit einer Schleuder experimentiert hat. Er wirbelte herum und löste dann den Riemen der Schlinge, sodass der Stein herausschoss. Leider flog der Stein in die *falsche* Richtung.)

Dieses Restaurant könnte die offizielle Heimat des «Goliath-Burgers» sein. Es würde über saubere Toiletten verfügen, etwas, das in der Schefela gebraucht wird. Es würde auch einen Souvenirladen haben, der es mit jedem anderen im Land aufnehmen kann. Touristen könnten Steine aus dem Bach Ela, Schleudern, offizielles «Samuel-Salböl» und sogar Kamelwarnschilder wie die an den Autobahnen kaufen. Leider bezweifle ich, dass es in Bälde eröffnet werden kann. Aber wenn Sie eines Tages ein Restaurant in der Nähe von Socho entdecken, denken Sie einfach daran, dass ich zuerst daran gedacht habe.

Jede Gruppe geniesst das Elatal, aber in mancher Hinsicht haben Studienreisegruppen mehr Spass an diesem Ort. Vielleicht liegt es an ihrer der Jugend geschuldeten Fähigkeit, über Leitplanken zu klettern. Oder vielleicht liegt es an ihrer blühenden Fantasie. Bei einer Gelegenheit liess ich eine Studienreisegruppe den Kampf zwischen David und Goliath nachspielen – ohne Schwert, Speer und Schleuder. Es war trotzdem eine denkwürdige Sache.

Studenten stellen den Kampf zwischen David und Goliath nach

Blick auf das Sorektal von Beth-Schemesch aus

KAPITEL 32

DAS SOREKTAL:
Ein Tal mit Augenproblemen

Das Sorektal ist leicht zu übersehen. Die Autobahn führt über einen Teil des Hügels, auf dem sich einst die alttestamentliche Stadt Beth-Schemesch befand. Auf der rechten Seite liegt die moderne Ortschaft Beth-Schemesch, und es ist leicht möglich, dass Reisende von den Schildern von *McDonald's* und *Aroma Café* im Einkaufszentrum so abgelenkt werden, dass sie das Tal zur Linken übersehen. Aber wir müssen an dem alttestamentlichen Ort Beth-Schemesch anhalten, denn er bietet die perfekte Aussichtsplattform für eine Reihe von alttestamentlichen Ereignissen, die mit dem Sorektal in Verbindung stehen.

Beth-Schemesch gehörte zum Stammesgebiet von Juda (Jos 15,10), und das Sorektal war die Grenze zwischen Juda und dem Stamm Dan. Die Ortschaft Beth-Schemesch selbst war einer der Orte, die den Leviten zugeteilt wurden (Jos 21,16). Der Name bedeutet «Haus der Sonne» oder vielleicht «Tempel der Sonne». Die Stadt erhielt diesen Namen von den Kanaanitern zu Ehren der Sonnengöttin, die sie anbeteten. Aber hier vor Ort liegt unser Hauptaugenmerk auf der Geografie, nicht auf der kanaanitischen Religion.

Wenn Sie in Richtung Westen das Tal hinunterblicken, sieht es fast so aus, als ob das Tal an einem niedrigen Bergrücken am Horizont endet. In Wirklichkeit biegt das Tal kurz vor diesem Kamm nach rechts ab und führt dann weiter in die Philisterebene. Am Ende des Tals lag eine philistäische Ortschaft namens Timna, die im Leben Simsons eine Rolle spielt. Gleich auf der anderen Seite dieses Bergrückens lag die philistäische Stadt Ekron, die nördlichste der fünf grossen Städte, die die philistäische Pentapolis bildeten – Gaza, Askalon, Asdod, Gat und Ekron (Jos 13,3; 1Sam 6,17).

Unmittelbar nördlich von uns befindet sich ein Hügel, an dessen östlichem Ende sich zwei israelitische Orte befanden. Sie waren Teil des Stammesgebiets von Dan, das sich das Tal hinunter bis zum Mittelmeer erstreckte. Diese beiden Orte – Zorea und Estaol – waren die Heimatstädte von Simson. «Und der Geist des HERRN fing an ihn zu treiben im ‹Lager Dans›, zwischen Zorea und Estaol» (Ri 13,25).

Das Tal sieht heute sehr fruchtbar und produktiv aus, aber in der Vergangenheit hatte es mit «Augenproblemen» zu kämpfen.

DIE «AUGENPROBLEME» DES SOREKTALS

Augenprobleme sind kein Grund zum Lachen. Etliche Menschen in der Bibel hatten Augenprobleme. Jakob konnte seinen Vater austricksen, «als Isaak alt war und seine Augen dunkel wurden» (1Mo 27,1). Der Hohepriester Eli erblindete gegen Ende seines Lebens. Seine «Augen waren starr, sodass er nicht [mehr] sehen konnte» (1Sam 4,15). Stellen Sie sich vor, Sie leben in einem zerklüfteten Land wie Israel und können schlecht oder gar nicht sehen oder haben Grauen Star oder eine andere Augenkrankheit, die dazu führt, dass Ihre Sehkraft mit dem Alter nachlässt.

Aber so schwierig körperliche Blindheit auch sein mag, geistliche Blindheit ist noch schlimmer. Geistliche Blindheit ist eine totale Missachtung der geistlichen Realitäten des Lebens – eine völlige Ahnungslosigkeit in Bezug auf Gott und seine Kontrolle über das Universum. Die Folgen der geistlichen Blindheit sind noch verheerender als die der körperlichen Blindheit. Und es scheint, dass die Bewohner des Sorektals bei mindestens drei Gelegenheiten mit geistlicher Kurzsichtigkeit zu kämpfen hatten.

DIE KURZSICHTIGKEIT DER DANITER

Die Augenprobleme im Sorektal zeigten sich schon recht früh in der Geschichte Israels. Richter 18 beschreibt ein Ereignis, das sich kurz nach dem Einzug Israels in das verheissene Land ereignete. Der Bericht beginnt mit der Beschreibung eines Problems, dem sich der Stamm Dan gegenübersah. «Zu jener Zeit gab es keinen König in Israel. Und zu jener Zeit suchte sich der Stamm der Daniter ein Erbteil, wo sie wohnen könnten; denn bis dahin war ihm unter den Stämmen Israels kein Erbe zugefallen» (Ri 18,1). Wer das beiläufig liest, ohne den Kontext zu kennen, könnte Mitleid mit dem armen Stamm Dan haben, der offenbar von Gott übergangen wurde, als er den verschiedenen Stämmen Land zuwies. Aber eine sorgfältigere Lektüre der Bibel zeigt, dass dies überhaupt nicht der Fall war.

Josua 19,40-48 zeigt, dass der Stamm *sehr wohl schon* Land von Gott zugeteilt bekommen hatte. Tatsächlich besassen sie mindestens zwei der in dieser Zuteilung genannten Städte – Zorea und Estaol (Ri 18,2). Das Problem bestand darin, dass der grösste Teil ihres Erbes solches Land war, das entweder von den Amoritern oder den Philistern besetzt war. Diese Machthaber vor Ort «drängten die Söhne Dans auf das Bergland zurück und liessen sie nicht in die Ebene herabkommen», wie Richter 1,34 deutlich macht.

Anstatt zu kämpfen, um das ihnen von Gott versprochene Land einzunehmen und zu halten, suchten die Daniter nach einem leichteren Erbe. Und sie dachten, sie hätten es im hohen Norden des Landes gefunden. Als die fünf Spione dem Rest des Stammes Bericht erstatteten, sagten sie: «Macht euch auf, lasst uns gegen sie in den Krieg ziehen! Denn wir haben das Land angesehen, und siehe, es ist sehr gut ... Wenn ihr hingeht, werdet ihr zu einem sorglosen Volk kommen und in ein weites Land; denn

Gott hat einen Ort in eure Hände gegeben, wo kein Mangel herrscht an allem, was es auf Erden gibt!» (Ri 18,9-10). *Wir haben das Land angesehen!* Damit beginnen die Augenprobleme der Daniter.

Erinnern Sie sich noch an unsere Zeit in Dan? Es war *wirklich* eine schöne, gut bewässerte Gegend. Leider erreichte jede Grossmacht, die Israel von Norden her angriff, zuerst Dan. Indem sie nach etwas Angenehmerem suchten als das Land, das Gott ihnen gegeben hatte, wich der Stamm seinem unmittelbaren Problem aus, nur um später auf grössere Schwierigkeiten zu stossen.

SIMSONS AUGENPROBLEME

Die Augenprobleme im Sorektal setzten sich bei den Überresten des Stammes Dan fort, die vor Ort blieben. Die Probleme werden in dem ausführlichen Bericht über Simson deutlich. Er war ein Mann, der mit einer Absicht von Gott eingesetzt wurde, denn er sollte «anfangen, Israel aus der Hand der Philister zu erretten!» (Ri 13,5). Leider bekam Simson bald Augenprobleme. Anstatt Israel von den Philistern zu befreien, sah Simson etwas in Philistäa, das seine Aufmerksamkeit erregte. «Und Simson ging nach Timnat hinab; und er sah in Timnat eine Frau von den Töchtern der Philister. ... Simson sprach zu seinem Vater: Nimm mir diese, denn sie ist recht in meinen Augen!» (Ri 14,1.3). Auf Hebräisch sagt Simson wörtlich: «Sie ist gerade in meinen Augen.»

Simsons «Augenprobleme» führten ihn immer wieder in die Irre, bis er schliesslich das Geheimnis seiner Stärke an Delila verriet, die ihm daraufhin die Haare abschnitt. Damals benutzte Gott die Philister, um Simsons Augenprobleme zu beheben. Sie «nahmen ihn fest und stachen ihm die Augen aus» (Ri 16,21). Dann brachten sie ihn nach Gaza, wo er als Sklave arbeiten und Getreide mahlen musste. Simsons Haare wuchsen nach, und er schaffte es mit einem letzten Akt übermenschlicher Kraft, den Tempel der Philister auf die Versammelten zu stürzen. Aber die traurige Grabinschrift dieses Mannes, der von Gott auserwählt wurde, Israel zu befreien, verdeutlicht die Unzulänglichkeiten, die durch seine Augenprobleme verursacht wurden. «Da fiel das Haus auf die Fürsten und auf alles Volk, das darin war, sodass [die Zahl] der Toten, die er in seinem Sterben tötete, grösser war als [die Zahl] derer, die er während seines Lebens getötet hatte» (Ri 16,30).

Aber die Augenprobleme des Sorektals sind noch nicht erschöpft. 1. Samuel 5–6 liefert ein weiteres Beispiel.

IN DIE LADE GESCHAUT

Am Ende von 1. Samuel 5 bereiten sich die Philister darauf vor, die Bundeslade zurück nach Israel zu schicken. Sie hatten die Lade erbeutet, als Israel sie törichterweise in die Schlacht gebracht und versucht hatte, Gott zu zwingen, für sie zu kämpfen. Israel verlor, die Priester, die die Lade trugen, wurden getötet, und die Philister nahmen die Lade als Kriegstrophäe mit.

Aber die Philister fragten sich bald, ob sie Israels Gott gefangen genommen hatten, oder ob er sie gefangen genommen hatte. Jede Stadt, in die die Lade geschickt wurde, erlebte ein göttliches Gericht, zu dem auch eine schwere Plage gehörte. Als die Bundeslade schliesslich in Ekron, gleich westlich von uns, ankam, rief das Volk voller Angst: «Sie haben die Lade des Gottes Israels zu uns hergebracht, um uns und unser Volk zu töten!» (1Sam 5,10). Es scheint, dass die Philister mehr Angst und Respekt vor Gott hatten als Israel!

Die Philister arbeiteten einen Plan aus, um die Bundeslade nach Israel zurückzuschicken. Sie waren sich immer noch nicht sicher, ob die Plagen von Gott verursacht wurden. Vielleicht war das alles nur ein erstaunlicher Zufall gewesen. Also setzten sie die Lade auf einen Wagen, der von zwei Kühen gezogen wurde, die gerade Kälber geboren hatten und die unter normalen Umständen ihre neugeborenen Kälber nicht verlassen würden. Wenn die Kühe an ihrem Platz stehen bleiben würden, konnten die Philister davon ausgehen, dass die Plagen, die zur gleichen Zeit wie die Lade in ihr Land kamen, nichts weiter als ein unglücklicher Zufall waren. Aber wenn die Kühe die Lade zu den Israeliten zurückbringen würden, dann wüssten die Philister, dass die Plagen vom Gott Israels stammten.

Die Kühe liefen die Strasse entlang, direkt nach Beth-Schemesch! Nach sieben Monaten bei den Philistern war die Bundeslade endlich wieder in Israel. Die Einwohner von Beth-Schemesch waren überglücklich, die Lade zu sehen, und sie feierten, indem sie den Wagen zerlegten, um ihn als Brennmaterial zu verwenden, während sie die Kühe als Brandopfer für Gott opferten.

So weit, so gut. Doch nun zeigt sich die geistliche Blindheit dieser Bewohner des Sorektals. Und die Folgen sind katastrophal.

In 1. Samuel 6 heisst es, dass Gott einige der Einwohner von Beth-Schemesch schlug, «weil sie in die Lade des HERRN geschaut hatten» (1Sam 6,19). Es gibt zwei mögliche Probleme mit diesem Bericht. Das eine ist inhaltlich, das andere ethisch. Das inhaltliche Problem besteht in der Anzahl der getöteten Menschen. Einige Berichte nennen 50070, während andere einfach nur siebzig nennen. Die kleinere Zahl ergibt angesichts der Grösse der Stadt mehr Sinn, sodass die grössere Zahl wahrscheinlich auf einen Schreibfehler zurückzuführen ist. Aber egal welche Zahl auch gilt, handelt es sich um ein ernstes Gericht Gottes über diese Menschen.

Das grössere Problem scheint ein ethisches zu sein. Warum sollte Gott Menschen töten, nur weil sie in die Lade schauen? Vielleicht haben sie sich ja nur vergewissert, dass alles noch drin ist und nichts gestohlen wurde. Vielleicht waren sie einfach nur neugierig. Vielleicht wussten sie es nicht besser. Auf den ersten Blick scheint es ein hartes Gericht Gottes über die Menschen zu sein, die ihm gerade für die Rückkehr der Lade gedankt hatten. Aber in diesem Fall trügt der erste Eindruck.

Der Schlüssel zum Verständnis der geistlichen Blindheit der Menschen in Beth-Schemesch liegt darin, sich daran zu erinnern, wer in der Ortschaft lebte. Während die Region um Beth-Schemesch den Stämmen Dan und Juda zugeteilt worden war, hiess es in Josua 21,13-16, dass die Stadt Beth-Schemesch selbst «den Söhnen des Priesters Aaron» als Erbteil gegeben wurde. Genauer gesagt wurde es der Linie der Kahatiter aus den Leviten gegeben. Die Männer, die in die Kiste schauten, waren Leviten, die es besser hätten wissen müssen.

Gott hatte den Kahatitern genaue Anweisungen gegeben, wie sie mit den Einrichtungsgegenständen in der Stiftshütte umgehen sollten, da sie die Aufgabe hatten, sie durch die Wüste zu tragen. In 4. Mose 4,15 warnte Gott sie davor, die Einrichtungsgegenstände zu berühren. «sie sollen aber das Heiligtum nicht anrühren, sonst würden sie sterben.» Die Kahatiter kannten Gottes Gebot, aber sie entschieden sich dazu, nicht zu gehorchen. Und leider mussten sie feststellen, dass Gott ernst meinte, was er gesagt hatte.

Anstatt ihren Ungehorsam zu bereuen, trafen diese geistlich blinden Leviten eine noch törichtere Entscheidung. In 1. Samuel 6,21 steht, «sie sandten Boten zu den Bewohnern von Kirjat-Jearim und liessen ihnen sagen: Die Philister haben die Lade des HERRN wiedergebracht; kommt herab und führt sie zu euch hinauf!».

Wo also ist Kirjat-Jearim, und warum war es eine Dummheit, das zu tun? Kirjat-Jearim war eine von vier kanaanitischen Ortschaften, zu denen auch Gibeon zählt, die Josua dazu verleitet hatten, Frieden mit ihnen zu schliessen. Daraufhin erklärten sich diese vier von Heiden bewohnten Orte bereit, Holzhauer und Wasserschöpfer zu sein «für die Gemeinde und für den Altar des HERRN, an dem Ort, den Er erwählen würde» (Jos 9,27).

Denken Sie einmal darüber nach. Die Leviten, die für die Pflege der Einrichtungsgegenstände in der Stiftshütte verantwortlich waren, übergaben die Bundeslade an heidnische Diener zur sicheren Aufbewahrung. Und sie baten diese Heiden, die Lade nach Hause zu tragen, obwohl Gott ausdrücklich den Leviten befohlen hatte, sie zu tragen. Aufgrund ihrer geistlichen Blindheit blieb die Bundeslade weitere zwanzig Jahre bei den Heiden.

Wie steht es also heute um *Ihre* geistliche Sehkraft? Haben Sie eine perfekte Sehschärfe, wenn es darum geht, Gottes Wort zu befolgen, oder beginnen Sie bereits, eine geistliche Kurzsichtigkeit zu entwickeln?

Schauen Sie sich genau an, was mit den Bewohnern des Sorektals geschah, um zu verstehen, wie wichtig es ist, geistlich scharfsichtig zu bleiben, wenn es darum geht, Gott zu gehorchen.

HÜPFENDE EIDECHSEN!

Während wir hier in Beth-Schemesch stehen, ist eine der allgegenwärtigen Eidechsen, die in ganz Israel leben, auf einen der nahen Felsen geklettert, um sich zu sonnen. Einige von Ihnen haben auf dieser Reise vielleicht schon andere Eidechsen gesehen ... in Megiddo, in Cäsarea Philippi, auf Masada und sogar auf den Stufen, die nach Arad hinaufführen. Aber diese Eidechse putzt sich geradezu für die Gruppe heraus, indem sie ihre Brust aufbläht, als wollte sie sagen: «Willkommen in meinem Schloss! Ich bin der Herr über alles, so weit mein Auge reicht!»

Danach, als wäre sie unserer Gesellschaft überdrüssig, huscht sie auf der anderen Seite des Steins hinunter und verschwindet aus dem Blickfeld.

Eine Eidechse sonnt sich auf einem Stein bei Beth-Schemesch

Das plötzliche Auftauchen dieser hektischen Eidechse hier in den Ruinen von Beth-Schemesch erinnert mich an Sprüche 30,28. Die «Eidechse – du kannst sie mit Händen fangen, und dennoch findet sie sich in den Palästen der Könige.» Sicherlich ist eine Eidechse wie die, die wir gerade gesehen haben, klein, unbedeutend und wird sogar als Plage verachtet. Aber sie ist auch fast überall in Israel zu finden. Ich habe gesehen, wie sie zwischen den Felsen in alten Ruinen umherhüpften – und über die Terrassen von sehr schönen Hotels liefen. Vor der Erfindung von Glasfenstern, Isoliertüren und Schädlingsbekämpfungsfirmen waren Eidechsen allgegenwärtige Gäste in praktisch jedem Haus in Israel.

Haben Sie sich jemals gefragt, was der Verfasser von Sprüche 30,28 uns lehren wollte, die wir gerade diese Eidechse über die Steine von Beth-Schemesch huschen sahen? Ich denke, er hatte sein Augenmerk auf die Eidechse gerichtet, um uns die Weisheit der *Beharrlichkeit* zu lehren. Eidechsen mögen wertlos und wehrlos erscheinen. Immerhin stellt der Autor fest, dass jemand, der schnell genug ist, eine in seinen Händen fangen kann. Aber die bescheidene Eidechse hatte, wie wir heute sagen würden, gelernt, «wie ein König zu leben». Durch ihre Beharrlichkeit hatte sie es bis in den Palast des Königs geschafft – das ist mehr, als der durchschnittliche Israelit jener Tage von sich behaupten konnte.

Es ist Zeit, dass Sie Ihre Fotos machen und zum Bus zurückkehren. Wir haben noch ein weiteres Tal zu besuchen, bevor wir in Jerusalem ankommen!

Blick hinunter auf das Ajalontal

KAPITEL 33

DAS AJALONTAL:

Jerusalems Vordertür

Das Ajalontal ist das letzte unserer fünf Täler in der Schefela. Es ist auch das Haupttal, das Jerusalem mit der Küste und der Internationalen Fernstrasse verbindet. Heute führen zwei Hauptstrassen vom Ajalontal hinauf nach Jerusalem, und zwar entlang zweier verschiedener Seitenarme des Tals. Wir werden beide besuchen.

Zu biblischen Zeiten führte die wichtigste Route nach Jerusalem durch das Tal und dann über einen Bergrücken am nordöstlichen Ende. Dieser Bergrücken wurde von den Ortschaften Oberes Beth-Horon und Unteres Beth-Horon kontrolliert. Die Strasse führte dann an der Stadt Gibeon vorbei, bevor sie nach Süden in Richtung Jerusalem abbog. Dies ist der Weg, dem Josua und die Israeliten folgten, als sie die Kanaaniter aus Gibeon vertrieben: «und sie jagten ihnen nach auf dem Weg nach der Anhöhe von Beth-Horon, und sie schlugen sie bis Aseka und bis Makkeda» (Jos 10,10). Auf dem Weg ins Ajalontal rief Josua: «Sonne, stehe still in Gibeon, und du, Mond, im Tal Ajalon!» (V. 12).

Später erkannte König Salomo, wie wichtig es war, diesen Zugang zu seiner Hauptstadt zu schützen, und so sorgte er für entsprechende Massnahmen. Er befestigte die Stadt Geser (1Kö 9,15) im Tal selbst, und er «baute auch das obere Beth-Horon und das untere Beth-Horon [aus], feste Städte mit Mauern, Toren und Riegeln» (2Chr 8,5).

Lassen Sie uns entlang dieser Route reisen, um uns einige der Sehenswürdigkeiten anzuschauen.

EMMAUS

Vielleicht erinnern Sie sich an den Bericht, wie Jesus mit den beiden Jüngern auf dem Weg nach Emmaus wandert (Lk 24,13-35). Es ist eine faszinierende Geschichte, aber sie birgt auch einige grosse Komplikationen. Wie weit war Emmaus von Jerusalem entfernt? Und wo genau lag dieses Emmaus? Wir müssen die erste Frage beantworten, bevor wir die zweite angehen können.

Ein quellengespeister Teich auf dem Gelände des alten Emmaus

In den meisten Übersetzungen heisst es, die Ortschaft sei «elf Kilometer von Jerusalem» entfernt, aber es gibt ein Problem mit dem Text. Je nachdem, welches griechische Manuskript verwendet wird, betrug die Entfernung entweder 60 Stadien (11 Kilometer) oder 160 Stadien (29 Kilometer). Mir persönlich leuchtet die grössere Entfernung mehr ein. Dies wird durch den *Codex Sinaiticus* gestützt, eine der ganz frühen griechischen Handschriften. Und die längere Strecke ist auch historisch gut belegt. Eusebius, Historiker der Alten Kirche und Bischof von Cäsarea, berichtet, dass Emmaus «jetzt Nikopolis ist, eine berühmte Stadt in Palästina».[40] Nikopolis lag etwa 29 Kilometer von Jerusalem entfernt am Rande des Ajalontals und scheint der beste Kandidat für Emmaus zu sein.

Die Reise von Jerusalem nach Emmaus zur Zeit Jesu wäre keine einfache Reise gewesen. Die beiden Jünger mussten von Jerusalem aus mehrere Kilometer nach Norden wandern, bevor sie sich nach Westen wandten, um demselben Weg zu folgen, den Josua bei der Rettung der Gibeoniter genommen hatte. Sie hätten das Ajalontal und Emmaus nach einem fünfstündigen Fussmarsch erreicht.

Als die beiden Jünger weitergingen und über die verwirrenden Ereignisse sprachen, die sich gerade in Jerusalem zugetragen hatten, gesellte sich eine dritte Person zu ihnen, die sie nicht erkannten. «Was habt ihr unterwegs miteinander besprochen ...?», fragte diese (Lk 24,17). Sie nahmen das Gespräch mit dem Fremden auf. «Bist du der einzige Fremdling in Jerusalem, der nicht erfahren hat, was dort geschehen ist in diesen Tagen?» (V. 18).

Der Fremde drängte sie zu Einzelheiten, und so erzählten sie ihm von Jesus von Nazareth. «Das mit Jesus, dem Nazarener, der ein Prophet war, mächtig in Tat und Wort vor Gott und dem ganzen Volk; wie ihn unsere obersten Priester und führenden Männer ausgeliefert haben, dass er zum Tode verurteilt und gekreuzigt wurde. Wir aber hofften, er sei der, welcher Israel erlösen sollte» (V. 19-21). Ihr erhoffter Messias war gestorben.

40 Eusebius, *The Onomasticon*, Übs. G. S. P. Freeman-Grenville (Jerusalem: Carta, 2003), 53.

Aber die Situation hatte genau an diesem Morgen, dem dritten Tag nach seinem Tod, eine unerwartete Wendung genommen. «Zudem haben uns auch einige Frauen aus unserer Mitte in Verwirrung gebracht; sie waren am Morgen früh beim Grab, fanden seinen Leib nicht, kamen und sagten, sie hätten sogar eine Erscheinung von Engeln gesehen, welche sagten, er lebe. Und etliche der Unsrigen gingen hin zum Grab und fanden es so, wie es auch die Frauen gesagt hatten» (V. 22-24).

Die Reaktion des Fremden muss sie aufgerüttelt haben. «O ihr Unverständigen, wie ist doch euer Herz träge, zu glauben an alles, was die Propheten geredet haben! Musste nicht der Christus dies erleiden und in seine Herrlichkeit eingehen?» (V. 25-26). Es ist, als wüsste dieser Fremde nicht nur, was geschehen war, sondern auch *warum* es geschehen war. Er tadelte die beiden Jünger, weil sie nicht erkannten, dass die jüngsten Ereignisse bereits im Alten Testament vorhergesagt worden waren. «Und er begann bei Mose und bei allen Propheten und legte ihnen in allen Schriften aus, was sich auf ihn bezieht» (V. 27). Stellen Sie sich eine fünfstündige Bibelstunde mit Jesus vor!

Die grossartigste Bibelstunde, die je gehalten wurde, fand auf einem steinigen Weg zwischen Jerusalem und Emmaus statt.

Schliesslich erreichten die drei Emmaus. Die Jünger drängten den Fremden zu bleiben, denn «es will Abend werden» (V. 29). Wörtlich sagten sie, es sei «zum Abend hin». Nach kultureller Tradition im Altertum begann der «Abend» nach zwölf Uhr mittags, dem Zeitpunkt, an dem die Sonne ihren Scheitelpunkt erreicht hatte und zu sinken begann. Wenn sie Jerusalem an diesem Morgen früh verlassen hatten, war es wahrscheinlich schon früher Nachmittag, als sie Jesus zum Essen in ihr Haus einluden. Jesus nahm «das Brot, sprach den Segen, brach es und gab es ihnen»

(V. 30). Und in diesem Moment wurden ihnen die Augen geöffnet und sie erkannten, dass der Fremde Jesus selbst war! Dann verschwand er.

Und während die Sonne weiter in Richtung Mittelmeer im Westen sank, eilten die beiden Jünger zurück nach Jerusalem, ein Rückweg von 29 Kilometern. Ihre Aufregung hielt sie in Bewegung, aber es war noch ein fünfstündiger Fussmarsch zurück zu dem Haus, in dem die Jünger alle versammelt waren.

Die grossartigste Bibelstunde, die je gehalten wurde, fand auf einem steinigen Weg zwischen Jerusalem und Emmaus statt. Es gab keine mehrseitigen Skripte. Keine visuellen Hilfsmittel. Keine Lektürehilfen. Keine Gruppendiskussion. Nur Jesus, der erklärt, wie er alle Vorhersagen des Alten Testaments über den kommenden Messias erfüllt hat. Emmaus ist ein grossartiger Ort, um uns daran zu erinnern, dass das Ziel einer jeden Bibelstunde darin besteht, Jesus hervorzuheben.

NABI SAMWIL

Unsere Fahrt auf der Strecke von Emmaus über den Kamm von Beth Horon verläuft ereignislos. Unser nächster Halt ist Nabi Samwil, das ist Arabisch für «der Prophet Samuel». Wir besuchen ein Gebäude, das von Juden, Muslimen und Christen als Samuels Grabmal verehrt wird. Es gibt nur ein kleines Problem. Samuel *ist nicht* hier begraben. In 1. Samuel 25,1 heisst es: «Und Samuel starb, und ganz Israel versammelte sich und klagte um ihn und begrub ihn bei seinem Haus in Rama ...» Rama liegt fast fünf Kilometer *östlich* von Nabi Samwil.

Das Gebäude an der höchsten Stelle von Nabi Samwil

Warum ist dieser Ort also nach Samuel benannt? Ich bin froh, dass Sie gefragt haben! Sehen Sie, fünfundsiebzig Seiten meiner Doktorarbeit beschäftigten sich mit der Identifizierung dieses Ortes. Ich bin überzeugt, dass wir jetzt im biblischen Mizpa stehen. Samuel begann seinen öffentlichen Dienst, indem er ganz Israel in Mizpa versammelte (1Sam 7,5-6), und Samuel übergab in Mizpa öffentlich die Führung der Nation an König Saul (1Sam 10,17-25). Sie war auch eine der Stationen auf Samuels jährlichem Rundgang durch die Städte, die er besuchte, um über Israel zu richten (1Sam 7,15-17), was Samuel zum ersten «Wanderrichter» der Welt machte. Da Mizpa den Abschluss von Samuels öffentlichem Dienst als Richter bildet, ist es leicht zu verstehen, wie sein Name mit diesem Ort in Verbindung gebracht worden ist.

Wir werden nicht wirklich Zeit damit verbringen, das Gebäude zu erkunden. Wenden Sie sich stattdessen nach links, wenn wir durch die Tür gehen, und folgen Sie mir auf eine lange Treppe hinauf zum Dach.

Da dies die höchste Stelle in der Gegend ist, werden wir Nabi Samwil als Aussichtsplattform nutzen. Von dieser Stelle aus kann man von Jerusalem im Süden bis nach Bethel im Norden sehen, mit den Ortschaften Rama und Gibea auf dem Kamm dazwischen. Unter uns liegt der Ort Gibeon, den wir als Nächstes besuchen werden. Auf meiner allerersten Studienreise nach Israel sagte der Dozent etwas, das mir all die Jahre im Gedächtnis geblieben ist. Er sagte, dass 50 Prozent aller Handlungserzählungen im Alten Testament in Sichtweite dieser einen Stelle stattfanden. Und er hatte recht!

Diejenigen, die sich mit der Geografie des Alten Testaments auskennen, haben die Bedeutung dieses Ortes schon immer verstanden. Norman MacLeod, ein bei Königin Victoria sehr beliebter Kaplan, besuchte Israel im Jahr 1864. Zwei Jahre später veröffentlichte er einen detaillierten Bericht über seine Reise. Auf seinem Weg nach Jerusalem hielt er an, um die umliegende Landschaft von Nabi Samwil aus zu betrachten.

> Ich suchte nicht nach Schönheit und war daher nicht überrascht über ihre Abwesenheit; aber ich suchte nach den Schlachtszenen – nach Marathon und den Thermopylen – der Weltzivilisation und nach der irdischen Bühne, auf der echte Männer aus Fleisch und Blut, aber voll des Geistes des lebendigen Gottes, ihre grossen Rollen spielten [...] und ich fand nichts anderes als das, wonach ich gesucht hatte, zu meiner unaufhörlichen Freude und Dankbarkeit [...] Ich verliess den Gipfel des Neby Samwil [*sic*] mit andächtiger Dankbarkeit und dem Gefühl, dass, wenn ich sonst nichts mehr sehen würde, sondern am nächsten Tag nach Europa zurückkehren müsste, meine Reise gut belohnt worden wäre.[41]

Trotz seiner recht geringen Grösse spielte das Gebiet um Nabi Samwil eine erstaunlich bedeutende Rolle in der biblischen Geschichte. Von Josua zur

41 Norman MacLeod, *Eastward*, 4. Aufl. (London: Strahan & Co., 1869), 178–179.186.

Zeit der Eroberung über Samuel, Saul und David zu Beginn der Monarchie bis hin zu Jeremia zur Zeit des Falls Jerusalems an Babylon – dieses winzige Stück Land war Zeuge einiger der bemerkenswertesten Ereignisse der biblischen Geschichte.

Aber ein Besuch in Nabi Samwil kann auch Ihre Gesundheit gefährden!

Bei einer Tour nach Nabi Samwil trafen wir einmal auf eine Reisegruppe italienischer Nonnen, die bereits auf dem Dach sassen. Der Bereich ist recht gross, also bat ich unsere Gruppe, mir die Treppe hinauf zu folgen. Leider hatten wir eine Frau in unserer Reisegruppe, die nicht in der besten körperlichen Verfassung war. Sie ging als Letzte und hielt mehrmals inne, um wieder zu Atem zu kommen. Der Rest der Reisegruppe schaffte es ohne Schwierigkeiten auf das Dach, aber als die Nonnen unsere Gruppe auf das Dach kommen sahen, beschlossen sie, dass es für sie Zeit war, wieder zu gehen.

Ich wartete oben auf der Treppe auf unsere letzte Reisende, und mir wurde klar, dass unser verlorenes Schaf keine Chance hatte, oben anzukommen, wenn die Nonnen mit ihrem Abstieg begännen. Mit Handbewegungen bat ich also die Nonnen zu warten – während ich die Stufen hinunterrief, um unsere letzte Pilgerin zum Weitergehen zu ermuntern. Die Nonnen begannen mich anzustupsen, damit ich aus dem Weg gehe. Um sie abzuwehren, drehte ich ihnen den Rücken zu und breitete meine Arme aus.

Die Treppe zum Dach in Nabi Samwil

Da versuchten ein paar von ihnen, mich die Treppe hinunterzuschieben!

Meine Daumen drückten gegen das steinerne Türgewand des Eingangs, und die Reisegruppe der zierlichen, aber hartnäckigen Nonnen drückte auf meinen Rücken, um mich zum Gehen zu bewegen. Ich hielt meine Position, bis es unsere letzte Touristin auf das Dach geschafft hatte. Die Nonnen stapften die Treppe hinunter, und ich verbrachte den Rest des Tages damit, meine belasteten Daumen zu pflegen.

Der runde Hügel von Gibeon, von Nabi Samwil aus gesehen

Von der Spitze des Nabi Samwil kann man auf einen runden Hügel hinunterblicken, der sich aus dem recht flachen Gebiet erhebt, das dem Stamm Benjamin zugewiesen war. Dies ist die Ortschaft Gibeon. Wegen der politischen Lage ist sie derzeit für Touristen gesperrt, aber ich hatte schon mehrmals die Gelegenheit, sie zu besuchen. Einmal traf eine Reisegruppe von Studenten eine Absprache mit einem Ladenbesitzer in der Altstadt von Jerusalem, um einen Bus zu mieten und Orte zu besuchen, die den meisten Touristen verschlossen sind. Shaban brachte uns zu mehreren biblischen Stätten, darunter auch Gibeon.

Eine der erstaunlichsten Sehenswürdigkeiten von Gibeon ist das Wassersystem. Obwohl es in der Bibel als «Teich» bezeichnet wird, handelt es sich in Wirklichkeit um einen runden Schacht und eine in den Fels gehauene Treppe. Am Grund des Schachts begann ein Tunnel, der zur Wasserquelle der Stadt führte. Dieser Teich wird in der Bibel zweimal erwähnt, beide Male im Zusammenhang mit der Kriegsführung. Er erscheint zunächst als Schauplatz einer grausamen Schlacht zwischen Davids Männern und den Männern von Sauls Sohn Ischboseth.

Nach 2. Samuel 2,13 trafen sich diese beiden Gruppen von Kriegern «am Teich von Gibeon, und die einen setzten sich diesseits, die anderen jenseits des Teiches fest». Jede Seite wählte zwölf Krieger, und alle vierundzwanzig starben im Nahkampf. Der Bericht endet mit den Worten: «Daher wird der Ort ‹Feld der Klingen› genannt; er liegt bei Gibeon» (V. 16).

Das zweite Mal, dass der Teich von Gibeon in der Bibel auftaucht, ist nach dem Fall Jerusalems durch die Babylonier. Gedalja wurde zum Gouverneur über den Rest ernannt, der überlebt hatte, und das Zentrum der Verwaltung wurde nach Mizpa – Nabi Samwil – verlegt. Ein Abtrünniger namens Ismael kam mit zehn Gefolgsleuten zum Verwaltungszentrum und tötete Gedalja und die babylonischen Wachen, die zur Aufrechterhaltung der Ordnung zurückgeblieben waren. Ismael nahm eine Reihe von Geiseln gefangen, darunter auch Jeremia, und verliess Mizpa in Richtung Osten nach Ammon.

Der Teich von Gibeon

Diejenigen, die sich noch in der Region aufhielten, erfuhren von dem Vorfall und eilten Ismael hinterher, um die Gefangenen zu retten. Sie «fanden ihn an dem grossen Wasser von Gibeon» (Jer 41,12). Offensichtlich hatte Ismael angehalten, um sich mit Wasser und anderen Vorräten einzudecken, bevor er durch die judäische Wüste nach Jericho und dann weiter nach Ammon zog. Die Geiseln – einschliesslich Jeremia – wurden gerettet, aber Ismael konnte entkommen.

DER «LETZTE KÖNIG» VON ISRAEL

Es ist an der Zeit, auf demselben Weg, den wir gekommen sind, umzukehren. Wir müssen zurück ins Ajalontal fahren und dann die andere Strasse nach Jerusalem nehmen. Obwohl die andere Route in biblischen Zeiten eine Nebenstrasse war, ist sie heute die Hauptstrasse von Tel Aviv und vom Flughafen nach Jerusalem. Sie beginnt in einem schmalen Ausläufer des Ajalontals und steigt hinauf zu dem alten biblischen Ort Kirjat-Jearim. Das ist eine der Ortschaften, die sich mit Gibeon zusammengetan hatten, um Josua auszutricksen, und es ist auch der Ort, an den die Leute von Beth-Schemesch die Lade geschickt hatten.

Dieser winzige Abschnitt des Ajalontals endet in der Nähe von Kirjat-Jearim. Früher hätte die Strasse eine Kurve zurück gemacht, um in der Nähe von Gibeon wieder auf die andere Route zu treffen. Aber heute – dank Bagger und Dynamit – führt die moderne Strasse nach Jerusalem weiter durch den Oberlauf des Sorektals. Wir werden auf dieser Strasse nach Jerusalem weiterfahren, aber zuerst müssen wir einen kurzen Halt für eine Toilettenpause einlegen.

Wie Sie von unserer Reise durch die Schefela wissen, sind Toiletten ein kostbares Gut. Aber die Situation hat sich bereits gebessert. Bei meiner allerersten Israelreise hörten sich die Toilettenpausen in der Schefela so an: «Es ist Zeit für eine Rast. Männer nach links, Frauen nach rechts.» Sagen wir einfach, dass Israel in den vergangenen vier Jahrzehnten einen langen Weg zurückgelegt hat.

Diese letzte Station überrascht die meisten Israelbesucher. (Es sei denn, Sie lesen dieses Buch *vor* Ihrem Besuch.) Ich gehe davon aus, dass der Tag kommen wird, an dem diese Station den Weg anderer Sehenswürdigkeiten in Israel gehen wird – Gebäude und Denkmäler, die schliesslich verfallen und zur Ruine werden. Aber das wird hoffentlich erst in vielen Jahren der Fall sein, denn sie ist es wert, dass man hier seine Zeit investiert.

Wir haben auf dieser Tour über viele Könige und Herrscher gesprochen. Einige folgten von Herzen Gott nach, viele andere nicht. Aber die meisten hinterliessen eine physische Spur im Land – etwas, das denen, die nach ihnen kamen, sagte: «Ich habe als König regiert.» Und unser letzter Halt des Tages ist keine Ausnahme. Diese Stelle ist dem «letzten König» von Israel gewidmet. Nein, es ist nicht König Zedekia. Und es ist nicht Jesus.

Dieser König ist Elvis!

Das *Elvis Inn* ist eine Tankstelle, die zu einem Heiligtum für Elvis Presley geworden ist. Jeder Quadratzentimeter des Innenraums ist mit Bildern und Postern von Elvis belegt. Ständig läuft Elvis-Musik. Sie können Elvis-Wein kaufen oder eine Tasse Kaffee in Ihrer eigenen Elvis-Souvenirbechertasse erstehen. Holen Sie sich eine Elvis-in-Israel-Postkarte, oder kaufen Sie ein Elvis-T-Shirt für Ihre Kinder oder Enkelkinder. Und lassen Sie sich unbedingt mit einer der Elvis-Statuen fotografieren – es gibt einige drinnen und draussen.

Elvis-Statue im Elvis Inn

Einmal hielten wir hier mit einer Reisegruppe von Studenten auf dem Weg zum Flughafen für den Rückflug. Ich beschloss, mich draussen neben der Elvis-Statue fotografieren zu lassen. Leider passte ich nicht auf und stiess mir den Kopf an einem der bronzenen Stimmwirbelknöpfe seiner Gitarre an. Das ergab eine Schnittverletzung. Während der Fahrt zum Flughafen versuchte ich die Blutung zu stoppen, indem ich mir Papiertücher auf den Kopf presste.

Als der Bus auf die Autobahn fuhr, drückte ich den Studenten gegenüber meine Hoffnung aus, dass ihnen dieser letzte Halt auf ihrer Reise gefallen habe. Und aus dem hinteren Teil des Busses kam die Stimme eines Studenten, der seine beste Elvis-Imitation darbot:

«Thank you very much!»[42]

42 Anm. d. Übs.: «Ich danke Ihnen vielmals!» Elvis Presley sagte das gerne nach seinen Darbietungen.

Das Herodion mit dem Wasserbecken des Herodes im Vordergrund

KAPITEL 34

DAS HERODION:

Herodes' Grabmonument

Bevor wir Jerusalem erkunden, müssen wir noch zwei letzte Stopps ausserhalb der Stadt einlegen. Der Erste ist das Herodion, eine vulkanförmige Festung zwischen Bethlehem und der judäischen Wüste. Herodes der Grosse baute viele prächtige Paläste in seinem Reich, aber dieser ist der Einzige, den er nach sich selbst benannte. Wir werden uns gleich darüber unterhalten, warum das so ist. Machen Sie sich in der Zwischenzeit bereit für eine Wanderung zum Gipfel. Nehmen Sie sich Zeit. Ich werde warten, bis alle oben angekommen sind, bevor ich mit der Erklärung beginne.

DER AUSBLICK VOM HERODION

Wie ich bereits am Fusse des Hügels sagte, wurde diese Festung von Herodes dem Grossen erbaut. Herodes hat diesen Ort nicht nur nach sich selbst benannt, er hat auch beschlossen, dass er hier begraben werden wollte. Archäologen entdeckten seitlich am Hügel die Überreste seines Mausoleums. Da Sie jetzt oben angekommen sind, halten Sie inne und schauen Sie über den Horizont. Im Nordwesten können Sie gerade noch drei Türme ausmachen, die als Wachtürme auf dem Ölberg östlich von Jerusalem stehen. Die Stadt liegt jenseits dieser Türme. Unmittelbar westlich von uns liegt Bethlehem. Heute ist es eine grosse Stadt, aber zu biblischen Zeiten war es ein recht kleines Dorf. Im Süden können wir Tekoa sehen, die Heimatstadt des Propheten Amos. Aber der vielleicht spektakulärste Blick von hier aus ist der in Richtung Osten. An einem klaren Tag können wir tatsächlich über die judäische Wüste bis zum Toten Meer und den Bergen des heutigen Jordaniens auf der anderen Seite davon sehen. Zur Zeit des Alten Testaments lagen diese Hügel dort im Land Moab.

Das Wasserbecken, an dem wir unten vorbeigekommen sind, ist von hier oben deutlich zu sehen. Da es in dieser Gegend keine natürliche Wasserquelle gab, baute Herodes ein acht Kilometer langes Aquädukt, um Wasser aus Quellen südlich von Bethlehem heranzuschaffen. Mit dem Wasser, das in das Becken geleitet wurde, und den gelegentlichen Winterregengüssen waren die in den Berg gehauenen Zisternen stets gefüllt.

Josephus stellte eine ausgezeichnete Beschreibung dieses Palastes bereit, die nun durch Ausgrabungen bestätigt wurde. Er schrieb, Herodes «umgab die Spitze nämlich mit runden Türmen und errichtete innerhalb der Mauern so kostbare königliche Paläste, dass nicht nur das Innere der Gebäude einen glänzenden Anblick bot, sondern auch die Aussenmauern, Zinnen und Dächer mit verschwenderischem Reichtum überschüttet waren. Von fern her leitete er mit grossen Kosten reichlich Wasser heran und legte den Aufgang mit 200 Stufen aus schneeweissem Marmor an.»[43]

43 Flavius Josephus, *De Bello Judaico: Der jüdische Krieg: Griechisch und Deutsch,* Hg. Otto Michel und Otto Bauernfeind, 3. Aufl. (Darmstadt: Wissenschaftliche Buchgesellschaft, 1982), 1.21.10.

Die Überreste von Herodes' Palast im Herodion

Die Überreste sind beeindruckend, aber wir müssen uns trotzdem eine entscheidende Frage stellen. Warum hat Herodes gerade *diesen* Palast nach sich selbst benannt? Warum nicht seinen Palast in Jerusalem oder Jericho oder Samaria oder Masada oder Machärus? Was machte diesen Ort so besonders?

Zum Glück hat Josephus die Antwort.

Kurz nachdem er König geworden war, sah sich der junge Herodes gezwungen, unter Lebensgefahr aus Jerusalem zu fliehen, während die Parther und einige seiner eigenen Landsleute ihn verfolgten. Sie wollten ihn töten, bevor er nach Rom fliehen und Hilfe holen konnte, um seinen Thron zurückzugewinnen. Herodes eilte nach Masada, bevor er auf einem Umweg nach Idumäa reiste, um Rom zu erreichen. Aber er wurde beinahe gefangen genommen und getötet, bevor er das Tote Meer erreichen konnte.

Blick von der Spitze des Herodions auf das Wasserbecken

Herodes und seine Familie waren rund zwölf Kilometer von Jerusalem entfernt, als der Wagen mit Herodes' Mutter umkippte. Josephus erklärte, was dann geschah. «Beinahe aber hätte er, als ein Maultier ausglitt und seine Mutter in Lebensgefahr geriet, sich selbst ums Leben gebracht, einesteils aus übergrosser Angst um seine Mutter, dann aber auch, weil er sich sorgte, dass bei dem dadurch verursachten Aufenthalt die Feinde ihn einholen würden.»[44]

Als die feindlichen Truppen näher kamen, zog Herodes sein Schwert und wollte gerade Selbstmord begehen, als seine Begleiter ihm Einhalt geboten. Um es in der Sprache von heute zu sagen: «Du kannst dich nicht umbringen. Wir sind auf dich angewiesen. Du bist unser König, also benimm dich auch so!» Als ob er einen Schalter umgelegt hätte, änderte

44 Flavius Josephus, *Jüdische Altertümer*, Übs. Heinrich Clementz, 12. Aufl. (Wiesbaden: Fourier, 1994), 14.13.8.

Herodes sofort sein Verhalten. Der verzweifelte Flüchtling, der so niedergeschlagen war, dass er sich selbst das Leben nehmen wollte, wurde zu einem wilden Krieger.

> Aber vor den Juden selbst war er auf seiner Flucht nicht einmal sicher, da dieselben ihn sechzig Stadien von der Stadt entfernt angriffen. Trotz seiner bedrängten und verzweifelten Lage jedoch schlug er sie in die Flucht, gerade als wenn er wohlgerüstet und mit starker Truppenmacht ins Feld gezogen wäre. Später, als er König geworden war, baute er an derselben Stelle, wo er die Juden geschlagen hatte, einen prachtvollen Palast und gründete eine Stadt dabei, welche er Herodias nannte.[45]

Herodes hat diesen Palast nach sich selbst benannt, weil dies der Ort war, an dem er von einem verzagten Flüchtling zu einem entschlossenen Kämpfer wurde. Und deshalb hat er sich auch entschieden, hier begraben zu werden.

KÖNIG DURCH MACHT ODER KÖNIG DURCH RECHT

Das Herodion ist der perfekte Ort, um zwei «Könige der Juden» zu vergleichen – Herodes den Grossen und Jesus. Und wie könnte man das besser tun als mit Matthäus 2, der einzigen Stelle im Neuen Testament, in der Herodes der Grosse namentlich Teil der Handlung ist.

Matthäus nimmt die Erzählung von der Geburt Jesu nach den in Lukas 2 beschriebenen Ereignissen auf. Zu diesem Zeitpunkt waren Maria und Joseph noch immer in Bethlehem, wohnten aber jetzt in einem Haus. Herodes war noch immer König, obwohl das Ende seiner despotischen Herrschaft immer näher rückte. Die Geburt dieses «rivalisierenden

45 Ebd., 14.13.9.

Königs» war ihm entgangen, bis eine Karawane weiser Männer aus dem Osten in Jerusalem ankam.

Wir erfahren nicht genau, woher diese weisen Männer kamen. Einige haben Babylon vorgeschlagen, während andere glauben, dass sie aus Persien – dem heutigen Iran – kamen. Es ist aber auch möglich, dass es sich um *Scheichs* handelte, arabische Fürsten aus der Wüste, die den Messias suchten. Und diese Möglichkeit ist gar nicht so weit hergeholt, wie es zunächst scheinen mag.

In Jesaja 60, dem Abschnitt des Buches, der auf Gottes verheissenes Reich vorausblickt, schreibt der Prophet: «Mache dich auf, werde Licht! Denn dein Licht kommt, und die Herrlichkeit des HERRN geht auf über dir! ... die Schätze der Heidenvölker werden zu dir kommen. Eine Menge Kamele wird dich bedecken, Dromedare von Midian und Epha; sie alle werden von Saba kommen, Gold und Weihrauch bringen und mit Freuden das Lob des HERRN verkündigen» (Jes 60,1-6).

Ein Modell des Mausoleums, das Herodes auf dem Hügel errichtet hatte

Ein Licht wird leuchten, und Männer werden auf Kamelen aus den Königreichen der arabischen Halbinsel kommen und Gold und Weihrauch mit sich führen. Könnte Matthäus hier seine Leser an diese Prophezeiung über arabische Fürsten erinnern, die kommen werden, um die Ankunft des jüdischen Messias zu feiern? Ich halte das für sehr wahrscheinlich! Herodes besass grossen Reichtum, den er durch Tyrannei und Erpressung erlangt hatte, aber der König erhielt von Rechts wegen Gold, Weihrauch und Myrrhe in einem Akt der freiwilligen Anbetung durch die Weisen (Mt 2,10-11).

Kommen wir noch einmal auf den Gegensatz zwischen dem König durch Macht und dem König durch Recht zurück. Herodes war zwar derjenige, der in Jerusalem auf dem Thron sass, aber die Weisen kamen, um «den neugeborenen König der Juden» zu sehen (Mt 2,2). Herodes hatte die Macht Roms, um seine Herrschaft zu stützen, aber Jesus erfüllte die Prophezeiung Gottes, die zeigte, dass er der rechtmässige König war. «Und du, Bethlehem im Land Juda, bist keineswegs die geringste unter den Fürstenstädten Judas; denn aus dir wird ein Herrscher hervorgehen, der mein Volk Israel weiden soll» (V. 6, ein Zitat aus Micha 5,1).

Herodes, der mächtige König, «sandte hin und liess alle Knaben töten, die in Bethlehem und in seinem ganzen Gebiet waren» (Mt 2,16), um diesen potenziellen Rivalen für seinen Thron auszuschalten, aber Gott schützte seinen verheissenen Messias. «Als sie aber weggezogen waren, siehe, da erscheint ein Engel des Herrn dem Joseph im Traum und spricht: Steh auf, nimm das Kind und seine Mutter mit dir und fliehe nach Ägypten und bleibe dort, bis ich es dir sage; denn Herodes will das Kind suchen, um es umzubringen!» (V. 13).

Die Plattform auf dem Herodion ist ein hervorragender Ort, um die Geschichte aus Matthäus 2 nachzuerzählen. Die drei Türme auf dem Ölberg helfen uns, die Lage von Jerusalem auszumachen. Die Weisen kamen dort an, nachdem sie von Jericho aus durch die judäische Wüste gekommen waren. Als die religiösen Anführer die Geburt des Messias in Bethlehem erwähnten, hat Herodes vielleicht instinktiv in diese Richtung geschaut. Er wusste *genau*, wo dieses kleine Dorf lag, denn er kam jedes Mal nahe daran vorbei, wenn er das Herodion besuchte.

Die Weisen wurden noch in der Nacht ihrer Ankunft in einem Traum gewarnt und zogen «auf einem anderen Weg zurück in ihr Land» (Mt 2,12). Die wahrscheinlichste Route nach Hause hätte sie am Herodion vorbeigeführt, durch die judäische Wüste und an Masada vorbei. Das ermöglichte ihnen, Jerusalem zu umgehen, aber sie konnten sich erst sicher fühlen, nachdem sie die letzte der gut bewachten Festungen des Herodes passiert hatten. Maria und Joseph reisten wahrscheinlich auf der Strasse der Erzväter nach Süden, von Bethlehem nach Hebron, bevor sie sich dem Mittelmeer und der Küstenstrasse nach Ägypten zuwandten. Sie müssen auch am selben Abend wie die Weisen aufgebrochen sein.

Herodes hatte erwartet, dass die Weisen am nächsten Tag zurückkehren. Immerhin brauchte man nur ein bis zwei Stunden für den Weg von Jerusalem nach Bethlehem. Wenn man ein paar Stunden Zeit einräumt, um nach all den neugeborenen Kindern in der Gegend zu sehen, hätten sie vielleicht die Nacht dort verbringen müssen. Aber sicher wären sie am nächsten Morgen wieder zurück. Vom Herodion aus können wir uns beinahe vorstellen, wie Herodes' Reiter Staub aufwirbelten, als sie in Richtung Bethlehem galoppierten, um «alle Knaben [zu] töten, die in Bethlehem und in seinem ganzen Gebiet waren, von zwei Jahren und darunter, nach der Zeit, die er von den Weisen genau erforscht hatte» (Mt 2,16).

Woher wussten die Soldaten das Alter der Kinder, obwohl die Kinder keine Geburtsurkunden erhielten? Und warum hat Herodes das Alter von zwei Jahren als Höchstalter gewählt? War Jesus zu dieser Zeit wirklich zwei Jahre alt? Kinder fangen im Alter von zwölf bis achtzehn Monaten an, «Babylaute» von sich zu geben. Im Alter von zwei Jahren beginnen sie, einfache Sätze zu sprechen. Jesus war vielleicht erst ein paar Wochen oder Monate alt, als die Weisen kamen. Herodes wusste, dass das Baby aufgrund der Zeit, in der der Stern erschien, wahrscheinlich noch ein Kleinkind war. Doch um einfach nur gründlich zu sein – und Herodes war immer übermotiviert, wenn es darum ging, mögliche Bedrohungen auszuschalten –, befahl er den Soldaten, jedes männliche Kind zu töten, das nicht sprechen konnte. Und obwohl der Messias in Bethlehem geboren werden sollte, befahl Herodes den Soldaten, alle Jungen «in Bethlehem *und in seinem ganzen Gebiet*» zu töten (Mt 2,16). Dieser Abschnitt erzählt uns weit mehr über die Bösartigkeit des Herodes als über das tatsächliche Alter von Jesus.

LASSEN SIE UNS ERKUNDEN

Wir haben etwas Zeit, also lassen Sie uns den Palast des Herodes erkunden. Das gesamte Innere des Hügels war ein einziger Palast, der für Herodes reserviert war. Weiter unten liess er weitere Gebäude für alle anderen errichten, die hierher eingeladen wurden. Aber der gut bewachte obere Palast war *sein* Reich. Er hatte ein Triclinium, einen Speisesaal mit einem Tisch, an dem die Gäste auf drei Seiten Platz nehmen konnten. Er hatte ein sehr privates, aber sehr feines römisches Bad mit einem Frigidarium (Kaltbad), einem Tepidarium (Warmbad) und einem Caldarium (Dampfbad). Der Palast verfügte ausserdem über einen offenen Innenhof und private Schlafzimmer.

Sobald Sie mit der Besichtigung des Palastes fertig sind, werden wir in den Untergrund gehen. Herodes' Arbeiter meisselten Zisternen in den Fels, die das gesamte für den Palast benötigte Wasser aufnehmen sollten. In der späteren Geschichte haben jüdische Rebellen, die diese Festung eroberten, weitere Tunnel gemacht, um sich vor den Römern zu verstecken. Auf unserem Weg nach draussen gibt es viel zu entdecken, also kommen Sie mit.

Eine von mehreren Zisternen, die in den Felsen unter dem Herodion gehauen wurden

Neben dem Ausgang der Zisternen befindet sich ein kleines, in den Hang gehauenes Theater, das zur Unterhaltung der Gäste des Herodes diente. Das Theater verfügte über eine «Luxusloge» mit gemalten Fresken. Gleich hinter dem Theater befinden sich die Überreste von Herodes' Mausoleum. Ein kunstvoller Sarkophag, von dem man annahm, dass er Herodes gehörte, wurde aufgefunden; er war in kleine Stücke zertrümmert worden, wahrscheinlich von jüdischen Rebellen während des Aufstands gegen Rom. Der Sarkophag wurde rekonstruiert und ist im Israel-Museum ausgestellt.

Wenn Sie alle Ihre Fotos gemacht haben, folgen Sie mir zurück zum Bus, um die kurze Fahrt nach Bethlehem anzutreten.

Glasmalerei in der Geburtskirche

KAPITEL 35

BETHLEHEM:

O Bethlehem, du kleine Stadt?

Bethlehem. Zusammen mit Jerusalem und Nazareth ist diese Stadt eine wichtige Station für die meisten Pilger im Heiligen Land. Das gilt besonders für die Weihnachtszeit. In den meisten Jahren drängen sich die Touristen auf dem Krippenplatz, in der Geburtskirche und in den Geschäften, die die Strassen dieser historischen Ortschaft säumen. Aber Unterbrechungen – darunter Kriege und regionale Unruhen – haben den Strom der Pilger regelmässig auf ein Rinnsal reduziert, was eine Stadt, die für ihren Lebensunterhalt auf Touristengelder angewiesen ist, in finanzielle Bedrängnis bringt.

Es gab eine Zeit, in der Bethlehem kaum mehr als ein briefmarkengrosses Dörfchen war, das nicht einmal auf den Strassenkarten der damaligen Zeit auftauchte. Als Israel unter Josua zum ersten Mal das Land betrat, war Bethlehem nicht einmal wichtig genug, um als Ortschaft unter den Sippen von Juda aufgeführt zu werden. Das ist wahr! Josua 15 beschreibt das Land, das dem Stamm Juda zugeteilt wurde, Sippe für Sippe. Dort werden die Grenzen des Gebiets von Juda genannt und danach die wichtigsten Städte und Dörfer in diesem Gebiet aufgelistet. In den Versen

48–60 listet Josua achtunddreissig Städte im Bergland von Juda auf, aber Bethlehem war nicht in dieser Liste enthalten.

DIE ZUGEMAUERTE STADT

Heute ist Bethlehem eine Stadt, die eher an Berlin zur Zeit des Kalten Krieges erinnert. Im Jahr 2000 begann die zweite Intifada («Aufstand») gegen Israel. Selbstmordattentäter aus dem Westjordanland drangen fast wöchentlich nach Jerusalem ein, um sich in jüdischen Restaurants, Geschäften und Märkten in die Luft zu sprengen. Israel reagierte mit dem Bau einer Trennbarriere, um seine Bürger zu schützen. In den meisten Gebieten besteht die Barriere aus einem Zaun, aber in einigen Gebieten – einschliesslich der Gegend um Bethlehem – wurde etwas Stärkeres und Dauerhafteres benötigt. Und deshalb begrüsst eine Mauer aus Betonplatten die Besucher des Geburtsortes des Friedensfürsten.

Die Trennbarriere um Bethlehem

Die Palästinenser bezeichnen die Barriere als Apartheidmauer. Und für die meisten Busladungen von Touristen sieht sie tatsächlich abweisend und bedrohlich aus. Ist die Mauer also ein Segen oder ein Fluch? Es kommt wirklich darauf an, auf welcher Seite der Mauer Sie stehen. Wenn Sie Palästinenser sind, kann die Mauer Ihnen das Gefühl geben, in einem grossen Gefängnis zu sitzen. Um Bethlehem in Richtung Israel zu verlassen, müssen Sie einen Kontrollpunkt passieren. Wenn Sie einen Arbeitsplatz in Jerusalem haben, verlängert die Barriere Ihre Fahrtzeit. Sie ist eine deutliche Erinnerung daran, dass Ihr Leben von Israel in einer Weise kontrolliert wird, die Sie als belastend empfinden.

Aber jetzt gehen Sie auf die andere Seite der Mauer. Wenn Sie Jude sind, haben die Mauer und der Zaun den Selbstmordattentaten und den meisten anderen terroristischen Vorfällen ein Ende gesetzt. Sie können auf den Markt, ins Einkaufszentrum oder in ein Restaurant gehen, ohne befürchten zu müssen, dass jemand hereinkommt und eine mit Sprengstoff, Nägeln und Kugellagerkugeln gefüllte Weste zündet. Ja, die Mauer ist hässlich. Aber es war die mangelnde Bereitschaft der palästinensischen Anführer, dem Terrorismus ein Ende zu setzen, was die Barriere notwendig machte.

Die Realität scheint in Bethlehem weit hinter den Erwartungen zurückzubleiben.

IN BETHLEHEM

Bethlehem kann für Touristen eine Enttäuschung sein, auch wenn die Touristen zum Teil selbst daran schuld sind.

Sie kommen in Bethlehem an und haben nur eine vage Vorstellung davon, was sie erwartet. Die Bilder, die sie sich von Bethlehem machen, zeigen Rut beim Ährenlesen, David, der die Schafe seines Vaters hütet, oder Maria, Joseph und das Jesuskind in einem Stall, um den sich Hirten und weise Männer drängen. Dann fahren sie durch die überfüllten Strassen und kämpfen sich, an den Ladenbesitzern und Verkäufern vorbei, bis zur Geburtskirche vor. Doch statt vor einer prächtigen Kathedrale stehen sie vor einem eher unscheinbaren Gebäude mit einem sehr kleinen Eingang. Die Realität scheint in Bethlehem weit hinter den Erwartungen zurückzubleiben.

Eingang zur Geburtskirche

Die Reiseleiter erzählen verschiedene Geschichten darüber, warum der Eingang zur Kirche so klein ist. Es ist deutlich erkennbar, dass der Eingang einst viel grösser war, aber durch Mauerwerk verkleinert wurde. Wurde der Eingang verkleinert, um Ritter zu Pferde fernzuhalten – oder Plünderer, die versuchten, von Pferden gezogene Karren durch die Tür zu quetschen? War es, um die Pilger zu zwingen, ihr Haupt in Ehrfurcht zu neigen, wenn sie eintreten? Der wahre Grund ging im Altertum verloren, aber das hält einen Reiseführer nicht davon ab, eine gute Geschichte zu erzählen.

Das Innere der Kirche wurde erst kürzlich renoviert, was nicht zu früh kam. Es gab Zeiten, in denen sich Gruppen ihren Weg durch Wasserpfützen bahnen mussten, die durch ein undichtes Dach verursacht wurden. Die Mosaike und Malereien an den Säulen waren vom Russ der jahrelang brennenden Öllampen fast völlig bedeckt. Die ganze Kirche sah aus wie eine alternde Jungfer, die sich schon lange nicht mehr um ihr Aussehen bemüht hat.

Innenansicht der Kirche nach der Renovierung

Viele Jahre lang war die Kirche praktisch leer, ausser an religiösen Feiertagen. Gruppen konnten fast jederzeit kommen. Solange kein Gottesdienst stattfand, war der Zugang zur Grotte möglich, der traditionellen Stelle, an der Jesus geboren sein sollte. Das änderte sich völlig mit der Ankunft einer grossen Anzahl russisch-orthodoxer Pilger und zusätzlicher Touristen-Busladungen von Kreuzfahrtschiffen. Die Kirche veränderte sich von still zu chaotisch.

Bei mehreren Gelegenheiten war das gesamte Kirchenschiff total voll mit drängelnden Pilgern und Touristen, die alle versuchten, nicht zertrampelt oder zerquetscht zu werden, während sie zur Grotte schlurften. Die Stille und Heiligkeit des Ortes ging in einem unterschwelligen Stimmengewirr von mehreren Hundert Menschen unter, die zu ihren Nebenstehenden sagten: «Was hat der Reiseleiter gerade gesagt?» Dieses ständige Geplapper wurde dann von gehetzten Priestern unterbrochen, die vergeblich «Ruhe!» riefen. Ich bin mir nicht sicher, ob die meisten Leute die Priester über dem Rumoren gar nicht hören konnten. Die Situation dort wurde so chaotisch, dass wir aufhörten, die Kirche zu besuchen. Die ganze Erfahrung war geistlich ungefähr so erhebend wie das Stehen auf einem Bahnsteig der U-Bahn während der Hauptverkehrszeit.

Wenn die Kirche weniger Besucher hatte, konnten Gruppen die Grotte betreten und ein Weihnachtslied singen. «Stille Nacht», «Im Stroh in der Krippe» und «O Bethlehem, du kleine Stadt» waren sehr beliebt. Aber die Grotte selbst ist eher klein. Sie kann gerade eine Busladung Pilger aufnehmen. Und wenn die Warteschlangen immer länger wurden, versuchten die Priester, den Pilgern ein einziges Foto zu erlauben, wie sie neben dem silbernen Stern knieten.

Die traditionelle Stelle der Geburt Jesu in der Grotte

Votivkerzen in der Grotte

Meine grösste Sorge in der Grotte galt immer dem Ständer mit den Votivkerzen. Er stand etwas abseits am Fuss der Treppe. Wenn die Leute rückwärts gingen, um ein Foto von dem Stern zu machen, nötigten sie die Leute hinter ihnen, ebenfalls zurückzutreten. Ich habe immer darauf geachtet, dass niemand rückwärts in die Kerzen läuft. Es genügt, wenn unsere Leute im übertragenen Sinn für Jesus brennen!

AUSSICHT VOM GLOCKENTURM

Bei einer meiner ersten Reisen war die Kirche praktisch leer. Nachdem wir die Grotte besichtigt hatten, liess ich daher unsere Gruppe auf eigene Faust auf Erkundungstour gehen. Ein Freund und ich gingen eine Treppe hinauf in einen Bereich, der normalerweise für Besucher gesperrt ist. Als wir dort umhergingen, fanden wir uns am Eingang zum Glockenturm wieder, gerade als ein Arbeiter aus der Tür kam. Ich fragte, ob es möglich sei, das Innere zu sehen. Er zögerte, rieb dann aber seinen Daumen an seinen Fingern. Ich verstand das als das universelle Zeichen, dass er *Bakschisch* wollte – ein Trinkgeld für seine Dienste. Ich griff in meine Brieftasche und machte ihn mit Alexander Hamilton, der auf dem 10-Dollar-Schein abgebildet ist, bekannt. Es wirkte: Er hielt die Tür auf und winkte uns herein. Die Treppe hinauf zu den Glocken ist nichts für schwache Nerven, aber als wir oben angekommen waren, bot sich uns ein grossartiger Ausblick. Wir beeilten uns, wieder nach unten zu kommen, denn wir wollten nicht, dass er unseretwegen in Schwierigkeiten gerät.

BETHLEHEM ERKUNDEN

Für die meisten Touristen dreht sich ein Besuch in Bethlehem um drei visuelle Ansichten: die Mauer, die Kirche und der Olivenholzladen. Danach geht es weiter zur nächsten Station auf einem überfüllten Reiseplan. Aber Bethlehem ist viel mehr als diese drei Ansichten. Auch wenn dies auf einer Rundreise nur schwer möglich ist, zahlt es sich aus, sich Zeit zu nehmen, um einige der Menschen kennenzulernen, die in Bethlehem leben. Vom Händler Elias, der sich als bibeltreuer Nachfolger Jesu entpuppte, über zwei Brüder, die mit dem Verkauf von Postkarten und Krimskrams an Busladungen von Pilgern begannen und es schliesslich zu einem grossen Geschäft gebracht haben, bis hin zu einem Pastor vor Ort, der trotz intensiver Verfolgung mutig seinen Glauben vertritt, sind die lebendigen Steine von Bethlehem weitaus inspirie-

Aussicht vom Glockenturm in Bethlehem

render als seine Schreine und Monumente. Es dauert nur länger, sie zu entdecken.

Bethlehems lebendige Steine sind weitaus inspirierender als seine Schreine und Monumente. Es dauert nur länger, sie zu entdecken.

Selbst Bethlehem kann seine biblischen Geheimnisse lüften, auch wenn das eine Mischung aus Ausdauer und Glück erfordert. Ich befand mich einmal zur Zeit der Getreideernte in Bethlehem. Ich hielt meine Kamera einsatzbereit und stiess auf eine Szene aus dem Buch Rut. In Rut 1,22 heisst es, dass Naemi und Rut «am Anfang der Gerstenernte» wieder in Bethlehem ankamen. Rut sammelte weiter auf den Feldern, «bis die Gersten- und Weizenernte vollendet war» (Rut 2,23). Hier stand ich und schaute auf eine moderne Rut, die ihr Getreide erntete!

Ein Schlüsselereignis im Buch Rut findet auf der Tenne statt. Und für diejenigen, die aus dem Westen kommen, mag dieser Teil der Geschichte unklar erscheinen. Was ist eine Tenne? Warum hat Boas die Nacht dort verbracht? Und warum schickte Naemi Rut dorthin, um sich zu Boas' Füssen zu legen? Auf meiner allerersten Reise nach Israel mit einer Gruppe von Studenten begegneten wir Männern, die in der Nähe von Bethlehem Getreide droschen.

Es war am späten Nachmittag, und es wehte eine starke Brise vom Mittelmeer herauf. Die Getreidegarben waren zu diesem Steinplateau gebracht worden. Nachdem sie mit einem Dreschschlitten über die Garben gefahren waren, um die Körner aus den Ähren zu lösen, begannen die Männer mit hölzernen Worfgabeln das Getreide zu worfeln, indem sie es in die Luft warfen. Der Wind blies die leichteren Teile der Spreu weg, während das schwerere Getreide zurück auf den Boden fiel.

Das Worfeln findet am späten Nachmittag statt. Aber für Boas brachte die einbrechende Dunkelheit die Bedrohung durch Diebe mit sich. Deshalb verbrachte er die Nacht bei seinen Arbeitern und bewachte, was sie gerade geerntet hatten. Das einzige, was in der Szene, die mich in die Vergangenheit führte, fehlte, war Rut selbst.

Frauen ernten Weizen auf einem Feld in Bethlehem

Auf einer Tenne vor Bethlehem wird Weizen geworfelt

Die letzten Verse des Buches Rut sind der Höhepunkt des Buches. Rut und Boas hatten einen Sohn namens Obed. Und er wuchs schliesslich heran und hatte einen Sohn namens Isai ... der schliesslich heranwuchs und einen Sohn namens David hatte. Das Buch begann mit dem Kummer und der Verwirrung der Zeit der Richter, aber es endete mit der Geburt des Königs, der die Nation auf Gottes Wege führen würde. Und das alles geschah, weil ein Mann und eine Frau sich verpflichteten, einander treu zu sein – und weil eine Gerstenernte in Bethlehem sie zusammenbrachte.

DIE ÜBER IHRE HERDEN WACHEN

Bevor Sie Bethlehem verlassen, sollten Sie auch die Hirtenfelder besuchen, die traditionelle Stelle, an der die Engel den Hirten erschienen, «die [ihre Herde] bewachten» (Lk 2,8). Es überrascht nicht, dass die verschiedenen religiösen Gruppen ihre eigenen konkurrierenden Standorte haben. Pilger können das griechisch-orthodoxe Hirtenfeld, das römisch-katholische Hirtenfeld oder das CVJM-Hirtenfeld besuchen.

Es ist wahrscheinlich, dass *keiner* dieser Orte die authentische Stelle ist, an der die Hirten in der Nacht der Geburt Jesu waren. Alfred Edersheim schlägt in seinem Werk *The Life and Times of Jesus the Messiah* (dt. «Das Leben und die Zeit Jesu, des Messias») vor, dass die Hirten über Herden wachten, die für die Opferung im Tempel bestimmt waren. «Dieser *Migdal Eder* [Wachturm der Herde] war *nicht* der Wachturm für die gewöhnlichen Herden, die auf der kargen Schafweide jenseits von Bethlehem weideten, sondern lag in der Nähe der Stadt, an der Strasse nach Jerusalem.»[46]

Auf meiner allerersten Reise nach Israel führte uns unser Lehrer an die *perfekte* Stelle, wo die Erscheinung der Engel bei den Hirten nach Lukas 2 gewesen sein könnte. Der Hügel lag nördlich von Bethlehem und abseits der Strasse von Bethlehem nach Jerusalem – genau wie Edersheim vorge-

46 Alfred Edersheim, *The Life and Times of Jesus the Messiah* (New York: Longmans, Green, and Co., 1906), 186.

schlagen hatte. An diesem Ort befand sich eine natürliche Höhle, deren Vorderseite mit Steinen verschlossen war, sodass sie als Schafstall dienen konnte. Leider hatte ich die Lage dieses Ortes vergessen, als ich einige Jahre später zurückkehrte!

Ich hatte einen neuen Busfahrer, denselben, den ich nun schon seit drei Jahrzehnten habe. Ich versuchte, ihm zu erklären, wohin ich wollte, aber er verstand meine klägliche Beschreibung nicht. Schliesslich sagte er: «Ich kenne die Stelle nicht, aber ich kann Sie zum Hirtenfeld der Mormonen bringen.» Ich wusste nicht, dass die Mormonen ihr eigenes Feld hatten, aber ich willigte ein, den Versuch zu unternehmen. Es stellte sich heraus, dass dies genau der Ort war, den ich in Erinnerung hatte. Offensichtlich war er von Fahrern, die Mormonenreisegruppen dorthin gebracht hatten, «Mormonenhirtenfeld» genannt worden. Leider ist dieses Gelände für Reisegruppen nicht mehr zugänglich. Die Höhle und der Berghang sind unter der jüdischen Gemeinde Har Homa verschwunden, die 1997 gegründet wurde und inzwischen auf über 25000 Einwohner angewachsen ist.

Höhle beim CVJM-Hirtenfeld

Heute gehe ich mit Reisegruppen zum CVJM-Hirtenfeld. Der Ort verfügt über eine natürliche Höhle, die in der Vergangenheit als Schafstall genutzt worden sein könnte. Sie ist gross genug, um eine Busladung Pilger aufzunehmen, und sie hilft dabei, sich vorzustellen, wie die Hirten ihre Herde darin untergebracht haben, um sie in der Nacht vor Raubtieren zu schützen.

DER HIRTE MIT DEM «OXFORD-HEMD»

Bei einer anderen Gelegenheit mussten mein Radio-Co-Moderator und ich Aufnahmen in Bethlehem machen. Dort fragten wir einen Ladenbesitzer, ob er für uns ein Treffen mit einem Schäfer und seiner Herde arrangieren könnte. «Sicher, sicher! Kein Problem!» Als wir jedoch in Bethlehem ankamen und nach einem Termin für ein Treffen fragten, war der Besitzer etwas zurückhaltender. Schliesslich sagte er, es sei alles arrangiert, und sein Fahrer nahm uns mit auf eine Rundfahrt über die Felder jenseits der Stadt.

Der «Hirte» mit seinen Schafen vor Bethlehem

Fast wie aufs Stichwort erschien ein wild aussehender Hirte mit einer kleinen Herde von Schafen und Ziegen. Wir haben sowohl Audio- als auch Videoclips aufgenommen und eine Reihe von Fotos gemacht. Wie man so schön sagt: Es war ein «Schnappschuss-Moment». Wir haben versucht, den Hirten zu befragen, aber er konnte unsere Sprache kaum sprechen. Die Schafe und Ziegen waren jedoch kooperativ, und der Dreh verlief erfolgreich.

Nachdem wir mit den Aufnahmen fertig waren, gingen wir zu dem Hirten hinüber, um ihm für seine Zeit zu danken. In diesem Moment bemerkten wir, dass er unter seinem *thawb* – seiner traditionellen Oberbekleidung – ein sehr elegantes blaues Oxford-Hemd trug. War er also ein «echter» Schäfer oder jemand, den der Ladenbesitzer überredet hatte, sich zu verkleiden, um seinen amerikanischen Freunden zu helfen? Wir werden es vielleicht nie erfahren. Aber ich neige dazu zu glauben, dass der Mann am Abend, als er in sein Haus in Bethlehem zurückkehrte, zu seiner Frau sagte: «Du wirst nie erraten, was ich heute gemacht habe!»

RUND UM JERUSALEM

GARTENGRAB
DAMASKUSTOR
TEICH VON BETHESDA
VIA DOLOROSA
GETHSEMANE
GRABES-
KIRCHE
DOMINUS FLEVIT
TEMPELBERG
ÖLBERG
JAFFATOR
KLAGEMAUER
SÜDTREPPE
MISTTOR
DAVIDSSTADT
WESTHÜGEL
ZIONSTOR
ABENDMAHLSSAAL
TEICH SILOAH

Die Altstadt von Jerusalem

KAPITEL 36

ÜBERBLICK ÜBER JERUSALEM:

Die Verwirrung wegen Jerusalem

Jerusalem hat aufgrund seiner zentralen Rolle in der Bibel einen besonderen Platz in den Herzen vieler Menschen eingenommen. Reverend Noyes Miner, ein persönlicher Freund von Abraham Lincoln, berichtete, dass Mary Todd Lincoln ihm erzählt hatte, der Präsident habe in der Nacht seines Todes im *Ford's Theater* den Wunsch geäussert, Jerusalem zu besuchen, um «die Stätten zu sehen, die durch die Fussstapfen des Erlösers geheiligt sind».[47] Selbst der Skeptiker Mark Twain war begeistert, als er Jerusalem zum ersten Mal sah. «Endlich, weit in der Tagesmitte, begannen alte Mauerreste und zerbröckelnde Bögen den Weg zu säumen – wir quälten uns noch einen Hügel hinauf, und jeder Pilger und jeder Sünder schwang den Hut hoch in die Luft! Jerusalem!»[48]

47 Peter Baker, «Unveiling a Lincoln Bible That Was Sitting in Plain Sight All These Years», *New York Times*, 20. Juni 2019, Abschnitt A, 23.

48 Mark Twain, *Die Arglosen im Ausland*, Übs. Ana Maria Brock (Frankfurt a.M. / Leipzig: Insel, 1997), 599.

DIE VERWIRRUNG WEGEN JERUSALEM

Leider kann die anfängliche Erregung und Vorfreude eines Pilgers auf einen Jerusalembesuch in Verwirrung und Enttäuschung umschlagen. Die Realität in Jerusalem entspricht nicht immer den eigenen Erwartungen. Für die meisten Besucher wird die Stadt Jerusalem entweder zu einem verwirrenden Labyrinth aus engen, überfüllten Strassen oder zu einer unzusammenhängenden Liste von heiligen Stätten. Die moderne Stadt hat sich weit über die Stadt der Bibel hinaus ausgedehnt. Daher fällt es den Menschen schwer, sich vorzustellen, wie Jerusalem zu Zeiten der Bibel ausgesehen hat.

Manche suchen in der ummauerten Altstadt Jerusalems nach Zeichen der Vergangenheit, aber die heutigen Mauern wurden vor fünfhundert Jahren errichtet. Sie sind noch rechte Neulinge in der Stadt. Und die Strassen innerhalb dieser Mauern folgen einem Muster, das von Hadrian vorgegeben wurde, dem römischen Herrscher, der ein Jahrhundert *nach* der Zeit Jesu über die Stadt gebot. Wie also kann ein Besucher heute hoffen, die Geschichte dieser unglaublichen Stadt zu verstehen?

DIE HÜGEL VON JERUSALEM

Der Schlüssel zur Stadt Jerusalem ist ihre Geografie. Die biblische Stadt Jerusalem erstreckt sich über vier Hügel und drei Täler. Und damit die Besucher sich alle merken können, sage ich ihnen, dass sie sich eine Eistüte zwischen den zwei Hälften eines Hamburgerbrötchens vorstellen sollen. Ich weiss, das hört sich albern an, aber es kann Reisenden, die zum ersten Mal da sind, helfen, sich die grundlegende Geografie vorzustellen. Die Tüte unter dem Eis ist die ursprüngliche Davidsstadt, und die Eiskugel obenauf ist der Berg Morija, auf dem Salomo den Tempel baute. Das vertikale Hamburgerbrötchen links neben der Eistüte ist der Westhügel, der heute fälschlicherweise Berg Zion genannt wird. Und das Hamburgerbrötchen auf der rechten Seite ist der Ölberg, der immer mit

Jerusalem in Verbindung gebracht wird, obwohl er nie wirklich selbst zur Stadt gehört hat.

Sobald man die vier Hügel gemeistert hat, ist es an der Zeit, sich auf die drei Täler zu konzentrieren. Wenn Sie von rechts nach links gehen, befindet sich das erste Tal zwischen der rechten Hälfte des Hamburgerbrötchens und der Eistüte. Dies ist das Kidrontal. Das Tal zwischen der Eistüte und der linken Hälfte des Hamburgerbrötchens ist das Zentraltal. Und von der linken Seite des linken Hamburgerbrötchens bis hinunter zur Spitze der Eistüte schlängelt sich das Hinnomtal wie ein grosses «L». Wenn ich das erklärt habe, ist bei den meisten Reisenden ein Verlangen nach einem Eis oder einem Hamburger geweckt!

Die vier Hügel von Jerusalem!

Die Illustration ist eine Hilfe, aber es ist wichtig zu wissen, dass sie nicht massstabsgetreu ist. Die Davidsstadt – die Eistüte – ist viel kleiner als die anderen Hügel. Ihre Gesamtgrösse betrug nur knapp fünf Hektar, genug Platz, um fünfzig Häuser in einer typischen Vorstadtsiedlung zu bauen. Der Berg Morija – die Eiskugel auf der Tüte – nimmt dreimal so viel Platz wie die Davidsstadt ein. Herodes der Grosse umgab den Berg Morija mit einer rechteckigen Plattform, um zusätzlichen Platz für den Tempelkomplex zu schaffen. Die Gesamtgrösse seines «Sandkastens» beträgt fünfzehn Hektar. Der Westhügel – die linke Hälfte des Hamburgerbrötchens – umfasst doppelt so viel Fläche wie der Tempelberg. Und der Ölberg ist der Grösste der vier Hügel. Das gesamte Gebiet des biblischen Jerusalems könnte auf dem Ölberg Platz finden, ohne dass es dort zu eng würde.

Es hilft, eine Schablone der vier Hügel auf eine Luftaufnahme von Jerusalem zu legen.

Die Schablonen auf der Karte machen drei Dinge deutlich. Das Erste ist die Ungleichheit der Grösse der einzelnen Hügel. Das Zweite ist die Form der «Sandkasten»-Stützmauer, die Herodes um den Berg Morija baute. Und das Dritte ist die Erkenntnis, dass die heutigen Mauern der «Altstadt» nicht der ursprünglichen Form der Stadt in der Geschichte entsprechen. Die Mauern sind nach Norden gewandert und haben so die ursprüngliche Davidsstadt und einen Teil des Westhügels *ausserhalb* der heutigen Altstadt zurückgelassen.

Die vier Hügel von Jerusalem auf einem Luftbild

EIN LETZTES DETAIL

Klingt das alles verwirrend? Wohl schon. Aber wenn Sie sich die die vier Hügel und die drei Täler dazwischen vergegenwärtigen, können Sie die Verwirrung auflösen. Es gibt jedoch noch ein zusätzliches Detail, das wichtig ist. Und um das zu verstehen, müssen wir an unsere Zeit in Bet

Sche'an zurückdenken. In dieser Stadt sahen wir eine römische Hauptstrasse, die die Stadt von Norden nach Süden durchzog. Es war der Cardo Maximus. Bet Sche'an hatte auch eine Ost-West-Strasse, die den Cardo kreuzte und die Decumanus Maximus genannt wurde.

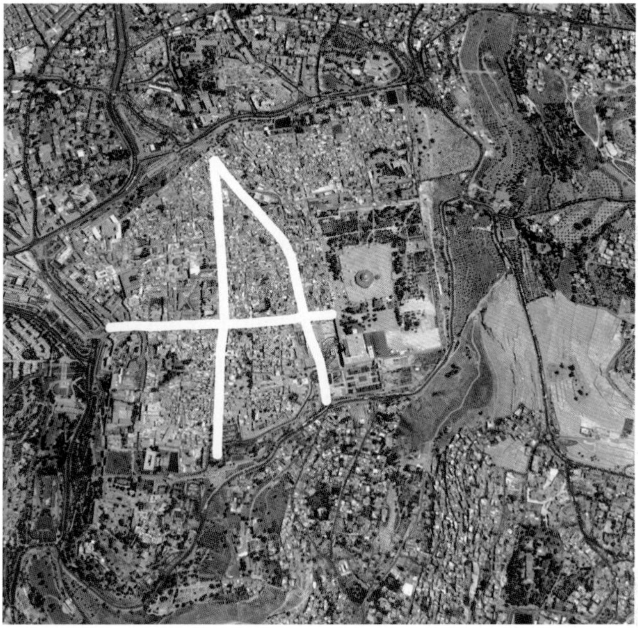

Hadrians Strassen in der Altstadt

Viele von den Römern entworfene Städte wurden gemäss dieser Strassenanordnung gebaut, die die Stadt in Quadranten einteilte. Das gleiche Design wurde verwendet, um Jerusalem ein Jahrhundert nach der Zeit Jesu wiederaufzubauen. Nach dem zweiten jüdischen Aufstand gegen Rom (132–135 n. Chr.) liess der römische Kaiser Hadrian Jerusalem als römische Stadt wiederaufbauen. Er änderte den Namen der Stadt in Aelia Capitolina und stellte sie mit einer Nord-Süd- und einer Ost-West-Hauptstrasse wieder her. Bedingt durch die Geografie der Stadt, musste er eine weitere Strasse durch das Zentraltal hinzufügen, das noch immer durch die Stadt führte. Und die rechteckige Plattform, auf der der Tempel einst

stand, setzte seiner West-Ost-Strasse im Osten das Ende. Der Cardo, der Decumanus und die Talstrasse sehen aus wie ein riesiges «A». Und diese Strassen sind auch heute noch die Basis für die Strassen innerhalb der Altstadt.
Dank Hadrians Einteilung, so erzähle ich es den Besuchern, ist es unmöglich, sich in Jerusalem zu verirren, auch wenn man sich durchaus vorübergehend «am falschen Platz» fühlen kann. Die beiden Hauptstrassen in Nord-Süd-Richtung treffen sich am Damaskustor im Norden. Das südliche Ende des Cardo mündet in der Nähe des Zionstors, und das südliche Ende der Talstrasse führt einen Reisenden zum Misttor. Das westliche Ende des Decumanus beginnt am Jaffator und verläuft durch die Stadt in Richtung Tempelberg.

Ich hatte mal einen Touristen, der meinen Rat auf den Prüfstand gestellt hat. Er ging auf Erkundungstour in der Altstadt und «verirrte» sich. Ein Gefühl der Panik stellte sich ein, als die engen Strassen und Gassen zu einem unverständlichen Labyrinth zu werden drohten. Ein Einheimischer muss seine Verzweiflung bemerkt haben, denn er kam auf den Touristen zu und sagte: «Ich kann Ihnen den Weg nach draussen zeigen ... für 10 Dollar.» Dieser Besucher war ziemlich sparsam, also wog er das Für und Wider ab, ob er 10 Dollar ausgeben oder sich für immer in der Altstadt verirren sollte. Er beschloss schliesslich, dass sein Leben mehr wert war als 10 Dollar. Sein persönlicher «Reiseführer» führte ihn durch zahllose Strassen und Gassen, bis er schliesslich an eine Kreuzung gelangte, an der er auf die Strasse zeigte und sagte: «Dort ist Ihr Ausgang.» In der Ferne sah der Tourist das gesuchte Tor. Er übergab die 10 Dollar und war davon überzeugt, dass das Geld gut angelegt war. Doch gerade als er sich auf den Weg zum Tor machte, blickte er in eine Seitenstrasse und entdeckte den Laden, vor dem er gestanden hatte, als der «Reiseführer» ihm Hilfe anbot. Er hatte sich gar nicht verirrt, sondern war nur vorübergehend an der falschen Stelle – und nun durch diese Erfahrung ein wenig ärmer.

Hadrians Strassen teilten die Stadt in vier Quadranten, die heute als die vier Viertel der Altstadt bekannt sind. Der Quadrant auf der nordöstlichen Seite ist das muslimische Viertel, da es einen einfachen Zugang zum Felsendom und zu der Al-Aqsa-Moschee bietet. Die nordwestliche Seite ist das christliche Viertel, denn dort befindet sich die Grabeskirche. Die südöstliche Seite ist das jüdische Viertel, mit dem Zugang zur Klagemauer, dem Ort, an dem die Juden ihrem Tempel am nächsten sind. Und der südwestliche Quadrant ist das armenische Viertel. Armenien war das erste Land, das das Christentum als Staatsreligion annahm, und viele armenische Mönche liessen sich in Jerusalem nieder.

Vier Hügel. Drei Täler. Zwei römische Hauptstrassen. Kapiert!

WELCHES JERUSALEM SIEHT MAN?

Ein Besuch in Jerusalem ist wie eine Reise in die Vergangenheit, und es ist zu beachten, dass Jerusalem im Laufe seiner viertausendjährigen Geschichte gewachsen ist, sich verändert und entwickelt hat. Es ist also wichtig, dass Sie sich während Ihres Besuchs in Jerusalem immer wieder eine wichtige Frage stellen: «Welches Jerusalem ist mir jetzt vor Augen?»

Jerusalem war von der Zeit Abrahams bis zur Zeit Davids die kleine Eistüte, die sich heute *ausserhalb* der Mauern der Altstadt befindet. Salomos Jerusalem wurde um das Eis oben auf der Waffel erweitert. Die Stadt blieb so bis zur Zeit von König Hiskia. Nach dem Einfall der Assyrer in das nördliche Königreich Israel flohen Tausende von Flüchtlingen in den Süden nach Jerusalem und liessen sich auf dem Westhügel nieder. Hiskia baute eine Mauer um diesen Hügel, um sich vor einer drohenden assyrischen Invasion in sein eigenes Königreich zu schützen. Dadurch vergrösserte sich das Stadtgebiet erheblich. Die Stadt umfasste weiterhin alle drei Hügel, bis sie 586 v. Chr. von den Babyloniern zerstört wurde.

Als die jüdischen Gefangenen aus Babylon zurückkehrten, lag Jerusalem fast hundert Jahre lang in Trümmern, obgleich der Tempel wieder aufgebaut wurde. Nehemia kehrte zurück, um die Mauern von Jerusalem wieder aufzubauen, aber die Mauern, die er baute, waren die um die Eistüte und das Eis. In der zwischentestamentlichen Zeit dehnte sich die Stadt erneut auf den Westhügel aus, und die Mauern um sie herum wurden wieder aufgebaut. Herodes der Grosse stellte den «Sandkasten» um den Berg Morija fertig. Und so sah Jerusalem zur Zeit Jesu aus, wenngleich sich die Stadt weiter nach Norden ausdehnte. Kurz vor dem jüdischen Aufstand gegen Rom im Jahr 70 n. Chr. wurde um diesen Teil der Stadt eine Mauer gebaut. Die Römer zerstörten die Stadt und rissen die Mauern nieder.

Die Zerstörung Jerusalems hielt nicht lange an. Hundert Jahre nach der Zeit Jesu besiegte Hadrian die jüdischen Rebellen erneut und beschloss, aus Jerusalem eine römische Stadt zu machen. Sein Versuch, die Stadt umzubenennen, scheiterte, aber seine Stadtplanung überdauerte. In den folgenden Jahrhunderten wurde die Stadt mehrmals aufgebaut und zerstört. Ihre Geschichte wird Sie faszinieren, wenn Sie dafür Interesse haben. Aber für die meisten Pilger ist das eine Ebene von Details und Komplexität, die sie am besten für spätere Studien aufheben. Das letzte Puzzlestück gelangte vor fünfhundert Jahren an seinen Platz, als der osmanische Sultan Suleiman der Prächtige beschloss, die Stadtmauern wieder aufzubauen.

Und da Sie nun in die Geschichte und Geografie Jerusalems eingeführt sind, können wir mit der Erkundung beginnen.

Der Felsendom vom Ölberg aus betrachtet

KAPITEL 37

DER ÖLBERG:

Jerusalems Ausguck nach Osten

Die Busfahrt auf den Ölberg hinauf stellt selbst die erfahrensten Busfahrer auf eine harte Fertigkeits- und Geduldsprobe. Autos parken auf beiden Seiten der schmalen Strasse – manchmal zwei nebeneinander –, während Kinder und Erwachsene dazwischen auf die Fahrbahn huschen. Der verbleibende Platz ist kaum breit genug, damit sich der Bus durchquetschen kann.

Vergessen Sie nicht, dass dies eine Strasse mit *zwei Fahrbahnen* ist.

Oben auf dem Ölberg macht die Strasse an mehreren Stellen eine scharfe Kurve. Ein kleines Auto oder ein Lieferwagen kann diese Kurven ohne allzu grosse Schwierigkeiten bewältigen. Ein vierzehn Meter langer Reisebus mit Spiegeln, die wie riesige Fühler aus der Front herausragen, ist jedoch etwas ganz anderes. Wenn man aus dem Fenster schaut, würde man erwarten, dass die Fahrbahn mit zerbrochenen Spiegeln übersät ist, aber das ist nicht der Fall. Den Fahrern gebührt grosse Anerkennung dafür, dass sie ihre Ungetüme so behände steuern, als ob sie einen Kleinwagen fahren würden.

AUF DEM ÖLBERG ANKOMMEN

Die Strasse endet auf einem kleinen Parkplatz vor einem Hotel. Dieses Hotel verfügt über eine der besten Lagen in ganz Israel. Leider ist es heute nur noch ein Schatten seiner einstigen Pracht, aber kein anderes Hotel kann es mit seiner einmaligen Aussicht aufnehmen. Während der Fahrt auf den Ölberg werden die Touristen dazu angehalten, alles zusammenzusammeln, was sie für die Zeit ausserhalb des Busses benötigen, bereit zu sein, den Bus *schnell* zu verlassen, sobald er anhält, den Anweisungen des Reiseleiters zu folgen, um sich für ein Gruppenfoto aufzustellen, und nicht anzuhalten, um selbst Fotos zu machen. Diese Anweisungen werden wiederholt und trotzdem schnell vergessen, sobald der Bus anhält und die Leute aus dem Fenster auf die herrliche Aussicht schauen. Chaos bricht aus.

Sobald die Leute aus dem Bus aussteigen, sind sie von einem Gedränge aus anderen Touristen und Händlern umgeben. «Panoramafotos von Jerusalem. Nur zwei Dollar!» «Dreissig Postkarten oder zehn Lesezeichen. Nur ein Dollar!» «Reiten Sie auf dem Kamel. Nur fünf Dollar!» «Echte Silberhalsketten für zehn Dollar!» In der Zwischenzeit rufen der Reiseleiter und die Reisebegleiter vergeblich die verwirrten Fahrgäste auf, sich vor dem Bus zu versammeln, um sich von dem örtlichen Fotografen aufnehmen zu lassen.

Und all dies geschieht, während die Busse, auf derselben Fahrbahn herein- und hinausfahren!

Ein Gruppenfoto auf dem Ölberg

Die meisten Verkäufer am Aussichtspunkt bieten ihre Waren schon seit Jahren an, und jeder hat seinen eigenen Trick, um die Aufmerksamkeit auf das zu lenken, was er zu verkaufen versucht. Wenn ich sie sehe, muss ich an die Worte von Hauptmann Renault in *Casablanca* denken. «Verhaften Sie die üblichen Verdächtigen.»

Einen Verkäufer, der nicht mehr bei dieser Gruppe ist, kannte man einfach als Mike. Mike überfiel die Touristen geradezu, bevor sie überhaupt aus dem Bus ausgestiegen waren. Sobald die erste Person mit «Nein, danke» antwortete, fing Mike leider an, Obszönitäten zu schreien, die jedem Film mit Altersfreigabe ab 16 würdig waren. Die Kernaussage seiner Botschaft – ohne die Flüche – war, dass *alle* Amerikaner die Araber hassen. Ich nahm ihn beiseite und versuchte ihm freundlich zu verstehen zu geben, dass nicht seine ethnische Herkunft, sondern seine Unhöflichkeit das Problem war. Von da an hielt ich Ausschau nach Mike, wenn der Bus anhielt. Bevor er etwas sagen konnte, sprang ich auf, rief seinen Namen und ging hinüber, um ihm die Hand zu schütteln und zu fragen, wie es ihm geht. Das führte dazu, dass er weniger feindselig war, zumindest gegenüber unseren Reisegruppen.

Traurigerweise sagte unser Busfahrer auf einer späteren Fahrt zu mir: «Erinnerst du dich an Mike auf dem Ölberg?» «Natürlich!», hatte ich geantwortet. «Nun, er wurde getötet», sagte der Fahrer. Offensichtlich waren Mikes Wutprobleme nicht auf die Touristen beschränkt gewesen. Er geriet in einen Streit mit einem anderen Palästinenser, der ein Messer zückte und ihn erstach. Das war eine nüchterne Erinnerung an die Wahrheit aus Sprüche 29,11: «Ein Tor lässt all seinem Unmut freien Lauf, aber ein Weiser hält ihn zurück.»

DER AUSGUCK

Nachdem der Fotograf das Gruppenfoto geschossen und die Zahl der Kaufinteressenten ermittelt hat, geht es darum, unsere Reisegruppe von den Verkäufern der Postkarten, Lesezeichen, Halsketten und Pashmina-Tücher[49] wegzubewegen und an eine Stelle zu bringen, von der aus wir einen ungehinderten Blick auf die Stadt haben. Vor uns liegt eines der weltweit ikonischsten Panoramen. Es ist leicht, den goldenen Felsendom zu erkennen – vielleicht das meistfotografierte Gebäude in Jerusalem. Aber mein persönliches Ziel ist es, dass unsere Gruppe dieses Gebäude und die Plattform, auf der es steht, aus der Ansicht wegdenkt. Ich möchte, dass sie sich diese Szenerie so vorstellen, wie sie zur Zeit Davids und Salomos ausgesehen haben könnte. Der Felsendom liegt auf dem Berg Morija. Zu Davids Zeiten war oben auf dem Hügel eine Tenne. Später stand der Tempel Salomos dort, wo sich heute der Felsendom befindet.

Gleich links von der modernen Plattform befindet sich das winzige Stück Land ausserhalb der Mauern der Altstadt, das ursprünglich die befestigte Stadt Jebus war, der Ort, den David eroberte und zu seiner Hauptstadt machte. Erinnern Sie sich an unsere frühere Illustration? Wir

49 Anm. d. Übs.: Pashmina ist ein Stoff aus Kaschmirwolle.

stehen jetzt auf der rechten Hälfte des Hamburgerbrötchens. Unter uns liegt das Kidrontal. Und gleich auf der anderen Seite befinden sich die Eistüte und das Eis. Hoffentlich erhellt die Geografie bald.

Der Ölberg ist eine Mischung aus dem Erhabenen und dem Albernen. Er dient als Kulisse für entscheidende Ereignisse im Alten und Neuen Testament. Und doch scheint dort mit seinen einzigartigen Charakteren fast eine Disney-Atmosphäre zu herrschen. Der Stumme, der Postkarten und Panoramafotos verkauft. Der Kamelbesitzer, der oft so mürrisch ist wie sein Reittier. (Viele Jahre lang hatte er ein Kamel namens Kojak.[50]) Der bemitleidenswert aussehende lahme Bettler, der seine Hand ausstreckt und ruft: «Hilf mir, Vater!» (Wir sahen, wie er aufsprang und auf der Suche nach einer grosszügigeren Gruppe Pilger zu einem anderen Ort lief.) Gelegentlich kommt es auch zu Taschendiebstählen, aber die Touristenpolizei leistet gute Arbeit, um sie fernzuhalten. Und wir dürfen den Pashmina-Tuchverkäufer nicht vergessen, der aus dem Kofferraum seines Autos heraus verkauft. Von den Pashmina-Tüchern gibt es oft oben auf dem Ölberg drei für zehn Dollar, wenn er auf halber Strecke abwärts wieder auftaucht vier für zehn Dollar, und unten fünf für zehn Dollar.

Aber bei Weitem meine Lieblingsfigur auf dem Ölberg ist der «Eselmann». Er kommt langsam in die Jahre, daher bin ich mir nicht sicher, wie lange es ihn noch geben wird, aber für mich ist er der Star der Show. Gekleidet in ein wallendes weisses Gewand samt einer *Kefije* und mit seinem weissen Schnurrbart sieht er aus, als sei er einer Bilderbibel entsprungen. Er ist auch ein perfekter Schauspieler, der vor den Busladungen von Touristen agiert, die vorbeispazieren. Er ist mehr als glücklich, wenn Sie ein Foto von ihm machen oder sich mit ihm fotografieren lassen – gegen eine Gebühr, versteht sich. Aber er ist so sympathisch, wie kann man ihm ein paar Dollar missgönnen? Hoffentlich wird der «Esel-

50 Anm. d. Übs.: Kojak ist Titel und Name der Hauptfigur (gespielt von Telly Savalas) einer amerikanischen TV-Krimiserie in den Siebzigern.

mann» eine neue Generation ausbilden, die in seine Fussstapfen tritt. Es ist schwer, sich den Ölberg ohne seine Anwesenheit vorzustellen.

STELLEN SIE SICH VOR, SIE TREFFEN SALOMO AUF DEM ÖLBERG

Wenn es schon faszinierend ist, den heutigen Charakteren zu begegnen, dann stellen Sie sich vor, wie es gewesen wäre, hier auf dem Ölberg zu stehen und jemandem wie König David oder König Salomo zu begegnen. Um sich das vorzustellen, muss unsere Reisegruppe zunächst eine ruhige Stelle abseits der Menschenmassen finden. Zum Glück bietet der jüdische Friedhof, der einen grossen Teil des Hügels bedeckt, einen solchen Ort der Abgeschiedenheit. Stellen Sie sich vor, wie Salomo inmitten dieser stummen Zeugen der Vergangenheit aus seinem Grab auftaucht und uns einen kurzen Besuch abstattet. Es ist dreitausend Jahre her, dass er auf diesem Hügel gestanden hat. Aber wir haben jetzt die Gelegenheit, den weisesten Mann seiner Zeit zu fragen, was er für den Sinn des Lebens hielt.

Der «Eselmann» auf dem Ölberg

Wir möchten, dass er Fragen wie diese beantwortet: Warum bin ich hier? Wohin soll ich gehen? Was bringt die Zukunft? Wir können Salomo nicht leibhaftig aus dem Grab kommen lassen, um diese Fragen zu beantworten, aber ich glaube, er hat im Buch Prediger bereits Antworten gegeben. In diesem Buch hat sich der weiseste Mann der Welt mit den beunruhigendsten Problemen der Menschheit auseinandergesetzt. Und Salomos ultimative Schlussfolgerung – die auch heute noch gilt – ist, dass vieles im Leben ausserhalb unseres Verständnisses oder unserer Kontrolle liegt.

Stellen Sie sich Salomo vor, wie er den Hügel zu uns heraufkommt. Er sieht viel älter aus, als wir es uns vielleicht vorgestellt haben. Die Bürde, über ein riesiges Königreich zu herrschen, lastet in Verbindung mit all seinen Familienproblemen schwer auf seinen Schultern. Salomo hat in seinem Leben viele Fehler gemacht. Sie erinnern uns daran, dass ein weiser Mensch nicht auch automatisch immer weise Entscheidungen trifft. Der Salomo, der auf uns zukommt, ist nachdenklicher geworden. Die Erkenntnis seiner eigenen Sterblichkeit brachte ihn dazu, sich wieder stärker auf den Gott zu konzentrieren, dem er in seiner Jugend so leidenschaftlich nachgefolgt war.

Salomos letztes Werk ist sowohl sein dunkelstes als auch sein tiefgründigstes. Einen grossen Teil seines Lebens hat Salomo versucht, das ultimative Rätsel der menschlichen Existenz zu lösen – den Sinn des Lebens selbst zu entdecken. Aber sein grossartiges Experiment verlief nicht wie geplant. Jeder Weg, den er auf seiner Reise beschritt, endete in derselben Sackgasse. Hedonismus, menschliche Errungenschaften, das Streben nach Wissen ... sie alle führten zu demselben Ergebnis. Das Leben an und für sich scheint sinnlos zu sein.

Als Salomo an der Stelle ankommt, an der wir stehen, hält er inne und lässt sich auf den Boden sinken. Er deutet uns an, neben ihm Platz zu nehmen. «Lasst mich euch mitteilen, was ich entdeckt habe. Ich wollte den ultimativen Sinn des Lebens erkennen, das Geheimnis von Zufriedenheit und Erfolg, aber ich stiess immer wieder auf unerwartete Realitäten, die das Leben so unberechenbar machen.»

Als er die verwirrten Blicke auf unseren Gesichtern sieht, fährt er fort. «Rätsel – wie die Realität des Todes, die Tatsache, dass ein kleiner Fehler so viel Gutes zunichte machen kann, die Allgegenwärtigkeit von Ungerechtigkeit und der korrumpierende Einfluss von Reichtum und Macht. All dies macht das Leben unvorhersehbar. Ich bin schliesslich zu dieser unausweichlichen Schlussfolgerung gekommen, ‹dass nicht die Schnellen den Wettlauf gewinnen, noch die Starken die Schlacht, dass nicht die Weisen das Brot erlangen, auch nicht die Verständigen den Reichtum, noch die Erfahrenen Gunst, denn sie sind alle von Zeit und Umständen abhängig›» (Pred 9,11).

Salomo fährt fort: «Wenn das wahr ist, wie kann man dann in einer unberechenbaren Welt weise leben? Ich habe schliesslich erkannt, dass wir uns den Dingen unterwerfen müssen, die wir nicht kontrollieren können – Dinge wie die menschliche Regierung. Deshalb habe ich geschrieben: ‹Befolge den Befehl des Königs› (Pred 8,2). Wir müssen uns auch Gott unterordnen. Denn ‹die Gerechten und die Weisen und ihre Werke [sind] in der Hand Gottes› (Pred 9,1). Diese beiden Prinzipien harmonieren nicht immer miteinander, und wir können keiner Regierung folgen, die von uns verlangt, gegen Gott zu sündigen. Aber die meiste Zeit über wird das Leben besser verlaufen, wenn wir die Gesetze des Landes befolgen und nach dem Wort Gottes leben.»

«Wie lebt man weise in einer unberechenbaren Welt?»

Salomo hält abrupt inne und sieht uns direkt in die Augen. «Aber denkt daran: ‹Denn er weiss nicht, was geschehen wird; und wer sagt ihm, wie es geschehen wird? Kein Mensch hat Macht über den Wind, dass er den Wind zurückhalten könnte; so gebietet auch keiner über den Tag des Todes› (Pred 8,7-8). Verstehen *Sie* diese Worte?» Unser erster Impuls ist zu sagen: «Nein, das tun wir nicht!» Aber dann halten wir inne und denken darüber nach, was Salomo gerade gesagt hat. Wenn wir nicht einmal wissen, *was* morgen passiert – und das wissen wir nicht –, dann können wir unmöglich wissen, *wann* bestimmte Ereignisse eintreten werden. Und wenn wir auf den Wind keinen Einfluss nehmen können, der nur ein kleiner Teil von Gottes Schöpfung ist, wie könnten wir dann an den wichtigeren Fragen von Leben und Tod rühren?

Wir drehen uns um und stellen dem König eine Frage. «Du sagst also, dass ein Teil des Lernens, wie man weise lebt, darin besteht, die Notwendigkeit zu erkennen, bei dem, was wir nicht verstehen und beeinflussen können, Gott zu vertrauen?» Ein Lächeln huscht über seine Lippen. «Das ist in der Tat ein wesentlicher Bestandteil eines klugen Lebens. Aber bedenkt auch dies: Es gibt ‹im Krieg keine Entlassung, und der Frevel rettet den nicht, der ihn verübt› (Pred 8,8). Versteht ihr diese Realität des Lebens?»

Salomos geduldiger Blick gewährt uns eine Pause und lässt uns versuchen, das Rätsel zu durchschauen. «Wenn wir der Armee beigetreten sind und im Krieg angegriffen werden, lässt uns der Kommandeur nicht einfach vor unserer Verpflichtung davonlaufen. Das ergibt Sinn. Ebenso sagst du, wenn wir uns der Gottlosigkeit anschliessen und denken, die Unwägbarkeiten des Lebens bedeuten, dass wir wahrscheinlich nicht erwischt werden, wird eine Zeit kommen, in der auch Gottlosigkeit uns nicht vor den Konsequenzen unserer Entscheidungen bewahren wird. Das Leben mag ungewiss sein, aber Kriminelle werden trotzdem gefasst und für ihre Verbrechen bestraft!»

Salomo lächelt und steht dann auf, um den Ölberg wieder hinunterzugehen. Wir sehen ihm nach und schütteln erstaunt den Kopf. Wir leben so, als ob wir das Leben völlig unter Kontrolle hätten ... bis etwas kommt, das uns daran erinnert, wie unkontrollierbar das Leben in Wirklichkeit ist. Salomo hat gerade erklärt, wie man in einer Welt lebt, die sich unserer Verfügung entzieht. Es beginnt mit unserem Eingeständnis, dass wir *nicht* die Herren unseres Schicksals und die Kapitäne unserer Seele sind. Das alles liegt in Gottes Hand, nicht in unserer. Wie sollen wir also leben? Wir entscheiden uns dafür, im Gehorsam gegenüber Gott zu leben, und versuchen unser Bestes, die Gesetze der Regierung zu befolgen, die Gott über uns gestellt hat. Und wir müssen uns auch daran erinnern, dass Handlungen Konsequenzen haben, selbst wenn diese Konsequenzen nicht sofort offensichtlich sind. Wir können über unsere Lebensumstände nicht verfügen, aber wir *können* bestimmen, wie wir auf unsere Lebensumstände reagieren. Und das ist in der Tat eine weise Lektion, die man lernen sollte.

Der Weg den Ölberg hinunter

Und mit diesem Gedanken ist es an der Zeit, dass *unsere* Reisegruppe wieder den Ölberg hinuntergeht und den Spuren dieses letzten «Charakters» folgt, der versuchte, «gefällige Worte zu finden und die Worte der Wahrheit richtig aufzuzeichnen» (Pred 12,10).

Tränengefäss an der Ecke Dominus Flevit, zum Gedenken an Jesus, der über Jerusalem weinte

KAPITEL 38

DOMINUS FLEVIT:
Jesus weinte über Jerusalem

Der Weg, der den Ölberg hinabführt, ist ziemlich steil. Ich bin immer besorgt, dass jemand auf losen Steinchen ausrutschen und stürzen könnte, also gehen wir in einem gemächlichen Tempo – oder wie ich der Reisegruppe zu sagen pflege, wir *schlendern* einfach den Ölberg hinunter. Nachdem wir uns oben auf dem Ölberg durch die Menge der Händler gekämpft haben, verliert sich zumindest für eine kurze Strecke die Hektik. Aber der nächste Halt kommt gleich rechts. Es ist der Eingang zu Dominus Flevit, dem traditionellen Ort, an dem Jesus über Jerusalem weinte. Der Pashmina-Verkäufer ist noch nicht mit seinem Auto angekommen, aber er wird wahrscheinlich am Eingang stehen, um uns in Empfang zu nehmen, wenn wir wieder herauskommen.

DIE GRÄBER

Es gibt viel über diese Sehenswürdigkeit zu erzählen, also beginne ich mit den Gräbern, die direkt am Eingang entdeckt wurden. Der Ölberg war in der Vergangenheit für zwei Dinge bekannt – Bäume und Gräber. Der Berg muss seinen Namen von der grossen Anzahl an Ölbäumen erhalten haben, die dort wachsen. Der Weg auf den Hügel wurde das erste Mal zur Zeit des König Davids (2Sam 15,30) erwähnt, und Sacharja sagte ausdrücklich, dass der «Ölberg» der Berg sei, «der vor Jerusalem nach Osten zu liegt» (Sach 14,4).

Ölbäume auf dem Ölberg zu finden, ergibt durchaus Sinn, aber warum wird der Hügel auch mit Gräbern in Verbindung gebracht? Das kommt von den Bestattungspraktiken in biblischen Zeiten. Sieht man von den prachtvollen Gräbern der Könige ab, konnten die Menschen nicht innerhalb einer Stadt oder einer Ortschaft begraben werden. Gleichzeitig wollten die Familien ihre toten Angehörigen nicht allzu weit wegtragen. Die Gräber befanden sich also ausserhalb der Stadt – aber nicht zu weit entfernt. Die Hänge des Ölbergs boten einen ausgezeichneten Platz, um ein Familiengrab für die Bewohner Jerusalems anzulegen. Hier gibt es Gräber aus alt- und neutestamentlicher Zeit. Heute gibt es dort auch einen recht modernen jüdischen Friedhof.

Ossuarien, auch Knochenkästen genannt, im Eingang von Dominus Flevit

Direkt am Eingang zu Dominus Flevit befindet sich rechts ein kleines Gebäude mit den Überresten eines Familiengrabs aus neutestamentlicher Zeit. Das Grundmuster der jüdischen Bestattungsbräuche blieb während der gesamten biblischen Zeit gleich, obwohl es einige Variationen gab. Ein Mensch wurde möglichst bald nach seinem Tod begraben, möglichst noch am selben Tag. Der Leichnam wurde ein Jahr lang in dem Grab gelassen. In dieser Zeit verweste das Fleisch. Dann kamen Familienmitglieder zum Grab, um die Gebeine des geliebten Menschen zu nehmen und «zu ihren Vätern zu versammeln». Die Vorstellung, dass sie «zu ihren Vätern versammelt» werden (Ri 2,10), begann in der Bibel tatsächlich mit Gottes Verheissung an Abraham in 1. Mose 15,15. Als Abraham schliesslich starb, wurde er «zu seinem Volk versammelt» (1Mo 25,8).

Im Alten Testament wurden die Knochen des Verstorbenen zuletzt von der Steinbank oder der Platte, auf die die Leiche gelegt worden war, weggenommen und in eine Kammer im Familiengrab gelegt. Sie wurden im wahrsten Sinne des Wortes bei ihren Vorfahren «versammelt». Zur Zeit des Neuen Testaments hatte sich der Brauch leicht verändert. Die verstorbene Person wurde ein Jahr lang im Familiengrab beigesetzt. Danach kam die Familie, um die Gebeine der Person abzuholen. Doch anstatt die Knochen in eine Kammer zu legen, wurden sie nun in eine «Knochenkiste», ein sogenanntes Ossuarium, getan. Diese Kisten wurden dann zu ihren Vorfahren ins Grab gestellt.

In diesem Grab sind zahlreiche Ossuarien in verschiedenen Grössen zu sehen, die alle von Hand aus Kalkstein gehauen wurden. Die Unterschiede in der Grösse der Kisten ergeben durchaus Sinn, wenn man an die unterschiedlichen Grössen der Menschen innerhalb einer Familie denkt. Die Kisten mussten lang genug sein, um den Oberschenkelknochen, den längsten Knochen im menschlichen Körper, aufnehmen zu können. Der Anblick der winzigen Kästchen, in denen einst die Gebeine von Kleinkindern aufbewahrt wurden, erinnert an die traurige Realität des Todes, die von Familien erfahren wurde, die sich nach dem Tag sehnten, an dem die

Verheissung aus Jesaja 65,20 Wirklichkeit wird: «Es soll dann nicht mehr Kinder geben, die nur ein paar Tage leben ...»

DIE KAPELLE

Die Kapelle ist nur einen kurzen Spaziergang den Weg hinunter entfernt. Das Gebäude wurde von Antonio Barluzzi entworfen, auf den auch die Kapelle auf dem Berg der Seligpreisungen zurückgeht. Tatsächlich hat Barluzzi alle drei Kirchen und Kapellen entworfen, die meine persönlichen Favoriten sind. (Die Dritte befindet sich ganz unten am Ölberg und ist Anlass unseres nächsten Halts.) Barluzzi versuchte, jedes Gebäude so zu gestalten, dass es zu dem Ereignis passte, an das es erinnerte. Bei Dominus Flevit hat er dies erreicht, indem er dekorative Urnen an den äusseren Ecken angebracht hat. Diese Urnen stellen Tränengefässe dar, denn die Kapelle erinnert an den Ort, an dem Jesus über Jerusalem weinte.

Aber warum Tränengefässe? Was für eine Geschichte steckt dahinter? Ausgräber haben zahlreiche kleine, geblasene Glasfläschchen aus neutestamentlicher Zeit gefunden, die zum Auffangen der Tränen eines Menschen verwendet wurden. Es war, als ob die Menschen durch das Sammeln ihrer Tränen in einem Gefäss die Erinnerungen an ihre Lieben durch Zeiten der Trennung und des Verlustes hindurch bewahren konnten. Das war eine greifbare Möglichkeit zu zeigen, wie sehr man mit jemanden verbunden war. Barluzzi platzierte diese Gefässe an jeder Ecke, um an die Tränen zu erinnern, die Jesus für diese Stadt und ihre Menschen vergossen hat.

Die Tränengefässe verweisen die Besucher auf die Zeit, als der Sohn Gottes über Jerusalem weinte. Als Lukas vom triumphalen Einzug Jesu in Jerusalem am Palmsonntag berichtete, beschrieb er die Szene folgendermassen: «Und als er näher kam und die Stadt sah, weinte er über sie und sprach: Wenn doch auch du erkannt hättest, wenigstens noch an diesem deinem Tag, was zu deinem Frieden dient! Nun aber ist es vor deinen Augen verborgen» (Lk 19,41-42). Das von Lukas gewählte Wort für *weinte* ist nicht das Wort, das in Johannes 11,35 (*dakry*□) verwendet wird, wo Johannes beschreibt, wie Jesus am Grab des Lazarus weint. Dieses Wort stellte einfach die Tränen dar, die Jesus übers Gesicht liefen. Das Wort, das Lukas verwendet (*klai*□), beschreibt unkontrollierte Schluchzer der Trauer und des Leids. Warum weinte Jesus am Palmsonntag, während alle anderen in begeisterter Feststimmung waren?

Jesus weinte, denn als Gott kannte er die Herzen der Menschen ... und er kannte die Zukunft. In nur fünf Tagen würde dieselbe Menge, die ihn nun als König willkommen hiess, Pilatus zurufen: «Kreuzige ihn! ... Wir haben keinen König als nur den Kaiser!» (Joh 19,15). Jesus konnte auch die kommende Zerstörung Jerusalems sehen, die stattfinden würde, «weil du die Zeit, in der Gott dir begegnete, nicht erkannt hast» (Lk 19,44, NGÜ). Er war untröstlich über *ihren* bevorstehenden Schmerz, nicht über seinen.

Das Innere der Kapelle ist in seiner Schlichtheit wunderschön. Das Fliesenmuster auf dem Boden entspricht dem einer Kirche, die in der byzantinischen Ära am selben Ort stand. An der Vorderseite der Kapelle befindet sich ein grosses Fenster mit Blick auf Jerusalem. Und wenn man genau an der richtigen Stelle steht, überlagert das Kreuz auf dem Altar vor dem Fenster den Felsendom. Ich kann nicht behaupten, dass Barluzzi dies absichtlich so eingerichtet hat, aber es ist fast so, als wollte er sagen: «Ihr denkt vielleicht, dass ihr das Christentum verdrängt habt, aber wir kennen den Einen, der wirklich die Macht über alles hat!»

Blick auf Jerusalem von der Kapelle aus

In der Kapelle stand einst ein kleines Harmonium, das bei Gottesdiensten eingesetzt wurde. Die Franziskaner verfügen über die Kapelle, und sie ist oft für römisch-katholische Messen reserviert. Aber andere dürfen hinein, wenn keine Messe stattfindet, und die Kapelle ist ein wunderbarer Ort für eine Reisegruppe, um dort zu singen. Einmal kam unsere Reisegruppe an und fand die Kapelle leer vor. Wir eilten hinein und setzten uns. Während ich die Geschichte der Stätte erzählte, kam der zuständige Priester hinzu – ein freundlicher, älterer Mann. Dann fragte ich unsere Reisegruppe, ob sie singen wolle. In diesem Moment trat der Priester vor und zeigte auf das Harmonium und dann auf sich selbst. Daraufhin bewegte er die Finger, um mir mitzuteilen, dass er sich bereiterklärte, unseren Gesang auf dem Harmonium zu begleiten. Er sprach kein Englisch, aber ich versuchte es trotzdem und fragte, ob er das Lied von Bill und Gloria Gaither kennt, «There's Something about That Name». Er nickte zustimmend.

Der Priester setzte sich an das Harmonium und pumpte mit dem Fusspedal. Diesen Moment werde ich nie vergessen! Ich hob meine Hände, um unseren improvisierten Chor zu dirigieren, als wir anfingen, andächtig zu singen: «Jesus, Jesus, Jesus! There's just something about that name ...» Im selben Moment begann der Priester die Melodie von «Amazing Grace» zu schmettern. Er wusste, dass wir eine protestantische Reisegruppe waren, und das war das einzige protestantische Kirchenlied, das er kannte.

Eine Krone aus Dornen

Direkt vor der Kapelle stehen zwei *Ziziphus-spina-christi*-Bäume. Der Name bedeutet «Christusdorn», und die Bäume sind ein möglicher Kandidat für die Dornenkrone auf Jesu Haupt. Die Dornen dieses Baumes können bis zu sieben Zentimeter lang werden und sind sehr spitz. Es ist ernüchternd, diese Dornen zu betrachten und sich vorzustellen, was sie anrichten würden, wenn sie jemandem auf den Kopf gedrückt werden.

Dornen auf dem Ziziphus-spina-christi-Baum

Ist dies *genau* die Stelle, an der Jesus über Jerusalem weinte? Das weiss niemand. Aber wir wissen zweifelsfrei, dass er irgendwo auf diesem Hügel war, und «als er näher kam und die Stadt sah, weinte er über sie» (Lk 19,41). Und Dominus Flevit ist so gut wie jeder andere Ort, um an dieses Ereignis zu erinnern.

Aber es gibt eine *zusätzliche* Sache, an die wir uns erinnern können, während wir hier vor Dominus Flevit stehen.

DIE ZWEI EINZÜGE JESU IN JERUSALEM

Die meiste Zeit haben wir uns in Dominus Flevit mit den Ereignissen des Palmsonntags und dem triumphalen Einzug Jesu in Jerusalem befasst. Die Menschenmenge jubelte, während Jesus weinte. Aber die Bibel beschreibt ein zweites Mal, wenn Jesus in Jerusalem einziehen wird. Bei seinem ersten Einzug ritt Jesus auf einem «Füllen, einem Jungen der Eselin», um die Prophezeiung aus Sacharja 9,9 zu erfüllen. Aber sein endgültiger Einzug in Jerusalem wird ganz anders aussehen.

Offenbarung 19 beschreibt die Wiederkunft Jesu aus dem Himmel auf folgende Weise:

> Und ich sah den Himmel geöffnet, und siehe, ein weisses Pferd, und der darauf sass, heisst «Der Treue und der Wahrhaftige»; und in Gerechtigkeit richtet und kämpft er. Seine Augen aber sind wie eine Feuerflamme, und auf seinem Haupt sind viele Kronen, und er trägt einen Namen geschrieben, den niemand kennt als nur er selbst. Und er ist bekleidet mit einem Gewand, das in Blut getaucht ist, und sein Name heisst: «Das Wort Gottes». Und die Heere im Himmel folgten ihm nach auf weissen Pferden, und sie waren bekleidet mit weisser und reiner Leinwand. Und aus seinem Mund geht ein scharfes Schwert hervor, damit er die Heidenvölker mit ihm schlage, und er wird sie mit eisernem Stab weiden; und er tritt die Weinkelter des Grimmes und des Zornes Gottes, des Allmächtigen. Und er trägt an seinem Gewand und an seiner Hüfte den Namen geschrieben: «König der Könige und Herr der Herren». (Offb 19,11-16)

Der Prophet Sacharja beschreibt Jesu zukünftigen Einzug in Jerusalem aus der irdischen Perspektive. «Aber der HERR wird ausziehen und gegen jene Heidenvölker kämpfen, wie [damals] am Tag seines Kampfes, am Tag der Schlacht. Und seine Füsse werden an jenem Tag auf dem Ölberg stehen, der vor Jerusalem nach Osten zu liegt; und der Ölberg wird sich in der Mitte spalten nach Osten und nach Westen hin zu einem sehr grossen Tal, und die eine Hälfte des Berges wird nach Norden zurückweichen, die andere nach Süden» (Sach 14,3-4). Jesus kommt wieder, und der Ölberg ist der Zielpunkt für seine Wiederkunft. Aber dieses Mal wird er auf dem weissen Pferd eines siegreichen Helden reiten. Und wenn seine Füsse schliesslich den Ölberg berühren, wird sich der gesamte Berg spalten!

Einige Reiseleiter und Bibellehrer behaupten, dass es unter dem Ölberg eine verborgene geologische Verwerfungslinie geben muss, die genau dann erbeben wird, wenn Jesus wiederkommt. Aber Jesus braucht keine geologische Verwerfungslinie, um diesen Berg in zwei Hälften zu teilen. Dieses Ereignis wird Gottes Ausrufezeichen für die Tatsache sein, dass Jesus Gottes Sohn und Israels Messias ist. Wie Sacharja nur wenige Verse später schreibt: «Und der HERR wird König sein über die ganze Erde. An jenem Tag wird der HERR der einzige sein und sein Name der einzige» (Sach 14,9).

Ich erinnere die Menschen gerne daran, dass Gott eines Tages die gesamte Geografie Jerusalems neu ordnen wird. Der Ölberg wird zu zwei kleineren Bergen werden, mit einem Tal dazwischen, das von Jerusalem zum Jordan und zum Toten Meer führt. Jerusalem selbst wird wie ein flaches Plateau «erhoben» werden. Und wenn das geschieht, werden diejenigen, die Jerusalem jetzt besuchen, zu denen, die in der kommenden Ära des Königreichs geboren werden, sagen können: «Weisst du, als ich das erste Mal auf dem Ölberg stand, sah er ganz anders aus als jetzt!»

Das Verheissene wird gewiss in Erfüllung gehen!

Aber jetzt ist es an der Zeit, zum Ausgang zu gehen, um zu sehen, ob unser Pashmina-Verkäufer schon angekommen ist.

Ölbäume im Garten von Gethsemane

KAPITEL 39

GETHSEMANE:

Die drei Schauplätze von Gethsemane

Die Wanderung vom Ölberg herab war ein Erfolg. Und mit Erfolg meine ich, dass niemand auf der steilen Strasse stolperte und stürzte, dass niemand von den Autos angefahren wurde, die die einspurige Strasse hinauf – und hinunter – rasten, und dass niemand eine unangenehme Begegnung mit einem dreisten Verkäufer oder einem der gelegentlichen Taschendiebe hatte, die es auf das Geld von Touristen abgesehen haben.

Unser letzter Halt auf dem Ölberg führt uns nach Gethsemane oder, genauer gesagt, zu den drei Schauplätzen von Gethsemane. Nein, hier geht es nicht darum, dass verschiedene religiöse Gruppen behaupten, die *genaue* Lage von Gethsemane zu kennen. Die Bibel selbst nennt drei verschiedene Schauplätze, die in der Nacht, in der Jesus verraten wurde, mit Gethsemane verbunden sind.

> Da kommt Jesus mit ihnen zu einem Grundstück, das Gethsemane (Schauplatz Nr. 1) genannt wird. Und er spricht zu den Jüngern: Setzt euch hier hin, während ich weggehe und dort (Schauplatz Nr. 2) bete!

Und er nahm Petrus und die zwei Söhne des Zebedäus mit sich; und er fing an, betrübt zu werden, und ihm graute sehr. Da spricht er zu ihnen: Meine Seele ist tief betrübt bis zum Tod. Bleibt hier und wacht mit mir! Und er ging ein wenig weiter (Schauplatz Nr. 3), warf sich auf sein Angesicht [und] betete ... (Mt 26,36-39)

DIE OLIVENÖLPRESSE

Der erste Schauplatz befindet sich am Fusse des Ölbergs. Wenn die meisten Menschen an Gethsemane denken, denken sie an den Garten Gethsemane. Das wird der zweite Halt sein. Aber der erste Schauplatz in der Reihenfolge der Erwähnung ist Gethsemane selbst. Er befindet sich vom Garten Gethsemane aus die Strasse runter. Viele versäumen es, diese Stätte zu besuchen, weil sie versteckt ist: Man geht am Ende einer engen Gasse eine Treppe hinunter. Über dem Eingang steht das Wort «Gethsemani». Sie wird heute als Kapelle genutzt, aber wenn man die Lichter, die Sitze und die anderen modernen Zusätze wegdenkt, ist es nicht schwer zu erkennen, dass sie ursprünglich eine Höhle war. *Das* ist die Olivenölpresse – Gethsemane!

Die Olivenölpresse – Gethsemane – befand sich in einer Höhle am Fuss des Ölbergs

Zuvor bei unserem Besuch in Guvrin hatten wir entdeckt, dass das Wort «Gethsemane» eigentlich eine Kombination aus zwei hebräischen Wörtern ist – *gath*, was sich auf eine Presse bezieht, und *schemen*, das Wort für Olivenöl. Als Jesus mit seinen Jüngern nach Gethsemane ging, begab er sich buchstäblich zur Olivenölpresse. Die Oliven werden ganz am Ende des Sommers geerntet, sobald die Regenzeit beginnt. Daher wurden die Pressen oftmals in einer Art Schutzraum platziert, in einem Gebäude oder in einer Höhle. Hier auf dem Ölberg war diese natürliche Höhle die perfekte Stelle für die Olivenölpresse – Gethsemane.

Die Presse war zwar im Herbst im Einsatz, wenn die Oliven geerntet wurden, aber den Rest des Jahres diente die Höhle als bequemer Unterschlupf oder Treffpunkt für die Besucher Jerusalems. Sehr wahrscheinlich haben Jesus und seine Jünger diese Höhle bei zahlreichen Gelegenheiten als Unterschlupf genutzt. In der Nacht, in der Jesus verraten wurde, berichtet Lukas, «begab [er] sich nach seiner Gewohnheit an den Ölberg» und kam mit seinen Jüngern «an den *Ort*» (Lk 22,39-40). Die Gruppe kam, ohne Judas, zu der Höhle, wo die Olivenölpresse stand. Die Jünger nahmen an, dass sie hier ihr Nachtlager aufschlagen würden, wie sie es wahrscheinlich auch in der Vergangenheit getan hatten.

Judas wusste auch, dass dies die Stelle war, an der man Jesus gefangen nehmen konnte. Etwas früher an diesem Tag hatte Jesus zwei seiner Jünger nach Jerusalem geschickt und ihnen aufgetragen, nach einem Mann Ausschau zu halten, der einen Krug mit Wasser trug. Sie sollten ihm nach Hause folgen und dann zu dem Besitzer sagen: «Der Meister lässt fragen: Wo ist das Gastzimmer, in dem ich mit meinen Jüngern das Passah essen kann?» (Mk 14,14). Jesus teilte den Jüngern den genauen Ort nicht vorher mit, weil er wusste, dass Judas nach einem Ort suchte, an dem die Behörden ihm auflauern und ihn gefangen nehmen konnten. Jesus wollte sicherstellen, dass er während des Passahmahls mit seinen Jüngern allein sein würde. Judas' Plan B war es, die Behörde zur Olivenölpresse zu bringen, da er wusste, dass Jesus nach dem Mahl dorthin gehen würde.

DER GARTEN VON GETHSEMANE

Der zweite Schauplatz auf diesem Gang durch Gethsemane ist der Ort, an den Jesus mit Petrus, Jakobus und Johannes ging. Lukas gibt sogar eine relative Entfernung zwischen der Höhle und dem Ort an, an den Jesus diese drei Jünger brachte. Er sagt, Jesus sei «ungefähr einen Steinwurf weit» gegangen (Lk 22,41). Natürlich hängt die genaue Entfernung von der Person ab, die den Stein wirft. Aber angenommen, wir könnten die modernen Steinmauern beseitigen, dann könnte jemand, der am Eingang der Höhle steht und einen Stein wirft, erwarten, dass er in der Gegend landet, die heute als Garten Gethsemane bekannt ist.

Der heutige Garten Gethsemane ist gut erhalten. Neben den knorrigen Ölbäumen gibt es auf diesem Gelände auch wunderschöne Blumen. Zur

Zeit Jesu hätte sich der Begriff «Garten» jedoch auf ein kultiviertes Gebiet bezogen – landwirtschaftlich genutzt –, nicht auf einen Blumengarten. Jesus und die drei Jünger waren also nicht auf dem Weg durch einen Rosengarten. Sie gingen zwischen Ölbäumen umher. Einige der Bäume in der Gegend sind heute sehr alt. Die Reiseleiter sagen, sie seien zweitausend Jahre alt und hätten schon zur Zeit Jesu existiert. Das hört sich schön an, ist aber unwahr. Die ältesten Bäume von heute sind wahrscheinlich weniger als tausend Jahre alt. Aber sie könnten die «Kinder» oder «Enkel» der Bäume sein, die einst hier wuchsen, da die zukünftigen Generationen von Ölbäumen aus den Wurzeln früherer Bäume wachsen können.

Es ist leicht, sich vorzustellen, wie Jesus zwischen diesen Bäumen mit den drei Jüngern, die seinen inneren Kreis bildeten, steht. Und was waren seine Anweisungen an sie? «Wacht und betet, damit ihr nicht in Versuchung kommt! Der Geist ist willig, aber das Fleisch ist schwach» (Mk 14,38). Und was war ihre Antwort? Sie sind eingeschlafen! Drei Mal! Ich kann mir fast vorstellen, wie Petrus an einem Baum lehnt und leise schnarcht. Und doch dürfen wir nicht zu streng mit diesen Jüngern sein. Es war spät in der Nacht. Es war dunkel. Und sie hatten gerade den Pessach-Seder zu Ende gegessen.

DIE KIRCHE ALLER NATIONEN

Neben diesem kleinen Olivenhain steht eine moderne Kirche, die Kirche aller Nationen. Dies ist die dritte der von Barluzzi gebauten Kirchen, die ich liebe. Sie hat eine Reihe von wunderbaren architektonischen Höhepunkten zu bieten. Das farbenfrohe Mosaik an der Aussenseite weist auf Jesus und seine Rolle als Vermittler zwischen Gott und den Menschen. Die Kirchenfenster sind aus violett gefärbtem Alabaster gefertigt. Sie lassen etwas Licht herein, aber sie schirmen genug ab, um das Innere dunkel und unheimlich erscheinen zu lassen. Und an der Vorderseite der Kirche gibt es einen Bereich, in dem das Grundgestein freigelegt ist. Man sagt, dies sei der Ort, an den Jesus allein zum Beten ging. Matthäus berichtet, dass Jesus «ein wenig weiter» als die drei Jünger ging, bevor er «sich auf sein Angesicht» warf, um zu beten (Mt 26,39).

Irgendwo in diesem Bereich – vielleicht genau an dem Platz, den wir an der Vorderseite der Kirche sehen – ist der Ort, an dem Jesus mit der Realität des kommenden Schreckens seiner Kreuzigung gerungen hat. Als er sich im Gebet quälte, berichtet Lukas, dass sein Schweiss wie Blutstropfen wurde, ein Hinweis auf die tiefe Ergriffenheit, die Jesus erlebte. «Vater, wenn du diesen Kelch von mir nehmen willst – doch nicht mein, sondern dein Wille geschehe!» (Lk 22,42).

Das Aussenmosaik der Kirche aller Nationen

Jesus wusste, dass er in dem Moment, in dem er die Sünde der Welt auf sich nahm, nicht nur die schrecklichen Schmerzen der Kreuzigung an seinem Körper erleiden würde. Er würde auch all die Trennung, das Gericht und die Strafe für unsere Sünde empfinden. Ist es da verwunderlich, dass er in dieser Nacht voller Qualen betete? Dies ist ein geeigneter Ort, um innezuhalten und sich die Gefühle vorzustellen, die Jesus durchlebte ... und um zu erkennen, dass er am Ende bereit war, sich all dem zu unterwerfen, was auf ihn zukam, weil er Sie liebt.

Während jeder von uns aus der Dunkelheit der Kirche in das helle Sonnenlicht tritt, sollten wir nicht versäumen, innezuhalten und über die immense Bedeutung dieses Ortes nachzudenken. Hier quälte sich Jesus im Gebet über den Preis, der von ihm persönlich verlangt wurde, um für *unsere* Sünde zu bezahlen. Und nachdem er zugestimmt hatte, sich dem Willen des Vaters zu unterwerfen, ging Jesus zurück zu den drei schlummernden Jüngern, weckte sie und machte sich auf den Weg zurück zur Olivenölpresse, um Judas und den Mob zu treffen – und die Abfolge der Ereignisse ins Rollen zu bringen, die zum Kreuz führen sollten.

Innenraum der Kirche aller Nationen

Bevor wir diesen heiligen Ort verlassen, muss ich Ihnen noch die wichtigste Frage des Lebens stellen. Haben Sie Ihr Vertrauen in Jesus als Ihren persönlichen Erlöser gesetzt? Er starb am Kreuz, um die Strafe für *Ihre* Sünde zu bezahlen ... und er tat dies freiwillig, weil er Sie liebt. Sie können Ihn heute empfangen, indem Sie mit Gott sprechen und etwas so Einfaches sagen wie: «Lieber Gott, ich weiss, dass ich Unrecht getan habe. Ich glaube, dass Jesus am Kreuz gestorben ist, um die Strafe für meine Sünde zu bezahlen, und ich möchte nun mein Herz öffnen und ihn als meinen Erlöser annehmen. Bitte vergib mir meine Sünden und lass Jesus die Kontrolle über mein Leben übernehmen.»

EIN LETZTER HALT

Wenn wir aus dem Garten Gethsemane auf die Strasse treten, sind alle Busse links entlang der Strasse aufgereiht. Aber bevor wir zum Bus gehen, müssen wir noch einen letzten Halt einlegen. Er liegt direkt auf der anderen Strassenseite, in einem privaten Garten. Der Aufseher schliesst das Eisentor auf, also folgen Sie mir hinein.

Die Friedlichkeit und Ordnung dieses ruhigen Rückzugsorts ist eine willkommene Abwechslung. Das Hupen und die Rufe der Händler sind immer noch zu hören, aber sie werden von den Steinmauern gedämpft. Diese Anlage mit ihrem Olivenhain ist eine Insel des Friedens. Aber ich möchte auf etwas hinweisen, das die meisten Besucher übersehen. Gleich hinter diesem Eisengitter an der Rückwand befindet sich der Eingang zu einer alten, in den Fels gehauenen Gruft. Dies war kein aufwendig gearbeitetes Grab wie einige der Gräber am Fusse des Kidrontals. Es ist recht einfach angelegt, wahrscheinlich das Grab einer Durchschnittsfamilie.

Im Inneren des Grabes befindet sich gleich rechts eine Bank, auf die ein Leichnam gelegt werden konnte. Normalerweise würde ein Stein die Öffnung des Grabes verschliessen, aber aus irgendeinem Grund ist der Stein nicht mehr da. Stattdessen können wir direkt in das Grab blicken, wo wir einen Teil eines menschlichen Schädels und viele Knochen sehen können. Dies ist eine weitere Erinnerung daran, dass der Ölberg schon zur Zeit Jesu für zwei Dinge bekannt war – Ölbäume und Gräber.

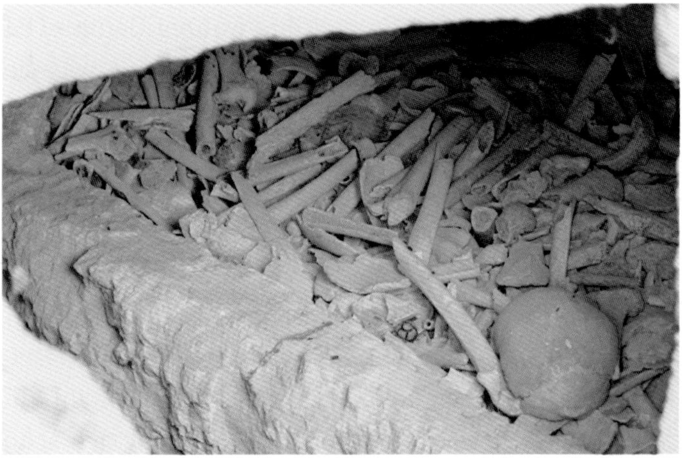

Blick ins Innere eines Grabes auf dem Ölberg

Gräber wie dieses hier stellten ein Problem dar. Wer nach Jerusalem reiste, um den Tempel zu besuchen und an den jährlichen Festen teilzunehmen, wollte nicht durch die versehentliche Berührung eines Grabes zeremoniell unrein werden. Das jüdische Volk hat eine Lösung für dieses Problem gefunden. Sie tünchten oder verputzten die Aussenseite der Gräber, damit sie auch im Dunkeln auffallen. Zur Zeit Jesu waren einige der Gräber recht kunstvoll gestaltet, mit kegelförmigen Dächern und aufwendiger Bildhauerarbeit. Aber egal, ob ein Grab schlicht oder ausgefallen war, die Tünche an der Aussenseite liess das Grab hervorstechen und wies auf einen Ort hin, den man meiden sollte.

Schauen Sie sich dieses Grab genauer an. Der Knochenhaufen ist eine Veranschaulichung für Jesu Beschreibung der Pharisäer in Matthäus 23,27. «Wehe euch, ihr Schriftgelehrten und Pharisäer, ihr Heuchler, dass ihr getünchten Gräbern gleicht, die äusserlich zwar schön scheinen, inwendig aber voller Totengebeine und aller Unreinheit sind!»

Jesus verglich die falsche Rechtschaffenheit dieser Menschen mit dem, was sie in Wirklichkeit im Innern waren. Sie sorgten für ein gut erscheinendes Äusseres, aber mit seinen göttlichen Röntgenaugen konnte Jesus hinter die Fassade blicken und in ihre Herzen sehen. Er kannte ihre inneren Gedanken, ihre Beweggründe und ihre wahren Gefühle. Für andere mochten sie gut aussehen, aber Jesus sah sie als das, was sie waren – wandelnde, sprechende Gräber voller Unreinheit, Heuchelei und Gesetzlosigkeit.

Es ist einfach, etwas von aussen zu verschönern. Mit genügend Tünche kann sogar ein Grabmal ausgesprochen schön aussehen. Aber es enthält noch immer den Gestank des Todes. Und traurigerweise ist es das, was Jesus in den selbstgerechten religiösen Führern seiner Zeit sah. Andere waren beeindruckt von dem äusseren Anschein des Gottesgehorsams, mit dem sich diese Menschen umgaben. Aber Jesus sah in ihr Inneres und erkannte, dass alles nur ein Schwindel war. Gott hat sich schon immer unendlich viel mehr darum gekümmert, wie es bei uns im Inneren aussieht, als darüber, wie wir anderen gegenüber äusserlich erscheinen.

Wenn wir zum Bus gehen, um unsere Reise fortzusetzen, können wir mehr von den Gräbern am Fusse des Ölbergs sehen. Einige sind modern, und andere bestanden schon zur Zeit Jesu. Sie erinnern uns daran, dass Gott nicht nur unsere Taten sieht, sondern auch unsere Motive und Einstellungen. Er schaut hinter die Tünche und sieht, was wirklich dahintersteckt. Wie Gott zu Samuel sagte, als er unter Isais Söhnen nach einem Nachfolger für Saul als König suchte: «Schaue nicht auf sein Aussehen, noch auf seinen hohen Wuchs ... Denn [der HERR] sieht nicht auf das, worauf der Mensch sieht; denn der Mensch sieht auf das, was vor Augen ist, der HERR aber sieht das Herz an!» (1Sam 16,7).

Antike und moderne Gräber auf dem Ölberg

Jüdische Männer versammeln sich zum Gebet an der Klagemauer

KAPITEL 40

DIE KLAGEMAUER UND DAS MISTTOR:

Die heiligste Stätte des Judentums

Die heiligste Stätte des Judentums ist heute die Klagemauer. Dennoch wissen viele nichtjüdische Besucher nicht genau, was sie bei ihrem Besuch erwartet. Die Verwirrung beginnt mit der Bezeichnung Westmauer. Manche vermuten, dass es sich um die Westmauer von Israels altem Tempel handelt. Aber als Jesus nach dem Tempel selbst gefragt wurde, stellte er klar, dass er zerstört werden würde. «Seht ihr nicht dies alles? Wahrlich, ich sage euch: Hier wird kein Stein auf dem anderen bleiben, der nicht abgebrochen wird!» (Mt 24,2). Die Römer rissen den Tempel nieder, als sie Jerusalem im Jahr 70 n. Chr. zerstörten.

Die Klagemauer oder Westmauer ist tatsächlich ein Teil der Stützmauer, die Herodes der Grosse errichten liess, um die Grösse der Tempelplattform auf dem Berg Morija zu erweitern. Wenn der Tempelberg die Eiskugel in unserer Schemadarstellung von Jerusalem ist, dann ist die Klagemauer Teil des «Sandkastens», der um die Eiskugel herum gebaut wurde, um eine rechteckige Fläche zu schaffen. Die Klagemauer ist der heiligste Ort des Judentums, denn jahrhundertelang durften Juden dem Ort ihres alten Tempels nicht näher kommen. Viele Juden glauben, dass Gottes Gegenwart dieses Gelände nie verlassen hat.

Selbst der Name des Ortes sorgt für Verwirrung: Er wird als Klagemauer bezeichnet, weil sich dort Menschen versammelten, um über die Zerstörung des Tempels zu weinen. Der Name der Stätte lautet auf Hebräisch *HaKotel HaMa'aravi*, was einfach «die Westmauer» bedeutet. Aber das wird oft auf die *Kotel* – die Mauer – verkürzt. Doch nach Ansicht der Muslime hat die Stätte nichts mit dem jüdischen Volk zu tun. Sie bezeichnen die Mauer als *Al-Buraq*, den Namen des geflügelten Pferdes, das Mohammed dort auf seiner nächtlichen Reise nach Jerusalem angebunden haben soll, bevor er ins Paradies aufstieg.

Eine letzte Verwirrung entsteht durch die recht geringe Grösse des Bereichs. Die gesamte vom Platz aus sichtbare Mauerfläche ist etwa 49 Meter lang und 18 Meter hoch. Er ist in eine Männer- und eine Frauenabteilung aufgeteilt, wobei die Männer etwa doppelt so viel Platz haben wie die Frauen. Dieser öffentliche Bereich ist jedoch nur ein kleiner Teil der tatsächlichen Stützmauer, die sich über fast 500 Meter erstreckt. Die Mauer setzt sich auch unterhalb des aktuellen Bodenniveaus mit weiteren siebzehn Steinreihen fort.

BESUCH DER MAUER

Christen sind manchmal unsicher, ob sie die Klagemauer besuchen dürfen. Das dürfen sie, solange sie respektvoll und angemessen gekleidet sind. Für Männer bedeutet dies, dass der Kopf bedeckt sein muss. Sowohl Männer als auch Frauen können bis zur Mauer gehen, beten und sogar Fotos machen – ausser am Sabbat, da ist das Fotografieren verboten. Eine gute Faustregel ist, dass Sie andere Gläubige so behandeln sollten, wie Sie selbst behandelt werden möchten, wenn sie in Ihre Kirche gehen.

Bei einem Besuch war ich peinlich berührt, als ich einen jungen Mann in kurzen Hosen und ohne Kopfbedeckung auf die Mauer zugehen sah. Aus dem Aufdruck auf seinem T-Shirt schloss ich, dass er ein Christ war, denn es stand in fetten Buchstaben der Name JESUS, und darüber war der Satz gedruckt: «Alles dreht sich um ihn». Als er neben einen orthodoxen jüdischen Mann trat und zu beten begann, konnte ich darauf warten, dass ihn jemand unterbrechen und bitten würde zu gehen. Ich kann nur hoffen, dass sein unüberlegtes Handeln das Ergebnis von Unwissenheit war, denn er hat mit seinem Handeln *nicht* die Liebe, Fürsorge oder Anteilnahme Christi für die Menschen um ihn herum gezeigt.

Die Prozession für einen jungen Mann, der zu seiner Bar Mitzwa kommt

An bestimmten Wochentagen werden Bar Mitzwas an der Klagemauer gefeiert. Die Familie versammelt sich vor den Mauern der Altstadt, und der Junge wird unter einem Baldachin zur Klagemauer geführt, während Musiker spielen und die Familienmitglieder klatschen und jubeln. Das Geschäft der Gruppen, die diese Festzüge organisieren, floriert. Wenn Sie also einen Festzug verpassen, warten Sie einfach auf den nächsten!

Sobald die Familie die Klagemauer erreicht hat, wird der Sohn zur Männerabteilung geführt, wo er seinen Tallit – seinen Gebetsschal – anlegt, sich Gebetsriemen auf Arm und Stirn bindet und dann laut aus einer Thorarolle vorliest, die für diesen Anlass mitgebracht wurde. Die Frauen lehnen sich über die Trennwand und schauen zu. Der Sohn wird dann auf die Schultern eines Familienmitglieds gesetzt und herumgeführt, während die Frauen jubeln und Süssigkeiten werfen.

Feiern bei einer Bar Mitzwa

Lesen eines Gebetbuchs an der Mauer

BETEN UND STUDIEREN AN DER MAUER

Wenn man den Trubel und die Begeisterung der Bar Mitzwa verlässt, muss man nur wenige Schritte gehen, um einen älteren jüdischen Mann zu entdecken, der an der Mauer ein Gebetbuch liest. Er scheint in Gedanken versunken zu sein, während er den Text durchgeht. Dicht an der Mauer steht ein weiterer Mann, der seinen Gebetsschal trägt und seine Gebete rezitiert. Überall um ihn herum sieht man Zettel, die in jede Spalte und Ritze gepresst sind. Darauf geschrieben sind Gebete, die von Besuchern hinterlassen wurden, sowie Gebete, die im Namen anderer zur Mauer gebracht wurden.

Beten an der Mauer

Während ich alle beten und studieren sehe, kommen mir die Worte des Apostels Paulus in Römer 10,2-4 (NGÜ) in den Sinn: «Denn an Eifer für Gottes Sache fehlt es ihnen nicht; das kann ich bezeugen. Was ihnen fehlt, ist die richtige Erkenntnis. Sie haben nicht erkannt, worum es bei der Gerechtigkeit Gottes geht, und versuchen, durch ihre eigene Gerechtigkeit vor Gott bestehen zu können. Damit lehnen sie sich gegen Gottes Gerechtigkeit auf, statt sich ihr zu unterstellen. Denn mit Christus ist das Ziel erreicht, um das es im Gesetz geht: Jeder, der an ihn glaubt, wird für gerecht erklärt.» Es ist eine ernüchternde Erinnerung daran, dass religiöser Eifer allein niemanden in eine richtige Beziehung zu Gott bringt.

Israelische Soldaten, die an der Mauer beten

LEUTE AN DER MAUER BEOBACHTEN

Die Klagemauer ist ein wunderbarer Ort, um die Menschen zu beobachten: die jüdischen Männer – junge und alte –, die zum Beten kommen, die kleinen Kinder, die von ihren Eltern mitgebracht werden, welche hoffen, sie schon früh zur Frömmigkeit zu erziehen, die Religiösen und die Weltlichen, die Frommen und die Neugierigen. Es gibt Juden, die sich nach dem Gebet zum Gehen umdrehen, und solche, die sich rückwärts entfernen, damit sie nicht «Gott den Rücken kehren». Und gelegentlich sieht man einen orthodoxen Juden, der mitten im Gebet innehält, um an sein Mobiltelefon zu gehen. (Ich frage mich, ob jemals irgendwem dabei die Worte in den Sinn kommen, die Samuel zu Gott sprach, als Gott ihn in der Stiftshütte rief: «Rede, denn dein Knecht hört!» [1Sam 3,10].) Der vielleicht ungewöhnlichste Anblick, den ich je gesehen habe, war eine Gruppe von israelischen Soldaten, die mit ihren Gewehren auf dem Rücken beteten.

Auf einer meiner früheren Reisen – zur Zeit der Super-8-Kameras – hatten wir einen Mitreisenden, der faszinierend war. Er hatte seine Super-8 mitgebracht, aber nur drei Rollen Film eingepackt. Jede Rolle konnte drei Minuten Bild ohne Ton aufnehmen. Es war offensichtlich sein Ziel, die gesamte Reise auf neun Minuten zu komprimieren. Er tat dies, indem er eine Serie von Fünf-Sekunden-Panoramen aufnahm. Er begann an einem Ende, schwenkte schnell zum anderen, hielt inne und schwenkte dann schnell zurück, bevor er die Kamera ausschaltete. Ich glaube, dass jeder, der sich seine Aufnahmen ansieht, davon überzeugt wird, dass Israel nichts weiter als ein schwindelerregendes Karusell ist. Die ganze Begeisterung der Klagemauer – in fünf Sekunden!

Derselbe Tourist hatte auch eine normale Fotokamera dabei, und er hatte die Angewohnheit, die Leute zu bitten, ihn zu fotografieren. (Das war vor Smartphones und Selfies. Jemand anderes musste die Kamera halten und durch den Sucher schauen.) Er ging auf einen Fremden zu, unterhielt sich kurz mit ihm und reichte ihm dann die Kamera, während er zurücktrat, um sich fotografieren zu lassen. Das Interessante daran ist, dass das wahre Interesse *eigentlich* der Person hätte gelten sollen, der er die Kamera in die Hand drückte. Ich stellte mir vor, wie er nach Hause zurückkehrt und seine Fotos seinen Freunden zeigt.

Tourist: «Dieses Bild von mir wurde von einem israelischen Soldaten an der Klagemauer aufgenommen.»

Freund: «Wo ist der Soldat?»

Tourist: «Er ist derjenige, der das Foto macht.»

Freund: «Wo ist dann die Klagemauer?»

Tourist: «Sie ist gleich hinter dem Soldaten.»

DAS MISTTOR

Das Tor, das durch die Mauern der Altstadt zur Klagemauer führt, ist das Misttor. Es erhielt seinen Namen, weil es das Tor war, das zum Hinnomtal führte, das im Altertum die Müllhalde war. In biblischen Zeiten befand sich das Tor weiter südlich, direkt am Rande des Hinnomtals, aber die Stadtmauern sind nach Norden «gewandert», sodass das Tal nun etwas weiter entfernt ist. Und doch hat sich weder der Name des Tors noch sein allgemeiner Zweck jemals geändert. Man braucht nicht viel Fantasie, um sich vorzustellen, was durch dieses Tor aus der Stadt auf die Müllkippe gebracht wurde.

Neben dem Müll brachten die Menschen durch dieses Tor auch andere Abfälle ins Tal. Die Menge des weggeworfenen Mülls war viel geringer als die, die wir heute erzeugen. Schliesslich hatten die Menschen viel weniger materielle Besitztümer, sodass die meisten Gegenstände wiederverwendet wurden. Ein zerrissenes Kleidungsstück wurde geflickt. Ein abgebrochener Holzgriff wurde verheizt. Zu den wenigen Gegenständen, die völlig unbrauchbar wurden, wenn sie zerbrachen, zählten Töpferwaren. Wenn Tassen, Schalen, Krüge oder Öllampen zerbrachen, waren sie wertlos und wurden einfach weggeworfen. Vielleicht ist das der Grund, warum Jeremia dieses Tor als «Tor der zerbrochenen Töpfe» oder «Scherbentor» (Jer 19,2) bezeichnet – das Tor, durch das jemand ging, wenn er zerbrochene Töpferwaren zur Müllhalde brachte.

Ich erinnere die Leute daran, vorsichtig zu sein, wenn sie Jerusalem durch das Misttor verlassen. Meine Sorge hat wenig mit dem Gegenverkehr zu tun, der sich durch das Tor drängt, oder mit der belebten Strasse draussen. Ich mache mir mehr Sorgen um ihren Ruf. Wer will schon nach Hause gehen und seinen Freunden erzählen, dass er am Misttor ausgerutscht und gestürzt ist? Das könnte peinlich werden.

Ein Freund ist am Misttor tatsächlich gestürzt und hat sich das Bein gebrochen. Er war einer unserer Reisegruppenleiter, und seine besondere Aufgabe an diesem Tag war es, sich vor dem Misttor zu positionieren, um den Leuten den Weg zum Bus zu weisen. Leider hatte seine Frau einen

Aufenthalt, um einzukaufen, und er blieb bei ihr. Anstatt ganz vorn in der Schlange zu stehen, hatten er und seine Frau sich sozusagen unerlaubt von der Truppe entfernt. Ich rannte zurück zu ihm und erinnerte ihn daran, wo er hätte sein *sollen*. Er entschuldigte sich und rannte los, um seine Position einzunehmen. Doch gerade als er aus dem Tor kam, rutschte er auf dem glatten Kalksteinpflaster aus. Nach einem Besuch in der Notaufnahme verbrachte er den Rest der Reise im Bus sitzend, mit einem Gipsbein. Und keiner von uns liess ihn jemals vergessen, *wo* er ausgerutscht und gefallen war.

Das Misttor

Die Südtreppe zum Tempelberg

KAPITEL 41

DIE SÜDTREPPE:
Heute ging ich dort, wo Jesus ging

Der nächste Halt auf unserer Reise ist die Südtreppe. Dies sind zweitausend Jahre alte Stufen, über die die Gläubigen zur Zeit Jesu zum Tempel hinaufkamen. Viele Besucher geniessen diesen Ort, weil er eine der Stellen ist, an denen sie tatsächlich singen können: «I walked today where Jesus walked» (dt. «Heute ging ich dort, wo Jesus ging»), und es stimmt tatsächlich!

Ausser der Südtreppe wurden in diesem Gebiet eine Reihe weiterer archäologischer Funde gemacht. So wurde zum Beispiel ein Teil der Stadtmauer aus der Zeit König Salomos in der Nähe des Weges durch das Kidrontal freigelegt. Da Salomo den Tempel auf dem Berg Morija errichtete, ergibt es Sinn, dass er auch eine Mauer um den Hügel baute, um den Tempel zu schützen und ihn mit der ursprünglichen Davidsstadt zu verbinden. Wir haben nicht die Zeit, alles zu besichtigen, was in diesem Gebiet entdeckt wurde, aber wir werden einige spannende Dinge erkunden.

EIN WENIG YSOP

Auf dem Weg über den Platz zur Treppe bemerken nur wenige, wie ich über eine niedrige Steinmauer neben dem Gehweg steige und kleine

Zweige von den zwischen den Steinen wachsenden Büschen abbreche. Ein paar aus unserer Reisegruppe bleiben stehen, um zu sehen, was ich da mache. Ich gleite über die Mauer zurück auf den Pfad, bevor die meisten merken, was ich getan habe.

«Gut, kommen Sie bitte alle zu mir. Reiben Sie mit den Fingern über diese kleinen Zweige und sagen Sie mir, welches Essen Ihnen dabei einfällt.» Die Gruppe beginnt, die kleinen Zweige von einem zum andern weiterzureichen. Während alle die winzigen Blätter reiben und den Duft in sich aufnehmen, sehe ich geradezu in ihren Köpfen die Räder rotieren. Der Geruch ist vertraut, aber hier in Israel, in der Nähe des Tempelbergs, scheint er aus dem Zusammenhang gerissen. Es riecht *schon* wie etwas, das ich mag, aber was *ist* es? Schliesslich schreit jemand «Pizza! Das erinnert mich an Pizza!» Und dann meldet sich jemand anderes zu Wort. «Natürlich! Es ist Oregano!»

Ysop wächst zwischen den Felsen

Es *ist* Oregano. Nun, in Wirklichkeit ist es ein Ysop, der zur selben Familie wie Oregano gehört. Und plötzlich bekommt dieser unscheinbare Busch, der neben den Steinen spriesst, eine neue Bedeutung für unsere Touristenschar. In 1. Könige 5,13 heisst es, dass Salomo sich für alle Arten von Pflanzen interessierte, «von der Zeder auf dem Libanon bis zum Ysop, der aus der Mauer wächst». Vom majestätischsten aller Bäume bis zu den bescheidensten und gewöhnlichsten Sträuchern ... das ist die Idee hinter diesem Vers. Und doch spielte dieser bescheidene Strauch eine ziemlich dramatische Rolle in der biblischen Geschichte.

In 2. Mose 12 sollten die Israeliten Ysop in das Blut des Passahlamms tauchen und es an die Türpfosten und den Türsturz eines jeden Hauses streichen. In 3. Mose 14 wurde Ysop zusammen mit Zedernholz und

Scharlachgarn als Teil des Rituals verwendet, nachdem jemand vom Aussatz gereinigt worden war. Und in Psalm 51 gab David zu, dass es im mosaischen Gesetz kein Opfer gab, das die Schuld seiner Sünde aufwiegen konnte. Aber dann rief er laut und bat Gott: «Entsündige mich mit Ysop, so werde ich rein» (V. 9).

Warum hat Gott Ysop gewählt? Vielleicht lag es daran, dass Ysop ein Symbol für *Demut* war. Viele glaubten, Aussatz sei Gottes Strafe für die Sünde des Stolzes. Das war mit Sicherheit der Fall, als Moses Schwester Mirjam von Aussatz befallen wurde (4Mo 12,1-15). Und deshalb ist es auch kein Zufall, dass das Ritual nach der Reinigung von Aussatz Zedernholz und Ysop beinhaltete. Es ist, als ob derjenige, der gereinigt wird, sagen würde: «Ich war einst stolz wie eine Zeder, aber jetzt bin ich demütig wie Ysop.»

Das Gegenteil von Stolz ist Demut, so wie das Gegenteil einer Zeder Ysop war. Petrus wie auch Jakobus haben verstanden, wie wichtig es ist, Stolz zu meiden und nach Demut zu streben. Petrus rief alle dazu auf, «ihr alle sollt euch gegenseitig unterordnen und mit Demut bekleiden! Denn ‹Gott widersteht den Hochmütigen; den Demütigen aber gibt er Gnade›. So demütigt euch nun unter die gewaltige Hand Gottes, damit er euch erhöhe zu seiner Zeit!» (1Petr 5,5-6). Und Jakobus zitiert denselben Vers aus den Sprüchen wie Petrus, fügt aber hinzu, dass wir uns deshalb Gott unterwerfen und dem Teufel widerstehen müssen (Jak 4,7).

Starke Lektionen von einer kleinen Pflanze. Aber es ist an der Zeit, zur Treppe weiterzugehen.

DIE TREPPE

Die Südtreppe ist teilweise restauriert worden. Viele der Stufen sind neu, aber einige sind noch im Originalzustand. Sie führten durch zwei Durchgänge in der Stützmauer, die den Berg Morija umgab, und hinauf zu den Tempelhöfen. Heute sind diese Durchgänge verschlossen.

Die restaurierte Südtreppe, die einst zum Tempel führte

Ein interessanter Aspekt dieser Stufen ist, dass sie eine unterschiedliche Auftrittsbreite haben. Dies zwang die Pilger dazu, sorgfältig auf jede einzelne Stufe zu achten – im Gegensatz zu den einheitlichen, amtlich genormten Stufen von heute, die es den Menschen ermöglichen, hinauf- und hinabzusteigen, ohne sich auf die unterschiedlichen Auftrittsbreiten der Stufen konzentrieren zu müssen. Manche glauben, dass dies eine bewusste Entscheidung der Erbauer war. Diejenigen, die zum Haus Gottes aufstiegen, mussten dies ganz bewusst tun und sich darauf konzentrieren, dass sie in die Gegenwart Gottes selbst eintraten. Die Tatsache, dass man bei jeder Stufe nach unten schauen musste, trug dazu bei, dass die Gedanken der Gläubigen nicht abschweiften.

In der Nähe der Treppe befinden sich einige jüdische Ritualbäder, die *mikwe* (Einzahl) oder *mikwa'ot* (Mehrzahl) genannt werden. Diese Bäder wurden für die rituelle Reinigung verwendet. Bevor man den Tempelberg betrat, musste jeder Gläubige in einer *mikwe* untertauchen, um rituell rein zu werden. In diesem Gebiet wurden zahlreiche *mikwa'ot* entdeckt.

Sie waren erforderlich, für die Tausenden von Gläubigen, die jeden Tag in den Tempel kamen.

Die Entdeckung dieser rituellen Bäder hilft, die Ereignisse zu erklären, die in der Apostelgeschichte am Pfingsttag stattfanden. Nachdem Petrus zu der Menge gepredigt hatte, rief er zum Handeln auf. «Tut Busse, und jeder von euch lasse sich taufen auf den Namen Jesu Christi zur Vergebung der Sünden; so werdet ihr die Gabe des Heiligen Geistes empfangen» (Apg 2,38). Lukas setzt seinen Bericht über diesen Tag fort und erklärt, was als Nächstes geschah. «Diejenigen, die nun bereitwillig sein Wort annahmen, liessen sich taufen, und es wurden an jenem Tag etwa 3000 Seelen hinzugetan» (V. 41). Es ist ziemlich sicher, dass diese rituellen Bäder genutzt wurden, um diese dreitausend Neubekehrten zu taufen.

Eine Mikwe, ein rituelles Bad, an der Südtreppe

DER ROBINSONBOGEN

An der südwestlichen Ecke des Tempelbergs befindet sich ein Vorsprung in der Mauer. Es handelt sich um den Ansatz eines Bogens, der einst aus Herodes' Stützmauer ragte. Heute wird er Robinsonbogen genannt, nach dem amerikanischen Gelehrten und Entdecker, der ihn vor zweihundert Jahren erstmals beschrieb. «Die Reihen dieser immensen Steine, die zunächst den Anschein erweckten, als seien sie infolge enormer Kräfte aus ihrem Platz in der Mauer herausgesprungen, befinden sich dennoch an ihrer ursprünglichen Position; ihre äussere Oberfläche ist zu einer regelmässigen Rundung behauen; und sie passen aufeinander und bilden den Anfang oder den Fuss eines immensen Bogens, der einst aus dieser westlichen Mauer hervorging […]»[51]

Der Robinsonbogen

Als Robinson den Ansatz dieses Bogens zum ersten Mal entdeckte, befand er sich nur knapp über dem Bodenniveau. Archäologen haben nun eine Strasse ausgegraben, die zur Zeit Jesu unter dem Bogen verlief. Entlang dieser Strasse wurden kleine Geschäfte und weitere rituelle Bäder entdeckt. Robinson dachte, der Bogen sei Teil einer Brücke, die den Berg Morija mit dem Westhügel verband, aber spätere Ausgrabungen zeigen, dass er tatsächlich Teil einer massiven Treppe war, die zum Tempel hinaufführte. Diese Treppe und die unterirdischen Gänge an der Südtreppe waren von Süden her die Haupteingänge zum Tempel.

51 Edward Robinson, *Biblical Researches in Palestine* (London: John Murray, 1841), 1:425.

Ein Modell, das zeigt, wie dieser Bereich während der Zeit des Zweiten Tempels ausgesehen haben muss, ist im Museum der Davidszitadelle direkt am Jaffator ausgestellt. Es zeigt den Ansatz des massiven Bogens, der aus der Stützmauer herausragt, und die darauf aufliegende monumentale Treppe, die von der Ecke des Tempelbergs zur Strasse hinunterführt.

Modell der monumentalen Treppe und des Robinsonbogens

KEIN EINZIGER STEIN BLEIBT AUF DEM ANDEREN

Bevor Sie diesen Bereich verlassen, werfen Sie einen Blick auf die freigelegte Strasse aus dem ersten Jahrhundert. Ein Grossteil des Schutts wurde entfernt, aber einige der gefundenen Steinblöcke wurden an Ort und Stelle belassen. Dies sind die Überreste des Tempels und anderer Gebäude, die einst auf dem Tempelberg standen. Als die Römer Jerusalem und den Tempel im Jahr 70 n. Chr. zerstörten, rissen sie die Gebäude auf der Plattform ab und schoben die Steine über deren Rand. Diese Steine fielen auf die Strasse darunter. Die Römer versuchten auch, die Stützmauern der Plattform abzutragen, aber das erwies sich als zu schwierig und sie gaben auf – deshalb sind der Ansatz des Bogens und die Steinreihen in der Mauer noch erhalten.

Von den Römern vom Tempelberg gestürzte Steine

Ich habe es schon einmal erwähnt, aber dieser massive Steinhaufen ist eine lebhafte Erinnerung an die Worte Jesu an seine Jünger, als sie ihn auf die schönen Tempelbauten hinwiesen. «Seht ihr nicht dies alles? Wahrlich, ich sage euch: Hier wird kein Stein auf dem anderen bleiben, der nicht abgebrochen wird!» (Mt 24,2). Dieser durcheinandergewürfelte Steinhaufen bildete einst die Gebäude darüber. Die Steine barsten und zerbrachen, als sie auf die Strasse aufschlugen … und dann krachten weitere Steine von oben auf sie herab.

DER PLATZ DES TROMPETENSIGNALS

Als Archäologen sich durch den Schutt gruben, der das Zentraltal neben dem Tempel füllte, entdeckten sie zwei Steine, die perfekt zusammenpassten. Einer davon war der Stein, der auf der südwestlichen Spitze des Tempels stand. Auf der linken Seite des Steins befand sich eine ausgehauene Nische, in der jemand stehen konnte. Der zweite Stein war ein Stück der linken Seite, das beim Aufprall aufs Pflaster abgebrochen war. Und auf diesem Stück war eine Inschrift auf Hebräisch. Ein Teil der Inschrift wurde zerstört, aber der verbliebene Teil lautet «für den Platz des Trompetensignals».

Die Nische, die in diese Zinne gemeisselt wurde, war der Ort, an dem ein Priester stand, um die Trompete zu blasen, die den Beginn und das Ende des Sabbats ankündigte. Betrachten Sie diese Inschrift als die allererste Publikation «für Dummies». Stellen Sie sich vor, es ist Ihr erster Arbeitstag als neuer Tempeltrompeter. Sie sind etwas nervös, also fragen Sie jemanden mit mehr Erfahrung, was Sie tun sollen. «Kein Problem! Geh einfach auf das Dach und suche die Stelle, die mit ‹Hier hinstehen und blasen!› beschriftet ist. Und wenn du sie gefunden hast – STELL DICH DORT HIN UND BLAS DIE TROMPETE.»

Die Originalinschrift befindet sich im Israel-Museum, aber es wurde eine exakte Kopie hergestellt und an dem Stein befestigt, der einst die Eckzinne war.

Die Zinne des Tempels mit einer Kopie der Inschrift des Trompetensignalplatzes

Der Felsendom auf dem Tempelberg

KAPITEL 42

DER TEMPELBERG:

Neuralgischer Punkt im aktuellen Konflikt

Die wichtigste Frage im Herzen des andauernden Kampfes zwischen Israel und den Palästinensern ist diese: Wer hat das Eigentumsrecht auf das Heilige Land? Das umstrittenste Stück Land in diesem Streit ist Jerusalem, und das Zentrum dieser geografischen Zielscheibe ist der fünfzehn Hektar grosse Platz, der sich jetzt auf dem Berg Morija befindet. Für das jüdische Volk ist dies der Tempelberg, der Ort, an dem einst der erste und zweite Tempel standen. Für die Muslime ist es Haram al-Sharif, das edle Heiligtum und die drittheiligste Stätte des Islam.

Der Felsendom thront auf einem Felsplateau in der Mitte des Platzes. Und obwohl einige Christen dieses Gebäude fälschlicherweise als die Moschee von Omar bezeichnen, ist es weder eine Moschee noch die drittheiligste Stätte des Islam. Diese Ehre gebührt dem etwas unscheinbaren Gebäude mit einer dunklen Kuppel am *südlichen* Ende des Platzes – der Al-Aqsa-Moschee.

Der Tempelberg ist seit 1967 unter israelischer Kontrolle. Nach der Eroberung Jerusalems im Sechstagekrieg übergab Israel die Verwaltung der Stätte jedoch wieder an die muslimischen Religionsführer. Technisch gesehen hat Jordanien die Aufsicht über die Stätte, während Israel die Sicherheitskontrolle ausübt, aber die Beziehung zwischen den beiden ist oft angespannt. Der einzige Zugang zum Gelände für Nichtmuslime führt durch ein Tor an der südwestlichen Ecke. Im Jahr 2004 brach die Erdrampe zu diesem Tor ein. Drei Jahre später wurde eine provisorische Holzbrücke gebaut, um den Zugang zu ermöglichen, bis eine neue, dauerhafte Brücke gebaut werden konnte. Aber die Muslime haben sich dagegen ausgesprochen, dass Israel die Brücke baut, obwohl sie sich *ausserhalb* des Geländes befindet, sodass die provisorische Brücke nun «dauerhaft» geworden ist – zumindest bis sie ebenfalls zusammenbricht!

MARK TWAIN AUF DEM TEMPELBERG

Mark Twain besuchte den Tempelberg und den Felsendom während seiner Reise ins Heilige Land. Als er über seine Erfahrungen schrieb, bezeichnete er den Felsendom als die Moschee von Omar und war nicht beeindruckt. «Ich brauche nicht von der wunderbaren Schönheit und der vortrefflichen Anmut und Symmetrie zu sprechen, die diese Moschee so berühmt gemacht haben – weil ich sie nicht wahrgenommen habe.»[52]

Ein Teil von Twains Enttäuschung war seine Reaktion auf einige der ausgefalleneren Aussagen seines Reiseleiters. Als er zum Beispiel seinen Besuch des Grundsteins im Felsendom beschrieb, fügte Twain die folgenden abfälligen Bemerkungen hinzu. «Dieser Felsblock schwebt, so gross er ist, in der Luft. Er berührt überhaupt nichts. Der Fremdenführer sagte das. [...] An der Stelle, wo Mohammed stand, hat er in dem massiven Stein seine Fussabdrücke hinterlassen. Ich schätze, er hatte ungefähr Schuhgrösse 58.»[53]

52 Mark Twain, *Die Arglosen im Ausland*, Übs. Ana Maria Brock (Frankfurt a.M. / Leipzig: Insel, 1997), 624.
53 Ebd., 625.

Twains spöttische Eindrücke setzten sich fort, als der Reiseführer die verschiedenen Gebäude rund um den Felsendom zeigte. «Genau vor der Moschee erhebt sich ein Miniaturtempel, welcher die Stelle bezeichnet, wo David und Goliath gesessen und dem Volke Recht gesprochen haben.»[54] Twain fügt am Ende der Seite eine Fussnote ein, die seinen Lesern die Absurdität dieser Erklärung verdeutlicht. «Ein Pilger teilt mir mit, dass es nicht David und Goliath, sondern David und Saul waren. Ich bleibe bei meiner eigenen Angabe – der Fremdenführer hat es mir erzählt, und der muss es ja wissen.»[55]

DIE TENNE

Wir müssen unseren Besuch an diesem Ort damit beginnen, uns an die Geschichte des Berges Morija zu erinnern. Dieser Hügel nördlich der Stadt war die Stelle, an der Abraham Isaak fesselte und darauf vorbereitete, ihn Gott zu opfern (1Mo 22). Isaak wurde verschont, als Gott für einen Ersatz sorgte. Das nächste Mal, als der Ort in der Geschichte auftaucht, war es die Tenne des Jebusiters Arawna, auch Ornan genannt (2Sam 24,18; 1Chr 21,15). Beide Kapitel beginnen damit, dass David einen törichten Fehler begeht. Entweder aus Stolz darüber, wie mächtig er geworden war, oder aus mangelndem Vertrauen in Gottes Fähigkeit, die Nation zu beschützen, beschloss David, eine Volkszählung aller kampffähigen Männer in Israel durchzuführen. Sein unüberlegtes Handeln missfiel Gott, der eine Strafe über Israel brachte. Eine von Gott gesandte Plage dezimierte genau die Armee, deren Zahlstärke David wissen wollte.

Nachdem David seine Sünde gebeichtet hatte, liess der Engel des Herrn den Propheten Gad zu ihm sagen, «dass er hinaufgehen solle, um dem HERRN einen Altar aufzurichten auf der Tenne Ornans, des Jebusiters» (1Chr 21,18). Dieser Vorfall ereignete sich Ende Mai oder Anfang

---

54 Ebd., 626.
55 Ebd.

Juni, denn Arawna «drosch ... gerade Weizen», als David ankam (V. 20). David bat ihn um die Tenne, und Arawna war bereitwillig einverstanden. «Nimm ihn hin; mein Herr und König tue damit, was ihm gefällt!» (V. 23). Er war bereit, finanzielle Einbussen hinzunehmen, um David zu helfen.

Davids Antwort muss ihn schockiert haben. «Nicht so, sondern ich will es um den vollen Geldwert kaufen! Denn ich will nicht für den HERRN nehmen, was dir gehört, und umsonst Brandopfer bringen!» (V. 24). David hatte nicht vor, einen seiner Untertanen für seinen eigenen Fehler bezahlen zu lassen. Der Kompilator von 1. Chronik berichtet, dass David «Gold im Gewicht von 600 Schekel» für den Ort bezahlte (V. 25).

Auf den ersten Blick scheint es eine offensichtliche Diskrepanz beim Kaufpreis zu geben. Während in 1. Chronik 21 steht, dass David sechshundert Goldstücke bezahlt hat, heisst es in 2. Samuel 24,24, dass David «50 Schekel Silber» für das Anwesen bezahlt hat. Das ist ein bedeutender Unterschied! Aber eine sorgfältige Lektüre der beiden Abschnitte zeigt, wie sie miteinander harmonieren können. In 2. Samuel 24 zahlte David fünfzig Silberstücke – fast zwei Monatslöhne – für «die Tenne und die Rinder», die er als Opfer verwendete. In 1. Chronik 21,25 bezahlte David sechshundert Schekel Gold für «den Platz». Die Tenne war nur ein kleiner Teil des Geländes. Offensichtlich kaufte David auch das gesamte Land, das die Tenne umgab. Dazu gehörten wahrscheinlich alle Weizenfelder, da sich die Tenne in der Nähe des Bereichs befunden haben muss, in dem der Weizen angebaut wurde.

Warum ist Davids Kauf so wichtig? Die Antwort finden Sie an zwei weiteren Stellen der Heiligen Schrift. In 2. Chronik 3,1 heisst es: «Und Salomo fing an, das Haus des HERRN zu bauen in Jerusalem, *auf dem Berg Morija*, wo [der HERR] seinem Vater David erschienen war, an dem Ort, den David bestimmt hatte, auf der Tenne Ornans, des Jebusiters.» Viel früher, in 1. Mose 22,2, hatte Gott Abraham befohlen, Isaak «in das Land Morija» zu bringen, wo er ihn als Opfer «auf einem der Berge, den ich dir nennen werde», darbringen sollte. Der Berg Morija – das von David erworbene

Land, auf dem Salomo später den Tempel baute – war der Berg, auf den Gott Abraham und Isaak geschickt hatte.

Da wir hier an der Stelle stehen, an der Abraham und David dem Gott Israels Opfer darbrachten, ist dies ein wunderbarer Ort, um sich einen wichtigen Aspekt der Anbetung zu vergegenwärtigen. Wahre Anbetung verlangt, dass wir Gott über alles stellen, was uns am wichtigsten ist. Für Abraham war es die Bereitschaft, seinen einzigen Sohn zu opfern. Bei David war es sein Beharren darauf, persönlich den vollen Preis für die Tenne und das umliegende Land zu bezahlen. Der wahre Test für unsere Liebe zu Gott ist unsere Bereitschaft, ihm das zu geben, was für uns am wertvollsten ist. Anbetung ist im Kern Wert-Schätzung ... die Anerkennung des Wertes und der höchsten Autorität des Gottes, den wir zu lieben behaupten.

DIE AL-AQSA-MOSCHEE

Ganz am südlichen Ende der Plattform des Tempelbergs, in der Nähe des Bereichs, den nichtmuslimische Besucher betreten dürfen, steht die Al-Aqsa-Moschee. Dieses eher bescheiden aussehende Gebäude mit der dunklen Kuppel wurde zum Gedenken an Mohammeds nächtlichen Himmelsritt errichtet. *Dies* ist die drittheiligste Stätte im Islam. An der Ostseite der Moschee befindet sich ein ebener Platz. Unterhalb dieses Platzes befinden sich die Treppen, die von der Südtreppe zum Tempelberg hinaufführten.

Die Architekten von Herodes entwarfen den unterirdischen Raum mit einer Reihe von Bögen, die den darüberliegenden Platz stützen. Zweitausend Jahre lang blieben diese Bögen fest an ihrem Platz und hielten allen Naturkatastrophen stand, einschliesslich Erdbeben. Doch 1999 entfernten die muslimischen Behörden mehrere dieser Bögen und karrten tonnenweise Erde und Schutt weg, um einen Eingang zu einer riesigen unterirdischen Moschee zu bauen. Das Entfernen der Stützbögen führte dazu, dass sich der äussere Teil der herodianischen Stützmauern in diesem Bereich nach aussen zu wölben begann und die gesamte südöstliche Ecke des Tempelbergs einsturzgefährdet war. Arbeiter aus Jordanien wurden herbeigeholt, um die Mauern zu reparieren und so zu verhindern, dass es zu einem internationalen Zwischenfall kommt.

Die Al-Aqsa-Moschee

DER WAHRE «ZION»

Wir haben auf dieser Besichtigung bereits festgestellt, dass Jerusalem verwirrend ist. Die Stadt ist über viertausend Jahre alt, aber die Mauern der «Altstadt» wurden vor weniger als fünfhundert Jahren gebaut. Und die ursprüngliche Stadt Jerusalem liegt jetzt *ausserhalb* dieser Mauern. Wenn ein Paar in ein Taxi steigt und den Fahrer bittet, es zum Berg Zion zu fahren, wird sein Ziel in Wirklichkeit nichts mit dem Berg Zion der Bibel zu tun haben. Der moderne «Berg Zion» ist der Westhügel – die linke Hälfte des Hamburgerbrötchens. Der Name Zion wurde im Mittelalter irgendwie mit dem falschen Hügel verbunden. Aber das wirft einige Fragen auf. Was bedeutet das Wort «Zion»? Und wie wurde «Zion» zum Synonym für Jerusalem?

Der Name «Zion» wurde ursprünglich auf die Stadt Jebus angewandt, die von David erobert wurde. Das Wort bezeichnete die baulichen Verteidigungsanlagen der Stadt und vermittelte die Vorstellung von einer *Burg* oder *Festung*. In 2. Samuel 5,7 heisst es: «Aber David nahm die Burg Zion ein». Doch trotz der beeindruckenden Befestigungen der Stadt verstand David, dass der wahre Schutz von Gott kam, der in ihrer Mitte wohnte, und nicht von den Steinmauern, die sie umgaben. Die Stadt war eine Festung und ein Zufluchtsort aufgrund der Gegenwart Gottes. Das wird sehr deutlich in der Parallelität von Versen wie Psalm 20,3: «Er sende dir Hilfe aus dem Heiligtum und stärke dich aus Zion». Als David diese Worte schrieb, war der Tempel noch nicht gebaut worden. Das «Heiligtum» war nur ein Zelt, in dem die Bundeslade aufbewahrt wurde. Aber es repräsentierte Gottes Gegenwart inmitten seines Volkes.

Der Felsendom mit dem Ölberg im Hintergrund

Zion bezeichnete die Stadt, in der Gott bei seinem Volk wohnte. Es umfasste die ursprüngliche Davidsstadt und schliesslich den Berg Morija. Der Autor von Psalm 125 hat das Gefühl von Stärke und Sicherheit eingefangen, das der Gott, der auf dem Berg Zion wohnt, seinem Volk zu geben verheissen hat. «Die auf den HERRN vertrauen, sind wie der Berg Zion, der nicht wankt, sondern ewiglich bleibt» (V. 1). Er fuhr fort, indem er die Geografie der Gegend verwendete, um sie an Gottes Schutz zu erinnern. «Wie Berge Jerusalem rings umgeben, so ist der HERR um sein Volk her von nun an bis in Ewigkeit» (V. 2).

Der Autor von Psalm 48 betont die Tatsache, dass Gott die ultimative Stärke und der Schutz für Jerusalem ist. Er beginnt in den Versen 2-4 mit der Ankündigung, dass Gott unseres Lobes würdig ist. Sehen Sie sich genau an, wie er den Berg Zion als die Stadt identifiziert, in der Gott wohnt – und in der er Schutz bietet.

Gross ist der HERR und hoch zu loben
in der Stadt unsres Gottes,
auf seinem heiligen Berg.
Schön erhebt sich, die Freude der ganzen Erde,
der Berg Zion auf der Seite des Nordens —
die Stadt des grossen Königs.
Gott hat in ihren Palästen als sichere Burg sich kundgetan.

Der Psalmist verwendet einen literarischen Stil, den man Chiasmus nennt, bei dem die erste und die letzte Zeile eine inhaltliche Parallele aufweisen, entsprechend die nachfolgenden Zeilen. Der Gedanke ist, dass Gott für das, was er getan hat, gepriesen werden soll (erste und letzte Zeile). Er soll in seiner Stadt gepriesen werden, wo er als ultimativer König herrscht. Der heilige Berg, von dem aus er regiert, ist der Berg Zion, der die Freude der ganzen Erde ist.

Auf welche Weise hatte sich Gott als Festung erwiesen? Psalm 48 wurde wahrscheinlich nach der Invasion des assyrischen Königs Sanherib im Jahr 701 v. Chr. geschrieben. Seine Armee war bis an den Stadtrand von Jerusalem gekommen, aber Gott verschonte die Stadt, indem er 185000 assyrische Soldaten tötete. Der Psalmist endet, indem er das Volk ermutigt: «Geht rings um Zion, geht rings um sie herum, zählt ihre Türme! Beachtet ihre Bollwerke, durchschreitet ihre Paläste, damit ihr es erzählt dem künftigen Geschlecht» (Ps 48,13-14). Was war der Grund für diese Besichtigung der städtischen Verteidigungsanlagen? Das sollte ihnen zeigen, dass die physischen Mauern vom Feind nicht angetastet worden waren. Es waren keine Steine aus dem Weg geräumt, keine Belagerungsrampen gebaut und keine Pfeile ins Innere geschossen worden. Die Mauern blieben unangetastet, weil Gott Jerusalems Feinde besiegt hatte, bevor sie überhaupt einen Angriff starten konnten. Er hatte sich in der Tat als Bollwerk und Schutz für die Stadt erwiesen.

ÜBERRESTE DES ZWEITEN TEMPELS

Die muslimischen Behörden erlauben keine archäologischen Aktivitäten am Haram al-Sharif und bestehen darauf, dass an diesem Ort niemals ein jüdischer Tempel gestanden hat. Aber wenn Touristen einige der Überreste in der Nähe des Eingangs erkunden, werden sie Stücke sehen, die mit ziemlicher Sicherheit von dem Tempel stammen, der hier zur Zeit Jesu gestanden hat.

Ein Kapitell, das einst auf einer Säule im Tempel des Herodes stand

Wenn man diese wenigen verstreuten Überreste sieht, fragt man sich, was wohl noch unter der Oberfläche schlummert und darauf wartet, entdeckt zu werden. Leider sind solche Ausgrabungen in nächster Zeit sehr unwahrscheinlich. Nachdem die muslimischen Religionsführer bereits erklärt haben, dass ein jüdischer Tempel *niemals* an diesem Ort existiert hat, wollen sie keine Untersuchungen zulassen, die das Gegenteil beweisen könnten. Wenn sich zu viele Leute für die bereits ausgestellten Artefakte interessieren, befürchte ich, dass auch sie versteckt werden. Bevor wir also zu viel Aufmerksamkeit auf uns ziehen, ist es an der Zeit, über den Platz zu gehen und ihn in Richtung Norden zu verlassen.

Die Ruinen einer Kreuzritterkirche am Teich von Bethesda

KAPITEL 43

DER TEICH VON BETHESDA:

Hilft Gott denen, die sich selbst helfen?

Laut George Barna glauben 75 Prozent der Amerikaner, dass die Aussage «Gott hilft denen, die sich selbst helfen» in der Bibel zu finden ist.[56] Noch beunruhigender ist, dass 52 Prozent der praktizierenden Christen *auch* glauben, dass die Aussage mit dem übereinstimmt, was die Bibel lehrt.[57]

Warnhinweis: Die Aussage selbst wurde in Amerika populär, als Benjamin Franklin sie 1733 in seinem *Poor Richard's Almanac* veröffentlichte. Aber sie steht nicht in der Bibel.

Warum glauben so viele, *dass* die Aussage in der Bibel zu finden ist? Vielleicht liegt es daran, dass die Aussage einen Anschein von Wahrheit zu haben scheint und uns an andere prägnante Aussagen in der Bibel

---

56 Bill Broadway, «You May Swear on the Bible, but It's Not in the Bible», *Los Angeles Times*, 11. September 2000.

57 George Barna, «Competing Worldviews Influence Today's Christians», Barna Group, 9. Mai 2017, https://www.barna.com/research/competing-worldviews-influence-todays-christians.

erinnert. Oder es könnte daran liegen, dass die Aussage so amerikanisch klingt. In einem Land, das seit jeher stolz auf seine Selbstständigkeit ist, gehen die Amerikaner davon aus, dass eine solche Tugend den Segen des Allmächtigen haben *muss*.

Aber Sie fragen sich vielleicht, was diese Aussage mit dem Teich von Bethesda zu tun hat. Nun, wir müssen dorthin, um das herauszufinden. Zum Glück ist dies der nächste Halt auf unserer Tour durch Jerusalem.

EIN BESUCH DES TEICHS VON BETHESDA

Der Teich von Bethesda liegt nördlich des Tempelbergs an der nordöstlichen Seite der Altstadt. Er befindet sich etwa hundert Meter innerhalb eines Tores, das heute sowohl als Stephanstor als auch als Löwentor bekannt ist, aber zur Zeit Jesu hatte es einen anderen Namen. «Es ist aber in Jerusalem beim Schaftor ein Teich, der auf Hebräisch Bethesda heisst» (Joh 5,2). Das Tor wurde das Schaftor genannt, weil es das Tor war, durch das die Schafe, die für das Tempelopfer bestimmt waren, in die Stadt gebracht wurden.

Der Spaziergang vom nördlichen Ende des Tempelbergs zum Teich von Bethesda geht fast immer geradeaus, wobei man die Stätte selbst leicht übersehen könnte. Eine unscheinbare Tür führt von der Strasse in einen Innenhof und in einen schönen Garten. Am anderen Ende des Gartens befindet sich die St.-Anna-Kirche und gleich dahinter der teilweise ausgegrabene Teich von Bethesda. Der Name «Bethesda» stammt ursprünglich von zwei hebräischen Wörtern – *beth chesed* –, was als «Haus der Barmherzigkeit» übersetzt werden kann. Johannes berichtet, dass der Teich von «fünf Säulenhallen» umgeben war (Joh 5,2).

Teich von Bethesda im Modell Jerusalems am Ende der Zeit des Zweiten Tempels

Archäologen haben dazu beigetragen, die Beschreibung von Johannes zu bestätigen. Der Bereich des Teichs wurde durch einen Damm in zwei Abschnitte geteilt. Alle vier Seiten des Beckens wurden von überdachten Laufgängen begrenzt, während ein fünfter Laufgang in der Mitte über den Damm führte. Jede der beiden Hälften des Pools war bis zu zwölf Meter tief, und zusammen fassten sie bis zu sechzig Millionen Liter Wasser.

Aber was hat der Teich von Bethesda mit dem Ausdruck «Gott hilft denen, die sich selbst helfen» zu tun? Denn obwohl die Bibel die persönliche Rechenschaftspflicht und die individuelle Verantwortung betont, stellt sie Selbstvertrauen *nicht* als Tugend dar. In Wirklichkeit ist genau das Gegenteil der Fall. In Sprüche 28,26 heisst es: «Wer sich auf sein eigenes Herz verlässt, ist ein Narr», und Sprüche 3,5 ermahnt alle, die Gott nachfolgen: «Vertraue auf den HERRN von ganzem Herzen und verlass dich nicht auf deinen Verstand». Das Problem mit dem Selbstvertrauen ist, dass es zu dem stolzen Glauben führen kann, wir wären die Herren unseres Schicksals und die Kapitäne unserer Seelen – was *nicht* wahr ist.

Und vielleicht ist das der Grund, warum uns das Wunder am Teich von Bethesda in Johannes 5 ein wenig unbehaglich ist.

DER VERSTÖRENDE VORFALL AM TEICH

Der Teich von Bethesda muss beeindruckend gewesen sein. Sicherlich diente dieses viele Wasser in einem Land, das so sehr vom Regen des Himmels abhängig war, als sichtbare Erinnerung an Gottes Barmherzigkeit. Doch die Szene, die sich in Johannes 5 abspielt, scheint alles andere als Barmherzigkeit zu zeigen. Der gesamte Bereich um den Teich war ein Meer aus menschlichem Leid. «In diesen [Säulenhallen] lag eine grosse Menge von Kranken, Blinden, Lahmen und Abgezehrten» (V. 3).

An dieser Stelle gibt es ein textliches Problem, das zu einer Debatte darüber geführt hat, ob der Rest von Vers 3 und der gesamte Vers 4 von Johannes geschrieben oder später hinzugefügt wurden. Warum gibt es ein Problem? Nun, in den fraglichen Versen heisst es, dass diese Menschen «auf die Bewegung des Wassers warteten. Denn ein Engel stieg zu gewissen Zeiten in den Teich hinab und bewegte das Wasser. Wer nun nach der Bewegung des Wassers zuerst hineinstieg, der wurde gesund, mit welcher Krankheit er auch geplagt war».

Mit anderen Worten: Gott half denen, die sich selbst halfen! Als sich das Wasser zu bewegen begann, wurde die erste Person, die es ins Wasser geschafft hat, geheilt. Bei der Tiefe des Teichs frage ich mich, was mit der *zweiten* Person im Wasser passiert ist – jemand, der ebenfalls behindert war, loskroch, aber als Zweiter *nicht* mehr geheilt wurde. Es ist leicht zu verstehen, warum die Menschen ein Problem mit diesen Versen haben. Es klingt so, als ob Gott bereit wäre, den Menschen mit der geringsten Behinderung zu heilen, weil er die größte Mobilität besass, während die

Bedürftigsten und Hilflosesten dazu verdammt sind, in ihrem erbärmlichen Zustand zu verbleiben.

Und doch neige ich dazu, zu glauben, dass diese Verse *durchaus* Teil des ursprünglichen Manuskripts von Johannes waren. Wie kann ich also das, was hier passiert ist, mit dem Wesen Gottes in Einklang bringen? Das kann ich, indem ich eine Annahme infrage stelle. Wir nehmen an, dass der «Engel des Herrn», der das Wasser im Teich bewegte, ein guter Engel war, aber wir wissen aus der Heiligen Schrift, dass sich ein Drittel der himmlischen Engel, die ursprünglich von Gott geschaffen wurden, mit Satan in seiner Rebellion gegen Gott verbündet hat. Was, wenn dies einer der gefallenen Engel war?

Menschen mit solchen falschen Hoffnungen gefangen zu halten, sieht doch sehr nach Satans Werk aus. Archäologen entdeckten, dass im Jahrhundert vor der Zeit Jesu ein Bereich am Teich der Verehrung des Asklepios, des griechischen Gottes der Heilung, gewidmet war. Sie fanden auch heraus, dass etwa hundert Jahre nach der Zeit Jesu an dieser Stelle ein grosser Tempel für Asklepios errichtet wurde. Warum wurde gerade dieser Bereich mit Asklepios in Verbindung gebracht? Vielleicht, weil es hier tatsächlich Heilungen gegeben hatte, wenn auch nicht durch die Hand Gottes.

Im Gegensatz zu den falschen Heilungsversprechen Satans betrat Jesus den Ort und demonstrierte die heilende Kraft Gottes. Er wandte sich an einen der Hoffnungslosesten von denen, die sich in der Säulenhalle drängten – einen Menschen, «der 38 Jahre» (Joh 5,5) krank war. Die Frage Jesu an den Mann kam direkt auf den Punkt. «Willst du gesund werden?» (V. 6).

Der Mann erklärte seine erbarmungswürdige Lage. Er hatte niemanden, der ihm beistand, wenn das Wasser bewegt wurde: «während ich aber selbst gehe, steigt ein anderer vor mir hinab» (Joh 5,7). Er war zu schwer behindert, um es als Erster ins Wasser zu schaffen. Doch es hatte den Anschein, als sei dies seine einzige Hoffnung auf Heilung, und so war er am Teich und von dem unbeständigen Versprechen eines übernatürlichen Wesens dort gefangen.

Im Gegensatz zu der falschen Hoffnung des Engels, die mit diesem Teich verbunden war, demonstrierte Jesus die wahre Heilkraft Gottes. «Steh auf, nimm deine Liegematte und geh umher!» (Joh 5,8). Gottes Heilung erfolgte augenblicklich ... und ohne jede Anstrengung des Lahmen. «Und sogleich wurde der Mensch gesund, hob seine Liegematte auf und ging umher» (V. 9).

Blick in einen kleinen Teilbereich des Teichs

Aber es gab ein Problem. «Es war aber Sabbat an jenem Tag» (Joh 5,9). Da sich der Teich von Bethesda nördlich des Tempels befand, dauerte es nicht lange, bis der Mann von einigen der religiösen Führer auf ihrem Weg zum Gottesdienst entdeckt wurde. Sie warfen ihm vor, die Sabbatruhe nicht einzuhalten. Als sie den Mann befragten, wurde klar, dass er *nicht* wegen seines Glaubens an Jesus geheilt worden war. Tatsächlich hatte er keine Ahnung, wer ihn geheilt hatte. In der ersten Aufregung, als der Mann aufstand und den Umstehenden zurief, dass er geheilt wurde, war Jesus unbemerkt weggegangen.

Später fand Jesus den Mann im Tempel und sprach eine Warnung aus. «Siehe, du bist gesund geworden; sündige hinfort nicht mehr, damit dir nicht etwas Schlimmeres widerfährt!» (Joh 5,14). Die Tatsache, dass es ihm *jetzt* gut ging, könnte darauf hindeuten, dass er nicht immer krank gewesen war. Und weil Jesus ihn warnte, «sündige hinfort nicht mehr, damit dir nicht etwas Schlimmeres widerfährt», wissen wir, dass Jesus mehr um den geistlichen Zustand des Mannes besorgt war als um seine körperliche Lähmung.

Das Wunder im «Haus der Barmherzigkeit» erinnert daran, dass Gott *nicht* denen hilft, die sich selbst helfen, sondern dass er den Hilflosen Barmherzigkeit schenkt und eine Beziehung zu jedem sucht, der bereit ist, seine Sünde zu bekennen und zu ihm zu kommen.

ST.-ANNA-KIRCHE

Neben dem Teich von Bethesda steht sich die St.-Anna-Kirche. Die meisten Protestanten haben keine Ahnung, wer die Heilige Anna ist, also muss ich die Katholiken auf unserer Reise bitten, ihnen zu helfen. Die Heilige Anna ist die *Mutter* der Jungfrau Maria. Aber nirgendwo in der Bibel wird sie erwähnt, woher kennen wir also ihren Namen? Wie Tevje in *Anatevka* sagte: «[…] das ist mit einem Wort gesagt – Tradition!» Sie wurde erstmals im apokryphen Jakobus-Evangelium erwähnt, das etwa ein Jahrhundert nach der Zeit Jesu geschrieben wurde.

Eingang zur St.-Anna-Kirche neben dem Teich von Bethesda

Da ich protestantische Reisegruppen nach Israel führe,

gehen wir nicht in die St.-Anna-Kirche, wegen der Tradition, dass dies das Elternhaus Marias sei. Unsere Reisegruppen gehen in die Kirche, weil sie eine unglaubliche Akustik hat. Es ist eine *schreckliche* Kirche zum Reden, aber eine *wunderbare* Kirche zum Singen. Solange keine Messe im Gange ist, können wir hineingehen und singen. Und ich bitte meine Reisegruppen immer, «It Is Well with My Soul» («Wenn Friede mit Gott meine Seele durchdringt») zu singen. Leider ist die Zahl der Christen, die den Text dieses Liedes kennen, rückläufig. Ich kann mir vorstellen, dass sich eines Tages nur noch wenige an den Text erinnern werden. Aber ich glaube, dass es das perfekte Lied für diese Kirche ist – langsam gesungen, in Etappen und mit Pausen zwischen den Zeilen, damit die Gruppe ihre Stimmen von den Steinwänden und der Decke widerhallen hören kann. Selbst eine kleine Gruppe kann in dieser Kirche wie ein mächtiger Chor klingen.

Auf einer Reise half ich einmal, eine grosse Rundreise mit mehreren Bussen für einen christlichen Dienst zu leiten. Das Ziel war es, die Rundreise so zu gestalten, dass die Busse dabei nicht zu einem langen Konvoi werden, der sich durch das Land schlängelt. Ich freute mich auf unsere Zeit in St. Anna, denn ich hatte einen neuen Videorekorder gekauft und wollte ihn unbedingt ausprobieren. Als sich unsere Reisegruppe der Stätte näherte, war ich überrascht, eine andere Gruppe aus unserer Rundreise zu sehen, die aus der entgegengesetzten Richtung kam. Ich war vielleicht überrascht, aber ich war auch sehr erfreut.

Der Lehrer im anderen Bus ist einer meiner besten Freunde. Und in seiner Reisegruppe war der Solist der Reise, ein landesweit bekannter Gospel-Sänger. Die Kirche war leer, also gingen beide Gruppen hinein und setzten sich. Nach einer kurzen Erklärung fragten wir den Solisten, ob er uns alle dazu anleiten würde, die erste und letzte Strophe von «It Is Well» zu singen. Fast hundert Stimmen sangen aus voller Kehle, angeführt von diesem fantastischen Musiker.

Als die letzten Töne des Liedes verklungen waren, fragte jemand, ob *er* etwas für die Reisegruppe singen würde. Er wählte Martin Luthers «A

Mighty Fortress Is Our God» («Ein feste Burg ist unser Gott»). (Ich hatte mich kurz gefragt, ob der römisch-katholische Priester, der die Kirche beaufsichtigte, etwas dagegen haben könnte, dass diese Hymne der protestantischen Reformation gesungen wird, aber keiner hat etwas gesagt.) Der Künstler sang das Lied *a cappella* in perfekter Tonlage und modulierte bei jeder Strophe nach oben. Die Akustik der Kirche verstärkte seine wunderbare Stimme, und wir sassen alle wie gebannt. Als er die letzte Zeile «His kingdom is forever ... and ever» («das Reich muss uns doch bleiben») sang, blieb in der Kirche kein Auge trocken.

Ich blieb einen Moment lang still, völlig überwältigt von der kraftvollen Zeit der Anbetung, die wir alle gerade erlebt hatten. Und dann sah ich nach unten – und stellte fest, dass ich vergessen hatte, meinen Videorekorder einzuschalten!

Strassenschild an der Via Dolorosa

KAPITEL 44

VIA DOLOROSA:

Der Weg der Schmerzen ... und der Verwirrung!

Die Via Dolorosa ist ein Betrug! So, jetzt habe ich es gesagt. Diejenigen, die sich auf die Via Dolorosa als Höhepunkt ihrer Zeit in Israel freuen, werden auf den von mir geleiteten Reisen ihre Erwartungen nicht erfüllt bekommen. Einer der Gründe dafür ist meine tief verwurzelte Leidenschaft für Authentizität und Genauigkeit. (Erinnern Sie sich noch daran, wie ich Sie im Elatal über Geländer klettern und durch Unkraut stapfen liess?) Ich kann mich einfach nicht für etwas begeistern, das keine Grundlage in der historischen Realität hat.

Ich habe drei persönliche Probleme mit der Authentizität der Via Dolorosa. Erstens wissen wir nicht, wie die Strassen zur Zeit Jesu angelegt waren. Die Hauptstrassen in der heutigen Altstadt von Jerusalem stammen aus der Zeit Hadrians, ein Jahrhundert *nach* der Zeit Jesu. Die Stadt war zwischen der Zeit Jesu und der Zeit, als sie als römische Stadt mit einem Hauptstrassennetz in Nord-Süd- und Ost-West-Richtung neu angelegt wurde, zweimal zerstört worden.

Zweitens wissen wir nicht, wo der Prozess Jesu vor Pilatus tatsächlich stattgefunden hat. Der Überlieferung nach geschah es in der Festung von Antonia an der Nordwestseite des Tempels. Aber die Festung von Antonia war eine römische Kaserne. Was wäre, wenn Pilatus stattdessen in dem luxuriösen Palast übernachtet hätte, den Herodes der Grosse auf der Westseite der Stadt in der Nähe des heutigen Jaffators errichten liess? Er wäre für den römischen Anführer eher angemessen gewesen und verfügte über eine eigene schützende Festung. Der Palast hätte auch eine einfachere Flucht aus der Stadt ermöglicht, wenn es irgendwelche Probleme gegeben hätte.

Zuletzt wissen wir nicht mit Sicherheit, wo die Kreuzigung und das Begräbnis Jesu stattgefunden haben. Zwei Orte konkurrieren derzeit um diese Möglichkeit. Dies ist ein Fall, in dem mein *Kopf* mir sagt, dass die Grabeskirche wahrscheinlich der richtige Ort ist. Aber mein *Herz* liebt das Gartengrab. Doch in jedem Fall gibt es zumindest eine Debatte über den genauen Standort.

Als die Soldaten Jesus durch Jerusalem marschieren liessen, waren die Strassen von Verkäufern gesäumt, die auf eine gewinnbringende Festzeit-Einkaufssaison hofften.

Mit zwei möglichen Ausgangspunkten und zwei möglichen Endpunkten ergeben sich technisch gesehen vier mögliche Routen für die Via Dolorosa. Vielleicht sollten wir sie alle als die Viae Dolorosa bezeichnen – die «*Wege* der Schmerzen». Und als ob diese Fragen nicht schon genug Zweifel wecken würden: Wer hat sich die vierzehn Kreuzwegstationen ausgedacht, die angeblichen Orte, an denen vierzehn Ereignisse stattfanden, die zur Kreuzigung führten – von denen nicht einmal alle in der Bibel erwähnt werden? Niemand aus der Zeit Jesu hat ein kleines X in die Seite eines Gebäudes geritzt, um zu sagen: «*Hier* nahm Simon von Cyrene das Kreuz Jesu auf.»

Wie Sie sehen können, bin ich von der Via Dolorosa gar nicht angetan. Aber bevor Sie zum nächsten Kapitel übergehen, haben Sie noch einige Augenblicke Geduld mit mir. Es gibt *ein paar* Wahrheiten, die wir sammeln können, wenn wir durch diese Strassen gehen.

DIE TRADITIONELLE VIA DOLOROSA

Während wir die traditionelle Via Dolorosa hinuntergehen, spiegelt sich die Sonne in den Kalksteinwänden und erzeugt einen scharfen Kontrast zwischen Sonnenlicht und Schatten. Obwohl es mitten am Tag ist, herrscht auf den Strassen reges Treiben. Eine Gruppe von Pilgern, die ein Kreuz tragen, schlängelt sich die Strasse hinunter und folgt dabei dem Weg, den Jesus ihrer Meinung nach nach Golgatha zurückgelegt hat. Sie gehen vorsichtig, denn die Kalksteinblöcke der Strasse sind durch Abnutzung glatt und rutschig geworden. Alle paar Meter gehen sie vorsichtig um eine ausrangierte Kiste oder einen Müllhaufen herum – Überbleibsel, die daran erinnern, dass in den Häusern und Geschäften, die sich auf jeder Seite drängen, noch Menschen leben und arbeiten.

Pilger, die ein Kreuz die Via Dolorosa hinuntertragen

Die Pilger versuchen, sich die Ereignisse zu vergegenwärtigen, die sich hier vor zwanzig Jahrhunderten abgespielt haben. Sie wollen empfinden, wie es für das Lamm Gottes war, als es nach Golgatha ging, um für die Sünden der Welt zu bezahlen. Sie versuchen, sich die körperlichen Schmerzen vorzustellen, die Jesus empfand, die Angst und Furcht seiner Anhänger und die harschen Rufe der Wachen, die diese Gruppe von Verurteilten zum Ort des Todes marschieren liessen. Aber die Schreie der Verkäufer, die aus den Geschäften entlang dieser Strecke rufen, scheinen den heiligen Moment zu zerstören. «Handgeschnitzte Kreuze aus Olivenholz!» «Sie sind mein erster Kunde. Ich mache Ihnen ein besonderes Angebot!» «Holen Sie sich hier Ihre ‹Kreuzwegkarte›!»

Meine Frau hat eine lebhafte Erinnerung an ihre erste Erfahrung auf der traditionellen Via Dolorosa. Unsere Reisegruppe bog an der dritten Kreuzwegstation um die Ecke, als die Fahrbahn vorübergehend von einem Coca-Cola-LKW blockiert wurde, der gerade auslieferte. Zunächst irritiert der Kommerz entlang der Strecke die Sinne derjenigen, die diesen Gang als heilig betrachten. Und doch kommen die Lieferfahrzeuge und das profane Anpreisen von religiösen Schmuckstücken durch die Verkäufer dem, was wirklich an dem Tag geschah, als Jesus am Kreuz hing, wahrscheinlich sehr nahe. Als die Soldaten Jesus durch Jerusalem marschieren liessen, waren die Strassen von Verkäufern gesäumt, die auf eine gewinnbringende Festzeit-Einkaufssaison hofften. Sie riefen den Vorbeigehenden zu, sie sollen in ihrem Laden «stoppen und shoppen» – sie boten die neuesten Lampen, Olivenöl, Gewürze, Stoffe, Leder und alle anderen Artikel an, die die Pilger benötigten, die die lange Reise nach Jerusalem zum Passahfest gemacht hatten.

Wahrscheinlich zogen sich die Ladenbesitzer und Käufer in die Geschäfte zurück, als die brutale Parade vorbeizog, da sie den Soldaten nicht den Weg versperren oder deren Aufmerksamkeit auf sich ziehen wollten. Doch kaum waren die verurteilten Verbrecher vorbeigegangen, begann das Feilschen von Neuem. An jenem Freitagmorgen waren die Menschen so sehr mit Einkaufen, Putzen und den Vorbereitungen für das

Passahfest beschäftigt, dass sie dieser Gruppe von Gefangenen auf dem Weg zu ihrer Hinrichtung kaum Beachtung schenkten. Die Käufer hörten die Hammerschläge nicht, als die Eisennägel durch menschliches Fleisch schlugen und sich im Holz verankerten.[58]

Ein Spaziergang auf der Via Dolorosa *kann* helfen, sich vorzustellen, wie Jerusalem vor zweitausend Jahren ausgesehen haben könnte. Die Strassen sind etwas sauberer und die Geschäfte heller – dank der elektrischen Beleuchtung –, aber die Ladenbesitzer sind genauso aggressiv, wenn es darum geht, ein Geschäft zu machen. Wir sind zwar unsicher, was den genauen Verlauf der Via Dolorosa betrifft, doch dies mag zu einer Annäherung verhelfen. Wer allerdings auf der Suche nach Authentizität ist, sollte vielleicht eine *alternative* Via Dolorosa ausprobieren.

DIE «ANDERE» VIA DOLOROSA

Die andere Via Dolorosa hat keine Strassenschilder, die sie als den Weg nach Golgatha ausweisen. Es gibt auch keine «Kreuzwegstationen» entlang der Strecke. Und doch scheinen die Ausgangs- und Endpunkte eine grössere historische Vertrauenswürdigkeit zu haben. Diese «inoffizielle» Via Dolorosa beginnt direkt vor dem Jaffator an der Davidszitadelle und endet an der Grabeskirche.

Wie so vieles in Jerusalem ist auch die Davidszitadelle falsch benannt. Sie hat in Wirklichkeit *nichts* mit König David zu tun. Sie steht auf dem Westhügel – der linken Hälfte des Hamburgerbrötchens. Die ursprüngliche Davidsstadt war die Eistüte. Die Davidszitadelle ist tatsächlich der Standort eines luxuriösen Palastes und einer Festung, die von Herodes dem Grossen erbaut wurde. Die Festung umfasste drei massive Türme, die seinen Palast vor dem Volk, das er regierte, schützen sollten. Der Sockel eines Turms ist noch erhalten.

---

58 Charles H. Dyer, *30 Days in the Land with Jesus*: A Holy Land Devotional (Chicago: Moody Publishers, 2012), 227-230.

Neben dem Palast des Herodes befindet sich ein Ort, der als *Kischle* bekannt ist, ein Name, der «Kaserne» oder «Kerker» bedeutet. Er wurde von den osmanischen Türken erbaut und diente als Teil der Kaserne für ihre Soldaten. Später wurde er von den Briten als Gefängnis genutzt. Bei jüngsten Ausgrabungen wurden an diesem Ort Überreste entdeckt, die ebenfalls auf die Zeit von Herodes dem Grossen zurückgehen. Wenn Pilatus es vorzog, im Palast des Herodes in Jerusalem zu übernachten – und nicht in der Festung von Antonia –, könnte die *Kischle* in der Nähe des Ortes sein, an dem Jesus vor ihm erschien. Dies wäre dann auch die Kaserne, in der die römischen Wachen Jesus folterten, bevor sie ihn zur Kreuzigung hinausbrachten.

In der Davidszitadelle am Jaffator

Der direkteste Weg von der Davidszitadelle zur Grabeskirche führte über die Davidstrasse – später Hadrians Decumanus – zur *Christian Quarter*

Road. Einige Hundert Meter weiter in der *Christian Quarter Road* zweigt die *Saint Helena Street* ab, die direkt zur Grabeskirche führt. Die genaue Route, die die Soldaten genommen haben, ist nicht bekannt, aber dies ist der Versuch einer Annäherung an die Strecke, der sie gefolgt sein könnten.

EINKAUFEN AUF DER VIA DOLOROSA

Ganz unabhängig davon, welche Via Dolorosa ein Pilger wählt, führen alle Wege nach Golgatha durch die Altstadt mit all ihren Einkaufsmöglichkeiten. Nach dem, was ich im Laufe der Jahre gesehen habe, sind viele Israelreisen kaum mehr als ausgedehnte Einkaufstouren. Besuchen Sie ein Heiligtum, dann «müssen Sie in den Olivenholzladen meines guten Freundes». Besuchen Sie eine alte Kirche, dann «müssen Sie in den Töpferladen meines guten Freundes». Gehen Sie die Via Dolorosa entlang, dann «müssen Sie in den T-Shirt-Laden meines guten Freundes». Anstatt zu singen «I walked today where Jesus walked» (dt. «Heute ging ich dort, wo Jesus ging»), könnten sich die Besucher fragen, ob das Lied für solche Reisen nicht besser «I shopped today where Jesus walked» (dt. «Heute kaufte ich dort ein, wo Jesus ging») lauten sollte.

Spaziergang auf der Davidstrasse im christlichen Viertel

Verstehen Sie mich nicht falsch. Die meisten Menschen möchten während ihres Aufenthalts in Israel Souvenirs kaufen, und es gibt viele einzigartige und schöne Dinge zu erwerben. Aber manche Rundreisen scheinen mehr Geschäfte als Sehenswürdigkeiten zu besuchen. Ich weiss, dass ich am anderen Ende des Einkaufsspektrums lebe, und ich habe verstanden, dass *manche* Gelegenheiten zum Einkaufen wichtig sind. Aber nicht *zu* viele. Der Schlüssel zum erfolgreichen Einkaufen ist, das «Einkaufssprichwort» zu lernen – Sprüche 20,14. Das Buch der Sprüche enthält Weisheiten für ein erfolgreiches Leben, und Sprüche 20,14 stammt direkt aus den Strassen und Märkten des alten Israel: «‹Es ist schlecht, es ist schlecht!›, sagt der Käufer – wenn er aber weggeht, dann rühmt er sich.» Der Gedanke hinter dem Sprichwort war, dass ein kluger Einkäufer nie Begeisterung über einen zum Verkauf angebotenen Artikel zeigte. Wenn der Käufer begeistert erschien, würde der Preis hoch bleiben. Aber wenn der Käufer nicht allzu interessiert zu sein schien, war der Verkäufer eher bereit, den Preis zu senken. Wenn ein kluger Einkäufer also mit dem Feilschen begann, sollte er oder sie desinteressiert oder zumindest wenig begeistert erscheinen. Später konnten sie vor ihren Freunden mit dem günstigen Preis prahlen, den sie für ihren Kauf erzielt hatten.

Salomos Sprichwort mag zwar einem Pilger, der auf der Via Dolorosa wandert und einkauft, heute helfen, aber kann es im Leben dieses Pilgers zu Hause irgendeine praktische Bedeutung haben? Schliesslich stehen nur wenige in der Kassenschlange im Supermarkt und verhandeln mit der Kassiererin über den Preis, den sie für ihre Einkäufe zu zahlen bereit sind. Hat der Vers Sprüche 20,14 also irgendeine Bedeutung für heute?

Das hat er allerdings! Dieses Sprichwort sagt weit mehr über das *Leben* als über das Einkaufen. Salomo wollte seine Zuhörer daran erinnern, nicht alles zu glauben, was sie hören. Manchmal sagen Menschen etwas, während sie in Wirklichkeit etwas anderes glauben. Erst später werden ihre wahren Gefühle erkennbar. Sie behaupten vielleicht, etwas sei «wertlos», aber ihre Worte spiegeln vielleicht nicht wider, was sie wirklich darüber denken.

Lassen Sie mich die Wahrheit dieses Sprichworts von der Via Dolorosa auf das Leben übertragen. Wenn Sie Ihren Glauben mit anderen teilen, kann es sein, dass diese die Botschaft ablehnen und vielleicht sogar wütend auf Sie werden. Aber glauben Sie nicht alles, was Sie hören. Deren

Reaktion könnte ihre Art sein, Ängste und Unsicherheiten zu verbergen. Sie haben Sie oder Ihre Botschaft nicht unbedingt abgelehnt.

Wie es die alten Ladenbesitzer gelernt haben, lassen auch Sie sich von deren anscheinendem Desinteresse nicht entmutigen. Vielleicht ist es nur eine Maske, hinter der sich ein Herz verbirgt, das auf der Suche nach einem geistlichen Schatz ist.

Einige der vielen Weihrauchfässer, die in der Altstadt verkauft werden

Denken Sie daran: «‹Viel zu teuer!›, jammert der Käufer – doch wenn er dann weggeht, lacht er sich ins Fäustchen» (NGÜ). Glauben Sie nicht alles, was Sie hören. Und lassen Sie sich nicht entmutigen, wenn die Menschen kein Interesse an Jesus zu haben scheinen. Sagen Sie einfach weiterhin die gute Nachricht weiter!

Eingang zur Grabeskirche

KAPITEL 45

DIE GRABESKIRCHE:

Ein Zusammenprall der Erwartungen

Die Grabeskirche bringt die Erwartungen durcheinander, und das oft nicht auf eine gute Art. Jerome Murphy-O'Connor, der verstorbene römisch-katholische Gelehrte, der in Jerusalem lebte und an der École Biblique lehrte, hat erklärt, warum die Kirche für Besucher aus dem Westen sowohl enttäuschend als auch verstörend sein kann.

> Vom grössten Heiligtum der Christenheit erwartet man, dass es einsam und majestätisch aufragt, aber bedeutungslose Gebäude klammern sich daran wie Kletten. Man sucht das göttliche Licht, die Wirklichkeit ist düster und verworren. Man hofft auf Frieden, aber die Kakophonie miteinander streitender Gesänge wird vom Hammerschlag der Maurer begleitet. Man ersehnt Frömmigkeit und trifft nur auf eifersüchtige Besitzgier – Römisch-Katholische, Griechisch-Orthodoxe, Armenier, Syrer, Kopten und Äthiopier beobachteten einander misstrauisch auf irgendeinen Rechtsbruch hin. Nirgendwo sonst zeigt sich die Schwäche des Menschen so wie hier – menschli-

> ches Dasein in der Nussschale. Wer leer hierherkommt, um erfüllt zu werden, wird ohne Trost weggehen; wer sich von der Kirche befragen lässt, beginnt vielleicht zu begreifen, warum Hunderttausende drohenden Tod und Sklaverei nicht gescheut haben, um hier zu beten.[59]

Während er hier auf der Erde war, gab Jesus seinen Nachfolgern einen wichtigen Befehl. «Das ist mein Gebot, dass ihr einander liebt, gleichwie ich euch geliebt habe» (Joh 15,12). Auf dem Weg zum Garten Gethsemane – kurz vor seiner Verhaftung, seinem Prozess und seiner Kreuzigung – hielt Jesus inne, um für seine Jünger zu beten und für diejenigen, die durch sie zum Glauben kommen würden. «Ich bitte aber nicht für diese allein, sondern auch für die, welche durch ihr Wort an mich glauben werden, auf dass sie alle eins seien, gleichwie du, Vater, in mir und ich in dir; auf dass auch sie in uns eins seien, damit die Welt glaube, dass du mich gesandt hast» (Joh 17,20-21). Jesus gebot die Liebe ... und betete für die Einigkeit. Leider sind diese beiden Wörter nur selten mit der Geschichte der Grabeskirche verbunden.

DIE STATUS-QUO-VEREINBARUNG

Im Jahr 1970 verliessen die koptischen Mönche während des Ostergebets ihr Kloster auf dem Dach der Kirche. Äthiopische Mönche schlichen sich hinein, tauschten die Schlösser aus und beanspruchten den Raum für sich. Die Polizei musste eingreifen, um den Status quo wiederherzustellen. Im Jahr 2002 stellte ein koptischer Mönch seinen Stuhl in den von den Äthiopiern beanspruchten Bereich. Elf Menschen wurden nach dem Ende der Kämpfe ins Krankenhaus eingeliefert. Im Jahr 2008 musste die israelische Polizei die Kirche betreten, um eine Schlägerei zwischen griechischen und armenischen Mönchen wegen einer offensichtlichen Ver-

59 Jerome Murphy-O'Connor, *Das Heilige Land: Ein archäologischer Führer*, Zeichnungen v. Alice Sancey, Übs. Ulrike v. Puttkamer (München: R. Piper & Co., 1981), 59–60.

letzung der Rechte zu beenden. Und das sind nur einige der *jüngsten* Vorfälle! Der Krimkrieg in den 1850er-Jahren wurde zum Teil wegen der Neuverteilung der Rechte in der Kirche zwischen der römisch-katholischen und der östlich-orthodoxen Gruppe geführt.

Die verschiedenen religiösen Gruppen haben sich während eines Grossteils der Zeit, in der sie diese Kirche besetzt haben, gegenseitig bekämpft. Die Probleme wurden so gravierend, dass die türkischen Behörden 1757 ein königliches Dekret erliessen, das die Kirche unter ihren verschiedenen Besitzern aufteilte und erklärte, dass eine Religionsgemeinschaft keine Änderungen vornehmen durfte, wenn die anderen fünf nicht zustimmten. Die griechisch-orthodoxe, die römisch-katholische und die armenisch-apostolische Kirche durften sich die Kirche teilen, während die Syrer, die Kopten und die Äthiopier nur das Recht erhielten, einige Teile des Gebäudes zu nutzen. Nach dem Krimkrieg wurde der Status quo wiederhergestellt und 1856 im Vertrag von Paris international anerkannt.

Die Spannung und der Konflikt innerhalb der Kirche werden durch eine Leiter veranschaulicht, die vor einem Fenster über dem Eingang steht. Die Leiter wurde 1728 zum ersten Mal dort hingestellt und ist – mit einigen wenigen Ausnahmen – seit 1757, als der Status quo festgelegt wurde, an ihrem Platz geblieben. Ob man nun eine Skizze der Kirche aus dem 18. Jahrhundert oder eine Fotografie aus den 1850er-Jahren betrachtet: Man sieht die Leiter vor dem Fenster stehen. Im Jahr 2009 stimmten alle Religionsgemeinschaften zu, die Leiter vorübergehend zu versetzen, um ein Gerüst für Renovierungsarbeiten aufzustellen. Aber als die Renovierungsarbeiten abgeschlossen waren, wurde die Leiter wieder an ihren Platz gestellt.

Der Eingangsbereich der Grabeskirche

Die Machtkämpfe innerhalb der Kirche diktierten letztendlich, wer die Schlüsselgewalt über die Eingangstüre bekommt. Keine der Gruppen vertraute den anderen. Sie waren besorgt, dass, wenn eine Gruppe den Schlüssel behalten würde, diese Gruppe die anderen ausschliessen könnte. Seit 1192 hat also eine muslimische Familie den Schlüssel zur Eingangstüre behalten. Sie öffnen die Türe jeden Morgen und schliessen sie am Abend wieder ab. Sie dienen auch als «Friedenswächter», um die häufigen Streitigkeiten zwischen den Religionsgemeinschaften zu schlichten. Es scheint, dass die christlichen Gruppen diesen Muslimen mehr vertrauen als einander!

WO DER OSTEN AUF DEN WESTEN PRALLT

Die Grabeskirche ist auch der Ort, an dem die geistliche Leichtgläubigkeit des Ostens auf dramatischste Weise mit dem modernen Zynismus des

Westens kollidiert. Besucher aus dem Westen, die angereist kommen, um Golgatha und das Grab von Joseph von Arimathäa zu besichtigen, haben Schwierigkeiten, wenn ihnen auch die Gräber von Adam, Melchisedek, Nikodemus und Johannes dem Täufer gezeigt werden – und dazu der «Nabelstein», von dem es heisst, er sei der Mittelpunkt der Welt.

Touristen, die versuchen, über den äusseren Unsinn hinwegzusehen und sich auf die Realität dessen zu konzentrieren, was sich an diesem Ort tatsächlich ereignet haben könnte, werden durch all die fremden Nebenschauplätze gestört, die mit der Stätte verbunden sind. Vor mehr als 150 Jahren hat Rev. Norman MacLeod seine Bedenken geäussert. «Aber als diese armen Pilger auf den Ort blickten, an dem, wie sie glaubten, der Herr lag, wie sehr sehnte man sich danach, auch sie zum Glauben zu bringen, damit sie sich viel mehr an dem Gedanken erfreuten: ‹Er ist nicht hier, sondern auferstanden!›, und fähig sind, in der Kraft seines Auferstehungslebens mit ihm auferstehen zu können und ihre Zuneigung auf die Dinge oben zu richten, wo er zur Rechten Gottes sitzt!»[60]

Ein Besucher muss sorgfältig auswählen, um die historische Realität zu finden, die sich hinter all dem überflüssigen religiösen Ballast verbirgt.

Weniger gläubige Touristen halten viele der religiösen Utensilien und Aktivitäten für wenig mehr als abergläubischen Blödsinn. Mark Twain passte sicherlich in dieses Profil, als er seine Reaktion darauf beschrieb, wie man ihm das Grab von Adam zeigte. «Das Grab Adams! Wie rührend es war, hier in einem Land von Fremden, weit entfernt von der Heimat und den Freunden und allen, die sich aus mir etwas machen, auf diese Weise das Grab eines Blutsverwandten zu entdecken. Gewiss, zwar ein entfernter, aber doch immerhin ein Verwandter. Der unfehlbare Instinkt

60 Norman MacLeod, *Eastward*, 4. Aufl. (London: Strahan & Co., 1869), 224.

der Natur liess mich vom Schauer des Wiedererkennens erbeben. Der Quell meiner kindlichen Liebe wurde bis in seine tiefsten Tiefen aufgewühlt, und ich überliess mich meinen stürmischen Empfindungen. Ich lehnte mich an einen Pfeiler und brach in Tränen aus.»[61] Twains Kullertränchen waren Tränen des höhnischen Lachens, nicht des Kummers!

EIN RUNDGANG DURCH DIE KIRCHE

Verstandesgemäss glaube ich, dass die Grabeskirche der Ort ist, an dem Jesus gekreuzigt, begraben und auferstanden ist. Als Hadrian hundert Jahre nach der Zeit Jesu nach Jerusalem kam, entdeckte er, dass die Stätte von Christen verehrt wurde, und errichtete dort einen heidnischen Tempel, um sie für seine Götter zu beanspruchen. Aber die frühe Tradition starb nie aus, und der Tempel wurde schliesslich abgerissen, um die Kirche zu bauen. Dennoch muss ein Besucher sorgfältig auswählen, um die historische Realität zu finden, die sich hinter all dem überflüssigen religiösen Ballast verbirgt.

Lassen Sie uns in diesem Sinne die Kirche besichtigen!

61 Mark Twain, *Die Arglosen im Ausland*, Übs. Ana Maria Brock (Frankfurt a.M. / Leipzig: Insel, 1997), 610-611.

Die traditionelle Stelle, unter dem Altar, wo der Überlieferung nach das Kreuz Jesu stand

Gleich hinter dem Eingang befindet sich rechts eine steile Treppe, die zum traditionellen Ort der Kreuzigung hinaufführt. In Wirklichkeit wurde Jesus nicht auf dem Hügel gekreuzigt. Die Römer vollstreckten ihre Kreuzigungen ausserhalb der Stadt an der Strasse, damit die Reisenden den hässlichen Schrecken der Todesstrafe sehen konnten – und sich zweimal überlegten, ob sie sich der römischen Regierung widersetzen wollten. Sie wollten, dass die Anklagepunkte über dem Kopf des Verurteilten angebracht werden, damit sie von den Passanten gelesen werden konnten.

Die Stufen führen zwar nicht zum eigentlichen Ort der Kreuzigung, aber sie führen den Besucher *tatsächlich* auf die Spitze eines natürlichen Felshügels. Vielleicht wurde der Hügel Golgatha (auf Aramäisch) oder Kalvarienberg (auf Lateinisch) genannt, weil die Form des Felsens dem Hügel das Aussehen eines Schädels gab. Oder vielleicht stammt der Name von seiner Verwendung als Hinrichtungs- und Begräbnisstätte. Leider ist der

Felshügel unter all dem religiösen Drumherum praktisch unsichtbar, es sei denn, man weiss, wo man suchen muss.

Schauen Sie sich die Pilger an, die Schlange stehen, um die Stelle zu berühren, an der das Kreuz gestanden haben soll. Auf beiden Seiten dieser Stelle befinden sich Glasscheiben, und direkt darunter kann man das Gestein sehen. Die Stufen, die wir hinaufstiegen, führten zur *Spitze* des Felshügels. Dies ist nicht der Ort, an dem Jesus gekreuzigt wurde, aber es ist der Felsen, der der Stätte ihren Namen gegeben haben könnte.

Eine weitere Treppe führt die Besucher zurück auf das Bodenniveau. Beide Treppen sind extrem steil, halten Sie sich also an den Handläufen fest. Am Fusse der Treppe befindet sich der nächste Halt auf dieser Besichtigung – der Stein der Salbung. Dies ist der traditionelle Ort, an dem der Leichnam Jesu abgelegt, nachdem er vom Kreuz genommen worden war, und für das Begräbnis gesalbt wurde. In Matthäus 27,59 heisst es lediglich, dass Josef den Leichnam nahm und «ihn in reine Leinwand» einwickelte. Das Johannesevangelium fügt weitere Details hinzu. Joseph war in Begleitung von «Nikodemus, der zuvor bei Nacht zu Jesus gekommen war», und der «brachte eine Mischung von Myrrhe und Aloe, etwa 100 Pfund. Sie nahmen nun den Leib Jesu und banden ihn samt den wohlriechenden Gewürzen in leinene Tücher, wie die Juden zu begraben pflegen» (Joh 19,39-40).

Der heutige Stein der Salbung ist nicht der eigentliche Stein, auf dem Josef und Nikodemus den Leichnam Jesu für die Bestattung vorbereiteten. Aber es ist wahrscheinlich, dass sie den Leichnam in der Nähe des Ortes der Kreuzigung vorbereiteten, und zwar aus einem offensichtlichen Grund. Zwei Männer waren nötig, um die Leiche zu tragen, aber sie hatten auch vierunddreissig Kilo Gewürze dabei. Wenn sie den Leichnam nicht zuerst zusammen mit den Gewürzen eingewickelt haben, ist es schwer vorstellbar, wie die beiden den Leichnam und die Gewürze einzeln transportiert haben könnten.

Der traditionelle Stein der Salbung

Nachdem sie den Leichnam Jesu eingewickelt hatten, trugen Josef und Nikodemus ihn zu einem neuen Grab, das in der Nähe lag. Tatsächlich heisst es in Johannes 19,41: «Es war aber ein Garten an dem Ort, wo Jesus gekreuzigt worden war, und in dem Garten ein neues Grab, in das noch niemand gelegt worden war.» Das Grab befand sich im Garten, und der Garten befand sich an der Stelle, an der er gekreuzigt wurde. Das bedeutet, dass sich das Grab recht nahe am Ort der Kreuzigung befunden haben muss. Wie nah? Jemand aus dem Westen könnte sich wohl vorstellen, dass das Grab nur vielleicht einen Kilometer vom Ort der Kreuzigung entfernt ist. Aber hier in der Kirche beträgt die Entfernung vom Kalvarienberg zum Grab etwa dreissig Meter! Es ist viel «näher», als die meisten denken.

Die Aedicula, die über dem Grab von Joseph von Arimathäa errichtet wurde

Zwei weitere Details über das Grab sind wichtig. Erstens war das Grab nicht nur irgendein ungenutztes Grab in der Nähe. In Matthäus 27,60 heisst es, Josef von Arimathäa legte Jesus «in sein neues Grab, das er im Felsen hatte aushauen lassen». Das Grab gehörte Joseph, was ein erstaunlicher, von Gott inszenierter «Zufall» ist. Zweitens: Erwarten Sie nicht, dass Sie wirklich das Grab von Joseph sehen, wenn Sie um die Ecke gehen. Das Grab ist verschwunden.

Anstatt zu einem Grab zu kommen, entdecken die Pilger ein kleines Steingebäude, das von einer langen Schlange von Pilgern umgeben ist, die darauf warten, einen Blick hineinwerfen zu können. Dies ist die Aedicula, wörtlich ein «kleines Haus», das die Stelle markiert, an der sich einst das Grab von Joseph befand. Die Mutter von Kaiser Konstantin suchte das authentische Grab aus und liess dann alle Steine um das Grab herum abtragen. Danach, im Jahr 1009, ordnete ein muslimischer Herrscher namens Al-Hakim die Zerstörung sowohl des Grabes als auch der Kirche an. Das Grab wurde zerschlagen, bis nur noch der Sockel unter den Trümmern übrig war.

Heute ist die Aedicula an der Stelle errichtet, an der sich einst das Grab befand. Im Inneren befindet sich eine Bank, auf die nach der Überlieferung der Leichnam von Jesus gelegt worden war. Dieser steinerne Schrein ist höchst unbefriedigend für diejenigen, die ein echtes Grab erwarten, aber dies ist immer noch der wahrscheinliche Ort, an dem die Kreuzigung, das Begräbnis und die Auferstehung stattfanden. Es sieht vielleicht nicht so aus, wie wir es uns wünschen, aber das tut der Historizität des Ortes keinen Abbruch. Sowohl die frühe kirchliche Tradition als auch die Archäologie sprechen für diesen Ort.

Folgen Sie mir in einen ziemlich verlassenen Bereich hinter der Aedicula. Königin Helena trug das gesamte Gestein um das eine Grab herum ab, das zum zentralen Mittelpunkt unter der massiven Kuppel des Gebäudes wurde. Wir sind jetzt weit genug von der Stelle entfernt, an der sich das Grab befand, um Reste des von den Erbauern hinterlassenen Grundgesteins zu finden.

In das Grundgestein gehauene Gräber

In diesem abgelegenen Raum, der in den Fels gehauen ist, befinden sich die Überreste anderer Gräber aus dem ersten Jahrhundert. Sie sehen den Gräbern sehr ähnlich, die wir am Eingang von Dominus Flevit auf dem Ölberg gesehen haben. Zur Zeit Jesu hätten sich diese Gräber *ausserhalb* der Stadtmauern befunden. Aber um 41–44 n. Chr. begann König Agrippa I. mit dem Bau einer weiteren Mauer um die nördlichen Vororte von Jerusalem. Diese Gräber befanden sich danach *innerhalb* der Stadtmauern, was bedeutet, dass sie zu dieser Zeit nicht mehr verwendet wurden.

Warum ist das wichtig? Das ist der archäologische Beweis dafür, dass dieser Bereich schon zur Zeit Jesu als Begräbnisstätte genutzt wurde! Doch schon ein Jahrzehnt später wurde er nicht mehr für Bestattungen genutzt. Das Grab von Joseph von Arimathäa könnte sehr wohl in diesem Bereich gelegen haben.

Es ist an der Zeit, unsere verkürzte Besichtigung der Grabeskirche zu beenden. Die Kirche ist nicht nach jedermanns Geschmack, aber sie ist dennoch wichtig. Und doch möchte ich unsere Besichtigung mit den Worten Jesu an seine Jünger beenden, die ich vorhin zitiert habe. Er rief seine Nachfolger auf, einander zu lieben und Einigkeit zu zeigen. Diese Kirche ist für sich genommen nicht heilig. Ihre Bedeutung rührt von den Ereignissen her, die sich an drei Tagen ereigneten und die den Lauf der Geschichte veränderten. Unser eigentlicher Fokus sollte nicht auf einem Schrein liegen, sondern auf Jesus – seinem Tod, seinem Begräbnis und seiner Auferstehung. Und wenn wir Jesus lieben, dann müssen wir das Licht für die Welt werden, das zu sein er uns aufgetragen hat.

Mark Twain bereiste das Heilige Land und besichtigte auch diese Kirche. Aber diese Rundreise hat Twains geistliches Leben nicht verändert. Ein Grund dafür ist, dass er sich der Diskrepanz zwischen Glauben und Handeln sehr bewusst war, die er im Leben derer sah, die beanspruchten, Christus nachzufolgen. Er wusste, was die Christen verkündeten, aber er sah nicht, dass es in vielen Leben auf gewinnende Weise gelebt wurde. Einige der traurigsten Kommentare, die Twain in seinem Reisebericht machte, sind seine abschliessenden Bemerkungen über die Grabeskirche. Sie sind sowohl tiefgreifend als auch beunruhigend.

> Und so schliesse ich mein Kapitel über die Grabeskirche – für Millionen und aber Millionen Männer, Frauen und Kinder, hoch und niedrig, hörig und frei, der heiligste Platz auf Erden. Mit ihrer Geschichte von Anbeginn und mit ihren überwältigenden Erinnerungen ist sie das erhabenste Bauwerk der Christenheit. Trotz all der auf Effekthascherei bedachten Nebendarbietungen und der unglaubwürdigsten

Betrügereien jeder Art ist sie doch gross, ehrfurchtgebietend, ehrwürdig – denn dort starb ein Gott; seit fünfzehnhundert Jahren werden ihre Schreine von den Tränen der Pilger aus den entferntesten Gebieten der Erde benetzt; mehr als zweihundert Jahre lang haben die tapfersten Ritter, die je ein Schwert führten, ihr Leben in dem Bemühen vergeudet, sich dieser Kirche zu bemächtigen und sie vor der Entweihung durch Ungläubige heilig zu halten. Selbst zu unserer Zeit ist ein Krieg geführt worden, der Millionen an Geld und Ströme von Blut kostete, weil zwei rivalisierende Nationen jede nur für sich das Recht beanspruchten, eine neue Kuppel daraufzusetzen. Die Geschichte ist voll von dieser alten Grabeskirche – voller Blut, vergossen wegen der Achtung und Verehrung der Menschen für den letzten Ruheplatz des demütigen und bescheidenen, milden und sanften Friedensfürsten![62]

62 Ebd., 618–619.

Der Bereich am Jaffator in der Altstadt von Jerusalem

KAPITEL 46

DIE ALTSTADT VON JERUSALEM:

Spaziergang durch die Zeit

Es ist schwierig, die Gefühle zu beschreiben, die man bei einem Spaziergang durch die Altstadt von Jerusalem erlebt. Die tiefe geistliche und emotionale Verbindung, die man ohnehin schon zu den Menschen und Ereignissen in der Bibel spürt, wird noch intensiver und leichter greifbar. Die Auswirkungen können tatsächlich so überwältigend sein, dass sie bei denjenigen, die mit der emotionalen Überlastung nicht umgehen können, zuweilen zu psychischen Problemen führen. Das Phänomen ist als «Jerusalem-Syndrom» bekannt und kann dazu führen, dass Menschen intensive religiöse Gefühle empfinden, die so weit gehen, dass sie glauben, Gott spreche direkt zu ihnen, oder sie sehen sich selbst in eine Figur aus der Bibel verwandelt.[63]

Auf unseren Touren hat noch nie jemand das Jerusalem-Syndrom erlebt, aber ich weiss von anderen Reisen, bei denen das der Fall war. Das

63 Chris Nashawaty, «The Jerusalem Syndrome: Why Some Religious Tourists Believe They Are the Messiah», *Wired*, 17. Februar 2012, https://www.wired.com/2012/02/ff-jerusalemsyndrome.

klingt vielleicht lustig, ist aber in Wirklichkeit sehr ernst, denn die Person könnte sich möglicherweise selbst verletzen. Glücklicherweise leiden nur recht wenige Reisende unter dem Jerusalem-Syndrom, aber fast jeder, der durch die Strassen Jerusalems geht, versteht die emotionale Wirkung, die die Stadt auf einen Besucher haben kann.

Wir haben bereits einige Bereiche in Jerusalem besichtigt. Heute werden wir weitere Sehenswürdigkeiten in der Stadt und um sie herum erkunden und beginnen damit am Zionstor.

Ein Lieferwagen fährt aus dem Zionstor

ZIONSTOR

Das Zionstor erhielt seinen Namen, weil es ganz oben auf dem Westhügel liegt – dem Hügel, der heute fälschlicherweise Berg Zion genannt wird. Das Tor ist nicht nur falsch benannt, es ist auch falsch platziert. Als Hiskia seine Mauer um den Westberg baute, positionierte er die Mauer am Rande des Hinnomtals. Der Feind sollte sich bergauf kämpfen müssen. Auch zur Zeit Jesu befanden sich die Mauern am Rande des Hinnomtals. Doch als Suleiman der Prächtige seine Architekten mit dem Bau der Mauer beauftragte, wählten sie die kürzeste Strecke, direkt über den Hügel. Es kursiert die Geschichte, dass Suleiman sie enthaupten liess, als er sah, was sie getan hatten. Es ist ungewiss, ob das stimmt, zumal die Architekten geehrt wurden, indem sie in Gräbern direkt am Jaffator beigesetzt wurden.

Zwei Dinge beeindrucken mich, während ich auf dieses Tor starre. Erstens schockieren mich die vielen Einschusslöcher im und um das Tor. Im Jahr 1948 versuchten jüdische Truppen, hier in die Stadt einzudringen, um die Bewohner des jüdischen Viertels zu retten, und sie scheiterten. Das jüdische Viertel fiel, und Jerusalem wurde «ethnisch gesäubert» von seinen jüdischen Bewohnern befreit. Neunzehn Jahre lang war Juden der Zugang zur Klagemauer verwehrt, bis Israel 1967 im Sechstagekrieg Jerusalem eroberte. Diese Einschusslöcher zeugen von der Verzweiflung und der Grausamkeit des ersten gescheiterten Angriffs.

Die zweite Sache, die mich beeindruckt, ist die Tatsache, dass dieses fünfhundert Jahre alte Tor jetzt als Ausfahrt für Autos und Lieferwagen genutzt wird. Was man von aussen nicht sieht: Die Fahrbahn macht im Tor eine scharfe Kurve. Weniger geübte Fahrer müssen immer wieder vor- und zurückfahren, um ihr Fahrzeug um die enge Kurve zu bekommen. Und schaut man sich diese Fahrzeuge genauer an, wird deutlich, dass die Fahrer auf dem Weg nach draussen nur allzu oft mit der Steinmauer Kontakt aufgenommen hatten!

DAS JÜDISCHE VIERTEL

Geht man durch das Zionstor, ist es nur ein kurzer Spaziergang bis zum Jüdischen Viertel. Das Gebiet wurde von der jordanischen Armee während der Schlacht um die Altstadt fast vollständig zerstört. Aber so herzzerreissend das auch war, bot es Israel eine einzigartige Chance. Nach der Eroberung der Altstadt im Jahr 1967 konnte Israel eine gross angelegte archäologische Ausgrabung des jüdischen Viertels durchführen, bevor es mit dem Wiederaufbau begann. Und was sie freigelegt haben, ist erstaunlich.

Die breite Mauer, die auf die Zeit von König Hiskia zurückgeht

Eine der spektakulärsten Entdeckungen war das Fundament der Breiten Mauer aus der Zeit von König Hiskia. Die Überreste dieser Mauer reichten sogar über den heute noch sichtbaren Abschnitt hinaus. Hiskia begann etwa 705 v. Chr. mit dem Bau dieser Mauer als Teil eines grossen Projekts zur Erweiterung der Mauern Jerusalems um den gesamten Westhügel. An einer Stelle entdeckten die Architekten die Überreste von Häusern, die dort standen, bevor es die Mauer gab. Als die Mauer gebaut wurde, waren die Häuser im Weg und mussten abgerissen werden.

Der Prophet Jesaja sagte die kommende Invasion Judas durch die assyrische Armee voraus. In Jesaja 22 schildert er eine bevorstehende Zeit: «Deine schönen Täler werden voller Streitwagen sein, und die Reiter nehmen Stellung ein gegen das Tor. Und er nimmt den Schutz Judas weg» (V. 7-8). In Jesaja 36 war diese Zeit gekommen. «Und es geschah im vierzehnten Jahr des Königs Hiskia, da zog Sanherib, der König von Assyrien, gegen alle festen Städte Judas herauf und nahm sie ein» (Jes 36,1).

Da Hiskia von der bevorstehenden Invasion wusste, bereitete er sich auf die Verteidigung Jerusalems vor. Er baute die breite Mauer, um den Teil der Stadt auf dem Westhügel, der ausserhalb der ursprünglichen Mauern lag, zu schützen. Da er wusste, wie unerlässlich eine zuverlässige Wasserversorgung war, grub er einen Tunnel, um Wasser von der Gihon-Quelle in die Stadt zu bringen und es im Teich Siloah zu sammeln. Wir werden diese Orte später besuchen.

Es ist immer ratsam, sich auf Bedrohungen vorzubereiten – um bereit zu sein, bevor die Katastrophe eintritt. Der Bau dieser Mauer und die Bereitstellung einer ausreichenden Wasserversorgung waren weise Vorkehrungen. Tatsächlich beschrieb Jesaja im Folgenden alle Vorbereitungen, die Hiskia getroffen hatte. «Aber du schaust an jenem Tag auf die Waffen des Zeughauses» (Jes 22,8). Das Heer von Juda ging in den von König Salomo erbauten Palast und zählte alle *Waffen,* die in der Waffenkammer aufbewahrt waren.

Jesaja fuhr fort. «Und ihr seht nach den Rissen [in der Mauer] der Stadt Davids ... Ihr zählt auch die Häuser Jerusalems und brecht Häuser ab, um die Mauer zu befestigen» (Jes 22,9-10). Hiskias Architekten sahen sich die *Mauern* von Jerusalem genau an, um festzustellen, wo neue Mauern benötigt wurden und wo die bestehenden Mauern repariert werden mussten.

Der Prophet konzentrierte sich danach auf ihre dritte Sorge. «und die Wasser des unteren Teiches sammelt ihr ... Und ihr legt ein Sammelbecken an zwischen den beiden Mauern für die Wasser des alten Teiches» (Jes 22,9.11). Sie kümmerten sich sorgfältig um die *Wasserversorgung* für Jerusalem.

Es ist fast so, als ob die Einwohner Jerusalems alle Punkte auf ihrer Aufgabenliste der letzten Vorbereitungen abgehakt hätten. Sind alle Waffen bereit? Ja. Sind die Verteidigungsmauern vorhanden? Ja. Haben wir eine ausreichende Wasserversorgung, um die Belagerung zu überstehen? Ja. Waffen, Mauern, Wasser. Es sieht so aus, als hätten wir an alles gedacht!

Da wies Jesaja auf die eine Sache hin, die sie bei der Vorbereitung auf die kommende Invasion *versäumt* hatten. «aber ihr schaut nicht auf den, der dies getan hat, und seht nicht nach dem, der es seit Langem bereitet hat!» (Jes 22,11). Hoppla. In ihrer Eile, sich auf die kommende Schlacht vorzubereiten, hatten sie vergessen, sich auf den Gott des Universums auszurichten. Sie waren so sehr damit beschäftigt, das zu sehen, was *sie* tun konnten, dass sie es versäumten, Gott zu fragen, was *er* tun konnte.

Am Ende wurde die Nation fast zerstört. Jesaja berichtet: König Sanherib von Assyrien zog «gegen alle festen Städte Judas herauf und nahm sie ein» (Jes 36,1). Sanherib hinterliess seinen eigenen Bericht über den Feldzug. Darin behauptet er, sechsundvierzig starke, ummauerte Städte und zahllose Dörfer erobert und über 200000 Gefangene als Sklaven deportiert zu haben. Hiskia, so sagt er, schloss er in Jerusalem ein «wie einen Käfigvogel».[64] Erst nachdem Hiskia und die Führer Jerusalems sich vor Gott gedemütigt hatten, griff Gott ein und rettete die Nation, indem er den Engel des Herrn schickte, um 185000 assyrische Soldaten zu töten. Jerusalem wurde verschont, aber es waren nicht die Waffen, die Mauern oder das Wasser, die sie gerettet hätten. Es war ein Wunder, das direkt aus der Hand Gottes kam.

Wir sind so sehr damit beschäftigt zu sehen, wie wir unsere eigenen Probleme lösen können, dass wir vergessen, auf Gott zu schauen.

Diese Mauer kann uns eine wichtige Lektion erteilen. Wenn wir mit Problemen und Schwierigkeiten in unserem Leben konfrontiert werden, ist unser erster Gedanke oft, in uns selbst zu schauen, um zu sehen, was *wir* tun können, um sie zu überwinden. Wir zählen die Waffen, sammeln das Wasser und stärken die Mauern unseres Lebens. Wir sind so sehr damit beschäftigt zu sehen, wie wir unsere eigenen Probleme lösen können,

64 Manfred Weippert, *Historisches Textbuch zum Alten Testament*, Grundrisse zum Alten Testament Bd. 10 (Göttingen: Vandenhoeck & Ruprecht, 2010), 333 (Nr. 181, III 27).

dass wir vergessen, auf Gott zu schauen. Dabei sollte er doch unser *erster* Zufluchtsort sein, nicht unser *letzte*r Nothelfer.

Eine Nachbildung der Menora aus dem Zweiten Tempel im Jüdischen Viertel der Altstadt

Nicht weit von Hiskias Breiter Mauer entfernt befindet sich ein moderner Platz vor einer jetzt restaurierten Synagoge, die von den Jordaniern zerstört worden war. Dies ist unser nächster Halt.

Die Synagoge ist wunderschön, aber eigentlich halten wir an, um uns eine Reproduktion der Menora aus der Zeit des Zweiten Tempels anzusehen, die sich derzeit auf dem Platz befindet. Man könnte diese Menora auch als Wandermenora bezeichnen, da sie im Laufe der Jahre innerhalb des Jüdischen Viertels immer wieder umgezogen ist. Mehrere Jahre lang stand sie auf dem antiken römischen Cardo, der Strasse aus der Zeit Hadrians, die bei den Ausgrabungen freigelegt wurde. Dann wurde die Menora an eine Stelle mit Blick auf die Klagemauer und den Tempelberg gebracht. Zuletzt wurde sie auf diesem Platz aufgestellt. Wer weiss, welche Stelle sie als Nächstes ziert!

Eine Frau spielt ihre Harfe im Jaffator

Die Gestaltung basiert auf den Forschungen des *Temple Institute*, einer Gruppe, die Materialien für den Gebrauch in einem neuen Tempel vorbereitet, sobald er wieder aufgebaut worden ist. Dieses Modell ähnelt auch der Menora auf dem Titusbogen in Rom, was keine Überraschung ist, da dieser Triumphbogen an die Zerstörung

Segway fahren am Jaffator

und Plünderung Jerusalems im Jahr 70 n. Chr. erinnert. Dieses Modell ist *nicht* aus Gold, obwohl die endgültige Menora aus reinem Gold gegossen werden muss. Sie ist eine hervorragende visuelle Erinnerung an eine kleine, aber wachsende Gruppe von Menschen, die glauben, es ist Gottes Wille, dass Israel den Tempel wieder aufbaut.

JAFFATOR

Unser letzter Halt in der Altstadt ist das Jaffator. Dies ist ein idealer Ort zum Beobachten von Menschen. Touristen aus aller Welt. Orthodoxe Juden auf ihrem Weg zur Klagemauer. Arabische Ladenbesitzer auf dem Weg zur Arbeit. Ein Konvoi von Segways auf Tour durch Jerusalem. Geldwechsler, die den Passanten aus ihren Läden heraus etwas zurufen. Sie alle sind am Jaffator zu finden.

Mein absolutes Lieblingsbild vom Jaffator war ein chassidischer Jude, der auf einem Segway fuhr und dabei sein Mobiltelefon benutzte. Das gibt es nur in Jerusalem! Ein wenig weiter in der Altstadt kann man alles kaufen, von Schals und Teppichen bis hin zu Sandalen, Antiquitäten, Schmuck und Olivenholz. Seien Sie nur darauf gefasst zu feilschen!

AUSSERHALB DER ALTSTADT

Auf diesem Teil der Reise müssen wir noch einen weiteren Halt einlegen, und zwar *ausserhalb* der Altstadt. Zum Glück ist es nicht allzu weit vom Jaffator entfernt, obwohl wir das Hinnomtal durchqueren müssen. Dies ist ein zusätzlicher Halt auf unserer Reise – ein Ort, den wir besuchen können, wenn die Reisegruppe dem Zeitplan voraus ist. Ich mag es, weil es irgendwie interaktiv ist, wenn auch nicht auf eine High-Tech-Art. Wir werden ein 2600 Jahre altes Familiengrab besuchen!

Wir sprachen über Gräber aus der Zeit des Neuen Testaments auf dem Ölberg. Das Grab, das wir gleich besuchen werden, ist ein Familiengrab aus der Zeit des Alten Testaments. Der Ort wird *Ketef Hinnom* genannt, die Schulter Hinnoms. Es ist die Stelle, an welcher der Bergrücken gegenüber der Stadt Jerusalem eine Art Sattel bildet, eine niedrige Stelle, an der es für Reisende auf dem Weg der Patriarchen am einfachsten war, in das Hinnomtal hinabzusteigen und sich auf den Weg zur Davidsstadt zu machen. Im Laufe der Zeit dehnte sich die Stadt Jerusalem auf den Westhügel jenseits des Hinnomtals aus. Aber diese niedrige Stelle auf dem Kamm blieb die einfachste Stelle für den Übergang.

Einkaufen in der Nähe des Jaffators

Sieben abenteuerlustige Freiwillige legen sich auf die Grabbänke – dieses besondere Grab konnte bis zu sieben Leichen auf einmal aufnehmen. Dieses Grab war *nicht* zum Himmel hin offen. Es war eine in den Berghang gehauene Höhle. Der obere Teil der Höhle wurde in nicht allzu ferner Vergangenheit abgetragen, wodurch das eigentliche Grab freigelegt wurde. Stellen Sie sich vor, Sie stehen in dem ebenen Bereich am anderen Ende. Die Familie brachte den Leichnam durch eine kleine Öffnung in diesen Bereich der Grabhöhle und trug ihn dann in die innere Kammer, um ihn auf einen der sieben Plätze zu legen, die in die Bänke gehauen waren, welche sich an drei Seiten befanden. Unter der längsten Bank wurde eine Kammer in den Fels gehauen. Nachdem man den Leichnam ein Jahr lang verwesen liess, wurden die Knochen genommen und in diese Kammer gebracht, in der der Verstorbene buchstäblich «zu seinem Volk versammelt» wurde (1Mo 25,8.17; 35,29; 49,33).

Freiwillige, die in einem Familiengrab aus alttestamentlicher Zeit «ruhen»

Aber so unterhaltsam und lehrreich diese Stätte auch sein mag: Es wurde auch eine erstaunliche Entdeckung in diesem Grab gemacht. Im Jahr 1979 leitete ein israelischer Archäologe eine Ausgrabung an diesem Ort. Obwohl es zunächst so aussah, als wäre die Stätte in der Vergangenheit geplündert worden, entdeckten sie, dass sich eine Kalksteinschicht im Inneren der Kammer gelöst hatte und von der Decke gefallen war, sodass sie alles, was darunter war, vollständig verdeckte. Die Schicht wurde entfernt, und die Schätze aus dem Grab kamen zum Vorschein.

Na ja, es war nicht so, als hätten wir das Grab von König Tut entdeckt. Es gab keine Streitwagen, keine goldenen Masken und keine Alabasterkrüge. Aber zusätzlich zu den Knochen entdeckten sie noch etwa Tausend kleine Gegenstände. Die meisten davon waren Tonlampen und -gefässe, aber auch Nähnadeln und Stecknadeln, Glasflaschen, Schmuck und sogar einige Pfeilspitzen. Aber die bemerkenswertesten Objekte waren zwei kleine silberne Gegenstände, die aussahen wie ... nun, sie sahen aus wie Zigarettenstummel. Die Archäologen stellten fest, dass es sich um aufgerollte Silberplättchen handelte, die einst als Halsketten oder Amulette getragen worden waren. Es brauchte Jahre sorgfältiger Arbeit, um die winzigen Schriftrollen zu entrollen und schliesslich zu entziffern, was darin geschrieben stand.

Als die Schriftrollen geöffnet worden waren, fanden sie sorgfältig eingeschriebene althebräische Buchstaben. Diese dünnen Silberplättchen wurden damals zusammengerollt und als Teil einer Halskette getragen. Wenn der Besitzer starb, wurde er oder sie mit diesem wertvollen Besitz begraben. Was stand auf diesen winzigen silbernen Schriftrollen? Die grössere der beiden beginnt mit einer Rede über «Jahwe der Grosse, der den Bund hält und der gnädig ist gegenüber denen, die ihn lieben und seine Gebote halten». Dann heisst es weiter: «Denn in ihm ist die Erlösung. Denn Jahwe ist unser Wiederhersteller und unser Fels. Möge Jahwe dich segnen und bewahren, möge Jahwe sein Angesicht leuchten lassen» ... und an dieser Stelle ist der Rest der Schriftrolle abgebrochen.

Das kleinere Amulett trägt eine oder zwei Zeilen, die am Anfang nicht klar lesbar sind, aber möglicherweise den Namen der Person und die Identität der Familie enthalten. Dann heisst es weiter: «Sei gesegnet von Jahwe, dem Bekämpfer und Verächter des Bösen: Jahwe segne dich und behüte dich. Jahwe lasse sein Angesicht über dir leuchten und schenke dir Frieden.»

Kommt Ihnen das bekannt vor? Beide Amulette enden mit einem Zitat aus 4. Mose 6, dem Abschnitt, in dem Mose Aaron anleitet, wie er und seine Söhne Israel segnen sollen. «Und der HERR redete zu Mose und sprach: Rede zu Aaron und seinen Söhnen und sprich: So sollt ihr die Kinder Israels segnen; sprecht zu ihnen: Der HERR segne dich und behüte dich! Der HERR lasse sein Angesicht leuchten über dir und sei dir gnädig! Der HERR erhebe sein Angesicht auf dich und gebe dir Frieden!» (4Mo 6,22-26).

In diesem Familiengrab entdeckten Archäologen *zwei* Hinweise auf eben diesen Segen, der Aaron und seinen Nachkommen von Mose erteilt wurde. Ziemlich erstaunlich! Und es ist noch erstaunlicher, wenn man bedenkt, dass dies das früheste schriftliche Zitat der Heiligen Schrift ist, das jemals von Archäologen entdeckt wurde. Es ist eine gute Erinnerung daran, dass wir der Bibel *vertrauen können* – und dem Gott, der die Bibel geschrieben hat. Er ist derjenige, der verheissen hat, seine Nachfolger zu segnen, zu behüten, sein Angesicht leuchten zu lassen, ihnen gnädig zu sein und ihnen Frieden zu gewähren. Die Menschen, die vor mehr als 2600 Jahren in dieser Gruft begraben wurden, wussten das – und wir ebenso.

Innenraum des Abendmahlssaals

KAPITEL 47

DER ABENDMAHLSSAAL:

Ort des letzten Abendmahls?

Der Abendmahlssaal ist ein weiterer Ort, der all das verkörpert, was an Jerusalem verwirrend ist. Zum Beispiel sagte Jesus seinen beiden Jüngern, sie sollten «*in* die Stadt» gehen und einen Mann treffen, der einen Krug mit Wasser trug und sie zu dem Besitzer eines Hauses mit einem «grossen Obersaal» führen werde (Mk 14,13-15). Aber der Abendmahlssaal, den die meisten Menschen heute besuchen, befindet sich *ausserhalb* der Mauern der Altstadt, und er liegt direkt *über* dem sogenannten Grab Davids. Es ist schwer vorstellbar, dass Jesus sein letztes Abendmahl in einem Raum direkt über einem Grab abhielt.

Die Verwirrung wird nur noch grösser, wenn Besucher den Abendmahlssaal betreten und entdecken, dass das Deckengewölbe aus der Zeit der Kreuzzüge stammt – Tausend Jahre *nach* der Zeit Jesu. Sie erfahren auch, dass der gesamte Raum einst in eine Moschee umgewandelt worden war. Die Entdeckung eines *Mihrab*, einer Nische in der Wand, die nach Mekka ausgerichtet ist, ist *nicht* das, was man im Abendmahlssaal erwartet.

Dann, sobald jemand zu sprechen beginnt, erscheint der letzte Makel. Der Steinboden, die Wände und die Decke machen den Raum zu einer grossen Echokammer. Jedes Flüstern, jedes Husten, jedes Klicken eines Schuhs mit harten Sohlen und jedes Öffnen des Klettverschlusses einer Tasche wird von den Wänden und Decken reflektiert und mischt sich zu einem lauten Rumoren, das es fast unmöglich macht, eine menschliche Stimme deutlich zu hören. Hätte Jesus die Botschaft aus Johannes 13–14 in *diesem* Obergemach verkündet, hätten die Jünger schwerlich verstanden, was er gesagt hat. («In deines Vaters Haus sind *was*? Könntest du das wiederholen? Ich sagte, KÖNNTEST ... DU ... DAS ... WIEDERHOLEN!»)

Dieser Raum ist *nicht* der Raum, in dem Jesus in der Nacht, in der er verraten wurde, mit seinen Jüngern zusammenkam, aber zumindest ist er im richtigen Stadtteil. Wir befinden uns auf der linken Hälfte des Hamburgerbrötchens, und zur Zeit Jesu *war* das gesamte Gebiet von den Stadtmauern umschlossen. Tatsächlich war dieser obere Teil des Westhügels mit grossen Häusern bebaut, die über geräumige Obergemächer verfügten.

DAS LETZTE ABENDMAHL

Wenn die meisten Menschen an das letzte Abendmahl denken, kommt ihnen das Wandgemälde von Leonardo da Vinci aus dem fünfzehnten Jahrhundert in den Sinn. Wir stellen uns einen langen Tisch mit Tellern, Schüsseln und Bechern vor, an dem Jesus in der Mitte sitzt, auf beiden Seiten von seinen Jüngern flankiert. Aber die Passahfeier mit Jesus hat ganz anders ausgesehen. Der Tisch war niedrig und u-förmig, mit Kissen, die um die drei äusseren Tischkanten angeordnet waren. Die Gäste hatten sich auf die Kissen gelegt, sich auf den linken Ellbogen gestützt und die Füsse vom Tisch weggestreckt. Jesus und die Jünger «*lagen*» «zu Tisch ... und assen» (Mk 14,18, BB).

Die Berichte der Evangelien erlauben es uns sogar zu rekonstruieren, wo genau die Schlüsselpersonen um den Tisch angeordnet waren. Als

Gastgeber lehnte Jesus an der zweiten Stelle, von einer Ecke aus gezählt. Dann lud er zwei Ehrengäste ein, sich rechts und links von ihm niederzulassen. Der Apostel Johannes muss direkt rechts von Jesus gelegen haben. Wenn er sich auf seinen linken Ellbogen stützte, lehnte er sich zu Jesus selbst hin. Überraschenderweise lud Jesus Judas Ischariot ein, sich auf den anderen Ehrenplatz zu legen – das Kissen direkt links von ihm.

Woher wissen wir, dass Johannes und Judas sich auf diesen Plätzen befanden? Nachdem er berichtet hatte, dass Jesus den Jüngern gesagt hat, einer von ihnen werde ihn verraten, fügt der Apostel Johannes hinzu: «Einer von seinen Jüngern, den Jesus liebte, lag zu Tisch an der Brust Jesu» (Joh 13,23, ELB). An einer anderen Stelle beschreibt sich Johannes selbst als der von Jesus geliebte Jünger; er lag also neben Jesus. Aber auf welcher Seite? «Da lehnt sich jener an die Brust Jesu zurück und sagt zu ihm: Herr, wer ist es?» (V. 25 ZB). Damit Johannes sich an Jesus zurücklehnen konnte, musste er auf der rechten Seite von Jesus liegen.

Johannes 13 hilft auch dabei, den Platz von Judas zu bestimmen. Als Johannes sich zurücklehnte und Jesus leise fragte: «Herr, wer ist es?», muss Jesus die Antwort Johannes zugeflüstert haben. «Der ist's, dem ich den eingetauchten Bissen geben werde» (Joh 13,26). Dann tauchte Jesus das Brot ein und reichte es Judas. Damit dies geschehen konnte, muss Judas neben Jesus gelegen haben, auf seiner linken Seite.

Schliesslich deuten andere Details in dem Bericht darauf hin, dass Petrus am anderen Ende des Tisches sass. Er musste so positioniert sein, dass er in einem nur von flackernden Öllampen beleuchteten Raum Blickkontakt mit Johannes aufnehmen konnte. Kurz nachdem Jesus angekündigt hatte, dass einer der Zwölf ihn verraten wird, gab «Simon Petrus [dem Johannes] einen Wink, er solle herausfinden, wer es sei, von dem er rede» (Joh 13,24, ZB). Das ergibt am meisten Sinn, wenn Petrus direkt gegenüber von Johannes lag. Von hier aus konnte er die Aufmerksamkeit von Johannes gewinnen und ihn ermutigen, Jesus zu fragen, ohne die Neugier der anderen Jünger zu wecken.

Warum sollte Petrus – einer aus dem inneren Kreis der Jünger – am anderen Ende des Tisches sitzen? Vielleicht war er beleidigt, weil ihm keiner der Ehrenplätze angeboten wurde. Anstatt ein anderes Kissen nahe bei Jesus zu wählen, ging Petrus absichtlich an das andere Ende. Es ist fast so, als wollte er seinen Unmut kundtun, indem er den Sitzplatz wählt, der am weitesten vom Gastgeber entfernt ist. Vielleicht ist das auch der Grund, warum Petrus so reagierte, als Jesus kam, um ihm die Füsse zu waschen (Joh 13,5-10).

Eine Öllampe von ähnlicher Art, wie sie zur Zeit Jesu verwendet wurde

Matthäus stellt in seinem Bericht mehrere spezifische Elemente eines typischen jüdischen Passahmahls vor. Erstens zerteilte Jesus das Brot *während* der Mahlzeit und nicht davor, wie es bei einer normalen Mahlzeit üblich war. «*Als sie nun assen,* nahm Jesus das Brot und sprach den Segen, brach es, gab es den Jüngern und sprach: Nehmt, esst! Das ist mein Leib» (Mt 26,26). Beim Passah-Seder werden zwei Segenssprüche über die Matze gesprochen, bevor sie gebrochen und gegessen wird.

Zweitens sagte Jesus zu Johannes, dass derjenige, der ihn verraten würde, derjenige sei, der «mit mir die Hand in die Schüssel taucht» (Mt 26,23). Johannes fügte in seinem Bericht ein weiteres Detail hinzu. Jesus sagte ihm, dass derjenige, der ihn verraten würde, «dem ich den eingetauchten Bissen geben werde» (Joh 13,26). Beim Passah-Seder wird die Matze in die bitteren Kräuter getaucht und dann gegessen. Es scheint, dass Jesus Judas diesen Bissen Matze reichte.

Schliesslich nahm Jesus einen «Kelch», gab ihn den Jüngern, nachdem er gedankt hatte, und sagte: «Trinkt alle daraus! Denn das ist mein Blut, das des neuen Bundes, das für viele vergossen wird zur Vergebung der Sünden» (Mt 26,27-28). Der dritte Becher Wein beim Passahmahl ist der «Becher der Erlösung», und Jesus hat diesen Becher mit dem in Jeremia 31 verheissenen Neuen Bund in Verbindung gebracht.

Die Jünger schätzten die Ereignisse dieser Nacht nicht richtig ein. Sie verstanden nicht, dass Satan darauf hoffte, Judas zu benutzen, um Gottes Plan der Erlösung zu vereiteln. Sie verstanden nicht, dass Jesus das ultimative Passahlamm war, das sterben musste, um die Strafe für die Sünde zu bezahlen. Sie hatten noch nicht begriffen, dass der von den Propheten verheissene Neue Bund ein Opfer erforderte, das nur Gott selbst darbringen konnte. Diesem Passah-Seder sollte das ultimative Opfer des Lammes Gottes auf Golgatha folgen.

Dies ist ein guter Zeitpunkt, um innezuhalten und sich wieder einmal die wichtigste Frage des Lebens zu stellen. Sind Sie zu der Erkenntnis gelangt, dass es unsere Sünde ist, die uns von Gott trennt? Zum Glück liebt Gott uns so sehr, dass er seinen einzigen Sohn als das göttliche Passahlamm auf die Erde sandte, das bereitwillig starb, um den ewigen Preis für unsere Sünde zu zahlen. Aber das Geschenk des ewigen Lebens, das Gott jetzt anbietet, muss noch angenommen werden. Wenn Sie es noch nicht getan haben, warum entscheiden Sie sich nicht heute, genau jetzt, dem Messias Jesus, Gottes Sohn, als Ihrem Retter zu vertrauen? «Denn so [sehr] hat Gott die Welt geliebt, dass er seinen eingeborenen Sohn gab, damit jeder, der an ihn glaubt, nicht verlorengeht, sondern ewiges Leben hat» (Joh 3,16).

DIE GEBURT DER KIRCHE

Nach der Himmelfahrt Jesu kehrten die Jünger vom Ölberg nach Jerusalem zurück und «gingen ... hinauf in das Obergemach, wo sie sich aufzuhalten pflegten» (Apg 1,13). Es ist kein allzu grosser logischer Sprung, wenn man annimmt, dass das Obergemach, das den Jüngern nach der Auferstehung Jesu als Versammlungsort diente, derselbe Raum war, den sie für das letzte Passahmahl nutzten. Obwohl Lukas in Lukas 22,12 und Apostelgeschichte 1,13 zwei verschiedene Wörter für «Obergemach» verwendet, sind die beiden Wörter synonym.

Wenn die Jünger nach der Himmelfahrt Jesu in demselben Obergemach zusammenkamen, in dem sie zuvor das Passah gefeiert hatten, dann wäre dies auch der Ort, an dem der Heilige Geist am Pfingsttag ausgegossen wurde. «Und als der Tag der Pfingsten sich erfüllte, waren sie alle einmütig beisammen. Und es entstand plötzlich vom Himmel her ein Brausen wie von einem daherfahrenden gewaltigen Wind und erfüllte das ganze Haus, in dem sie sassen» (Apg 2,1-2).

Ölbaum-Skulptur im Abendmahlssaal

Die Skulptur auf der Steinplattform hier im Abendmahlssaal symbolisiert die Ausgiessung des Heiligen Geistes am Pfingsttag. An den Blättern ist leicht zu erkennen, dass es sich um einen Ölbaum handelt. Oben auf diesem Ölbaum befinden sich jedoch Schalen oder Lampen. Die gesamte Skulptur symbolisiert die Botschaft Gottes in Sacharja 4. Das Olivenöl steht für Gottes Heiligen Geist, und die Schalen, die mit dem Baum verbunden sind, stellen eine kontinuierliche Versorgung dar. Das Olivenöl in den Schalen wird nie ausgehen. Gott interpretierte die Vision für Sacharja. «Nicht durch Macht und nicht durch Kraft, sondern durch meinen Geist!, spricht der HERR der Heerscharen» (V. 6). Der Künstler verwendete Bilder aus der Vision des Sacharja, um die Ausgiessung des Heiligen Geistes am Pfingsttag darzustellen.

DER «ALTERNATIVE» ABENDMAHLSSAAL

Wie bei so vielem in Jerusalem gibt es auch einen «alternativen» Abendmahlssaal. Ein paar von uns sind zufällig auf den Ort gestossen, als wir die Altstadt erkundeten. Wir stiegen eine Treppe hinauf, die zu einem Übergang über die Dächer der Häuser führte. Wir wollten gerade umkehren, als wir zum Kloster St. Markus kamen, das zur syrisch-orthodoxen Kirche gehört. Wir waren fasziniert von einem Schild, das den Ort sowohl als «Das Obergemach» *als auch* «Das Haus von St. Markus» bezeichnete. Also gingen wir hinein.

Das Obergemach im Kloster St. Markus

Eine Nonne bat uns, Platz zu nehmen, und begann, die Geschichte der Kirche zu erzählen. Obwohl die Nonne von kleiner Statur war, forderte sie Aufmerksamkeit und Respekt ein. «Und es ist wichtig, daran zu

Die Ikone von Maria und Jesus, die angeblich von Lukas gemalt wurde

denken ... HALLO! NEHMEN SIE IHRE FÜSSE VON DER BANK! Also, wo war ich? ...»

Wir fanden heraus, dass dies das Haus von Johannes Markus' Mutter Maria war und die Apostel selbst es zur ersten Kirche erklärten. An diesem Faktum kann es keinen Zweifel geben, denn eine an diesem Ort entdeckte Inschrift aus dem sechsten Jahrhundert besagt: «Dies ist das Haus von Maria, der Mutter des Johannes, genannt Markus. Von den heiligen Aposteln unter dem Namen der Jungfrau Maria, der Mutter Gottes, nach der Himmelfahrt unseres Herrn Jesus Christus zu einer Kirche ernannt. Erneuert nach der Zerstörung Jerusalems durch Titus im Jahr 73 n. Chr.»

Zwei erstaunliche Fakten beeindruckten mich, als die Nonne uns belehrte. Erstens: Da die Kirche an diesem Ort auf die Zeit von Pfingsten zurückgeht, *muss* ihr Obergemach der wahre Abendmahlssaal sein. Und wir durften *eine Treppe hinunter* gehen, um ihn zu sehen. Der Raum ist kleiner als der traditionellere Abendmahlssaal, den wir zuvor besucht hatten, aber die Akustik ist aufgrund des Steinbodens, der Wände und der Decke genauso schlecht. Ich schätzte die Tatsache, dass dieser Raum kein Gewölbe aus der Zeit der Kreuzfahrer hatte, das die Decke bildete. Natürlich hatte ich das Bedürfnis, Authentizitätspunkte dafür abzuziehen, dass ich *nach unten* gehen musste, um zum *Ober*gemach zu gelangen!

Die zweite erstaunliche Tatsache war die Erkenntnis, dass dieses Kloster das einzige bekannte «authentische» Porträt von Maria und Jesus enthält, das tatsächlich von Lukas gemalt wurde. Ich hatte keine Ahnung, dass Lukas sowohl ein Arzt *als auch* ein Künstler war. Ich wollte ein Foto von der Ikone machen, aber man sagte mir, dass Fotos nicht erlaubt seien. («HALLO! HINSETZEN! KEINE BILDER! Also, wo war ich? ...») Ich konnte jedoch eine Postkarte mit einem Foto der Ikone *kaufen*, was ich auch tat. Wenn Sie genau hinsehen, können Sie sogar die Ähnlichkeit zwischen Maria und Jesus erkennen.

Die Moral von der Geschichte ist, dass Sie sich Zeit nehmen sollten, um Jerusalem zu erkunden, wenn Sie können. Es gibt unzählige Entdeckungen, die jeder Reise mit Sicherheit einen Hauch von Spass und Abenteuer verleihen. («HALLO! ICH HABE NICHT GESAGT, DASS SIE GEHEN KÖNNEN! Also, wo war ich? ...»)

Modell des Zweiten Tempels von Jerusalem im Israel-Museum

KAPITEL 48

DAS ISRAEL-MUSEUM:

Alles sehen, was entdeckt wurde

Der Besuch der vielen historischen Stätten in Israel ist faszinierend. Leider ertappe ich mich dabei, dass ich bei der Beschreibung der wunderbaren Entdeckungen, die ich an den verschiedenen Stätten gemacht habe, immer wieder dieselbe Phrase wiederhole: «Das Objekt ist im Israel-Museum ausgestellt.» Möchten Sie die Inschrift von Pontius Pilatus sehen? Israel-Museum. Die Stele von Tel Dan, auf der das «Haus Davids» erwähnt wird? Israel-Museum. Die Schriftrollen vom Toten Meer? Israel-Museum!

Daher wäre keine Israelreise vollständig ohne einen Besuch in diesem Lagerhaus der nationalen Schätze. Unsere Zeit ist begrenzt, sodass wir nur ein paar der Sehenswürdigkeiten erkunden können, die man hier vorfindet.

DAS MODELL JERUSALEMS ZUR ZEIT DES ZWEITEN TEMPELS

Unsere erste Station im Museum ist das Freiluftmodell von Jerusalem zur Zeit des Zweiten Tempels. Das Modell wurde 1966 geschaffen und war ursprünglich im *Holy Land Hotel* in Westjerusalem ausgestellt. Vierzig Jahre später wurde es auseinandergesägt und ins Israel-Museum gebracht. Die Besucher sind überrascht von der Grösse des Modells – mehr als neunhundert Quadratmeter – und davon, wie visuell hilfreich das Modell ist. Das Modell bringt die verschiedenen Stätten in Jerusalem in den richtigen geografischen Kontext. Sogar die Eistüte und das Hamburgerbrötchen (ohne den Ölberg) sind deutlich zu erkennen.

Wie genau ist das Modell?

Der Archäologe, der das Modell entworfen hat, stützte sich dabei auf mehrere Faktoren. Er versuchte, die archäologischen Entdeckungen, die gemacht worden waren, zu berücksichtigen. Er konsultierte schriftliche Quellen, darunter die Bibel, rabbinische Schriften und historische Texte wie die von Josephus. Er verwendete auch andere historische Literatur, um Details wie die Gestaltung von Häusern zu ergänzen. Leider hat er an einigen Stellen vor der nicht korrekten Tradition kapituliert. So platzierte er zum Beispiel das Grab Davids auf dem falschen Hügel, damit es mit der Stelle übereinstimmt, an der es nach Meinung der orthodoxen Juden lag.

Die Tempelanlage

Die grosse Fläche, die der Tempel in Jerusalem einnahm, wird in dem Modell deutlich. Der Tempel *überragte* die Stadt. Um das eigentliche Tempelgebäude herum befindet sich der Vorhof der Heiden und am südlichen Ende die sogenannte Säulenhalle Salomos (Joh 10,23; Apg 3,11; 5,12). Dieses Bauwerk hatte nichts mit König Salomo zu tun, wurde aber aufgrund seiner immensen Grösse und seiner Lage auf dem Tempelberg mit ihm in Verbindung gebracht.

Eine kleinere Umfassungsmauer umgab das eigentliche Tempelgebäude. Direkt vor dieser Mauer befand sich eine kleine Schranke mit Schildern in griechischer Sprache, auf denen stand: «Kein Andersstämmiger darf hineingehen innerhalb den um das Heiligtum (gehenden) Zaun und die Umschrankung. Wer aber ergriffen wird: Selbst ist er schuldig wegen des daraus folgenden Todes.»[65] Diese Barriere war die Trennungslinie zwischen Heiden und Juden. Juden durften die Anlage betreten, aber Heiden nicht. Näher als bis zu dieser Barriere durften Heiden der Gegenwart Gottes nicht kommen.

Die Barriere und ihre Schilder helfen, die Ereignisse in Apostelgeschichte 21 zu veranschaulichen. Der Apostel Paulus nahm eine Gruppe jüdischer Nachfolger Jesu mit in den Tempel, um ihnen zu helfen, ihr Nasiräergelübde zu erfüllen. Nach der rituellen Reinigung in einer nahe gelegenen *Mikwe* betraten Paulus und die vier den Tempelbereich. An dieser Stelle kam es zu einer Verwechslung. Wie Lukas es so freundlich ausdrückt, hatten einige von denen im Tempel «nämlich vorher in der Stadt den Epheser Trophimus mit [Paulus] gesehen» (V. 29). Sie kannten Paulus, aber nicht seine Begleiter, und sie nahmen an, dass Paulus eine Gruppe von Heiden in den Tempel gebracht hatte. Sie begannen zu schreien: «Ihr israelitischen Männer, kommt zu Hilfe! Das ist der Mensch, der überall jedermann lehrt gegen das Volk und das Gesetz und diese Stätte. Dazu hat er auch noch Griechen in den Tempel geführt und diese heilige Stätte entweiht!» (V. 28).

65 Jens Schröter u. Jürgen K. Zangenberg, Hg., *Texte zur Umwelt des Neuen Testaments*, UTB 3663, 3. gänzl. neu bearb. Aufl. (Tübingen: Mohr Siebeck, 2013), 469.

Der Mob packte Paulus und schleppte ihn aus dem Innenhof zurück in den Vorhof der Heiden. Sie schlossen die Türen zum Tempelbereich und waren, wie Lukas schreibt, «schon dabei, ihn zu töten» (Apg 21,31, ZB). Hätten die römischen Soldaten nicht eingegriffen, wäre Paulus hingerichtet worden – genau, wie es das Warnschild ankündigte. Glücklicherweise sah eine Wache in der Festung von Antonia auf der Nordseite des Tempels den Aufruhr und meldete ihn seinem Kommandanten. Ein Trupp Soldaten eilte hinunter zum Vorhof der Heiden und rettete Paulus.

Neben der Veranschaulichung dieser erstaunlichen Geschichte kann der Anblick des Modells auch als Erinnerung an alles dienen, was Jesus getan hat, um den Weg zu Gott zu öffnen. Heiden konnten sich nur bis zur Trennbarriere nähern. Jüdische Frauen konnten ein wenig näher kommen. Jüdische Männer durften bis zum Opferaltar hinaufgehen. Priester durften vor dem Tempelgebäude dienen, aber nur wenige Auserwählte durften das Heiligtum betreten, um die heiligen Rituale durchzuführen. Und nur an einem Tag im Jahr durfte der Hohepriester kurz hinter den Vorhang ins Allerheiligste treten, um das Opferblut auf den Sühnedeckel zu sprengen. Je näher man Gott kam, desto mehr wurde der Zugang eingeschränkt. Aber Jesus hat den Weg zu Gott durch seinen eigenen Opfertod am Kreuz geöffnet. Mit der Barriere im Tempel als Illustration beschrieb Paulus die Auswirkungen des Todes Christi, als er an die heidnischen Gläubigen in Ephesus schrieb. «Jetzt aber, in Christus Jesus, seid ihr, die ihr einst fern wart, nahe gebracht worden durch das Blut des Christus. Denn Er ist unser Friede, der aus beiden eins gemacht und die Scheidewand des Zaunes abgebrochen hat» (Eph 2,13-14).

DER SCHREIN DES BUCHES

Direkt neben dem Modell von Jerusalem zur Zeit des Zweiten Tempels steht der Schrein des Buches, eine Abteilung des Museums, in der die Schriftrollen vom Toten Meer aufbewahrt werden. Eine weisse Kuppel, die über dem Boden zu sehen ist, stellt den Deckel der Tonkrüge dar, in denen einige der Schriftrollen vom Toten Meer aufbewahrt wurden. Gegenüber der weissen Kuppel befindet sich eine schwarze Basaltwand. Der Kontrast zwischen beidem stellt den Krieg zwischen den Söhnen des Lichts und den Söhnen der Finsternis dar, ein Bericht, der in einer der in Qumran gefundenen Schriftrollen enthalten ist.

Besucher können eine Treppe hinuntersteigen und den Schrein des Buches betreten. Im Inneren befinden sich Artefakte aus den Ausgrabungen in Qumran, darunter Sandalen, Stoffstücke, Lampen und andere Gegenstände des täglichen Lebens. Die bedeutendsten Objekte sind jedoch einige der Krüge, in denen die Schriftrollen entdeckt wurden, sowie eine exakte Reproduktion der kompletten Jesaja-Schriftrolle. Die Schriftrolle ist entrollt kreisförmig angeordnet um das Zentrum der Ausstellung. Die Entdeckung dieser Jesaja-Schriftrolle aus dem zweiten Jahrhundert v. Chr. ist von grosser Bedeutung für alle, die glauben, dass die Bibel Gottes Wort ist.

Die weisse Kuppel auf dem Schrein des Buches

Ab Jesaja 40 sagt der Prophet die Befreiung Israels aus der babylonischen Gefangenschaft durch einen König namens Kyrus voraus. Da die Prophezeiung so dramatisch – und so spezifisch – ist, kamen viele Gelehrte zu dem Schluss, die zweite Hälfte des Buches müsse von jemand anderem geschrieben worden sein ... von jemandem, der lange nach dem Tod des ursprünglichen Jesaja lebte. Dieser ansonsten unbekannte Autor habe dann entweder die Identität Jesajas angenommen – er legte ihm sozusagen die Worte in den Mund –, oder er verfasste seine Botschaft anonym, woraufhin eine spätere Generation sie fälschlicherweise dem ursprünglichen Jesajabuch zuordnete. Im Laufe der Jahrhunderte sollen die beiden Bücher als ein einziges Werk aus der Hand eines einzigen

Die Kopie der Jesaja-Rolle, die im Schrein des Buches ausgestellt ist

Autors angesehen worden sein. Das zumindest war die Theorie.

Die Entdeckung dieser vollständigen Abschrift von Jesaja wirft ernste Probleme für diese Theorie auf. In der Schriftrolle endet Jesaja 39 in der vorletzten Zeile einer Spalte. Wenn Jesaja 40–66 ein separates Buch war, das von einem anderen Autor verfasst wurde, der zwei Jahrhunderte nach dem ursprünglichen Jesaja lebte, dann hätte der Mensch, der dieses Manuskript kopierte, die perfekte Möglichkeit gehabt, diesen Bruch abzubilden. Alles, was er tun musste, war, Kapitel 40 am Anfang der nächsten Spalte zu beginnen. Stattdessen beginnt Kapitel 40 in der letzten Zeile der vorherigen Spalte, unmittelbar nach dem Ende von Kapitel 39. Es gibt *keinen* Bruch, nichts in der Schriftrolle, das auch nur im Entferntesten auf die Idee unterschiedlicher Autoren hinweist. Das Buch wurde von einem einzigen Autor geschrieben, von Jesaja, dem Sohn des Amoz, der während der Regierungszeiten von Ussija, Jotam, Ahas und Hiskia prophezeite.

Die Knesset, vom Schrein des Buches aus gesehen

Der Schrein des Buches ist auch ein hervorragender Ort, um die Knesset, Israels Parlamentsgebäude, anzusehen. Das Knessetgebäude erinnert daran, dass Israel seit seiner Wiedergeburt im Jahr 1948 Jerusalem als seine Hauptstadt betrachtet. Tatsächlich ist Jerusalem seit dreitausend Jahren das Epizentrum des politischen und religiösen Lebens Israels geblieben.

Und nun ist es an der Zeit, die archäologische Abteilung des Israel-Museums zu besuchen.

ARCHÄOLOGISCHE SCHÄTZE

Bei meinen ersten Besuchen im Israel-Museum hatte ich gemischte Gefühle. Ich fand es toll, all die Antiquitäten zu sehen, aber ich war frustriert über die Richtlinie des Museums: Fotografieren verboten. Ich hatte Verständnis dafür, dass die Fotografie mit Blitzlicht nicht erlaubt war, aber das Fotografieren ohne Blitzlicht ist für die Objekte kein Schaden. Zum Glück hat sich diese Richtlinie geändert, und das Fotografieren ist jetzt erlaubt.

Ich möchte Ihnen nur einige der vielen Objekte zeigen, die in der archäologischen Abteilung des Museums ausgestellt sind. Ich bin sicher, Sie werden sich mehr Zeit nehmen wollen, um all die unbezahlbaren historischen Artefakte zu besichtigen, die ausgestellt sind.

Herodes der Grosse war der König, der die Kinder in Bethlehem tötete. Er ist auch der König, der den Tempel, das Herodium, Masada und die Stadt Cäsarea gebaut hat – um nur *ein paar* der Orte zu nennen, die wir besuchten. Beim Herodium sahen wir, wo Archäologen die Überreste von Herodes' Mausoleum freigelegt hatten. In diesen Überresten entdeckten sie einen wunderschönen Sarkophag, der in Stücke zerschlagen worden war. Obwohl sein Name nicht auf dem Steinsarg eingraviert war, handelt es sich mit ziemlicher Sicherheit um den Sarkophag von König Herodes. Die Handwerkskunst hatte einem König würdig sein sollen.

Sarkophag von Herodes dem Grossen

Apropos Kästen, in denen Knochen aufbewahrt wurden: Hier ist das Ossuarium (Knochenkasten) von Kajaphas, der Hohepriester war, als Jesus gekreuzigt wurde. Wir wissen, dass es sich um sein Ossuarium handelt, da der Name «Kajaphas» an der Seite eingeritzt ist. Johannes 11,49-52 berichtet über die eine Prophezeiung, die dieser böse Hohepriester machte. «Ihr erkennt überhaupt nichts, und ihr bedenkt nicht, dass es für uns besser ist, dass ein Mensch für das Volk stirbt, als dass das ganze Volk zugrunde geht! Dies redete er aber nicht aus sich selbst; sondern weil er in jenem Jahr Hohepriester war, weissagte er; denn Jesus sollte für das Volk sterben, und nicht für das Volk allein, sondern auch, um die zerstreuten Kinder Gottes in eins zusammenzubringen.»

Jesus ist wirklich gestorben, aber er ist von den Toten auferstanden. Auch Kajaphas starb, und seine Gebeine landeten in dieser aufwendig verzierten Kalksteinkiste. Eines Tages wird auch Kajaphas auferstehen und vor Gott stehen. Leider wird seine Auferstehung nicht eine zum ewigen Leben sein (Offb 20,11-15).

Ossuarium des Hohepriesters Kajaphas

Im Jahr 1961 gruben Archäologen das Theater von Cäsarea aus. Sie zogen einen Steinsitz ab und entdeckten, dass auf der anderen Seite etwas geschrieben stand. Der Text war Teil einer Inschrift für ein Gebäude in Cäsarea. Das Gebäude war baufällig geworden, und ein auf Wiederverwertung bedachter Steinmetz hatte die Platte gerettet, um sie bei den Reparaturarbeiten im Theater als Ersatzsitz zu verwenden.

Die Platte enthielt Reste von vier Zeilen. Die Erste bezog sich auf das «Tiberium», möglicherweise ein Tempel, der Tiberius Cäsar gewidmet war. Die zweite Zeile enthielt zwei Wörter: «[...]tius Pilatus» – den Namen von Pontius Pilatus. In der dritten Zeile stand Pilatus' offizieller Titel. Obwohl ein Grossteil des Textes fehlt, bedeuten die verbleibenden Buchstaben «[...]ectus Iuda[...]» – Präfekt von Juda. Die vierte Zeile ist nicht lesbar. Wir kennen Pontius Pilatus durch die Rolle, die er bei der Kreuzigung Jesu gespielt hat, aber die Inschrift seines Namens auf einer Steinplatte macht ihn auf einzigartige Weise lebendig.

Wenn die Pilatus-Inschrift dieses Gefühl der Geschichtlichkeit vermittelt, dann öffnet der nächste Punkt auf unserer Tour unsere Augen für die Schrecken, die Jesus während der Kreuzigung ertragen musste. Ein Teil eines Fersenbeins wurde bei einer Ausgrabung in Jerusalem in einem Ossuarium gefunden. Der Name des Mannes, der auf der Seite des Ossuariums eingekratzt war, lautet Jehochanan, die hebräische Entsprechung des neutestamentlichen Namens Johannes. Was diese Entdeckung so einzigartig machte, war die Tatsache, dass das Fersenbein des Mannes von einem Eisennagel durchbohrt war. Dies war der erste greifbare Beweis für eine römische Kreuzigung, der in Israel entdeckt wurde. Offensichtlich verbog sich der Nagel, als er in das Holzkreuz getrieben wurde. Als das Opfer schliesslich vom Kreuz abgenommen wurde, konnte der Nagel nicht aus seinem Körper gezogen werden, also wurde er an Ort und Stelle belassen.

Inschrift mit dem Namen von Pontius Pilatus

Fersenknochen eines gekreuzigten Mannes, wobei der Eisennagel noch im Knochen steckt

Der Nagel ist lang, und die Kraft, die nötig war, um ihn durch den Knochen und in das Holz zu treiben, muss gross gewesen sein. Die Kreuzigung sollte brutal und schmerzhaft sein. Der Anblick dieses grausamen Artefakts ist eine anschauliche Erinnerung daran, was Jesus für uns erlitten hat. Wie Jesus selbst sagte: «Der Sohn des Menschen muss in die Hände sündiger Menschen ausgeliefert und gekreuzigt werden und am dritten Tag auferstehen» (Lk 24,7).

Wir haben die letzte Station dieser Blitzbesichtigung des Museums erreicht. Im vorigen Kapitel besuchten wir ein alttestamentliches Familiengrab. Im Inneren dieses Grabes fanden Archäologen zwei kleine Silberamulette. Als die Silberstücke entrollt waren, entdeckten sie darin einen Text – ein Zitat aus 4. Mose 6. Dies ist das Grössere der beiden entrollten Amulette, wie es durch ein Vergrösserungsglas betrachtet aussieht. Die Schrift ist praktisch unsichtbar, selbst bei genauer Betrachtung. Dennoch ist dieses unförmige Silberstück eine weitere Erinnerung an die Zuverlässigkeit von Gottes Wort.

Silberamulett, entdeckt bei den Ausgrabungen von Ketef Hinnom

Einige Gelehrte glauben, dass der aaronitische Segen in 4. Mose 6 erst nach der Babylonischen Gefangenschaft geschrieben wurde, also neunhundert Jahre nach Moses Zeit. Dieses Grab und sein Inhalt stammen jedoch aus der Zeit *vor* der babylonischen Gefangenschaft. Die Entdeckung eines Bibelzitats aus einem Teil von Gottes Wort, der angeblich noch nicht geschrieben war, ist ein Problem für diese Theorie. Aber es ist kein Problem für diejenigen, für die die Bibel Gottes Wort ist – und die wissen, dass Mose diesen Segen geschrieben hat.

Eingang zu Yad Vashem

KAPITEL 49

YAD VASHEM:
Israels Holocaust-Museum

Yad Vashem ist nicht direkt mit der biblischen Geschichte verbunden, aber es ist eine Stätte, die bei jedem Besuch im Heiligen Land mit von der Partie sein muss. Ich sage das, weil ein wichtiger Zweck einer Reise darin besteht, den Besuchern ein besseres Verständnis für Israel und den Nahen Osten zu vermitteln. Und Yad Vashem, Israels Holocaust-Museum, vermittelt den Menschen Verständnis für die Art und Weise, wie der moderne Staat Israel auf Terrordrohungen und Anschläge reagiert. Israel weiss nur zu gut, was passieren kann, wenn Regierungen das Böse nicht in Schach halten.

Israel weiss nur zu gut, was passieren kann, wenn Regierungen das Böse nicht in Schach halten.

DIE BEDEUTUNG DES NAMENS

Yad Vashem (dt. «Jad Waschem») erscheint im Englischen und Deutschen als zwei Wörter, aber im Hebräischen sind es tatsächlich drei. Das erste Wort ist *jad*, das hebräische Wort für «Hand». Das Wort kann sich aber auch auf eine «Gedenkstätte» oder ein «Denkmal» beziehen. König Saul zum Beispiel «hat sich ein Denkmal [*jad*] aufgerichtet», nachdem er die Amalekiter besiegt hatte (1Sam 15,12). Das Wort *jad* wird bei Yad Vashem im Sinne von «Denkmal» verwendet. Das zweite Wort im Hebräischen ist eigentlich der einzelne hebräische Buchstabe *waw*. Die Silbe *wa-* in dem Wort *Vashem* («Waschem») ist das hebräische Wort für «und». Der letzte Teil des Wortes, *schem*, ist das hebräische Wort für «Name». So bedeutet *Yad Vashem* auf Hebräisch «ein Denkmal und ein Name».

Der Satz stammt direkt aus Jesaja 56,5. Dort hielt der Prophet Gottes Botschaft der Hoffnung und des Trostes für Israel fest: «denen will ich in meinem Hause und in meinen Mauern *ein Denkmal und einen Namen* geben; das ist besser als Söhne und Töchter. Einen ewigen Namen will ich ihnen geben, der nicht vergehen soll» (LUT). Ein Denkmal und ein Name. Yad Vashem ist die israelische Gedenkstätte für die Millionen von Juden, die im Holocaust umgekommen sind. Die Nazis versuchten zunächst, die Namen ihrer Opfer auszulöschen und ihre Identität auf Nummern, die auf ihre Arme tätowiert wurden, zu reduzieren. Und dann versuchten die Nazis, ihr Leben auszulöschen ... die jüdischstämmigen Menschen zu vernichten.

Der Eingang zu Yad Vashem wird von Toren flankiert, die wie der Stacheldraht eines Nazi-Konzentrationslagers aussehen. Nachdem Sie das Besucherzentrum passiert haben, können Sie in verschiedene Richtungen gehen. Das Museum für die Geschichte des Holocausts ist das Herzstück der Stätte mit seinen neun Galerien, die die Besucher auf eine emotionale Reise durch die Schrecken des Holocausts mitnehmen. Der Rundgang ist selbsterklärend, und Fotografieren ist verboten. Es ist eine sehr persönliche Reise durch eine entsetzliche Zeit der Weltgeschichte.

DER KLEINE BAUM

Aber bevor wir ins Museum gehen, möchte ich, dass wir einen anderen Ort besuchen. Um dorthin zu gelangen, müssen wir zunächst die Strasse der Gerechten unter den Völkern hinuntergehen. Entlang dieses Weges sind Johannisbrotbäume gepflanzt worden. Jeder Johannisbrotbaum steht für einen Nichtjuden, der sein Leben riskiert hat, um einen Juden während des Holocausts zu retten. Unten neben jedem Baum befindet sich ein Schild, das die Person und ihr Herkunftsland ausweist. Diese Bäume sind eine wunderbare Hommage an mutige Menschen wie Oskar Schindler. Aber es ist auch traurig zu sehen, wie wenige Bäume es gibt. Die meisten Nichtjuden sahen in dieser dunklen Zeit tatenlos zu – darunter auch viele, die behaupteten, Jesusnachfolger zu sein. Diese Realität zwingt uns dazu, eine beunruhigende Frage zu stellen: Hätten wir *unser* Leben riskiert, um zu helfen?

Vor uns liegen der Platz des Warschauer Gettos und die Mauer des Gedenkens. Die rote Backsteinmauer und zwei Skulpturen erinnern an den Aufstand im Warschauer Getto, als sich jüdische Kämpfer erhoben, um sich dem Versuch der Nazis zu widersetzen, das Warschauer Getto zu räumen. Etwas abseits dieses Denkmals steht ein kleiner Johannisbrotbaum. Er ist so viel kleiner als die vielen schönen Johannisbrotbäume, an denen wir unterwegs vorbeigekommen sind. In der Tat scheint er fast fehl am Platz zu sein – zumindest bis wir seine Geschichte kennen. Der Baum ist klein, weil er noch recht jung ist. Der ursprüngliche Baum ist abgestorben und musste ersetzt werden. Tausende von Besuchern hatten ihn zu Tode geliebt!

Johannisbrotbaum für die Familie von Corrie ten Boom

Schild beim Johannisbrotbaum für die Familie von Corrie ten Boom

Schauen Sie sich das Schild in der Nähe des Stammes des Baumes genau an. Darauf steht: «Corrie ten Boom & Vater Casper & Schwester Elisabeth». Dieser Baum wurde zu Ehren von Corrie ten Boom und ihrer Familie gepflanzt. Diese Niederländer riskierten ihr Leben, um eine Gruppe von Juden zu schützen, die vor der Verfolgung durch die Nazis flohen. Leider hat jemand die Familie bei den Behörden angezeigt. Sie wurden verhaftet und in ein Konzentrationslager geschickt. Corrie überlebte, aber ihr Vater und ihre Schwester kamen ums Leben.

Nach dem Krieg wirkte Corrie in den Niederlanden und in Deutschland. In ihrem Buch *Die Zuflucht* schreibt sie über ein Erlebnis, das sie nach dem Krieg hatte, als sie einen der Wachmänner aus dem Konzentrationslager traf.

> In einem Gottesdienst in München sah ich ihn, den früheren SS-Mann, der vor der Tür zum Duschraum in Ravensbrück Wache gestanden hatte. Er war der erste unserer wirklichen Kerkermeister, den ich seit damals wiedersah. Und plötzlich war das alles wieder lebendig – der Raum voll spottender Männer, die Kleiderhaufen, Betsies vom Schmerz gezeichnetes Gesicht.
>
> Als die Kirche sich leerte, kam er strahlend und sich verbeugend auf mich zu. «Wie dankbar bin ich Ihnen für Ihre Botschaft, Fräulein», sagte er. «Mir vorzustellen, dass er, wie Sie sagen, meine Sünden abgewaschen hat!»
>
> Er streckte die Hand aus, um meine zu schütteln, aber ich, die ich in Bloemendaal den Menschen so oft gepredigt hatte, dass sie vergeben müssten, liess meine Hand herunterhängen.

> Selbst als die bitteren Rachegedanken in mir kochten, erkannte ich, dass das Sünde war. Jesus Christus war für diesen Mann gestorben; wollte ich mehr verlangen? «Herr Jesus», betete ich, «vergib mir und hilf mir, ihm zu vergeben.»
>
> Ich versuchte zu lächeln, bemühte mich krampfhaft, meine Hand zu heben. Ich konnte es nicht. Ich fühlte nichts, nicht den kleinsten Funken Wärme oder Erbarmen. Und so hauchte ich wieder ein stummes Gebet. «Jesus, ich kann ihm nicht vergeben. Schenke mir deine Vergebung.»
>
> Und als ich seine Hand nahm, geschah etwas ganz Unglaubliches. Von meiner Schulter herunter, an meinem Arm entlang und durch meine Hand schien ein Strom von mir auf ihn überzugehen, während in meinem Herzen eine Liebe zu diesem Fremden aufloderte, die mich fast überwältigte.
>
> Und so entdeckte ich, dass die Heilung der Welt weder von unserer Vergebung noch von unserer Güte abhängt, sondern allein von seiner. Wenn er uns sagt, dass wir unsere Feinde lieben sollen, dann schenkt er uns mit dem Gebot die Liebe selbst.[66]

Werfen Sie einen letzten Blick auf den Baum von Corrie ten Boom ... und erinnern Sie sich an ihre Lektion über Vergebung. Wenige werden jemals die Schrecken erleben, die sie in diesem Konzentrationslager durchgemacht hat, aber irgendwann in ihrem Leben werden *viele* den Schmerz der Ablehnung und des Verlusts erfahren. Andere werden den Stachel der Wut, der Vorurteile und des Hasses spüren. Und gerade in Zeiten wie diesen fällt es uns schwer, anderen zu vergeben. Deshalb müssen wir unseren Blick wieder auf Jesus richten, genau wie Corrie. Jesus hat uns unterwiesen zu beten: «Und vergib uns unsere Schuld, *wie auch wir vergeben* unsern Schuldigern» (Mt 6,12, LUT).

---

66 Corrie ten Boom mit John und Elizabeth Sherrill, *Die Zuflucht: Corrie ten Boom erzählt aus ihrem Leben 1892 – 1945*, Übs. Hansjürgen Wille und Barbara Klau, 12. Aufl. (Wuppertal: R. Brockhaus, 1989), 237.

Jesus hat gezeigt, dass er selbst in der Lage ist, diese Vergebung zu gewähren. Als er am Kreuz hing, betete er: «Vater, vergib ihnen, denn sie wissen nicht, was sie tun!» (Lk 23,34). Auch wenn es unmöglich klingt: Vergebung befreit einen Menschen tatsächlich von dem Krebsgeschwür aus Wut und Rache, das an seiner Seele nagen kann. Wenn es Ihnen das nächste Mal schwerfällt zu vergeben, denken Sie an Corries kleinen Baum. Lewis B. Smedes drückte die Macht der Vergebung folgendermassen aus: «Vergeben heisst, einen Gefangenen freizulassen und zu entdecken, dass man selbst dieser Gefangene war.»[67]

DAS KINDERDENKMAL

Besucher von Yad Vashem können einen ganzen Tag damit verbringen, die Ausstellungen, das Kunstmuseum, das Lernzentrum, das visuelle Zentrum und den Buchladen zu besichtigen. Leider ist die Zeit meist begrenzt. Aber ein Ort, den jeder besuchen sollte, ist das Kinderdenkmal, das den 1,5 Millionen Kindern gewidmet ist, die während des Holocausts getötet wurden.

Eingang zum Kinderdenkmal

67 Lewis B. Smedes, *Forgive and Forget: Healing the Hurts We Don't Deserve* (New York: Harper & Row, 1984).

Am Eingang befindet sich ein Relief von Uziel Spiegel, dessen Augen den Besucher auf den Eingang zu lenken scheinen. Der zweijährige Uziel war eines der Kinder, die von den Nazis ermordet wurden, und seine überlebenden Eltern spendeten Geld für den Bau dieser Gedenkstätte. Im Inneren ist die Gedenkstätte geradezu eindringlich in ihrer Schlichtheit. Fünf brennende Kerzen werden von Spiegeln so reflektiert, dass die Besucher das Gefühl haben, zwischen Millionen von Sternen im Weltraum zu schweben. Währenddessen werden der Name, das Alter und das Herkunftsland jedes getöteten Kindes von körperlosen Stimmen gesprochen.

Auf dem Weg nach Yad Vashem unterhalten sich die Touristen normalerweise, lachen und tauschen ihre Eindrücke vom letzten Halt aus. Aber nach Yad Vashem sind sie still und in sich gekehrt. Auf einer Reise hatten wir eine Frau dabei, die als Kind während des Krieges in Deutschland gelebt hatte. Beinahe verteidigend sagte sie immer wieder: «Man hat uns nie gesagt, dass das passiert.»

Yad Vashem nötigt seine Besucher, die schwierigen Fragen des Lebens zu stellen. Fragen wie: Ist das menschliche Herz wirklich zu so etwas Bösem fähig? Die Antwort lautet leider: Ja. Oder wie Jeremia schrieb: «Überaus trügerisch ist das Herz und bösartig; wer kann es ergründen?» (Jer 17,9). Zum Glück gibt Gott gleich im nächsten Vers seine Antwort auf diese beunruhigende Frage. «Ich, der HERR, erforsche das Herz und prüfe die Nieren, um jedem Einzelnen zu vergelten entsprechend seinen Wegen, entsprechend der Frucht seiner Taten» (V. 10).

Eingang zu den Ausgrabungen der Davidsstadt

KAPITEL 50

DIE DAVIDSSTADT:

Jerusalems Wurzeln erforschen

Die ursprüngliche Davidsstadt – die Eistüte in unserem Diagramm von Jerusalem – befindet sich ausserhalb der heutigen Mauern der Altstadt. Die eigentliche Herausforderung beim Besuch der Davidsstadt besteht heute darin, sich zu entscheiden, was man besichtigen möchte. Eine Reisegruppe könnte leicht den grössten Teil eines Tages damit verbringen, durch die Tunnel und Kanäle zu wandern und die verschiedenen von Archäologen freigelegten Stätten zu besuchen. Das setzt natürlich voraus, dass die Gruppe körperlich fit und *nicht* klaustrophobisch ist.

DAVIDS PALAST

Unsere Besichtigung beginnt direkt innerhalb des Haupteingangs. Wenn wir eine Treppe von der Eingangsebene aus hinuntersteigen, sehen wir die Umrisse eines massiven Gebäudes, das einst an dieser Stelle stand. Die Archäologin, die das Gebäude freigelegt hat, ist davon überzeugt, dass sie den Palast gefunden hat, den König David errichten liess, nachdem er die Stadt erobert hatte. «Hiram, der König von Tyros, schickte

David einen Bautrupp mit Zimmerleuten und Steinmetzen. Die brachten Zedernholz und bauten David einen Palast» (2Sam 5,11, BB).

Der Palast wurde auf der höher gelegenen Seite der Stadt – an der Spitze der Eistüte – und wahrscheinlich ausserhalb der ursprünglichen Stadtmauern errichtet. Dies könnte eine Erklärung für einen ansonsten ungewöhnlichen Vorfall in 2. Samuel 5,17 liefern. Als David hörte, dass die Philister hinter ihm her waren, «zog er zur Bergfeste *hinab*». Der Verfasser bezieht sich in 2. Samuel 5 dreimal auf die «Bergfeste» oder «Burg». In Vers 7 «nahm [David] die Burg Zion ein; das ist die Stadt Davids», und in Vers 9 «wohnte [David] in der Burg und nannte sie ‹Stadt Davids›». Es scheint also fast sicher, dass sich Vers 17 auch auf Jerusalem bezieht, die «Bergfeste», die er eroberte und zu seiner Hauptstadt machte. David musste seinen Palast verlassen und *hinunter* zur Bergfeste gehen, wahrscheinlich weil der Palast noch nicht von Jerusalems Verteidigungsanlagen geschützt war.

Die gestufte Steinkonstruktion, die eine Ecke von Davids Palast gestützt haben könnte

Unmittelbar neben Davids Palast entdeckten Archäologen eine massive gestufte Steinkonstruktion. Ursprünglich dachte man, sie sei von den Kanaanitern erbaut worden. Heute geht man davon aus, dass es sich um ein Bauwerk handelt, das den für David errichteten Palast stützte. Dies könnte der schwer fassbare «Millo» sein, der erstmals im Zusammenhang mit Davids Bauprojekten in Jerusalem erwähnt wurde. David «baute ringsum vom Millo an einwärts» (2Sam 5,9). Das Wort Millo kommt von einem hebräischen Verb, das «auffüllen» bedeutet, was darauf hindeutet, dass es sich bei dem Bauwerk um eine Stützmauer aus Stein und Erde handelte. Offensichtlich musste diese terrassenförmige Konstruktion, die fast achtzehn Meter hoch ist, später sowohl von Salomo (1Kö 9,15.24; 11,27) als auch von Hiskia (2Chr 32,5) verstärkt und repariert werden.

In der Gegend des Millo entdeckten die Archäologen auch Überreste von Häusern und anderen Gebäuden aus der Zeit der judäischen Monarchie. Eines der Gebäude muss zur Aufbewahrung offizieller Dokumente gedient haben, denn dort wurden einundfünfzig Tonsiegelabdrücke entdeckt, die man Bullen nennt. Sie trugen Namen aus der Bibel, darunter «Gemarja, der Sohn Schaphans» (Jer 36,10), «Jehuchal, der Sohn Schelemjas» (Jer 37,3) und «Gedalja, der Sohn Paschhurs» (Jer 38,1). Das sind die Namen königlicher Beamter, die wir nur schwer aussprechen können ... und die wir uns selten merken.

WARREN-SCHACHT

Über eine moderne Treppe, die den Hang hinunterführt, gelangen wir zum Eingang eines unterirdischen Tunnels, den die Jebusiter gegraben haben, um ein grosses Problem bei der Verteidigung ihrer Stadt zu lösen. Die Gihonquelle war die Hauptwasserversorgung, aber sie befand sich am Fusse des Hügels im Kidrontal. Wenn die Stadt belagert wurde, schossen feindliche Bogenschützen auf jeden, der versuchte, die Quelle zu erreichen. Also bauten die Bewohner zum Schutz vor Angriffen massive Mauern um die Wasserversorgung und gruben dann diesen Tunnel, durch den sie zur Quelle gelangen konnten, ohne gesehen zu werden.

Am unteren Ende dieses Ganges befindet sich ein natürlicher Schacht, der bis zur Gihonquelle hinunterführt. Der Schacht wird Warren-Schacht

Der unterirdische Gang zur Gihonquelle

genannt, nach Sir Charles Warren, einem britischen Forscher, der ihn 1867 entdeckte. Ursprünglich dachten einige, dass dieser Schacht von den Bewohnern der Stadt genutzt wurde, um Eimer in die darunter liegende Quelle hinabzulassen, und es auch die «Wasserleitung» oder der «Wasserschacht» war, den Joab hinaufkletterte, um in Jerusalem einzudringen (2Sam 5,8; 1Chr 11,6). Aber spätere Ausgrabungen haben beide Theorien widerlegt. Der Schacht ist einfach ein natürlicher Riss im Kalkstein.

DIE GIHONQUELLE

Der kanaanitische Tunnel reichte bis zu den massiven Befestigungsanlagen, die die Gihonquelle umgaben. Ein in den Fels gehauenes Becken speicherte das Quellwasser, das dann über Kanäle zur Bewässerung der Pflanzen und Bäume im Kidrontal geleitet wurde. «Gihon» kommt von einem hebräischen Wort, das «hervorsprudeln» bedeutet. Die Gihonquelle ist eine zeitweilig aussetzende Quelle, deren Durchflussmenge also im Laufe des Tages schwankt. Salomo wurde an der Gihonquelle zum König gesalbt (1Kö 1,38-39). Später ver-

Gihonquelle und Eingang zum Hiskiatunnel

sperrte König Hiskia den Eingang zur Quelle, nachdem er einen Tunnel gegraben hatte, um das Wasser in den Teich Siloah umzuleiten. Wir werden in Kürze sowohl den Tunnel als auch den Teich besuchen, aber zuvor müssen wir einen kleinen Umweg machen.

DER KANAANITISCHE TUNNEL

Gleich links neben dem Eingang zur Gihonquelle befindet sich ein Eingang, der in einen engen Tunnel führt. Der Tunnel wurde von den Jebusitern achthundert Jahre vor der Zeit Davids gegraben. Er erstreckte sich über mehr als hundertachtzig Meter, wonach das Wasser in einen Teich floss. Durch Öffnungen an der Seite des Tunnels konnte das Wasser zur Bewässerung der Felder ins Tal geleitet werden. Es war ein ausgeklügeltes System, das es den Jebusitern ermöglichte, das Kidrontal in fruchtbares Ackerland zu verwandeln. Aber dieser Tunnel erwies sich auch als ihre Achillesferse.

Vierhundert Jahre lang waren die Jebusiter den Israeliten ein Dorn im Auge. Ihre massiven Befestigungen liessen die Stadt uneinnehmbar erscheinen, auch wenn sie Israel dazu verleiteten, den einzig wahren Gott zu verlassen und sich dem Götzendienst hinzugeben. Mehrere Versuche, die Jebusiter zu vertreiben, waren gescheitert. Die Stadt war einfach zu stark befestigt, um eingenommen zu werden. Zumindest schien es so.

Zu diesem Zeitpunkt trat der siebenunddreissigjährige König David auf den Plan. Nachdem er die Streitkräfte von Sauls Sohn Ischboseth besiegt hatte, wurde David schliesslich als König von ganz Israel anerkannt. Dieser neue König brauchte eine neue Hauptstadt, eine, die alle Stämme vereinen würde. Bei Immobilien zählt vor allem die Lage, die Lage, die Lage. Und Davids Immobilienmakler hatte genau den richtigen Ort für ihn. Es gab nur ein *kleines* Problem. Er gehörte den Jebusitern. Davids erste Herausforderung als König war eine, die seine Regentschaft bestimmen sollte und die sein zerbrechliches Land festigen oder zerstören konnte: die Fes-

Der «trockene» kanaanitische Tunnel der Gihonquelle

tung der Jebusiter einnehmen und sie zur Hauptstadt von ganz Israel machen.

Der Kompilator der Chronikbücher hat die Geschehnisse kurz und bündig zusammengefasst. «Und David und ganz Israel zogen nach Jerusalem, das ist Jebus; denn die Jebusiter wohnten dort im Land. Und die Bürger von Jebus sprachen zu David: Du wirst hier nicht hereinkommen! David aber eroberte die Burg Zion, das ist die Stadt Davids» (1Chr 11,4-5). Leider erklärt dieser Bericht nicht, *wie* David die Stadt einnahm. Dankenswerterweise erklärt es 2. Samuel 5,8 (BB). David sagte seinen Männern: «Jeder, der einen Jebusiter erschlägt, soll den Weg durch den Wasserschacht nehmen.» Das heisst, sie mussten durch die Tunnel des Wassersystems in die Stadt gelangen. Dieser Tunnel entlang des Kidrontals wurde zusammen mit dem Tunnel, der am Warren-Schacht vorbeiführte, der Weg zum Sieg für Davids Truppen unter der Führung von Joab.

Wären Joab und seine Männer entdeckt worden, wäre ihr Angriff zu einem Selbstmordkommando geworden. Aber die Kühnheit des Plans ist es, die ihn so brillant macht. Eine Stadt, die einem direkten Angriff von Tausenden von Kriegern standhalten konnte, fiel, nachdem sich eine ausgewählte Gruppe durch das Wassersystem in die Stadt geschlichen hatte, um die Tore von innen zu öffnen. Im Laufe eines einzigen Abends wurde die Stadt der Jebusiter zur Burg Davids und zur Hauptstadt Israels. Ich hoffe diese Geschichte hat Sie abgelenkt, während Sie sich durch diesen sehr *engen* – wenn auch trockenen – Tunnel gezwängt haben!

HISKIAS TUNNEL

Wenn Ihnen der kanaanitische Trockentunnel gefallen hat, werden Sie es lieben, durch den Hiskia-Tunnel zu schwimmen. Dieser über 500 Meter lange Tunnel schlängelt sich unter der Davidsstadt von der Gihonquelle zum Teich Siloah. Der Tunnel und eine grosse Mauer um den Westhügel waren Teil der Vorbereitungen Hiskias auf den drohenden Angriff der Assyrer. Der Zweck des Tunnels war es, das Wasser aus der Gihonquelle in den Teich Siloah zu leiten und so eine leicht zugängliche Wasserversorgung für die Menschen in Jerusalem zu schaffen. Heute variiert die Wassertiefe im Hiskia-Tunnel von wenigen Zentimetern bis zu mittlerer Oberschenkeltiefe. Bevor Sie sich auf den Weg machen, sollten Sie sich vergewissern, dass Sie eine Taschenlampe haben. Es hilft auch, wenn Sie einen Rucksack für Ihre Schuhe und Socken bei sich haben. Und bringen Sie Wasserschuhe oder Flipflops mit. Das Wasser wird sich anfangs kalt anfühlen, aber Sie werden sich schnell daran gewöhnen. Der Tunnel selbst ist etwas eng, und an einigen Stellen ist die Decke etwas niedrig. Aber Sie werden das schon schaffen.

Zu Fuss durch den Hiskia-Tunnel

Der Hiskia-Tunnel war ein erstaunliches technisches Wunderwerk. Zwei Teams von Arbeitern begannen an gegenüberliegenden Enden und bewegten sich aufeinander zu, um so den Kanal durch den massiven Fels zu stemmen. Tatsächlich fasste der Kompilator von 2. Könige die Regierungszeit Hiskias so zusammen: «Was aber mehr von Hiskia zu sagen ist, und alle seine grossen Taten, und wie er den Teich und die Wasserleitung erbaute und das Wasser in die Stadt leitete, ist das nicht aufgezeichnet im Buch der Chronik der Könige von Juda?» (2Kö 20,20). Das Buch 2. Chronik wiederholt dieses Thema, wenn es berichtet, dass Hiskia «den oberen Ausfluss des Gihonbaches verstopfte und ihn westlich abwärts, zur Stadt Davids leitete» (2Chr 32,30).

Nach der Fertigstellung des Tunnels meisselten die Arbeiter eine Inschrift in die Wand, um das Ereignis zu dokumentieren. «[...] und da flossen die Wasser von der Quelle zum Teich auf eine Länge von 1200 Ellen. Und 100 Ellen war die Höhe des Felsens über dem Kopf der Steinhauer.»[68] Diese Inschrift wurde im 19. Jahrhundert entdeckt. Leider wurde sie aus dem Felsen geschnitten und in das Antikenmuseum Istanbul gebracht, wo sie heute noch ausgestellt ist. Eine moderne Kopie wurde jedoch an der Wand des Tunnels in der Nähe des Ausgangs zum Teich Siloah angebracht.

Die grösste Schwierigkeit für Besucher, die heute durch den Tunnel gehen, ist der Kampf gegen die Klaustrophobie. Aber bei einigen meiner ersten Begehungen des Tunnels standen wir vor noch grösseren Herausforderungen. Der Tunnel wurde nicht immer «nicht nur sauber, sondern rein» gehalten wie heute. Bei einer Begehung reichte mir das Wasser in Teilen des Tunnels bis zum Hals. Ich musste meinen Rucksack mit einer Hand über dem Kopf halten, mit der anderen meine Kamera hochhalten und meine Taschenlampe in den Mund nehmen. Das war eine herausfordernde Wanderung durch den Tunnel! Aber meine Erfahrung verblasst im Vergleich mit den ursprünglichen Entdeckern. Hauptmann Charles Wilson führte am 12. Dezember 1867 eine Gruppe durch den Tunnel. Hier ist eine teilweise Zusammenfassung seines Berichts.

> Bei 259 Metern wurde die Höhe des Kanals auf 56 Zentimeter reduziert, und hier begannen unsere Probleme. Das Wasser strömte mit grosser Gewalt, 30 Zentimeter hoch, und wir, die wir in voller Länge krochen, standen bis zum Hals darin.

68 *Handbuch der althebräischen Epigraphik: Studienausgabe mit einem bibliografischen Nachwort*, Bd. 1: Die althebräischen Inschriften: Text und Kommentar, Johannes Renz (Darmstadt: WBG, 2016), 188–189.

> Es war mir besonders peinlich: eine Hand notwendigerweise nass und schmutzig, die andere hielt einen Bleistift, einen Kompass und ein Notizbuch; die Kerze zum grössten Teil in meinem Mund. [...]
> Als wir herauskamen, war es dunkel, und wir mussten einige Minuten zitternd stehen bleiben, bevor man uns unsere Kleidung brachte; wir waren fast vier Stunden im Wasser.[69]

Im Vergleich zu damals ist der Durchgang durch den Tunnel heute ein vierzigminütiger Spaziergang.

DER TEICH SILOAH

Diejenigen, die ihren Weg durch den Hiskia-Tunnel nehmen, kommen schliesslich am Teich Siloah heraus. Viele Jahre lang war dies das Ende der Reise – ein Ort, an dem man seine Füsse trocknen, seine Turnschuhe anziehen und gelegentlich ein «Ich habe den Hiskia-Tunnel überlebt»-T-Shirt kaufen konnte. Bei einer Studienreise brachte ein Teilnehmer die Spiegelreflexkamera seiner Frau mit. Sie hatte ihm die strikte Anweisung gegeben, gut darauf aufzupassen, und die meiste Zeit der Reise gelang es ihm, der Weisung seiner Frau Folge zu leisten. Aber dann kam der Teich Siloah!

Gruppe beim Verlassen des Hiskia-Tunnels am Teich Siloah

69 Charles Wilson und Charles Warren, *The Recovery of Jerusalem*, Hg. Walter Morrison (New York: D. Appleton & Co., 1871), 188–189.

Als wir den Tunnel verliessen, stand das Wasser im Teich ziemlich hoch und überragte den Steinweg vom Ausgang zur Treppe mit mehreren Zentimetern Wasser. Der Mann beschloss, ein Foto vom Tunnelausgang zu machen. Er war ein bisschen zu nah dran, also trat er zurück ... und zurück ... und dann trat er direkt vom Steinweg ins Leere und fiel rückwärts in den Pool. Das Wasser war nur ein paar Meter tief, also ausreichend, um sowohl ihn als auch die Kamera seiner Frau unter Wasser zu setzen.

Vor einigen Jahren führte ein Rohrbruch zu einer weiteren erstaunlichen Entdeckung – dem tatsächlichen Teich Siloah aus der Zeit Jesu. Der Teich am Ausgang des Tunnels stammt aus der byzantinischen Zeit. Aber nur eine kurze Strecke entfernt befanden sich die Überreste eines viel früheren – und viel grösseren – Teichs.

Der Teich Siloah aus der Zeit Jesu

Nur ein kleiner Teil des Teiches ist ausgegraben worden, aber es ist klar, dass er ziemlich gross gewesen sein muss. Nachdem wir unseren Gang durch die Davidsstadt, direkt unterhalb des Tempelbergs, begonnen haben, ist dies ein guter Ort, um anzuhalten und uns mit den Ereignissen in Johannes 8 und 9 zu befassen. Nach einer Konfrontation mit den religiösen Anführern «verliess [Jesus] den Tempel» (Joh 8,59). Johannes 9 nimmt danach die Geschichte wieder auf. «Und als er vorbeiging, sah er einen Menschen, der blind war von Geburt an» (V. 1). Für die Jünger war der blinde Mann Anschauungsobjekt für eine theologische Diskussion. Sie wollten wissen, ob seine Blindheit die Folge der Sünde seiner Eltern war oder vielleicht von etwas, das er im Mutterleib getan hatte.

Jesus antwortete, dass keine der beiden Optionen zuträfe. Nachdem er seine Erklärung gegeben hatte, «spie er auf die Erde und machte einen Brei mit dem Speichel und strich den Brei auf die Augen des Blinden und sprach zu ihm: Geh hin, wasche dich im Teich Siloah» (Joh 9,6-7). Wir neigen dazu, Detailangaben zu überlesen, aber durch Lokalkenntnis werden sie mit Bedeutung gefüllt. Der Weg vom Tempelbereich zum Teich von Siloah war ein ziemlich langer Spaziergang. Es ging bergab mit vielen Stufen. Eine Strasse führte vom Teich Siloah zum Tempel, und diese Strasse wird unsere nächste Reisestation sein. Wichtig zu wissen ist, dass die Strasse mit Kalksteinblöcken gepflastert war, und diese Blöcke werden durch den Gebrauch glatt und rutschig. Für diesen blinden Mann war die Befolgung der Anweisungen Jesu ein Gang des Glaubens.

Glücklicherweise hatte er am Ende seines Gehorsamswegs sowohl körperliches *als auch* geistliches Sehvermögen.

DIE PILGERSTRASSE

Die jüngste Entdeckung in der Davidsstadt ist die Strasse, die vom Teich Siloah zum Tempelberg führte. Archäologen haben jahrelang Tunnelbauarbeiten unter den Häusern auf der Westseite der Davidsstadt durchgeführt. Dabei haben sie die darüber liegenden Häuser abgestützt und das zweitausend Jahre alte Strassen- und Entwässerungssystem darunter freigelegt. Es war ein langsamer, methodischer Prozess, aber die Ergebnisse sind spektakulär. Wenn man auf einer Strasse geht, die zur Zeit Jesu existierte, vermittelt das ein Gefühl der Greifbarkeit der Bibel. So könnte zum Beispiel der Mann, der blind geboren wurde, sich genau an der Stelle, an der Ihre Füsse jetzt stehen, Schritt für Schritt hinunterbewegt haben!

Die Worte «Fortsetzung folgt» müssen unseren Gang durch die Davidsstadt abschliessen, denn der Prozess der Entdeckung geht dort weiter. Welcher unglaubliche Fund wartet darauf, hinter dem nächsten Stein oder in dem nächsten Eimer mit Erde entdeckt zu werden? Nur die Zeit wird es zeigen.

Blick auf die Pilgerstrasse bei der Davidsstadt

Eingang zum Gartengrab

KAPITEL 51

DAS GARTENGRAB:

Die protestantische heilige Stätte

Jede religiöse Gruppierung in Israel hat ihre eigene Liste von «heiligen Stätten». Für ultraorthodoxe Juden wäre es die Klagemauer oder vielleicht das Grab Davids. Für katholische oder orthodoxe Christen könnte es die Verkündigungskirche in Nazareth, die Geburtskirche in Bethlehem oder die Grabeskirche in Jerusalem sein. Aber für die meisten protestantischen Christen wären die beiden «heiligen Stätten» der See Genezareth und das Gartengrab in Jerusalem. Wir sind auf einem Boot über das Meer gesegelt, und unser heutiger Gang führt uns zum Gartengrab.

Das Gartengrab befindet sich nördlich des Damaskustors im arabischen Ostjerusalem. Normalerweise ist die Gegend nicht problematisch, auch wenn es für Reisebusse schwierig sein kann, einen Parkplatz in der Nähe zu finden. Die Anlage liegt zwischen zwei Busbahnhöfen, und die Strasse vor dem Eingang kann zuweilen sehr voll werden. Wir haben erlebt, wie voll es am ersten Freitag des Ramadan ist!

Muslime verwenden einen Mondkalender, sodass sich der Monat Ramadan im Vergleich zu unserem Kalender jedes Jahr um zehn Tage nach vorn verschiebt. Das folgende Durcheinander ist mir auf all meinen Reisen nur ein Mal passiert, aber auf dieser speziellen Reise fiel der erste

Freitag des Ramadan mit dem letzten Tag unserer Rundreise zusammen. Die Reisegruppe sollte den grössten Teil des Tages in der Altstadt verbringen, bevor sie am Nachmittag zum Gartengrab fuhr. Als unser Fahrer uns zum ersten Treffpunkt brachte, erfuhren wir, dass alle Strassen rund um die Altstadt bis zum Vormittag gesperrt sein würden, weil zum Freitagsgottesdienst viele Menschen in die Al-Aqsa-Moschee kommen. Wir sahen unseren Bus und unseren Fahrer erst *nach* unserem Besuch des Gartengrabs wieder.

Wir verbrachten den Vormittag und den frühen Nachmittag damit, den Menschenmassen auszuweichen, die in das muslimische Viertel und auf den Tempelberg strömten. Am späten Nachmittag machten wir uns auf den Weg zum Gartengrab. Unglücklicherweise begannen zur gleichen Zeit Tausende Muslime aus dem muslimischen Viertel der Altstadt nach Norden zu strömen, um Anschluss an die öffentlichen Verkehrsmittel zu finden, die sie nach Hause bringen sollten.

Die Menschenmenge – und die Absperrung – blockieren den Eingang auf der linken Seite

Unsere Reisegruppe bahnte sich im Zickzack den Weg durch das christliche Viertel der Altstadt in der Hoffnung, den wogenden Menschenmassen einigermassen zu entgehen. Dann waren vor uns Sperren, die die Polizei in der Nähe des Damaskustors aufgestellt hatte und die uns ein Durchkommen verunmöglichten! Wir umgingen das Gebiet im grossen Bogen in der Hoffnung, das Gartengrab von Norden her zu erreichen. Der *grossartige* Plan hatte nur einen winzigen Makel. Die Polizei hatte Sperrgitter auf der Strasse vor dem Gartengrab aufgestellt und brachte die Menschenmassen in Reih und Glied, damit sie in die Busse verfrachtet werden konnten. Leider hatten sie die Sperre genau *oberhalb* des Eingangs zum Gelände aufgestellt! Eine Mauer aus Menschen, bewacht von Polizisten und Soldaten, drängte sich gegen die Absperrung, die quer über die Fahrbahn gestellt war und uns effektiv von unserem Ziel abhielt.

Das Gartengrab bietet alles, was sich protestantische Christen wünschen, wenn sie über die Ereignisse im Zusammenhang mit Jesu Tod und Auferstehung nachdenken.

Nach einigen angeregten Diskussionen mit den Verantwortlichen konnten wir sie davon überzeugen, die Seite der Absperrung neben dem Gartengrab vorübergehend zu öffnen, damit sich unsere Reisegruppe hindurchzwängen und eintreten konnte. Nach all den Menschenmassen und Slaloms waren wir bereit für die friedliche Einsamkeit des Gartengrabs.

DIE BESICHTIGUNG DES GARTENGRABS

Das Gartengrab steht unter der Leitung einer evangelikalen Organisation aus dem Vereinigten Königreich. Ihre Fremdenführer sind Freiwillige aus der ganzen Welt, die nach Israel reisen und ihre Zeit dafür opfern, Gruppen durch die Stätte zu führen. Und wie das Wasser des Lebens in

Blick auf den Schädelhügel oberhalb einer arabischen Bushaltestelle neben dem Gartengrab

Offenbarung 22,17 ist das Gartengrab für alle Gruppen «umsonst» zugänglich.

Zu Beginn dieses Abschnitts möchte ich noch einmal bekräftigen: Mein Kopf sagt mir, dass die Grabeskirche wahrscheinlich der Ort ist, an dem Jesus gekreuzigt und begraben wurde und von den Toten auferstanden ist. Aber diese Stätte lässt mich geistlich unbefriedigt. Sie ist eine Ansammlung von Konflikten und Verwirrung. Im Gegensatz dazu bietet das Gartengrab alles, was sich protestantische Christen wünschen, wenn sie an die Ereignisse im Zusammenhang mit Jesu Tod und Auferstehung denken. Wir wollen Golgatha sehen, und hier haben sie den «Schädelhügel». Wir wollen ein tatsächliches Grabmal, wie das, das Sie hier finden. Wir wollen einen Garten in der Nähe, und auf diesem Gelände wurden die Überreste einer Traubenpresse und einer Zisterne entdeckt. Die *Garden Tomb Association* («Gartengrabverein») hat das Gebiet mit dem Ziel gestaltet, ihm eine warme, einladende und schöne Atmosphäre zu verleihen. Mein Kopf sagt mir, dass die Ereignisse an dem anderen Ort stattgefunden haben, aber hier hilft mir mein Herz, den Ereignissen näherzukommen.

Der erste Halt der Führung ist ein Aussichtspunkt, von dem aus die Reisegruppe den «Schädelhügel» sehen kann. Er befindet sich direkt über einem weiteren der arabischen Busbahnhöfe, die das Gartengrab umschliessen. Der Fremdenführer weist auf die Vertiefungen hin, die den Eindruck von Augenhöhlen vermitteln. Der Mund ist heute mit Pflastersteinen bedeckt, aber der Reiseführer zeigt ein altes Foto, auf dem die «Schädelform» deutlicher zu erkennen ist.

Der Schädelhügel wird oft Gordons Golgatha genannt, nach Generalmajor Charles Gordon, der Jerusalem 1883 besuchte. Als er im Haus von

Horatio und Anna Spafford wohnte, blickte er von deren Dach aus auf das Gelände. Er war nicht der Erste, der diesen Ort als Golgatha vorschlug, aber seine Popularität in England – insbesondere nach seinem Tod in Khartum bei der Verteidigung der Stadt gegen eine eindringende islamische Armee – trug dazu bei, das Gelände unter den britischen Evangelikalen populär zu machen, die die *Garden Tomb Association* gründeten und Mittel sammelten, um das Land 1894 zu erwerben.

Dwight L. Moody besuchte das Heilige Land im Frühjahr 1892 und predigte an diesem Ort. Tatsächlich hat er mit seiner Predigt dort fast einen Aufruhr ausgelöst! Oberhalb des Schädelhügels befindet sich ein muslimischer Friedhof. Herr Moody benutzte eines der Gräber als Plattform, um zu predigen. Später reagierte er auf die Wut und die Kritik. «Ich kann es ihnen nicht verdenken. Ich würde auch nicht wollen, dass jemand auf dem Grab meines Vaters steht und eine Predigt hält.»[70]

Vom Schädelhügel aus führt uns der Fremdenführer in den Gartenbereich. Der Apostel Johannes schrieb: «Es war aber ein Garten an dem Ort, wo Jesus gekreuzigt worden war, und in dem Garten ein neues Grab, in das noch niemand gelegt worden war» (Joh 19,41). Wenn wir im Westen an einen Garten denken, stellen wir uns einen Ort vor, in dem wir Blumen und vielleicht etwas Gemüse anbauen. Aber zur Zeit Jesu bezog sich das Wort auf einen landwirtschaftlich genutzten Garten wie einen Olivenhain, einen Obstgarten oder einen Weinberg. Die Entdeckung einer grossen Wasserzisterne und einer Weinpresse an diesem Ort lässt vermuten, dass das Gebiet einst ein bewirtschafteter Weinberg gewesen sein könnte.

Der Höhepunkt der Führung ist jedoch der Besuch des Grabes. Der Fremdenführer betont einen wichtigen Punkt, den sich jeder Besucher merken sollte. Ob dies das Grab ist, in das Jesus gelegt wurde oder nicht, ist nicht wichtig. Wir beten nicht das Grab an, wir beten den Sohn Gottes an, der für unsere Sünden gestorben ist, in ein Grab gelegt wurde und dann von den Toten auferstanden ist!

70 William R. Moody, *The Life of Dwight L. Moody* (Chicago: Fleming H. Revell Co., 1900), 391.

Der Eingang zum Grab

Die Ausschilderung im Gartengrab ist eine grosse Hilfe. Die verschiedenen Pflanzen und Blumen sind mit Schildchen versehen, und an den wichtigsten Stellen findet man die passenden Bibelverse. Aber das tiefgründigste Schild war das, welches an der hölzernen Tür zum Grab hing. Da die Tür tagsüber offen stand, haben einige Besucher sie beim Eintreten übersehen. Aber das Zitat, das an Lukas 24,6 angelehnt ist, fasst den gesamten Schwerpunkt der *Garden Tomb Association* zusammen: «Er ist nicht hier, sondern er ist auferstanden!» Leider wurde das Schild – und die Tür, an der es befestigt war – vom Eingang des Grabes entfernt, weil die Besucher die Tür immer wieder schlossen, um ein Foto zu machen, was zu langen Schlangen führte. Die neue Anordnung könnte dazu beitragen, «den Durchsatz zu erhöhen», aber ich hoffe, dass die Tür und das Schild letztendlich wieder angebracht werden. Denn sie sind das, was

Protestanten noch am ehesten für ein wirklich religiöses Symbol mit tiefer geistlicher Bedeutung halten könnten. Aber seien Sie nicht enttäuscht. Eine Replik des Schildes können Sie im Geschenkeladen kaufen!

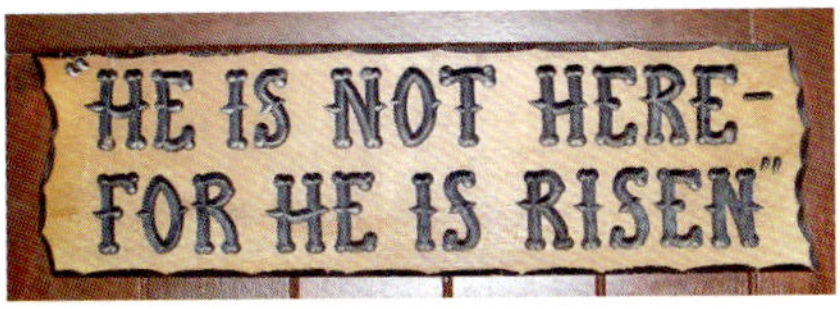

Das Schild, das an der Tür des Grabes angebracht war

Ein Schild, das nicht zum Verkauf steht – und tatsächlich auch nicht mehr aufgestellt ist –, war einst an der Wand vor dem Eingang zum Gartengrab angebracht. Ich bin viele Male an diesem Schild vorbeigegangen, ohne jemals innezuhalten und das Kleingedruckte darunter zu lesen. Das heisst, bis Jerry Jenkins eine Reisegruppe darauf aufmerksam machte. Wir sollten wohl alle dankbar sein, dass es nicht angebracht war, als Petrus, Johannes und die Frauen an jenem ersten Ostersonntag in den Garten gingen.

ABENDMAHL AM GARTENGRAB

Im Anschluss an die Führung veranstalten viele Reisegruppen einen Abendmahlsgottesdienst. Die *Garden Tomb Association* reserviert für jede Reisegruppe, die dies wünscht, einen Ort und bereitet Brot und Wein vor. Die Gruppen – grosse und kleine – versammeln sich dann zu ihrer eigenen besonderen Gedenkstunde.

Schild, das einst am Eingang zum Gartengrab war

Eines der einprägsamsten Erlebnisse am Gartengrab ist es, Reisegruppen aus aller Welt zu hören, die dieselben Anbetungslieder singen, allerdings in einer Vielzahl von Sprachen. Einige werden von Gitarren begleitet, andere singen *a cappella*. Menschen aus einer Vielzahl von Nationen zu hören, die sich

Ein Tablett mit Brot und Wein für den Abendmahlsgottesdienst

versammeln, um Gott zu loben, ist ein Vorgeschmack auf den Himmel und eine Erinnerung daran, dass der Tag kommen wird, an dem ein neues Lied gesungen wird: «Du bist würdig, das Buch zu nehmen und seine Siegel zu öffnen; denn du bist geschlachtet worden und hast uns für Gott erkauft mit deinem Blut aus allen Stämmen und Sprachen und Völkern und Nationen» (Offb 5,9).

Viele Reisegruppen bringen kleine Olivenholzbecher für den Abendmahlsgottesdienst mit. Nach dem Gottesdienst ermutige ich unsere Teilnehmer, dieses Datum auf den Boden des Bechers zu schreiben und den Becher als Erinnerung an ihre Zeit im Heiligen Land mit nach Hause zu nehmen – und an diese besondere Zeit der Erinnerung an den Tod, das Begräbnis, die Auferstehung und die verheissene Wiederkunft Jesu. An dieser Stelle möchte ich die Worte des Apostels Johannes in Offenbarung 22,20 wieder laut werden lassen. «Amen. – Ja, komm, Herr Jesus!»

Das leere Grab

Das Gartengrab ist bedeutsam, weil es uns an die Realität der Ereignisse erinnert, die hier in Jerusalem stattfanden. Aber denken Sie immer daran: Unsere Hoffnung ruht auf einem lebendigen Erlöser – nicht auf einer kalten Kalksteinplatte, die einst als vorübergehende Ruhestätte für seinen menschlichen Körper diente!

Der Zweig und die Blüten eines Senfbaums, der neben einer Mauer wächst

KAPITEL 52

ABSCHLUSS

Nach einem Jahr oder mehr der Vorfreude – und nach Wochen der Vorbereitung – ist Ihre Reise durch das Heilige Land nun vorüber. An den Tagen im Land, insbesondere an den letzten Tagen in Jerusalem, war es, als flögen die Sehenswürdigkeiten und Erlebnisse nur so an uns vorbei. Es ist also Zeit, einzupacken, zum Flughafen zu fahren, unserem Reiseleiter und Fahrer tränenreich Lebewohl zu sagen und das Flugzeug für den langen Heimflug zu besteigen.

In den nächsten Tagen werden Sie mit dem Jetlag zu kämpfen haben, während Sie versuchen, Ihren normalen Alltag wieder aufzunehmen. Die Reise wird allmählich in den Hintergrund treten und nur noch eine schöne Erinnerung sein. Irgendwann lesen Sie dann in Ihrer Bibel, und ein Ortsname springt Ihnen ins Auge. Das kann zu Hause oder in der Kirche passieren. Aber in diesem Moment wird ein Bild des Ortes in Ihrer Erinnerung aufblitzen. Sie werden den Ort auf eine neue, intuitive Weise sehen, fühlen und sogar riechen. Und wenn Sie den Text weiterlesen, werden Ihnen plötzlich andere Details auffallen, die Sie vor Ihrer Reise nicht bemerkt hatten.

Anstatt *über* ein Ereignis zu lesen, werden Sie plötzlich das Gefühl haben, das Ereignis auf eine frische, neue und aufregende Weise zu *erleben*. Der Ausdruck, der von denjenigen, die in Israel waren, am häufigsten verwendet wird, ist der, dass die Bibel plötzlich «lebendig zu werden» scheint. In Wirklichkeit hat sich nicht die Bibel geändert, sondern Ihre Wahrnehmung. Die Bibel war schon immer Gottes lebendiges, atmendes Wort. Aber Sie erleben jetzt die visuellen Details, die schon immer da waren, aber vorher unbemerkt blieben, weil Ihnen der anschauliche geografische Kontext gefehlt hat, um ihre Bedeutung zu erfassen.

Ich hoffe, dass Sie auf dieser gemeinsamen Reise in Ihrem Verständnis und Ihrer Wertschätzung für Gottes Wort gewachsen sind. Da Sie diese Stätten kennengelernt haben, können Sie nun Gottes Wort mit neuen Augen lesen. Und Ihre Wertschätzung für all die vielen Details wird im Laufe der Monate und Jahre nicht schwächer, sondern stärker werden.

Einigen von Ihnen hat dieses Buch geholfen, eine längst vergangene Reise nach Israel Revue passieren zu lassen. Ich hoffe, dass Sie beim Lesen des Textes und beim Betrachten der Bilder lebhafte Erinnerungen an Ihre Zeit in diesem Land zurückgewonnen haben. Andere haben dieses Buch vielleicht in Vorbereitung auf eine bevorstehende Reise gelesen. Wenn ja, hoffe ich, dass ich Sie ermutigt habe, Ihren Sinn für Abenteuer – und Ihren Sinn für Humor – für die bevorstehende Reise einzupacken. Suchen Sie nach neuen Erfahrungen und erlauben Sie Gott, Ihre Zeit im Land zu nutzen, um Sie in Ihrem Glauben wachsen zu lassen. Für andere wiederum könnte dieses Buch die einzige Gelegenheit sein, Israel in ihrem Leben zu «besuchen». Und wenn das der Fall ist, dann hoffe ich, dass Sie mit diesem Buch eine virtuelle Reise durch das Heilige Land erleben konnten.

Viele Urlaube lassen sich in einem Satz zusammenfassen: Ich war dort, habe das gemacht und das T-Shirt gekauft. Es hat Spass gemacht, aber ich muss es nicht noch einmal machen. Was mich angeht, hat das für Israel *nie* gegolten. Jeder Besuch ist eine Gelegenheit, etwas Neues zu lernen. Die Stätten verändern und entwickeln sich mit der Zeit. Aber noch wichtiger ist, dass ich mich verändere. Die Besuche an den verschiedenen Orten vermitteln mir ein besseres Verständnis von Gottes Wort. Und dieses bessere Verständnis von Gottes Wort hilft mir dann, das, was ich sehe, besser zu verstehen, wenn ich mir die Stätten anschaue. Diese Spirale des Verstehens endet nie. Das ist ein Grund, warum viele Menschen immer wieder nach Israel zurückkehren. Und für diejenigen unter Ihnen, die nie in der Lage sein werden, eine tatsächliche Reise zu unternehmen, möchte ich Sie ermutigen, dieses Buch in Zukunft noch einmal zu lesen. Mit der Zeit werden Sie die gleiche Spirale des Verstehens erleben.

DIE LEKTIONEN VOM SENFKORN

Zum Schluss möchte ich noch eine letzte Lektion aus dem Land mit Ihnen teilen. In Matthäus 13 verwendet Jesus ein Senfkorn, um einen wichtigen Vergleich mit dem Himmelreich anzustellen. «Das Reich der Himmel gleicht einem Senfkorn, das ein Mensch nahm und auf seinen Acker säte» (V. 31). Leider ist das der Punkt, an dem die meisten modernen Leser abschalten. Bei uns kommt der Senf aus einem Glas oder aus der Tube. Der Senf, den wir auf unsere belegten Brote streichen, hat keine Körner! Wir verpassen, was Jesus uns sagen will, weil unser Gedankengang auf dem Holzweg ist.

Wofür wurde Senf im Altertum verwendet? Und wie sieht ein Senfkorn überhaupt aus? Senf ist ein Reizstoff und wurde in der Vergangenheit eher als Medizin denn als Würze verwendet. Der antike Arzt Galen sagte, dass Senf auf Wunden aufgetragen wurde, um die Heilung zu fördern, und auch Teil einer Mischung war, die verwendet wurde, um das Erbrechen hervorzurufen.[71] (Die Brechwurz dieser Zeit!)

Es stellt sich sogar die Frage, welche Art von Senfkorn Jesus gemeint hat, als er es mit dem Himmelreich verglich. Viele nehmen an, dass er sich auf die schwarze Senfpflanze bezog, die im Nahen Osten wächst. Aber ihre Samen sind nicht besonders klein. Und obwohl die Pflanze über drei Meter hoch werden kann, ist sie eher ein grosser Strauch als

71 Galen, *Method of Medicine, Band 1: Books 1–4*, Hg. und Übs. Ian Johnston und G. H. R. Horsley, Loeb Classical Library (Cambridge: Harvard University Press, 2011), 393–403.

ein kleiner Baum. Andere glauben, dass er die Pflanze *Nicotiana glauca* beschrieb, die oft als Tabakbaum oder Senfbaum bezeichnet wird. Sie sieht eher wie ein spindeldürrer Baum mit gelben Blüten aus und kann über viereinhalb Meter hoch werden. Noch wichtiger ist, dass ihre Samen unglaublich klein sind. Die Pflanze ist giftig. Wenn es sich also um diese Pflanze handelt, die Jesus beschrieb, wurde sie definitiv *nicht* zur Ernährung angebaut. Aber sie wurde für Breiumschläge und andere medizinische Zwecke verwendet. Ich persönlich glaube, dass dies die Pflanze und die Samen sind, die Jesus beschrieben hat.

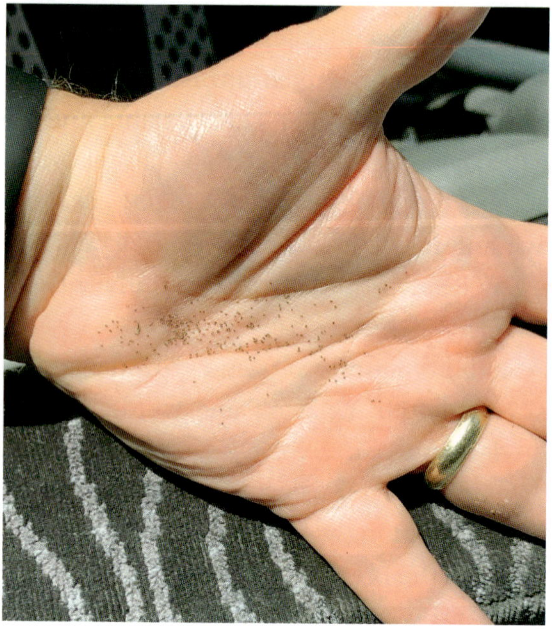

Ein Handteller mit winzigen Senfkörnern

Das Erstaunlichste an diesem Senfbaum ist die geringe Grösse seiner Samen. Ich lasse den Reisebus gerne anhalten, wenn ich einen Senfbaum am Strassenrand wachsen sehe, und pflücke ein paar der kleinen braunen Samenkelche. Normalerweise finde ich noch Samen in den Kelchen. Ich schüttele die Samen in meine Hand und gehe dann mit ausgestreckter

Hand durch den Bus, um den Leuten die Samen zu zeigen. Es ist ein weiterer Aha-Moment, wenn die Menschen die vielen winzigen Samen sehen. Dann schauen sie sich draussen die kleinen Bäume an, die aus diesen winzigen Samen gesprosst sind. Bäume, die gross genug sind, wie Jesus sagte, damit «die Vögel des Himmels kommen und in seinen Zweigen nisten» (Mt 13,32).

Man hat versucht, viel mehr Bedeutung in das Gleichnis hineinzulesen, als Jesus beabsichtigte, so wie man versucht, eine Bedeutung in den Vögeln zu finden, die in den Zweigen sitzen. Aber bei der Interpretation von Gleichnissen ist es am besten, sich an die Hauptaussage der Geschichte zu halten – es sei denn, Jesus selbst macht sich die Mühe, andere Einzelheiten zu erklären. Im Gleichnis vom Senfkorn sagt er uns nicht, dass es eine tiefere Bedeutung für die Vögel gibt.

Was ist der Sinn der Geschichte? Jesus will damit sagen, dass Gottes Programm für das Reich Gottes vielleicht klein anfängt, aber Gott wird dennoch auf fast geheimnisvolle Weise am Werk sein, um sein Wachstum zu bewirken. Das Saatkorn mag das kleinste von allen gewesen sein, das die Bauern zur Zeit Jesu verwendeten, aber das Endergebnis ist die grösste Pflanze, die im Garten wächst. Und genauso wird das von Jesus angekündigte Gottesreichsprogramm eines Tages die Erde erfüllen, wenn er wiederkommt als «König der Könige und Herr der Herren» (Offb 19,16).

Jesus verwendete dieselbe Pflanze auch, um eine Lektion über den Glauben zu lehren. Als Jesus gerade vom Berg der Verklärung herunterkam, erklärte er seinen Jüngern, warum sie nicht in der Lage waren, einen von einem Dämon besessenen Jungen zu heilen. «Er antwortet ihnen: Wegen eures Kleinglaubens! Denn, amen, ich sage euch: Wenn ihr Glauben habt wie ein Senfkorn, werdet ihr zu diesem Berg sagen: Bewege dich von hier nach dort, und er wird sich wegbewegen; und nichts wird euch unmöglich sein» (Mt 17,20, ZB). Der «Berg», auf den er in diesem Moment anspielte, war sehr wahrscheinlich der Berg Hermon, der höchste Berg in Israel. Und das Senfkorn war das kleinste aller Samenkörner. Mit anderen Worten: Es braucht nicht viel Glauben, um grosse Dinge zu erreichen.

Welche Lehren können wir also vom Senfkorn mit nach Hause nehmen, wenn wir diese Israelreise beenden? Hier sind zwei, die mit dem zu tun haben, was Jesus über diese kleinen Samenkörner lehrte. Erstens: Lassen Sie sich nicht entmutigen, wenn sich Ihr Leben nach Ihrer Reise nicht auf wundersame Weise ändert. Gottes Reich selbst hat klein angefangen, aber Gott arbeitet noch immer daran, all das zu erreichen, was er sich vorgenommen hat. Nach wie vor gilt: Bitte haben Sie Geduld, Gott ist noch nicht fertig mit Ihnen! Die Investition Ihrer Zeit in Israel wird sich auch in den kommenden Wochen, Monaten und Jahren geistlich auszahlen.

Das Senfkorn lehrt uns, dass der grösste Berg durch das kleinste Samenkorn des Glaubens versetzt werden kann.

Die zweite Lektion ist, dass wir keine «Glaubensriesen» sein müssen, um von Gott gebraucht zu werden. Das Senfkorn lehrt uns, dass der grösste Berg durch das kleinste Samenkorn des Glaubens versetzt werden kann. Denken Sie daran, dass Gott nicht nach *Fähigkeiten* sucht; ihn interessiert viel mehr Ihre *Verfügbarkeit*.

Ich hoffe, diese Reise in das Land der Bibel hat Ihnen auf Ihrem Weg mit Gott geholfen. Wir besuchten *echte* Orte, an denen *echte* Männer und Frauen der Bibel *echten* Glauben an Gottes Verheissungen ausübten und den *echten* Einfluss entdeckten, den er durch sie ausüben konnte. Entdecken Sie das auch in Ihrem Leben.

Schalom!

DANKSAGUNGEN

Dieses Buch trägt zwar meinen Namen auf dem Umschlag, aber es ist nicht *ex nihilo* meinem Kopf oder meiner Feder entsprungen. Es ist das Ergebnis von vier Jahrzehnten, in denen ich mit Gruppen nach Israel gereist bin und beobachtet habe, wie diese Mitreisenden mit dem Land interagieren und sich für es begeistern. Während ich meine Gedanken und Eindrücke niederschrieb, filterte ich sie durch eine Reihe von Freunden und die wunderbaren Mitarbeiter des Verlags *Moody Publishers*. Dieses Buch ist ein Nebenprodukt von *all* ihrer Arbeit.

Es fällt mir schwer, alle, die an der Entstehung dieses Buches mitgewirkt haben, persönlich zu erwähnen, weil ich Angst habe, einige zu übersehen. Ich entschuldige mich daher im Voraus für etwaige Versäumnisse. Und doch kann ich diese Niederschrift nicht abschliessen, ohne die folgenden Personen hervorzuheben, denen ich besonders dankbar bin.

Vielen Dank, Amy Simpson und Randall Payleitner, die das Manuskript beim Herstellungsprozess bei *Moody Publishers* begleitet haben. Sie haben meine persönlichen Wünsche – und Exzentrizitäten – gnädig ertragen und einen gangbaren Weg gefunden.

Vielen Dank, Betsey Newenhuyse, dass Sie als Lektorin an dem Projekt mitgearbeitet haben. Die Zusammenarbeit mit Ihnen war *immer* eine Freude! Ich habe schon in der Vergangenheit gelernt, genau auf Ihre Vorschläge zu hören. Ihre aufschlussreichen Korrekturen haben dazu beigetragen, den endgültigen Text zu formen und zu schärfen.

Ein besonderes Dankeschön möchte ich auch allen aussprechen, die im Laufe der Jahre mit mir nach Israel gereist sind. Ihr unbändiger Enthusiasmus, als Sie das Land zum ersten Mal sahen, hat dazu beigetragen, dass die Sehenswürdigkeiten für mich nie alt wurden ... denn ich konnte sie immer wieder neu durch Ihre Augen sehen!

Abschliessend bedanke ich mich noch einmal bei meiner Frau Kathy. Diejenigen, die mich wirklich kennen, wissen, welche Rolle Kathy bei fast jeder Reise, die ich unternommen habe, gespielt hat und bei jedem Buch, das ich geschrieben habe. Sie hat den Weg zu den Toiletten gewiesen, die Tasche mit den rezeptfreien Medikamenten gehütet und diejenigen begleitet, die nicht alle Wanderungen mitmachen konnten. Sie ist auch meine interne Lektorin und Korrektorin, die das ursprüngliche Manuskript immer brillant und professionell aussehen lässt. Ich bin wohl öfter als sie nach Israel gereist, aber ihre mehr als siebzig Reisen sind ein Rekord, der nur selten von anderen erreicht wird!